LA BATAILLE DE MOSCOU

ANDREW NAGORSKI

LA BATAILLE DE MOSCOU

Traduit de l'américain
par JEAN BOURDIER

Éditions de Fallois
PARIS

CRÉDITS PHOTOGRAPHIQUES :

Getty Images : 1, 3, 8, 9, 10, 13, 18, 19, 25
AP/Wide World Photos : 2, 5, 12
Polaris Images : 4, 6, 7
ITAR-TASS Photo Agency : 11, 20
Time-Life Pictures / Getty Images : 14, 16, 17, 21, 22, 23, 24
Franklin D. Roosevelt Library : 15.

Titre original :
THE GREATEST BATTLE. Stalin, Hitler and the Desperate Struggle for Moscow That Changed the Course of World War II

site web : www.andrewnagorski.com

First published 2007 in United States by Simon & Schuster

22, rue La Boétie, 75008 Paris

ISBN 978-2-87706-654-9

Pour Stella,
la première de la génération suivante
Et, comme toujours,
pour Krysia

« Nous les briserons bientôt, ce n'est qu'une question de temps. Moscou sera attaqué et tombera, et alors nous aurons gagné la guerre. »

(Hitler parlant à l'un de ses collaborateurs à la mi-septembre 1941)

« Êtes-vous sûr que nous serons en mesure de tenir Moscou ? C'est une question que je pose le cœur lourd. »

(Staline, au cours d'une conversation téléphonique avec le général Joukov à la mi-novembre 1941)

INTRODUCTION

À l'automne 1941, deux gigantesques armées se livrèrent une bataille féroce sur la périphérie nord, sud et ouest de Moscou. Des deux côtés, ce n'étaient pas tant les généraux qui menaient le jeu que les tyrans, Adolf Hitler et Joseph Staline. Ces deux dictateurs donnaient à tous leurs ordres, n'hésitant jamais à envoyer des millions d'hommes à la mort, que ce soit au combat ou dans les prisons et les camps. Tous deux firent preuve d'une impitoyable résolution et, à certains moments, d'un brillant sens tactique, mais ils se montrèrent également portés à des erreurs d'appréciation stratégiques de colossale envergure.

Hitler expédia ses armées au cœur de la Russie sans équipements d'hiver, car il était convaincu qu'elles triompheraient bien avant l'arrivée des premiers froids. Staline envoya beaucoup de ses soldats au combat sans armement, car il n'avait pas préparé le pays à l'assaut allemand. Cela condamna d'innombrables milliers d'Allemands à geler à mort durant le premier hiver de la campagne de Russie, et d'innombrables milliers de soldats de l'Armée rouge à une mort instantanée, car ils ne pouvaient survivre assez longtemps pour ramasser une arme quelconque sur les morts et les mourants.

La bataille de Moscou, qui dura officiellement du 30 septembre 1941 au 20 avril 1942, mais s'étendit en réalité bien au-delà de ces deux cent trois jours de massacre incessant, fut la première bataille où les armées d'Hitler essuyèrent un échec dans l'application de leur tactique de *Blitzkrieg*. Quand ces mêmes armées avaient écrasé la Pologne, la France et une bonne part de l'Europe avec une incroyable rapidité, elles avaient paru impossibles à arrêter. « Cette défaite, note dans ses Mémoires Fabian von Schlabrendorff, l'un des officiers allemands qui devaient participer ultérieurement au complot contre Hitler, représentait plus qu'une simple bataille perdue. Avec elle s'effondrait le mythe de l'invincibilité du soldat allemand. C'était le commencement de la fin. L'armée allemande ne devait jamais se remettre complètement de cette défaite [1]. » C'est assez vrai, mais les forces allemandes n'en devaient pas moins continuer à combattre avec une étonnante ténacité, et leur défaite ultime était encore très loin ; de tels jugements ne sont portés qu'avec le bénéfice de l'analyse rétrospective.

La bataille de Moscou fut, on peut le soutenir, la bataille la plus importante de la Deuxième Guerre mondiale, et, de façon indiscutable, le plus vaste engagement militaire de tous les temps. En additionnant [2] les effectifs des deux camps, environ 7 millions d'hommes furent engagés, à un moment ou à un autre, dans ces combats. Sur ces 7 millions de soldats, 2,5 millions furent tués, faits prisonniers, portés disparus ou assez grièvement blessés pour être hospitalisés – avec des pertes beaucoup plus lourdes du côté soviétique que du côté allemand. Selon les archives militaires russes, 958 000 soldats soviétiques « ont péri », ce qui comprend les tués, les disparus et les hommes faits prisonniers. Étant donné le traitement que leur réservaient les Allemands, la plupart des prisonniers de guerre soviétiques étaient, en fait, condamnés à mort. De plus, 938 500 de leurs camarades furent hospitalisés pour blessures, ce qui porte le total des pertes soviétiques à 1 896 500 hommes. Pour les Allemands, le total des pertes était de 615 000 hommes.

Les pertes subies lors d'autres batailles épiques, bien que terribles, n'ont jamais atteint ces chiffres. Dans l'imaginaire populaire, la bataille de Stalingrad, qui se déroula de juillet 1942 au début février 1943, est tenue pour l'affrontement le plus sanglant de l'histoire [3]. Son bilan ne se rapprocha pourtant pas de celui de la bataille de Moscou. Les effectifs engagés furent de l'ordre de 3 600 000 hommes, soit la moitié de ceux de Moscou, et les pertes combinées de deux camps furent 912 000 hommes, en comparaison des 2 500 000 de l'autre affrontement.

Aucune des grandes batailles des deux guerres mondiales ne connut un bilan se rapprochant de celui de la bataille de Moscou. Par exemple, lors des combats de Gallipoli, en 1915, les pertes totales conjointement subies par les Turcs et les Alliés, furent de l'ordre de 500 000 [4], et la bataille de la Somme, de juillet à octobre 1916, coûta aux Allemands, aux Britanniques et aux Français environ 1 100 000 d'hommes[5]. Nombre de batailles illustres de la Deuxième Guerre mondiale ne peuvent, quant aux effectifs engagés, se comparer en aucun point à celle de Moscou. Pour prendre un exemple précis, la bataille d'El-Alamein, tournant de la guerre du désert, n'aligna que 310 000 combattants au total[6].

La bataille de Moscou eut aussi la particularité d'être attentivement suivie par toutes les puissances du monde, les États-Unis, la Grande-Bretagne, le Japon et bien d'autres fondant des décisions clés sur son issue. Il est hors de doute que si les Allemands n'avaient pas été bloqués aux environs de Moscou, la situation mondiale tout entière s'en serait ressentie.

Et pourtant la bataille de Moscou est maintenant, dans une large mesure, oubliée. Les historiens ont accordé beaucoup plus d'attention tant à la bataille de Stalingrad qu'à celle du saillant de Koursk, qui représentaient des victoires claires et nettes sur les forces hitlériennes, ainsi qu'au poignant drame humain que fut le siège de Leningrad. En fait, la bataille de Moscou se trouvait marquée par trop d'erreurs et de faux calculs de Staline et soulevait trop de questions troublantes pour recevoir le même niveau d'attention. En conséquence, elle a souvent été traitée de façon sommaire et hâtive dans les livres d'histoire et n'a jamais obtenu le statut quasi mythologique de Stalingrad, de Koursk et de Leningrad. Mais c'est précisément en raison de son rôle crucial dans la première partie de la guerre et de ce qu'elle révèle sur la nature des deux géants totalitaires qui s'y faisaient face que la véritable histoire de la bataille de Moscou doit être contée, lui restituant sa place légitime dans l'historique de la Deuxième Guerre mondiale.

Rétrospectivement, le cours de l'Histoire semble toujours irréversible, mais la réalité est qu'il n'y a habituellement rien d'inévitable dans les grands événements modelant notre monde. Aux yeux de la hiérarchie soviétique de 1941, rien n'était certain quant à l'issue de l'offensive allemande contre l'URSS, quoi qu'en dise la rhétorique officielle. Dans la confrontation entre Hitler et Staline, c'était l'Allemand qui avait initialement pris par surprise son vis-à-vis soviétique. Staline avait bel et bien ignoré le flot croissant d'informations l'avertissant qu'Hitler était sur le point d'attaquer et avait expressément interdit à ses généraux de prendre les mesures qui auraient donné à leurs armées une meilleure chance de résister aux envahisseurs.

Le résultat fut que les forces soviétiques se retrouvèrent en plein désarroi durant les premiers mois de la guerre, et les Allemands s'enfoncèrent de plus en plus profondément au cœur de la Russie, avec Moscou clairement en leur collimateur. Le 12 août 1941, le maréchal Keitel, chef de l'Oberkommando de la Wehrmacht, indiqua explicitement le principal objectif de l'offensive allemande. « L'objet des opérations, écrivit-il dans sa Directive 34 a, doit être de priver l'ennemi, avant la venue de l'hiver, de son gouvernement, de son armement et de son centre de communication dans la région de Moscou, et de l'empêcher ainsi de reconstituer ses forces et de faire fonctionner de façon ordonnée ses organes de gouvernement [7]. » En d'autres termes, une victoire rapide d'Hitler à l'est lui permettant de reporter son attention sur la guerre contre la Grande-Bretagne dépendait de sa capacité d'encercler puis de prendre la capitale soviétique.

La chose ne tarda pas à apparaître comme une très réelle possibilité. Si quelques unités soviétiques se battaient héroïquement dans des conditions d'infériorité dramatiques, d'autres soldats – et ils se comptaient par centaines de milliers – se rendaient aussi vite qu'ils le pouvaient. Staline, pour sa part, était au bord de l'effondrement psychologique, son pays semblant en danger d'éclater. Encouragés par la rapidité de leurs premiers succès, les soldats allemands plantaient au bord des routes des panneaux indiquant VERS MOSCOU [8]. Alors qu'il préparait l'Opération Typhon de septembre 1941, qui était censée se conclure par la chute de la capitale soviétique, Hitler déclara à ses subordonnés : « Dans quelques semaines, nous serons dans Moscou. » Puis il ajouta : « Je raserai cette ville maudite et la remplacerai par un lac artificiel avec un éclairage central. Le nom de Moscou disparaîtra à tout jamais » [9]. Il est difficile de savoir si la deuxième partie de son propos reflétait vraiment ses intentions, mais il était en tout cas évident qu'à son avis, les Soviétiques ne pourraient pas défendre efficacement leur capitale contre l'assaut qui se préparait.

Et qu'aurait été la portée d'une chute de Moscou sur l'ensemble de l'effort de guerre russe ? Quand, deux fois auparavant, des envahisseurs étrangers s'étaient emparés de la ville – les Polonais au début du XVIIe siècle et Napoléon en 1812 –, ces victoires n'avaient été que de courte durée. Dans le cas de Napoléon, l'entrée dans Moscou n'avait été que le prélude de la catastrophique retraite de la Grande Armée. Mais Moscou, à cette époque, ne représentait pas ce qu'il représentait en 1941. La ville était devenue le centre, non seulement politique, mais aussi industriel et stratégique de l'ensemble du pays, en même temps que son principal nœud de communications. Sa chute aurait été un coup dévastateur pour l'Union soviétique – et pour tous ceux qui tentaient de s'opposer aux desseins militaires d'Adolf Hitler.

Boris Nevzorov, historien militaire russe ayant passé sa vie entière à étudier la bataille de Moscou, soutient que l'échec allemand en cette occasion a été l'événement clé qui a décidé de l'issue de la guerre. « S'ils avaient pris Moscou, affirme-t-il, la guerre se serait terminée par une victoire du Reich. » D'autres historiens et certains des acteurs survivants de cette bataille contestent cette assertion, proclamant que l'Union soviétique se serait remise de la perte de sa capitale. Il est, bien sûr, impossible de les départager de façon certaine ; l'Histoire ne fournit jamais de réponse catégorique aux questions fondées sur de telles hypothèses. Mais Nevzorov est à coup sûr dans le vrai lorsqu'il définit la bataille de Moscou comme « notre première grande victoire et la première grande défaite de l'Allemagne nazie ».

Les relations soviétiques de la bataille soulignent le danger couru par l'URSS alors que les troupes allemandes se rapprochaient de la capitale, à l'automne 1941. « Ce fut le point le plus bas atteint pendant toute la guerre », écrit l'*Histoire de la Grande Guerre patriotique de l'Union soviétique*, ouvrage officiel en cinq volumes qui fut publié au début des années soixante [10]. Mais ces relations n'insistent pas sur la portée et la signification de l'échec allemand devant la ville. Ce n'est pas un hasard, « *nye sloutchaino* » comme disent les Russes. Les premiers historiens soviétiques de cette période avaient de multiples raisons de passer vite sur la bataille de Moscou.

Tout d'abord, le désastreux enchaînement de faits lié à cette bataille soulevait toutes sortes de questions sur Staline et son incessant usage de la terreur comme arme contre son propre peuple – pratique qui se poursuivit tout au long de la guerre. Ce furent les erreurs de Staline qui permirent aux Allemands d'arriver aussi près de la capitale, et les scènes de panique qui se produisirent alors apportaient un démenti à la légende selon laquelle tous avaient, dès le début, une foi inébranlable en la victoire.

Puis il y avait la simple étendue des pertes soviétiques. Boris

Vidensky était élève officier à l'École d'artillerie de Podolsk lorsque la guerre éclata, et il fut parmi l'un des rares de sa promotion à rester en vie après qu'elle eut été lancée – sans la moindre préparation – contre les troupes allemandes. Il devait devenir ensuite l'un des principaux cadres de l'Institut d'histoire militaire de Moscou. Ayant pris sa retraite, il raconta qu'après la guerre, le maréchal Joukov, devenu ministre de la Défense, avait voulu évaluer les pertes subies par ses troupes aux alentours de Moscou. Il chargea, en conséquence, l'un de ses collaborateurs de lui fournir une estimation approximative. Mais quand ledit collaborateur lui rapporta le fruit de ses recherches, Joukov aboya au bout d'un très court moment : « Cache-moi cela et ne le montre à personne ! »

Même lorsque la poussée allemande en direction de la capitale fut arrêtée et les troupes du Reich repoussées, la victoire soviétique fut loin d'être totale. La bataille de Moscou avait été précédée d'énormes erreurs d'appréciation de Staline et d'autres les suivirent. Lorsqu'il ordonna, contre l'avis de ses généraux, à ses troupes épuisées de lancer une vaste contre-offensive, de coûteux revers s'ensuivirent et le bilan des pertes s'accrut de terrible façon. Les Allemands s'accrochèrent obstinément à certaines poches de territoire, notamment autour de la ville de Rjev, au nord-ouest de Moscou, pendant une bonne année après qu'eut été officiellement proclamée la fin de la bataille. Le soulagement d'avoir vu Moscou sauvé de l'invasion céda rapidement la place à une amère déception.

En d'autres termes, malgré l'héroïsme des défenseurs de Moscou, cette gigantesque bataille fut marquée de bout en bout, des premiers jours à l'extrême fin, par des revers et des humiliations. Dans les deux camps, on en vint à comprendre qu'on était condamné à livrer là le plus sanglant combat de l'histoire de l'humanité. Et celui-ci fut rendu plus sanglant encore que nécessaire par les erreurs et le mépris de l'humanité de Staline et d'Hitler. Les pertes humaines étaient le cadet des soucis de Staline. Ultérieurement, lors de la guerre de Corée, il déclara au Premier ministre chinois Chou en-Lai que les Nord-Coréens pouvaient fort bien continuer à combattre car ils « n'y perdaient rien, *sauf leurs hommes* [11] ». Il avait conservé cette même attitude à l'égard de ses propres compatriotes alors que le bilan de leurs pertes s'élevait de façon vertigineuse.

Pour être juste, Staline fut en même temps une source d'inspiration pour beaucoup de ses concitoyens, et sa décision de rester à Moscou alors qu'il avait déjà ordonné l'évacuation des principaux responsables civils et militaires devait s'avérer rétrospectivement l'un des tournants clés de la bataille. Si Staline était l'illustration vivante de la formule de Machiavel selon laquelle le chef est plus en sécurité lorsqu'il est craint que lorsqu'il est aimé, il a également su, à certains moments, se rapprocher de l'idéal exprimé par le grand Florentin : être « à la fois craint et aimé ». La guerre fut l'un de ces moments. Beaucoup de ses compatriotes étaient véritablement prêts à sacrifier leur vie pour leur pays et Staline, convaincus que ceux-ci étaient une seule et même chose.

Le présent ouvrage se fonde sur de multiples sources d'information, dont certaines sont exploitées pour la première fois. Parmi elles figurent grand nombre de documents nouvellement révélés provenant des archives du NKVD – futur KGB –, des témoignages de première main de survivants – dont certains se sentent maintenant libres de parler de l'ensemble de leurs expériences, contredisant souvent la version expurgée des événements présentée jusqu'ici par les historiens soviétiques et même par quelques auteurs occidentaux –, des entretiens avec les enfants de personnages clés tels que le maréchal Joukov, le ministre Anastase Mikoyan, membre du Politburo, et plusieurs cadres du NKVD responsables de la résistance et du sabotage dans la partie de l'agglomération moscovite occupée par les Allemands, des journaux, mémoires et correspondances inédits de ressortissants russes et étrangers.

Tous ces éléments documentaires montrent à l'évidence que la bataille de Moscou ne fut pas seulement le plus grand affrontement de la guerre mais aussi son premier grand tournant. Bien sûr, la bataille d'Angleterre avait déjà démontré que la machine de guerre allemande n'était pas invincible, mais c'était une bataille aérienne. Partout où les armées d'Hitler pouvaient avancer sur la terre ferme, elles n'avaient connu que des victoires – jusqu'à la bataille de Moscou.

À une réunion au Palais des Sports de Berlin, le 3 octobre 1941, Hitler avait affirmé à une foule en délire que l'assaut vers Moscou, qui semblait être dans ses dernières phases, représentait « la plus grande bataille de l'histoire du monde », et qu'une fois que le dragon soviétique aurait été frappé à mort, il « ne se relèverait jamais »[12]. Bien que fort conscient du précédent napoléonien, Hitler était convaincu – et avait réussi à convaincre ses soldats – que la défaite n'était pas à craindre dans les neiges de Russie. Mais toutes ses prédictions devaient se trouver démenties par les faits. Seul devait se confirmer le fait que la bataille de Moscou était la plus grande de l'Histoire – mais non dans le sens prévu par lui.

Ce que veut exposer ce livre est la manière dont Staline a finalement tourné ce qui avait semblé une déroute en victoire, le prix de cette victoire et la façon dont elle a amené beaucoup de ce qui a suivi – tant sur le plan militaire que sur celui des premiers marchandages diplomatiques entre Staline et les Alliés occidentaux sur l'avenir de l'Europe d'après-guerre. Car, alors même que le sort de Moscou demeurait incertain, Staline préparait déjà le terrain en vue d'une expansion de son empire, et la Grande-Bretagne et les États-Unis s'efforçaient tant bien que mal d'élaborer une contre-stratégie efficace. Si Moscou était tombé, rien de tout cela n'aurait eu d'importance. Mais Moscou tint, même si ce fut de justesse, et cela fit toute la différence.

Qu'on me permette, finalement, d'ajouter une note personnelle. Ayant résidé à deux reprises à Moscou comme correspondant de presse, je pensais avoir une idée générale de la signification et de l'importance des combats qui s'y étaient déroulés. Maintenant que j'ai passé ces dernières années à creuser autant que je le pouvais le sujet, je me rends compte que je me trompais complètement. Comme tous ceux qui empruntent l'aéroport Sheremetyevo de Moscou, j'étais fréquemment passé devant le monument qui se trouve sur sa route : trois gigantesques hérissons représentant les barrières antichars semées de par la ville dans l'attente de l'assaut allemand. Mais ma connaissance de ce qui s'était réellement passé était extrêmement limitée. Je savais que les Allemands étaient arrivés tout près, peut-être à l'endroit précis où se dresse maintenant le monument, dans le faubourg de Khimki, à juste une demi-heure de voiture du Kremlin. Néanmoins, comme la plupart des Occidentaux et même la plupart des Russes, j'étais en bonne part ignorant du reste. Ce livre vise à combler un trou resté béant, tant dans les livres d'histoire que dans l'imaginaire populaire.

1

« HITLER NE NOUS ATTAQUERA PAS EN 1941 »

Pendant un temps, il put sembler qu'ils étaient des alliés naturels : deux dictateurs qui se reflétaient de tant de façons qu'ils paraissaient un couple parfaitement assorti, par leur cynisme, leur astuce et leur effarante brutalité. Quand Hitler et Staline conclurent leur pacte de non-agression, signé par leurs ministres des Affaires étrangères, Joachim von Ribbentrop et Viatcheslav Molotov, le 23 août 1939, ils savaient l'un et l'autre qu'ils donnaient le signal de la Deuxième Guerre mondiale, permettant aux Allemands d'envahir la Pologne de l'ouest le 1er septembre et à l'Armée rouge d'attaquer de l'est le 17 septembre, afin de se partager les dépouilles. Mais ce fut peut-être précisément parce qu'Hitler et Staline étaient si semblables qu'ils étaient fatalement appelés à devenir ennemis, que même au moment où ils agissaient de concert, la phase suivante devait obligatoirement être une lutte sans merci entre eux. Peut-être se trouvait-il que le monde n'était pas assez grand pour deux monstres de cette envergure.

Jusqu'à quel point, au juste, étaient-ils semblables ? Valeria Prokhorova, une Moscovite qui était étudiante lors de l'éphémère alliance germano-soviétique et assista ensuite à la bataille de Moscou, qualifie Hitler et Staline de « frères spirituels ». Comme beaucoup de gens de sa génération, elle a de bonnes raisons de porter ce jugement ; nombre de ses parents et amis ont péri dans les vagues successives de terreur stalinienne avant et après la guerre et elle-même s'est trouvée arrêtée sur de fausses accusations qui l'expédièrent six ans dans l'enfer du Goulag. La principale différence entre les deux hommes, déclare-t-elle, est simplement de style. « Staline, précise-t-elle, me fait penser à un assassin qui se présente avec des fleurs et des chocolats, alors qu'Hitler arrive avec un pistolet et un poignard. »

Il y a, dans leurs biographies, nombre d'étranges similitudes, certaines apparemment banales mais d'autres beaucoup plus significatives et éloquentes. N'en déplaise à Valeria Prokhorova, il y a aussi d'importantes différences, et point seulement de style, qui finiront par jouer un grand rôle dans l'issue de leur combat. Mais celles-ci étaient et sont moins immédiatement évidentes.

Le parallèle peut commencer avec leur enfance. Les deux hommes sont nés loin du centre du pays qu'ils vont être appelés à gouverner, Hitler en Haute-Autriche, dans ce qui était alors l'Empire des Habsbourg, et Staline en Géorgie. Tous deux ont eu des pères portés sur les méthodes disciplinaires les plus rudes, ce qui se traduisait, particulièrement dans le cas de Staline, par de fréquentes et sévères corrections. Les parents de Staline étaient, à l'origine, des serfs, qui avaient été libérés en 1864, une quinzaine d'années seulement avant la naissance de Joseph (dont la date officielle est donnée comme 1879, alors que son acte de naissance est daté d'un an plus tôt). Le père de Staline était un cordonnier, vraisemblablement illettré, et son comportement a, indubitablement, laissé sa marque sur le caractère de son fils. « Des corrections sévères et imméritées, raconte un ami de jeunesse de Joseph Djougachvili, comme s'appelait à l'origine Staline, ont rendu le garçon aussi dur et dépourvu de cœur que son père. Comme toutes les personnes ayant quelque autorité sur les autres lui semblaient être comme son père, un grand ressentiment et un grand désir de vengeance contre tous ceux qui avaient un statut supérieur au sien se développèrent rapidement en lui [1]. »

Hitler, qui était né dix ans plus tard, en 1889, avait un père qui avait connu une certaine ascension sociale par rapport à ses ancêtres paysans et s'était assuré une existence relativement confortable comme fonctionnaire des douanes. Mais il était, lui aussi, un personnage sévère et autoritaire. Il est certain qu'à cette époque, et dans un pays comme dans l'autre, le type d'autorité qu'exerçaient les pères de Staline comme d'Hitler, était plutôt la norme que l'exception, et que d'innombrables garçons élevés de semblable façon ont mené ensuite des existences parfaitement normales et paisibles. Et, dans le cas d'Hitler, le fait de se voir refuser l'admission à l'Académie des Beaux-Arts de Vienne après la mort de son père et les années d'errance et de frustration passées dans la capitale autrichienne contribuèrent certainement beaucoup plus à alimenter son amertume que les mauvais traitements de son père. Mais sans entrer dans la psychanalyse à bon marché, on peut raisonnablement avancer que, dans un cas comme dans l'autre, le personnage redoutable du père a joué un rôle important dans le développement de la personnalité.

Le général Dimitri Volkogonov, ancien chef du service de propagande de l'Armée rouge, qui écrivit à l'époque de la *glasnost* l'une des biographies les plus méticuleuses et les plus accablantes de Staline, le décrit ainsi : « Son mépris des valeurs humaines normales avait été depuis longtemps évident. Il méprisait la pitié, la sympathie, la clémence. Il n'estimait que la force. Son absence de générosité, qui se traduisit par une exceptionnelle dureté, puis une absence totale de pitié, coûta la vie à sa femme et ruina l'existence de ses enfants [2]. »

Si l'on excepte la femme et les enfants, ce portrait pourrait s'appliquer à Hitler aussi bien qu'à Staline. Et Hitler aurait également pu faire sienne la formule de Bakounine mise en valeur par Staline dans un de ses livres : « Ne perdez pas de temps à douter de vous, car c'est là le plus grand gaspillage inventé par l'homme [3]. »

Tous deux ont bâti leur carrière en faisant appel à un ressentiment collectif, qu'ils ont magnifié et exploité. Hitler s'était rendu célèbre par ses virulentes dénonciations des juifs, des communistes, de la République de Weimar et de tous ceux qu'il rendait responsables de la défaite de l'Allemagne en 1918, des conditions humiliantes du traité de Versailles avec la misère économique et l'instabilité politique qui avaient suivi – le tout formant les éléments de la théorie du « coup de poignard dans le dos » qu'il avait élevée au statut d'évangile populaire. Bien que ne pouvant se comparer à Hitler comme orateur, Staline, lui aussi, avait lancé sa carrière politique en prétendant représenter le petit peuple et tous ceux qui se trouvaient opprimés par le régime tsariste pour quelque raison que ce fût, même lorsque la chose était en contradiction directe avec l'idéologie marxiste.

Dans un essai écrit en 1901, Staline évoquait en termes pompeux l'oppression, en Russie, des minorités nationales et religieuses, « parmi lesquelles les Polonais et les Finnois chassés de leur terre natale et blessés dans leurs sentiments les plus sacrés ». Et il ajoutait : « Grondent aussi les millions de membres de sectes religieuses russes qui veulent pratiquer leur foi selon les commandements de leur propre conscience plutôt que selon ceux des prêtres orthodoxes »[4].

Rétrospectivement, ce texte semble presque surréaliste, mais il illustre bien l'écart existant entre les paroles de Staline et ses actes, écart qui persistera tout au long de son existence terrestre. Comme ce fut le cas pour Hitler, cette disparité entre les paroles et les actes ne le troubla jamais le moins du monde ; en fait, elle lui semblait parfaitement naturelle.

Les deux hommes subirent des échecs initiaux aboutissant à leur emprisonnement et, dans le cas de Staline, à l'exil en Sibérie. Ces épisodes furent largement exploités dans les biographies en forme d'hagiographies fabriquées après leur victoire. Bien sûr, aucun de ces ouvrages ne souligne à ce propos une chose évidente : le fait que leurs conditions de détention n'étaient que plaisanterie auprès du régime des camps de concentration qui allaient exister sous leur règne. L'un des premiers biographes de Staline, Isaac Deutscher, écrit que le futur maître du Kremlin a passé « près de sept années dans des prisons, en route pour la Sibérie, en déportation en Sibérie et en évasions diverses[5] ». N'ayant rien à voir avec les conditions de confort que connut Hitler durant la courte année passée à la prison de Landsberg après le putsch manqué de 1923, le régime des détenus de l'époque tsariste était sévère et même rude. Mais il n'était rien en comparaison des horreurs qui allaient bientôt suivre. Et le fait que Staline, comme nombre d'autres révolutionnaires, ait pu facilement s'évader à maintes reprises en est la preuve évidente.

Lorsqu'on en vient aux femmes, Staline apparaît comme le plus « normal » des deux dictateurs. Il appréciait la compagnie féminine et – contrairement à Hitler, dont les capacités et les tendances sexuelles font encore l'objet de spéculations sans fin – il s'est marié deux fois et a eu trois enfants. Jeune homme, il avait épousé Ekaterina Svanidze, sœur de l'un de ses condisciples au séminaire géorgien où il allait se détourner de la religion pour épouser la cause de la révolution. Elle lui donna un fils, Yakov, mais mourut de la tuberculose en 1907. Lors de ses funérailles et bien qu'il ait été souvent amené à délaisser son épouse, Staline dit à un ami : « Cette créature avait adouci mon cœur de pierre. Elle est morte, et avec elle sont morts mes derniers sentiments de chaleur envers autrui[6]. »

Hitler, en revanche, n'épousa Eva Braun qu'immédiatement avant son suicide dans le bunker de la Chancellerie en 1945. Au début de sa carrière politique, il s'était révélé très apte à charmer les femmes plus âgées pour solliciter leur appui financier au mouvement nazi. Mais il était visiblement mal à l'aise avec les femmes de son âge et semblait plutôt attiré par les adolescentes – encore que la nature de ses relations avec celles-ci ne soit nullement établie. C'est particulièrement vrai de sa « liaison » – vraie ou fausse – avec sa nièce Geli Raubal, qui était venue vivre à Munich dans le vaste appartement qu'avait loué pour son chef le parti national-socialiste. La rumeur rapporta de violentes scènes de jalousie, et, en 1931, à l'âge de 23 ans, Geli fut trouvée morte par balle dans l'appartement, avec, sur la table, une lettre inachevée qui n'expliquait rien. Cette mort fut classée comme un suicide, mais même les méthodes de force des Chemises brunes ne purent empêcher la circulation d'allégations selon lesquelles Hitler avait soumis Geli à des pratiques sexuelles humiliantes.

L'histoire du deuxième mariage de Staline avec Nadejda Allilouïeva[7] semble plus simple à première vue. Il eut lieu en 1918 et Nadejda, de vingt-trois plus jeune que son mari, lui donna un garçon, Vassili, et une fille, Svetlana. Le couple recueillit également Yakov, le fils issu du premier mariage de Staline. Alors que celui-ci renforçait son emprise sur le pouvoir, la collectivisation forcée des exploitations agricoles entraîna une terrible famine en Ukraine, avec actes de cannibalisme à la clé, et Nadejda eut sans aucun doute à connaître, par des parents ou des amis, des scènes d'horreur qui se déroulèrent à cette occasion. Cela vint se combiner avec les tensions régnant dans l'entourage de Staline et la brutalité que celui-ci montrait envers sa jeune épouse pour conduire celle-ci à un véritable effondrement psychologique. Nadejda se mit à souffrir de migraines chroniques et de crises de dépression. Et, un soir, après avoir assisté à un dîner avec son mari, elle se suicida. C'était le 8 novembre 1932, un peu plus d'un an après la mort de Geli Raubal dans l'appartement d'Hitler. Autre curieuse coïncidence : dans les deux cas, l'arme était un pistolet automatique Walther[8].

La mort poursuivit également les premiers rivaux de Staline et d'Hitler au sein de leur propre parti. Les mises en garde d'un Lénine mourant à l'égard d'un Staline acharné à s'assurer le pouvoir sont bien connues. Dans le testament politique qu'il dicta le 24 décembre 1922, il déclarait : « Le camarade Staline, étant devenu secrétaire général, a des pouvoirs sans limites concentrés entre ses mains, et je ne suis pas sûr qu'il sera toujours capable d'en user avec la retenue suffisante. » Et, dans un appendice dicté le 4 janvier 1923, Lénine se montrait plus précis encore : « Staline est trop fruste, et ce défaut, bien que tolérable en notre propre sein et dans les relations entre nous, communistes, devient intolérable chez un secrétaire général. C'est pourquoi je suggère que les camarades envisagent un moyen d'éliminer Staline de ce poste. » Lénine ajoutait qu'il fallait trouver quelqu'un « de plus tolérant, de plus loyal, de plus poli et ayant plus d'égards pour les camarades, de moins capricieux… »[9].

Lorsque la veuve de Lénine produisit la lettre à sa mort, un an après, il était trop tard. Les rivaux réels ou potentiels de Staline – une longue série commençant par Trotski et Boukharine – allaient payer leurs ambitions de leur vie. Ayant fui la Russie, Trotski fut finalement assassiné au Mexique en 1940 sur l'ordre de Staline, et Boukharine fut l'un des accusés vedettes, en 1938, des grands procès de Moscou, qui se concluaient inévitablement par un verdict de culpabilité et une exécution dans les plus brefs délais.

Le seul rival sérieux en puissance d'Adolf Hitler était Gregor Strasser, qui représentait l'aile gauche du parti national-socialiste. Il fut également le premier de toute une série de personnages qui commirent l'erreur de croire qu'ils allaient pouvoir exploiter le magnétisme personnel d'Hitler à leurs propres fins. Le frère cadet de Strasser, Otto, qui rompit avec Hitler et s'enfuit d'Allemagne, tenta de persuader Gregor de le suivre. Plus tôt que beaucoup, il avait compris le danger du don magnétique d'Hitler.

« Hitler, écrivit-il, réagit à la vibration du cœur humain avec la sensibilité d'un sismographe, ou peut-être d'un récepteur de radio, ce qui lui permet, avec une certitude que nulle conscience ne pourrait lui procurer, d'agir comme un haut-parleur répercutant les désirs les plus secrets, les instincts les moins admissibles, les souffrances et les révoltes de toute une nation. Mais le principe de son action est négatif. Il ne connaît que ce qu'il veut détruire[10]. »

Au lieu de suivre son conseil, Gregor se désolidarisa de son frère, mais eut le dessous dans un affrontement avec Hitler pour le pouvoir en 1932, un an avant que son rival victorieux devienne chancelier. Et le 30 juin 1934, il fut parmi les victimes de la Nuit des longs couteaux, épuration sanglante qui devait donner un avant-goût du règne de terreur d'Hitler. Ni Boukharine ni Strasser n'avaient l'astuce et la dureté nécessaires pour s'opposer à Staline et à Hitler. Mais le simple fait d'être apparus comme des rivaux possibles avait suffi à sceller tragiquement leur destin.

Alors même que les deux dictateurs usaient de prétextes douteux mais commodes – l'incendie du Reichstag dans le cas d'Hitler et l'assassinat de Sergueï Kirov, le responsable du Parti à Leningrad, dans celui de Staline – pour balayer les derniers obstacles à leur toute-puissance, ils cultivaient aussi leur image de brillants hommes d'État, de pères bienveillants du peuple et d'héroïques sauveurs de la nation. Ce n'est pas un hasard si tant des instruments de propagande utilisés – affiches géantes, manifestations publiques soigneusement orchestrées, hommages répétés au chef – paraissaient si semblables en Allemagne et en Union soviétique. Ou que chacun des dictateurs ait produit un livre destiné à devenir la bible de son pays, où tous ses sujets étaient censés trouver la lumière et la sagesse. Si Hitler a entièrement dicté *Mein Kampf* lui-même, Staline n'a écrit qu'un chapitre de son *Histoire du Parti communiste*, mais il en a révisé cinq fois le texte intégral [11].

Valentin Berejkov, qui fut l'interprète de Staline lors de ses rencontres avec les dirigeants allemands puis alliés, a rappelé ses impressions en voyant Hitler arriver à l'Opéra de Berlin en juin 1940 – la foule fanatisée et électrisée, les cris de « *Sieg Heil !* », « *Heil Hitler !* » et « *Heil Führer !* ». « En regardant tout cela, écrivait-il, je pense au fond de moi-même – et cette pensée m'effraie – à tout ce qu'il y a de commun entre ce que je vois et nos congrès au moment où Staline fait son entrée dans la salle. La même ovation retentissante et qui n'en finit pas. Et presque les mêmes clameurs hystériques : " Gloire à Staline ! " et " Gloire à notre chef ! " [12]. »

Moins connue – ou peut-être plus vite oubliée – est la façon dont les deux hommes pouvaient user de leur charme et donner l'impression de ne se préoccuper que du bien des autres et d'être gênés par une adulation qu'ils exigeaient en fait de façon permanente. Même en plein milieu de la guerre, Hitler s'employait à mettre à l'aise une jeune femme, Traudl Junge, sollicitant nerveusement l'emploi de secrétaire particulière. Ce qu'elle relate dans un documentaire de 2002, *Blind spot – Hitler's secretary*, nous montre un homme capable de maintenir ceux qui l'entouraient dans la totale ignorance de sa vraie nature.

Staline était capable de se donner beaucoup de mal pour s'assurer qu'un de ses collaborateurs bénéficie d'une *datcha* confortable ou de vacances bien gagnées et il ne cessait d'encourager les allusions bien orchestrées à sa grande modestie. À une réunion du Parti en février 1937, alors que la terreur stalinienne atteignait un paroxysme, l'un des fidèles du dictateur, Lev Mekhlis, se leva pour lire une note que Staline avait rédigée en 1930 pour s'opposer à ce qu'on lui applique le terme de « conducteur du Parti » et affirmant : « Je pense que de telles envolées laudatives ne peuvent faire que du mal » [13].

Hans von Herwarth, un diplomate allemand en poste à Moscou au début des années trente, établit cette comparaison entre les deux dictateurs : « Staline m'apparut comme exubérant, point dépourvu de charme et ayant une nette capacité de s'amuser. Quel contraste avec Hitler, qui avait si peu de penchant au plaisir ! Voyant les choses de l'extérieur, j'eus la forte impression que Staline, contrairement encore à Hitler, avait un certain sens de l'humour. En bref, Staline était tout à fait séduisant à sa façon, tandis qu'Hitler manquait totalement de charme. »

Mais le diplomate, que son antipathie manifeste à l'égard de son propre chef peut avoir poussé à accentuer encore le contraste existant entre les deux hommes, avait été également frappé « par la façon féline dont il [Staline] évoluait ». Et il ajoutait qu'il était « facile de penser à lui comme un lynx ou un tigre » [14] – en résumé, un assez dangereux animal…

Plus révélateurs sont les réticents témoignages d'admiration que les deux autocrates se prodiguaient parfois. Ainsi, au moment de la Nuit des longs couteaux, Staline ne put s'empêcher de remarquer : « Quel grand homme, Hitler ! Voilà la façon de traiter ses opposants politiques [15] ! »

Hitler fut tout aussi impressionné par les méthodes de terreur de son homologue soviétique et, durant la guerre, il déclara un jour : « Après la victoire sur la Russie, ce serait une bonne idée de faire gouverner le pays par Staline, sous contrôle allemand, bien sûr. Il sait mieux que personne comment traiter les Russes [16]. »

Et, plus tard, lorsque son mécontentement à l'égard de l'état-major de la Wehrmacht atteignit son point culminant, Hitler n'hésita pas à proclamer qu'il aurait dû suivre l'exemple de Staline et épurer impitoyablement le corps d'officiers.

Le sentiment s'étendait à certains subordonnés. Ainsi, Ronald Freisler, le président du sinistre Tribunal du peuple nazi, considérait son homologue soviétique Andreï Vychinski comme un véritable modèle [17]. C'était Vychinski qui, présidant les procès ayant marqué les grandes purges des années vingt et trente, envoyait les condamnés à la mort en clamant : « Abattez les chiens enragés ! » [18].

Mais ce curieux sentiment de confraternité n'empêchait pas la légitime méfiance inspirée par la simple connaissance des théories cultivées par l'autre partie. Ainsi, la vue qu'avait Hitler de la révolution bolchevique était clairement exprimée dans *Mein Kampf* : « Ne jamais oublier que les gouvernants de la Russie d'aujourd'hui sont des criminels aux mains sanglantes, qu'ils sont la lie de l'humanité... De plus, ne pas oublier que ces gouvernants appartiennent à une race qui unit, en une rare combinaison, la cruauté bestiale à un incroyable don du mensonge, et qui, aujourd'hui plus que jamais, est consciente de la mission d'imposer sa sanglante oppression au monde entier [19]. »

Et Staline avait lu soigneusement les passages du même *Mein Kampf* où Hitler exprimait son intention de conquérir et de réduire en esclavage la Russie, d'en faire un *Lebensraum* – un « espace vital » – pour le peuple allemand. Il avait également lu l'*Histoire du fascisme allemand* de Conrad Heyden, qui ne laissait aucun doute sur la tactique d'Hitler : « Ses promesses ne peuvent être considérées comme celles d'un partenaire digne de foi. Il les renie quand il est de son intérêt de le faire » [20]. Néanmoins, les deux parties jurèrent de leurs bonnes intentions au moment où elles préparaient la conclusion de leur pacte de non-agression. Au cours de la visite à Moscou qui se conclut par la signature de cet accord, Ribbentrop, le ministre allemand des Affaires étrangères, affirma très haut que son pays dirigeait ses efforts contre les puissances occidentales, et non contre l'Union soviétique. Levant son verre de champagne, Staline, de son côté, proclama : « Je sais combien la nation allemande aime son Führer, et j'aimerais donc boire à sa santé [21]. »

Mais le dictateur soviétique n'avait évidemment pas oublié un passé récent, et, quand Ribbentrop proposa qu'on adjoigne au pacte un préambule grandiloquent, il s'y opposa fermement. « L'Union soviétique, déclara-t-il, ne peut présenter en toute bonne foi à son peuple l'assurance de l'amitié allemande alors que, pendant six années, le gouvernement nazi a déversé sur nous des torrents de boue [22]. » Et, durant la cérémonie de signature du pacte, il ajouta : « Bien sûr, nous n'oublions pas que votre but ultime est de nous attaquer [23]. »

Il n'en demeure pas moins que les deux dictateurs se réjouissaient de cet accord. Hitler avait obtenu la promesse de non-intervention soviétique dont il avait besoin pour conquérir la Pologne et préparer une guerre contre la France et la Grande-Bretagne, les puissances qui s'étaient engagées à défendre la nation polonaise. Et Staline, quant à lui, était convaincu d'avoir dupé simultanément les puissances occidentales et l'Allemagne et s'apprêtait à s'assurer non seulement la partie orientale de la Pologne mais aussi les Pays baltes. « Hitler veut nous rouler, déclara-t-il à Nikita Khrouchtchev, mais je pense que c'est nous qui l'avons eu [24]. »

À long terme, Staline finit effectivement par l'emporter sur Hitler. Il s'avéra plus froidement calculateur, moins aveuglé par des impulsions messianiques que son adversaire allemand. Mais dans la période qui devait suivre – jusqu'à la bataille de Moscou – les affirmations de Staline purent sembler à tout le moins prématurées. Les événements allaient en tout cas démontrer que les deux dictateurs, enfermés dans leurs cocons respectifs de pouvoir absolu, nourrissaient des illusions obscurcissant dangereusement leur jugement, notamment l'un à l'égard de l'autre. Leurs compatriotes n'allaient pas tarder à payer le prix de leurs énormes erreurs.

Après que l'Allemagne et l'Union soviétique eurent écrasé des forces polonaises incapables de résister à un assaut venu simultanément de l'ouest et de l'est, les vainqueurs signèrent, le 29 septembre 1939, sur une frontière dorénavant commune entre le Reich et l'URSS, un accord d'amitié germano-soviétique. Le texte de cet accord proclamait notamment que l'effondrement et la partition de la Pologne avaient « posé les fondations d'une paix durable en Europe de l'Est [25] », et qu'il était temps pour la France et la Grande-Bretagne de reconnaître la réalité de ce nouvel ordre européen plutôt que de rester en état de guerre avec l'Allemagne.

Un mois plus tard, dans un discours prononcé devant le Soviet suprême le 31 octobre, le ministre des Affaires étrangères Molotov se réjouit d'avoir vu la Pologne rayée de la carte et dénonça les Français et les Britanniques comme agresseurs. « Un bref coup porté à la Pologne par l'armée allemande, déclara-t-il, suivi d'un autre par l'Armée rouge, a suffi à réduire à néant ce monstrueux enfant du traité de Versailles. Maintenant, l'Allemagne prend position pour la paix, alors que la Grande-Bretagne et la France sont en faveur d'une poursuite de la guerre. Comme vous le voyez, les rôles ont été renversés. » Puis il enchaîna sur une envolée qui montrait jusqu'où le Kremlin était allé en direction de son nouvel allié. « On peut, dit-il, aimer ou détester l'hitlérisme, mais toute personne saine d'esprit comprendra qu'une idéologie ne peut être détruite par la force. Il est donc non seulement insensé mais criminel de poursuivre une guerre " pour la destruction de l'hitlérisme " sous la fausse bannière d'un combat pour la démocratie »[26].

Mais, en termes purement militaires, l'Union soviétique était loin d'être aussi prête que l'Allemagne à exploiter cette nouvelle situation de « paix durable ». C'était une chose que de « libérer » l'Ukraine occidentale et la Biélorussie des Polonais succombant sous les coups des Allemands et de commencer à exercer sur les modestes États baltes une pression qui allait aboutir à leur occupation. Mais c'en était tout à fait une autre, comme Staline n'allait pas tarder à le découvrir, de lancer les forces soviétiques contre un pays, même petit, qui avait les moyens et la volonté de résister. Ce pays était, bien sûr, la Finlande, qui allait infliger de très lourdes pertes à l'Armée rouge, portant ainsi durement atteinte au prestige de Staline dans le monde – et aux yeux d'Hitler en particulier.

Lorsque l'Union soviétique exigea que la Finlande lui permette d'installer des bases militaires sur son territoire et lui cède l'isthme de Carélie, au nord de Leningrad, le gouvernement finnois refusa. Staline se mit alors à préparer ce qu'Anastase Mikoyan allait plus tard appeler « la guerre lamentablement menée contre la Finlande[27] ». Avec le commissaire à la Défense Vorochilov et quelques généraux, il traça les plans d'une offensive militaire qui, il en était convaincu, allait lui assurer une victoire ultrarapide et lui permettre l'installation d'un gouvernement fantoche et la transformation de la Finlande en une République soviétique carélo-finnoise. « Il était sûr que tout serait accompli en deux semaines », devait rappeler Mikoyan.

Au lieu d'accepter leur sort, les Finlandais se battirent avec une férocité qui sidéra des forces soviétiques mal préparées. « La majeure partie de nos troupes fut anéantie par les Finlandais », écrivit plus tard Khrouchtchev [28]. C'était à peine exagéré. Plus de 125 000 soldats soviétiques périrent dans la Guerre d'hiver, alors que les pertes finlandaises s'élevaient à quelque 48 000 hommes [29]. Mais les Finlandais avaient aussi porté au Kremlin un gigantesque coup psychologique.

« Les Allemands, écrivit encore Khrouchtchev, virent que l'URSS était un colosse aux pieds d'argile. Hitler dut en conclure que si les Finlandais pouvaient résister de cette façon, les puissants Allemands n'auraient qu'un grand coup à porter pour renverser le colosse. » Jugeant les choses rétrospectivement, Khrouchtchev ajoutait : « Staline a perdu courage après la défaite de nos troupes en Finlande. Il a probablement perdu espoir de voir notre armée résister à Hitler » [30].

Bien que les Finlandais aient été finalement contraints d'accepter des conditions qu'ils avaient rejetées au départ, c'était très loin d'être l'issue qu'avait escomptée Staline.

Celui-ci – qui allait ultérieurement se plaindre à Churchill et à Roosevelt du fait que « l'Armée rouge n'avait été bonne à rien [31] » dans la campagne de Finlande – commença par limoger Vorochilov. C'était là l'annonce du comportement qu'il allait dorénavant adopter après chaque échec : faire porter à autrui la responsabilité de tout ce qui n'avait pas marché convenablement. En l'occurrence, les services de renseignement soviétiques avaient omis de relever la façon dont les Finlandais avaient fortifié la Ligne Mannerheim, les troupes russes manquaient d'armes automatiques et d'équipements d'hiver, leurs lignes de communication avaient souvent été rompues et bien d'autres éléments encore montraient l'incompétence avec laquelle avait été préparée la campagne.

Hitler, bien au contraire, ne tarda pas à montrer que son foudroyant succès militaire en Pologne n'était que l'amorce de toute une série de victoires. D'avril à juin 1940, les forces allemandes s'emparèrent de la Norvège et du Danemark, balayèrent les Pays-Bas et le Luxembourg pour frapper en Belgique et débordèrent la Ligne Maginot pour attaquer la France, dont le rapide effondrement porta à son comble la colère de Staline. Khrouchtchev, qui se trouvait avec lui lorsqu'il apprit que la France avait demandé l'armistice, raconte : « Il tournait en rond en jurant comme un charretier. Il maudissait les Français. Il maudissait les Anglais. Comment pouvaient-ils laisser Hitler les vaincre, les écraser ? »[32]. Staline, selon Khrouchtchev, discernait ce que cela pouvait signifier pour la Russie, à savoir qu'Hitler pouvait l'écraser à son tour[33].

Pour Hitler, en effet, la débâcle soviétique en Finlande et ses propres victoires prouvaient tout simplement que la stratégie qu'il avait d'emblée envisagée pouvait et devait se réaliser. Le 11 août 1939, peu avant que Ribbentrop se rende à Moscou pour conclure le pacte de non-agression avec l'URSS, il avait déclaré à Carl Burckhardt, le commissaire de la Société des Nations à Dantzig :

« Tout ce que j'entreprends est dirigé contre les Russes. Si les Occidentaux sont trop stupides et trop aveugles pour le comprendre, je serai contraint de conclure un accord avec les Russes, de battre les puissances occidentales, et, après leur défaite, de me retourner de toutes mes forces contre l'Union soviétique. Il me faut l'Ukraine de façon à ce qu'on ne puisse pas nous affamer, comme on l'a fait lors de la dernière guerre[34]. »

Il y avait juste un seul problème : la Grande-Bretagne continuait à faire obstacle à l'accomplissement du plan d'Hitler à l'égard des puissances occidentales. Durant l'été 1940, Hitler faisait encore reposer ses espoirs sur le succès de l'Opération Otarie, à savoir l'invasion de la Grande-Bretagne. Mais quand la Luftwaffe ne put venir à bout de la Royal Air Force dans la bataille d'Angleterre, il se rendit compte que ses forces n'étaient pas en mesure d'entreprendre une telle opération, et celle-ci fut, le 17 septembre, ajournée *sine die*.

Il se convainquit alors que le meilleur moyen de vaincre la Grande-Bretagne était de se retourner contre son allié soviétique. Dès ses premiers écrits, il avait préconisé la destruction de son voisin de l'est, et il était maintenant plus que jamais convaincu que là résidait, également, la solution de tous ses problèmes.

« L'espoir de la Grande-Bretagne, expliqua-t-il à ses généraux le 31 juillet 1940, repose sur la Russie et les États-Unis. Si la Russie disparaît du tableau, l'Amérique elle aussi est perdue pour les Britanniques, car l'élimination de la Russie aurait pour effet d'accroître formidablement la puissance du Japon en Extrême-Orient. La Russie est l'épée extrême-orientale de la Grande-Bretagne et des États-Unis dirigée vers le Japon »[35].

Il estimait que, la Russie vaincue, le Japon immobiliserait les États-Unis en Extrême-Orient, restreignant ainsi leurs possibilités d'aide aux Britanniques. Et, à son avis, sur le théâtre d'opérations européen, une défaite russe serait également dévastatrice pour la Grande-Bretagne et laisserait l'Allemagne « maîtresse de l'Europe et des Balkans ».

Comme le nota le général Halder, chef d'état-major de la Wehrmacht, « Décision : la destruction de la Russie doit par conséquent être incluse dans cette guerre. Printemps 1941. Le plus tôt sera le mieux ».

Après sa victoire en France, Hitler, au cours d'une visite éclair à Paris, se rendit aux Invalides pour y contempler le tombeau de Napoléon. Mais s'il établit alors un parallèle entre l'action de l'Empereur en Russie et ce qu'il s'apprêtait à entreprendre, il garda ses pensées pour lui. Plus tard, toutefois, il devait déclarer à ses généraux : « Je ne ferai pas la même erreur que Napoléon[36]. » Il ne précisa pas exactement de quelle erreur il s'agissait, mais ce n'était certainement pas celle qui avait consisté à attaquer la Russie. Il était trop convaincu qu'une victoire à l'est ne ferait que l'aider à dominer aussi le monde occidental.

Selon le général Henning von Tresckow[37], Hitler pensait que la Grande-Bretagne ne pouvait résister que grâce à l'appui des États-Unis et de leurs vastes ressources industrielles, qui risquaient de finir par « user » la puissance allemande. Et que, face à ce danger, il lui fallait prendre le contrôle du grand potentiel industriel et agricole russe, ainsi que des réserves de main-d'œuvre que représentait le pays. Cette thèse se heurtait au scepticisme de certaines hautes personnalités allemandes. Le « numéro 2 » du ministère des Affaires étrangères, le secrétaire d'État Ernst von Weizsäcker, écrivit à son ministre, Ribbentrop, que tenter « de battre l'Angleterre en Russie » n'était pas un programme viable[38]. Mais Ribbentrop n'était pas le genre d'homme prêt à présenter la moindre critique ou restriction au Führer. Comme Paul Schmidt, l'interprète d'Hitler, qui appartenait lui aussi au ministère des Affaires étrangères avec le rang d'ambassadeur, devait le dire plus tard à Nuremberg au psychiatre américain Leon Goldensohn, « Ribbentrop imitait en tout Hitler – même dans la forme de la casquette[39] ».

À la fin de 1940, Hitler mit en circulation restreinte sa Directive 21 portant instructions secrètes pour l'Opération Barberousse, nom donné à la future offensive contre la Russie. Il est à remarquer au passage que ce nom pouvait ne pas sembler de très bon augure, l'empereur Frédéric Ier dit « Barberousse » ayant fini, après d'incontestables victoires, par se noyer en 1190, au cours de la Troisième Croisade [40].

« Les armées allemandes, précisait la directive [41], doivent être prêtes, avant même la conclusion de la guerre contre l'Angleterre, à écraser la Russie soviétique à la faveur d'une rapide campagne. »

Le texte prévoyait « des opérations audacieuses conduites par des colonnes blindées pénétrant profondément » en Russie occidentale et visant à tourner, encercler et détruire les principales unités combattantes soviétiques avant qu'elles puissent faire retraite. « L'objectif final de l'opération, poursuivait la directive, est d'ériger un barrage contre la Russie asiatique sur la ligne générale Volga-Arkhangelsk. » Et elle ajoutait : « La dernière zone industrielle de Russie subsistant dans l'Oural peut alors, si nécessaire, être éliminée par l'aviation. » Ainsi, les Allemands resteraient maîtres de la partie européenne de l'URSS avec toutes ses ressources.

Pour y aboutir, les forces du Reich devaient d'abord anéantir les forces soviétiques dans la région de la Baltique et de Leningrad. Ensuite, était envisagée par la directive une attaque « visant à occuper Moscou, important centre des communications et des industries d'armement [42] ». Le texte précisait que la prise de la capitale soviétique « représenterait un succès politique et économique décisif ainsi que le contrôle des plus importants nœuds ferroviaires ».

De toute évidence, Hitler n'était plus ébranlé le moins du monde par les mauvaises expériences napoléoniennes non plus que par celles des Allemands eux-mêmes durant la Première Guerre mondiale. Il avait écrit dans *Mein Kampf* : « Pendant trois ans, ces Allemands avaient attaqué sur le front russe, apparemment, tout d'abord, sans le moindre succès. Les Alliés se gaussaient presque de ces efforts inutiles, car, en fin de compte, le géant russe, avec son écrasante masse d'hommes, était sûr de rester vainqueur, tandis que l'Allemagne succomberait inévitablement à cette hémorragie [43]. » Mais, en cet été 1940, sa série de victoires contre la Pologne, la Norvège, le

Danemark, les Pays-Bas, la Belgique et la France, et l'humiliation de l'Armée rouge en Finlande l'avaient convaincu que ses forces triompheraient aisément en Russie.

En décembre 1940, Hitler affirma qu'au printemps suivant, ses forces seraient « visiblement à leur zénith[44] », tandis que les troupes soviétiques seraient indiscutablement au plus bas. « Puisque la Russie doit être battue de toute façon, déclara-t-il, il est mieux de le faire maintenant, quand les forces armées russes n'ont pas de chefs et sont médiocrement équipées[45]. » En une autre occasion, il dit au général Jodl : « Nous n'avons qu'à donner un coup de pied dans la porte et toute cette structure pourrie s'effondrera[46]. » Quant au ministre de la Propagande, Goebbels, il écrivait dans son journal : « La Russie s'effondrera comme un château de cartes[47]. »

Ainsi inspirés par leur Führer, certains généraux allemands émettaient des prédictions de plus en plus euphoriques. En avril 1941, le général Blumentritt affirma à ses camarades que « quatorze jours de combats acharnés[48] » suffiraient certainement à venir à bout des Russes. D'autres parlaient de six à dix semaines. Hitler semblait presque prudent en comparaison. Il prévoyait une campagne ne durant pas plus de quatre mois, peut-être trois. Dans cette perspective, il fixa au 15 mai 1941 la date de l'invasion. Cette date lui permettait, évitant effectivement l'erreur commise par Napoléon, d'avoir le temps d'obtenir la victoire avant la venue du mauvais temps – quatre mois entiers pour aboutir à ce résultat. Napoléon, lui, n'avait fait entrer la Grande Armée en Russie qu'à la fin juin 1812.

Mais, sa confiance en soi se renforçant à mesure que celle de Staline s'amenuisait, Hitler crut pouvoir régler d'autres problèmes sur le théâtre d'opérations européen alors même qu'il aurait dû se concentrer entièrement sur la préparation de l'Opération Barberousse. Et son allié Mussolini contribua à l'y contraindre.

Mussolini avait été passablement exaspéré par le fait que les offensives victorieuses déclenchées jusque-là par Hitler constituaient souvent une aussi grande surprise pour lui que pour ceux qui en étaient victimes, ce qui semblait lui conférer un rôle très marginal. À l'automne 1940, il décida donc d'user du même procédé en attaquant sans préavis. Quand Hitler le rencontra à Florence le 28 octobre, le Duce lui annonça triomphalement : « Führer, nous sommes en marche ! Les troupes italiennes victorieuses ont franchi la frontière gréco-albanaise ce matin[49]. »

Mais les troupes italiennes ne restèrent pas longtemps victorieuses. Au bout de quelques jours, elles battaient en retraite, et Hitler déclarait à ses généraux que l'initiative de Mussolini avait été une « regrettable bévue[50] », qui venait compromettre le contrôle exercé par les Allemands sur les Balkans. Alors que continuait à se préparer l'Opération Barberousse, Hitler dut mettre au point les plans de l'Opération Marita, offensive allemande visant à retourner la situation en Grèce et en Albanie. Puis, un autre coup de théâtre vint mettre à son comble la fureur d'Hitler : en mars 1941, à Belgrade, un putsch renversa le gouvernement yougoslave jusque-là favorable aux Allemands, menaçant la mainmise de ceux-ci sur le pays et sur l'ensemble des Balkans. Dès le début d'avril, le Führer fit intervenir la Wehrmacht et la Luftwaffe en Yougoslavie et en Grèce, l'aviation ravageant Belgrade au passage. Mais, en ordonnant cette opération, Hitler donna une autre directive qui devait se révéler terriblement lourde de conséquences : « Le déclenchement de l'Opération Barberousse devra être reporté de quatre semaines[51]. »

« L'ajournement de l'attaque contre la Russie afin que le seigneur de la guerre nazi puisse assouvir sa rancœur contre un petit pays balkanique fut probablement la décision la plus catastrophique de toute la carrière d'Hitler », devait écrire William L. Shirer dans *L'Ascension et la chute du Troisième Reich*[52].

À l'époque, toutefois, cela ne parut pas frapper Hitler. Il voulait régler le problème des Balkans avant de s'attaquer à la Russie, et, considérant la situation à l'est, il persistait à penser qu'il avait encore le temps d'y triompher, même si sa marge d'action se trouvait rétrécie. Et, au lieu d'envoyer ses troupes en Russie un mois plus tôt que ne l'avait fait Napoléon cent vingt-neuf ans auparavant, il déclencha finalement l'Opération Barberousse dans la même période du mois de juin.

Que pensait Staline pendant ce temps-là ? Que savait-il et quand l'avait-il su ?

Hitler était aveuglé par sa conviction que l'Allemagne devait à toute force vaincre et subjuguer l'Union soviétique, pays qu'il décrivait avec un profond mépris comme « un corps slavo-tartare » avec « une tête juive »[53]. Mais Staline, de son côté, souffrait d'une autre forme d'aveuglement se traduisant par un refus obstiné d'accepter les preuves manifestes s'accumulant devant lui des intentions agressives d'Hitler. Le fait que les troupes allemandes aient été si près de s'emparer de Moscou est la conséquence directe du refus du dictateur soviétique de voir ce qu'il ne tenait pas à voir durant la période de près de deux ans du pacte germano-soviétique.

Il n'y a pas d'explications simples au comportement de Staline à cet égard, ignorant les avertissements de ses propres services de renseignement comme ceux des Occidentaux. L'historique de cette période montre, sans l'ombre d'un doute, que Staline disposait de toutes les informations nécessaires pour aboutir à la bonne conclusion et préparer son pays à l'attaque qui allait venir, plutôt que de croire qu'il avait encore tout son temps pour cela, ou même de supposer que cette attaque ne se produirait pas. Mais on peut voir, à maintes reprises, Staline insister sur sa propre interprétation des faits, laissant ses vœux personnels prendre le pas sur sa raison, et, en fin de compte, prendre ses désirs pour des réalités.

Curieusement, pourtant, les hommes du Kremlin avaient, à l'origine, paru plus lucides et réalistes que bien d'autres. À l'époque de l'accord de Munich, en 1938, Staline avait maudit le Premier ministre britannique Neville Chamberlain pour son refus de reconnaître l'aberration de sa politique d'apaisement envers l'Allemagne nazie. « Un jour, avait-il dit alors, ce fou d'Hitler lui prendra son parapluie pour le lui casser sur la tête. Et Chamberlain le supportera sans se plaindre[54]. » Ce n'est pas seulement le mépris de Staline pour Chamberlain qui est frappant ici, c'est aussi son utilisation du terme « fou » en parlant d'Hitler.

On peut trouver dans les jugements portés par les Soviétiques sur les dirigeants de l'Allemagne nazie un curieux mélange d'admiration réticente et de dédain.

Lavrenti Beria, le chef de la police secrète et futur ministre de l'Intérieur, décrivait ainsi Ribbentrop : « Il se promène comme un dindon, tout gonflé d'orgueil[55]. » Et pourtant, de son côté, Ribbentrop devait déclarer, alors qu'il était emprisonné à Nuremberg : « J'aimais assez Staline et Molotov, je m'entendais bien avec eux[56]. »

En fait, plusieurs membres de l'entourage d'Hitler exprimèrent de l'estime pour « Cul-de-pierre », ainsi qu'était surnommé Molotov en raison de sa capacité à rester des heures entières assis à son bureau, à travailler. Interrogé également à Nuremberg, Paul Schmidt, l'interprète d'Hitler, dit de lui : « Il me rappelait mon vieux professeur de mathématiques. C'est le genre d'homme qui aime à mettre les points sur les " i ". Il aime la méticulosité. C'est un juriste expert, un travailleur acharné et assez obstiné. Mais je ne sais pas s'il a beaucoup d'imagination. Comme tous les Russes, il obéira aux ordres de Staline sans la moindre hésitation [57]. »

Dans le jugement porté sur les Britanniques, les Soviétiques apparurent comme nettement plus lucides que les Allemands. Quand Ribbentrop se rendit à Moscou pour la conclusion du pacte de non-agression, Staline lui déclara : « L'Angleterre, en dépit de sa faiblesse, fera la guerre avec compétence et obstination [58]. » Il vit moins juste en ce qui concernait la France, dont il prédisait une résistance acharnée. Mais, sur la Grande-Bretagne, les hommes du Kremlin ne partageaient visiblement pas les illusions des Allemands. En novembre 1940, Molotov assistait à un banquet organisé en son honneur à Berlin lorsque la RAF vint bombarder la ville. Il dut se réfugier dans l'abri personnel de Ribbentrop, et lorsque celui-ci lui affirma une fois de plus que la Grande-Bretagne était finie, il lui répondit : « S'il en est ainsi, pourquoi sommes-nous dans cet abri et à qui sont ces bombes qui tombent sur nous [59] ? »

Mais si Staline et ses collaborateurs l'emportaient parfois sur leurs interlocuteurs allemands dans ce genre d'échanges, ils n'en agissaient pas moins comme s'ils pouvaient continuer à se fier – au moins pour une relativement longue période – à un respect du pacte de non-agression et des accords de paix entre les deux pays. Staline, ainsi, était résolu à honorer, tant qu'existait le pacte, les termes de l'accord économique qui s'ensuivait, et l'URSS fournissait à l'Allemagne de vastes quantités de pétrole, de bois, de cuivre, de minerai de manganèse, de céréales et de caoutchouc, qui venaient confortablement approvisionner la machine de guerre du Reich. Et plus on l'avertissait qu'il ne faisait ainsi que renforcer un appareil militaire qui n'allait pas tarder à se retourner contre lui, plus il insistait pour que ces engagements soient tenus, et tenus avec une promptitude telle qu'Hitler ne puisse soupçonner un instant que le Kremlin se méfiait de lui.

« Donc, pendant que tous les oiseaux chantaient " Attention à Hitler ! Attention à Hitler ! ", écrivit Khrouchtchev, Staline continuait à envoyer ponctuellement aux Allemands cargaison sur cargaison de céréales et de pétrole. Il voulait amadouer Hitler pour l'amener à respecter les termes de l'accord Molotov-Ribbentrop [60]. »

Parmi les « oiseaux » évoqués par Khrouchtchev figuraient nombre des meilleurs espions dont l'Union soviétique disposait à l'étranger. Dès juin 1940, alors que les Allemands déferlaient sur la France, le colonel Ivan Dergatchev [61], attaché militaire soviétique à Sofia, envoya un rapport de bonne source prédisant la conclusion d'un armistice avec le gouvernement français, puis « sous un délai d'un mois » une attaque surprise contre l'URSS. « Le but, précisait le rapport, serait de détruire le communisme en Union soviétique et d'y installer un régime fasciste. » Le 22 juin, la France était effectivement contrainte de demander l'armistice, et si l'attaque allemande contre l'Union soviétique n'eut lieu qu'un an plus tard, jour pour jour, ce fut bien « sous un délai d'un mois » qu'Hitler ordonna la préparation de l'Opération Barberousse.

Le service de renseignement militaire soviétique fit parvenir au Kremlin un flot régulier d'informations sur les préparatifs de guerre allemands. De Berlin vint, le 29 septembre 1940, en provenance d'une source s'abritant sous le nom de code « Ariets [62] », un rapport spécifiant que « Hitler entendait résoudre les problèmes de l'Est au printemps de l'année prochaine ». Le 29 décembre, une information de même source annonçait une offensive en mars 1941. Et, en février 1941, toujours de même source, venait la confirmation que « la guerre a bien été décidée pour cette année ». Le général Vassili Toupikov, qui, en tant qu'attaché militaire soviétique à Berlin, était chargé de la collecte et de l'évaluation de ces renseignements, était d'un avis concordant et soulignait que l'Allemagne réduisait ses effectifs à l'ouest pour transférer des troupes auprès de sa frontière avec l'Union soviétique. « L'URSS, écrivait-il, fait figure de prochain ennemi. » Le 9 mai, il communiquait d'autres détails sur le plan de guerre allemand, en concluant : « La défaite de l'Armée rouge sera complète en un mois ou un mois et demi, avec l'arrivée de l'armée allemande sur le méridien de Moscou » [63].

D'autres missions militaires soviétiques à l'étranger faisaient parvenir des informations similaires. Le 13 mars 1941, l'attaché militaire à Bucarest [64] citait les paroles d'un chef de bataillon de la Wehrmacht déclarant : « Nous avons complètement changé notre plan. Nous allons marcher à l'est contre l'URSS. Nous en tirerons des céréales, du charbon et du pétrole, et cela nous permettra de continuer la guerre contre l'Angleterre et l'Amérique. » Toujours de Bucarest, on ajoutait : « Les militaires allemands sont grisés par leurs succès et affirment que la guerre contre l'URSS va commencer en mai. » Et, le 26 mars : « L'état-major général roumain a des informations précises selon lesquelles, dans deux ou trois mois, l'Allemagne va attaquer l'Ukraine. »

Le rapport précisait ensuite que l'attaque serait également dirigée vers les Pays baltes et que la Roumanie y participerait et en serait récompensée par la restitution de la Bessarabie, région dont l'avait privée Staline. Le rapport faisait état du retard de quatre semaines apporté à l'opération en raison de l'intervention en Yougoslavie et en Grèce et de la conviction croissante des militaires allemands qu'ils pourraient régler le sort de l'Union soviétique en quelques semaines.

Mais la réaction de Staline – et, de plus en plus, celle des hommes qu'il préposait à l'analyse des renseignements – fut d'écarter ces informations. Il commença par limoger Ivan Proskourov, le chef du service de renseignement militaire soviétique, qui se refusait à cultiver l'optimisme requis, et par le remplacer par Filipp Golikov, qui s'appuya résolument sur des rapports inspirés par la désinformation allemande. En mars 1941, par exemple, l'attaché militaire soviétique à Budapest [65], qui ne disposait d'aucune source crédible, écarta péremptoirement, comme fruits de la propagande britannique, toutes les menaces d'invasion allemande. « Tout le monde, écrivit-il, considère qu'une offensive allemande contre l'URSS est impensable avant la défaite de l'Angleterre. »

Golikov fit siennes ces conclusions : « Les rumeurs et documents, affirma-t-il, qui parlent du caractère inévitable d'une guerre contre l'URSS ce printemps doivent être tenus pour de la désinformation émanant des services anglais ou peut-être même allemands [66]. »

C'était sans aucun doute l'attitude que voulait lui voir adopter Staline. Quand, le 17 avril, sa station de Prague lui envoya un rapport annonçant qu'Hitler allait « attaquer l'URSS dans la deuxième moitié du mois de juin », Golikov le transmit consciencieusement à Staline. Et celui-ci le lui renvoya dans les trois jours avec cette mention de sa main, à l'encre rouge : « Provocation anglaise ! Enquêtez là-dessus ! » [67].

Mais nul ne mit plus en colère Staline que Richard Sorge, le maître-espion soviétique de Tokyo, qui expédiait rapport sur rapport d'une troublante exactitude. Né à Bakou d'une mère russe et d'un père allemand, Sorge avait été élevé en Allemagne, où il avait été recruté par le Komintern. Il avait été envoyé à Tokyo comme correspondant de la *Frankfurter Zeitung*, et, apparaissant à tous comme un parfait nazi, il était entré dans les bonnes grâces de l'ambassadeur d'Allemagne et de son personnel diplomatique comme des plus hautes personnalités japonaises. Tirant plein avantage de cette situation, il avait été le premier à rapporter, en 1940, qu'une attaque allemande contre l'URSS était probable, après quoi il avait rapporté en détail les mouvements de troupes de la Wehrmacht vers l'est. Il précisa que les Allemands « pouvaient occuper un territoire délimité par une ligne Kharkov-Moscou-Leningrad [68] ». Mais la seule réaction de Golikov consista à lui réduire ses autorisations de notes de frais, ce que Sorge interpréta à juste titre comme une mesure de représailles. Et quand, en mai, Sorge signala que l'attaque était imminente, Staline rejeta l'information comme émanant « d'une petite merde installée dans les bordels de Tokyo [69] ».

Les agents de renseignements du NKVD à l'étranger se heurtaient à des réactions similaires quand ils remettaient des rapports allant dans le même sens que ceux de leurs collègues militaires. L'un de leurs meilleurs informateurs était Harro Schulze-Boysen, connu sous le nom de code de Starchina et travaillant au ministère de l'Air allemand. Il tenait constamment ses officiers traitants au courant, avec nombre de détails à l'appui, des préparatifs de l'Opération Barberousse. Le 17 juin, il les avertit que tout était prêt et que « le coup pouvait être attendu à tout moment ». Réponse de Staline : on peut renvoyer Starchina « chez sa foutue maman » [70].

Stepan Mikoyan, fils d'Anastase et pilote de chasse durant la guerre, donne cette simple explication du refus de Staline d'ajouter foi aux rapports de ses agents : « L'attitude de Staline à l'égard du renseignement, écrit-il dans ses Mémoires, reflète son extrême méfiance des hommes. Pour lui, tout le monde était capable de tromperie ou de trahison. » Et Mikoyan souligne que le maître du Kremlin finit par faire rappeler tous ses agents permanents en poste à l'étranger de façon à pouvoir, selon ses propres termes, « les réduire en poussière dans les camps » [71].

Compte tenu de cet état de suspicion permanente, il n'est guère surprenant que Staline n'ait pas plus tenu compte des avertissements prodigués par les Occidentaux. En avril 1941, Winston Churchill et Laurence Steinhardt, l'ambassadeur des États-Unis à Moscou, tentèrent l'un et l'autre de le convaincre qu'Hitler allait se retourner contre lui – mais en vain [72]. D'autres démarches allant dans le même sens n'eurent pas plus de succès, même lorsqu'elles mettaient en relief les mouvements de troupes allemandes près de la frontière orientale du Reich. Staline considérait ces avertissements comme autant de tentatives pour semer la discorde entre Moscou et Berlin. « Ils nous jouent l'un contre l'autre », affirmait-il [73].

Si la méfiance pathologique de Staline envers ses propres agents comme envers ceux des Occidentaux explique beaucoup de choses, elle ne justifie pas, toutefois, son aveuglement devant d'autres indices des intentions réelles d'Hitler. Dès le 14 août 1940, celui-ci avait nettement montré le bout de l'oreille en demandant une prévision des livraisons soviétiques « jusqu'au printemps 1941 [74] ». Et, durant les semaines précédant l'invasion, les Allemands avaient commencé à rappeler sur une base régulière leurs diplomates et leurs familles de l'ambassade de Moscou. Au moment du déclenchement de l'offensive, la présence allemande dans la capitale soviétique avait été réduite à une centaine de personnes. Comme devait le souligner Valentin Berejkov, affecté à l'ambassade d'URSS à Berlin, celle-ci comptait alors près d'un millier de personnes. « Staline, soucieux de ne pas rendre Hitler suspicieux, précisait-il, nous avait interdit de réduire le nombre de nos employés en Allemagne [75]. »

De plus, les signes d'intenses préparatifs militaires allemands étaient nettement visibles, surtout dans les régions frontalières. De plus en plus fréquemment, des avions allemands, de toute évidence en mission de reconnaissance, violaient l'espace aérien soviétique. À plusieurs reprises, sur la frontière, des troupes de la Wehrmacht avaient ouvert le feu sur des avions soviétiques tentant d'intercepter les appareils allemands. En une occasion, même, cinq avions allemands se posèrent en territoire soviétique, leurs pilotes prétendant qu'ils s'étaient perdus et s'étaient ensuite trouvés à court de carburant. Mais la réaction de Staline fut de restreindre l'action de ses propres troupes en pareil cas. La consigne était : « En cas de violation de la frontière germano-soviétique par des avions ou ballons allemands, ne pas ouvrir le feu »[76]. Et la Directive 102 du NKVD en date du 29 mars 1940 ajoutait : « Limitez-vous à préparer un rapport sur la violation de la frontière. » Le 5 avril, un nouvel ordre émanant de Beria informait les gardes-frontières soviétiques que, dans l'éventualité d'une confrontation, ils devaient « strictement veiller à ce que leurs balles ne tombent pas en territoire allemand ».

Quant aux Allemands, ils invoquaient comme un douteux prétexte à leurs incursions aériennes le fait que plusieurs bases d'entraînement de la Luftwaffe se trouvaient à proximité de la frontière[77]. Quand le nombre de ces incidents s'accrut (il y en eut 180 entre le 19 avril et le 19 juin 1941), le ton des Soviétiques ne se durcit que très modérément. Une note officielle assura le gouvernement allemand que les troupes russes avaient reçu instruction de ne pas tirer sur les avions « tant que ces vols ne se reproduiraient pas trop fréquemment[78] ». Ayant reçu un rapport à ce sujet, Staline déclara : « Je ne suis pas sûr qu'Hitler soit au courant de ces incursions[79]. »

Les efforts du dictateur soviétique pour assurer aux Allemands que, quoi qu'ils puissent faire, il entendait maintenir de bonnes relations avec eux atteignirent des proportions presque comiques. Le 18 avril 1941, alors qu'il raccompagnait à une gare de Moscou le ministre japonais des Affaires étrangères Yosuke Matsuoka, il repéra sur le quai le comte Friedrich Werner von der Schulenburg et le serra entre ses bras en clamant : « Nous devons demeurer amis et vous devez maintenant tout faire à cette fin ! » Un peu plus tard, il vit l'attaché militaire du Reich, le colonel Hans Krebs, et, après s'être assuré qu'il était bien allemand, lui répéta : « Nous devons rester amis avec vous à tout prix »[80].

Ces efforts de Staline firent impression sur Schulenburg, un aristocrate de la vieille école semblant singulièrement peu lucide tant sur le dictateur soviétique que sur son propre maître. Quand, au cours d'une réception se déroulant au début de l'année 1941, il assura à la femme de l'ambassadeur américain que la Russie et l'Allemagne ne se feraient pas la guerre, il était presque certainement sincère[81]. Plus tard, il commença à s'apercevoir qu'il avait peut-être mal interprété la situation, mais il continua à essayer de convaincre ses supérieurs à Berlin qu'ils devaient tenir compte des appels de Staline à la coopération. « Je crois honnêtement, écrivit-il, qu'en comprenant la gravité de la situation internationale, Staline a pris la responsabilité personnelle de préserver l'URSS d'un conflit avec l'Allemagne[82]. »

Mais, comme le nota Goebbels dans son journal, la hiérarchie nazie maintenait intentionnellement Schulenburg dans l'ignorance des préparatifs de guerre et jugeait commode de le laisser agir comme s'il y avait encore une chance sérieuse d'éviter une confrontation militaire. Selon Goebbels, lorsqu'il poursuivait sa campagne en faveur d'une poursuite de la coopération germano-soviétique, l'ambassadeur n'avait « pas la moindre idée que l'Allemagne était résolue à attaquer ». « Il est hors de doute, écrivait le ministre de la Propagande du Reich, qu'il vaut mieux laisser les diplomates dans l'ignorance des véritables données politiques. Ils doivent parfois jouer un rôle pour lequel ils n'ont pas les qualités de comédiens nécessaires, et même s'ils les possédaient, ils seraient sans aucun doute plus convaincants dans l'apaisement s'ils croyaient eux-mêmes à l'apaisement »[83].

Quant à Staline, il était si convaincant dans son rôle que l'ambassadeur de Turquie à Moscou envoya à son ministère une dépêche, interceptée par les Allemands, présentant le dictateur soviétique comme disposé à presque tout pour convaincre Hitler qu'il voulait sincèrement la paix. « Staline, ajoutait l'ambassadeur, est sur le point de devenir un instrument aveugle de l'Allemagne[84]. » La question est de savoir dans quelle mesure le maître du Kremlin jouait lui-même la comédie et dans quelle mesure il pouvait être sincère.

La thèse habituelle des défenseurs de Staline consiste à dire qu'il a fait là ce qu'il avait à faire, jouant à gagner du temps en raison de la faiblesse du camp occidental et de la nécessité de préparer ses propres forces. Si l'on en croit cette théorie, il n'avait pas d'illusions sur les intentions ultimes d'Hitler.

« Prétendre que nous ne nous attendions pas à une attaque allemande, écrit Khrouchtchev, certainement plus soucieux de préserver sa réputation en tant que membre des cercles dirigeants du Kremlin à l'époque que de vraiment plaider pour son ancien chef, est tout simplement stupide, surtout lorsque cela vient de militaires qui étaient proches de l'état-major général. Nulle personne ayant une once de sens politique ne peut admettre l'idée que nous avons été dupés, que nous avons été pris au dépourvu par une traîteuse attaque surprise[85]. »

Mais la direction du Kremlin – et, en conséquence, une grande partie des troupes – fut, en fait, prise au dépourvu lorsque l'offensive allemande se déclencha. Prenons la question des lignes de défense du pays. Dans les années trente, de puissantes lignes de fortification avaient été construites le long des frontières occidentales de l'Union soviétique. Mais quand lesdites frontières furent portées plus à l'ouest à la suite du pacte germano-soviétique, Staline décida que les anciennes fortifications devaient être en grande partie abandonnées, et d'autres construites sur la nouvelle frontière.

Cette décision se révéla désastreuse. Le futur général Petro Grigorenko, qui, jeune soldat, avait contribué à leur construction, rapporte qu'au printemps 1941, « des dizaines de milliers » de forts furent ainsi dynamités. « Je ne sais pas, devait écrire Grigorenko – qui devint ultérieurement un dissident –, comment les historiens de l'avenir expliqueront ce crime contre notre peuple. Nul meilleur cadeau n'aurait pu être fait à Hitler pour l'exécution de son plan Barberousse. Comment cela a-t-il pu se produire ? La seule justification de Staline doit être la folie »[86].

Le pire était que la construction et l'équipement des nouvelles fortifications étaient en constant retard sur l'abandon ou la démolition des anciennes. Quand les Allemands passèrent à l'attaque, la plupart des nouveaux forts manquaient d'artillerie et d'équipements adéquats. Il en résulta qu'ils furent aisément pris ou débordés. Si Staline avait disposé d'environ deux ans de plus pour les préparer convenablement, ce n'aurait peut-être pas été le cas. Mais le temps était un luxe qui ne lui était pas offert.

L'un des premiers biographes de Staline, Isaac Deutscher[87], soutient qu'il espérait refaire ce qu'avait réalisé le tsar Alexandre Ier, qui en faisant la paix avec Napoléon avait disposé de quatre ans pour préparer la guerre. Le problème est que le dictateur soviétique, quant à lui, prit de toute évidence ses désirs pour des réalités, et que son refus d'accepter toute information allant dans un sens contraire à ses vues personnelles représente une monumentale faute de commandement. Non content de ne pas tirer profit du temps dont il disposait pour préparer ses troupes à l'offensive qui allait venir, il contrecarra les efforts faits en ce sens. Au lieu de mettre les forces soviétiques en alerte totale, il leur ordonna de ne rien faire qui puisse être considéré par les Allemands comme une marque d'hostilité. Au lieu d'affirmer la nécessité d'une grande vigilance, il encouragea un sentiment de fausse sécurité.

Le 14 juin 1941, l'agence soviétique Tass continuait à démentir les rumeurs selon lesquelles les concentrations de troupes allemandes sur la frontière indiquaient l'imminence d'une invasion. « L'Allemagne, soutenait l'agence, observe les termes du pacte de non-agression aussi scrupuleusement que l'URSS, et, par conséquent, les rumeurs concernant une intention de l'Allemagne de violer le pacte et d'attaquer l'URSS sont sans fondement, et le récent transfert de forces allemandes des Balkans aux régions est et nord-est d'Allemagne doit être considéré comme lié à d'autres motifs, sans rapport avec les relations germano-soviétiques [88]. »

Staline, il est vrai, prit quelques initiatives tendant à indiquer qu'il envisageait la possibilité de se tromper dans ses calculs. S'adressant à la promotion sortante d'une école militaire, le 5 mai 1941, il parut lancer un avertissement indirect à Hitler. « L'armée allemande est-elle invincible ? dit-il. Non, elle n'est pas invincible. » Il ajouta que les dirigeants allemands commençaient « à ressentir l'ivresse » de leur série de succès militaires. « Il leur semble, déclara-t-il, que rien ne leur est impossible. » Avant de conclure : « Napoléon aussi avait connu de grands succès militaires tant qu'il combattait pour l'affranchissement des hommes, mais dès qu'il entreprit une guerre de conquête pour la subjugation d'autres peuples, son armée commença à subir des défaites » [89].

En laissant de côté l'aspect de profonde dérision d'un Staline prêchant l'affranchissement par opposition à la subjugation et de l'affirmation implicite que les conquêtes allemandes étaient jusque-là justifiées mais cesseraient de l'être si l'Allemagne attaquait l'Union soviétique, ce discours montrait, pour une fois, une certaine conscience du danger imminent. Une semaine plus tard, Staline accepta de faire rappeler 500 000 réservistes [90] pour renforcer les défenses frontalières, mais c'était, de façon évidente, trop peu et trop tard. Une grande partie des troupes ainsi réunies ne pourrait être déployée à temps. De plus, la production d'armements neufs venait à peine de commencer et beaucoup des unités militaires en place étaient terriblement sous-équipées. En mars 1941, on apprit à Staline que 30 % seulement des unités blindées disposaient des pièces de rechange nécessaires à leur fonctionnement [91]. Et, un mois avant l'attaque allemande, les généraux signalaient que « l'exécution du plan pour la fourniture des équipements militaires dont l'Armée rouge a un besoin si aigu est extrêmement peu satisfaisante ».

Certains historiens ont soutenu qu'à un certain moment, Staline avait même envisagé une offensive préemptive contre les Allemands, mais il est beaucoup plus probable qu'il a nourri jusqu'au bout l'illusion qu'il pourrait gagner au moins une année encore. Et, compte tenu de la façon dont il a, en cette période, consacré l'essentiel de ses efforts à imposer le régime soviétique aux États baltes et à la partie orientale de la Pologne – ce qui impliqua exécutions et déportations massives –, il est même possible qu'il ait persisté à penser – scénario idéal à ses yeux – qu'il pourrait éviter la guerre entre l'Allemagne et l'Union soviétique. En ce cas, les Allemands et les alliés occidentaux s'épuiseraient mutuellement en une guerre prolongée, donnant à l'URSS toute la liberté d'action dont elle avait besoin et peut-être la chance de réaliser ultérieurement d'autres gains territoriaux.

Vers la fin de l'année 1939, l'agence de presse française Havas avait rapporté la teneur d'un discours que Staline aurait prononcé le 19 août de la même année, tout de suite avant l'officialisation de son accord avec Hitler. Il y aurait déclaré que si les puissances occidentales vainquaient l'Allemagne à l'issue d'une longue guerre, ce pays serait mûr pour la soviétisation, mais que si l'Allemagne l'emportait dans les mêmes conditions, elle serait trop épuisée pour menacer l'Union soviétique et une prise de pouvoir communiste serait possible en France. Ainsi l'URSS gagnerait dans tous les cas de figure, et Staline aurait conclu : « On doit tout faire pour que la guerre dure le plus longtemps possible afin d'épuiser les deux camps »[92].

Staline réagit à la dépêche d'Havas en affirmant qu'il s'agissait d'une totale fabrication. Mais dans ce démenti, il déclarait aussi : « Ce n'est pas l'Allemagne qui a attaqué la France et la Grande-Bretagne, mais la France et la Grande-Bretagne qui ont attaqué l'Allemagne, prenant ainsi la responsabilité de la guerre actuelle »[93].

Même si Staline n'a pas prononcé le discours en question, les termes de son démenti sont presque aussi éloquents que les propos qui lui ont été prêtés. De plus, il fit des déclarations du même ordre le 7 septembre 1939, en présence de quelques-uns de ses principaux collaborateurs. Parlant de la guerre « entre deux groupes de pays capitalistes », il précisa : « Nous ne voyons aucun inconvénient à ce qu'ils se battent sérieusement et s'affaiblissent l'un l'autre »[94].

Quoi que Staline en soit venu à penser véritablement des intentions allemandes en ce printemps 1941, il continuait à réagir avec fureur chaque fois qu'il se trouvait confronté aux preuves de ses erreurs de calcul. Ses subordonnés savaient qu'ils avaient intérêt à dissimuler les mauvaises nouvelles. À la veille, très précisément, de l'invasion allemande, Beria envoya à Staline un rapport de Vladimir Dekanozov, l'ambassadeur soviétique à Berlin, selon lequel l'attaque allemande était imminente. Mais il le fit précéder d'une note déclarant : « Mon personnel et moi-même, Joseph Vissarionovitch, gardons bien en mémoire votre sage prévision : Hitler ne nous attaquera pas en 1941 [95]. »

Au même moment, les Allemands s'apprêtaient à frapper. Le soir du 21 juin, des militaires soviétiques avaient reçu séparément les témoignages de trois déserteurs allemands [96] venus avertir les troupes russes que l'attaque aurait lieu à l'aube suivante. Dans chacun de ces cas, les informations furent relayées jusqu'à Staline. Mais celui-ci affirma aussitôt que les déserteurs avaient été envoyés dans un but de provocation. Tout en maintenant qu'Hitler n'allait pas attaquer, il accepta, *in extremis*, de mettre en alerte les unités soviétiques des zones frontalières. En même temps, il ordonna qu'on fusille le troisième déserteur allemand – un jeune communiste berlinois nommé Alfred Liskov.

Avec Staline, le sort réservé aux porteurs de mauvaises nouvelles était clair.

2

« VOIS COMME NOUS SOMMES DÉBROUILLARDS EN CE MOMENT ! »

À la différence de beaucoup d'autres chefs d'unités militaires soviétiques stationnées à la frontière occidentale de l'URRS, le général Gueorgui Mikouchev[1], commandant la 41e Division d'infanterie, ne restait pas inactif au moment où la machine de guerre allemande s'apprêtait à se mettre en route. Les 15 000 hommes de sa division étaient déjà déployés à une dizaine de kilomètres de la frontière d'Ukraine, avec 70 000 Allemands en face d'eux. Ces Allemands disposaient de 400 canons et mortiers, le double de ce que possédait Mikouchev. Celui-ci ignorait sans doute l'importance du dispositif militaire auquel il avait à faire face, mais il n'avait été nullement convaincu par les affirmations répétées du Kremlin selon lesquelles les relations germano-soviétiques étaient au beau fixe, et il était décidé à se préparer au pire – même si cela revenait à défier les ordres supérieurs.

Le 17 juin, Mikouchev commença à regrouper discrètement les unités constituant sa division et à les faire s'armer et s'équiper en vue de l'action. Les artilleurs préparaient leurs obus, les mitrailleurs garnissaient leurs bandes et les fantassins emplissaient leurs cartouchières. Le soir du samedi 21 juin, Mikouchev réunit ses chefs de corps qui l'assurèrent que tous les hommes étaient sur le pied de guerre et en alerte. Ils lui rapportèrent aussi que les soldats étaient de plus en plus furieux d'avoir à laisser des avions allemands les survoler sans pouvoir rien faire.

Mikouchev s'adressa ensuite à ses officiers en choisissant soigneusement ses mots. « Puisque la division est près de la frontière, dit-il, et que nous avons des missions particulières, nous devons être prêts à tout événement. Je sais, de mon expérience de la Première Guerre mondiale, combien l'armée allemande est habile. Et, bien sûr, les fascistes le sont plus encore. » Il conclut en enjoignant aux officiers de rester le plus possible auprès de leurs hommes, et de se tenir prêts à combattre dans les plus brefs délais. En même temps, pour détourner l'attention des motifs réels de cette mobilisation, il invoqua une tournée d'inspection de membres de l'état-major dans le secteur.

Ce fut juste après 3 heures du matin, le 22 juin, que commença l'offensive allemande. Alors que d'autres unités soviétiques étaient prises par surprise et se débandaient rapidement, les soldats de Mikouchev entrèrent immédiatement en action, ripostant aux tirs des assaillants et ralentissant leur avance. Mais c'était en contradiction directe avec les ordres envoyés moins d'une heure avant par le Kremlin, prescrivant aux unités des zones frontalières de se placer « en état de préparation complète au combat », mais, en même temps, « de ne réagir à aucune action provocatrice qui pourrait susciter des complications graves »[2].

Bien que de nombreuses unités – dont celle de Mikouchev – n'aient pas même reçu cet ordre avant le déclenchement de l'attaque allemande, le général Ivan Mouzitchenko, commandant le secteur, fut furieux d'apprendre que la 41e Division avait ouvert le feu. Vers 7 heures du matin, alors que la bataille faisait rage, un jeune officier arriva du quartier général avec l'ordre de démettre de ses fonctions et de mettre en état d'arrestation Mikouchev, pour avoir fait tirer ses hommes sans autorisation de ses supérieurs – en d'autres termes, pour insubordination. Mikouchev garda tout son calme, disant à ses officiers : « Je pense que cette situation ne va pas se prolonger. Il est probable que l'ordre a déjà été annulé. » Les agents du NKVD chargés d'arrêter le général paraissaient eux-mêmes gênés ; ils étaient censés intervenir contre leur chef, l'homme qui avait eu la prévoyance de les préparer à une offensive allemande qui battait alors son plein. Mikouchev leur dit qu'ils pouvaient l'arrêter ; les hommes continueraient à combattre de toute manière.

Mais tout se passa de façon fort civilisée. Mikouchev, en effet, avait de bonnes relations avec l'officier commandant le détachement du NKVD au sein de sa division, et chacun des deux hommes tenait à ménager l'autre. Mikouchev se retira donc dans un abri, officiellement aux arrêts. Mais, durant les trois heures qui suivirent, ses deux principaux adjoints ne cessèrent de venir prendre ses ordres pour les relayer aux troupes. On sauvait ainsi les apparences.

À 10 heures du matin, comme l'offensive allemande s'intensifiait encore, le responsable du NKVD et l'un de ses adjoints se rendirent à leur tour dans l'abri où s'était retiré le général et eurent une brève conversation avec le « prisonnier ». Puis on vit apparaître Mikouchev, casque en tête et pistolet-mitrailleur au poing. L'air calme, il prit position près d'un bouquet d'arbres et commença à lancer des ordres à ses hommes – directement, cette fois. Sensibles à l'impression d'assurance que donnait leur chef, les soldats poursuivirent le combat contre des troupes allemandes infiniment supérieures en nombre et en matériel. En fait, ils parvinrent à pénétrer de plusieurs kilomètres en territoire polonais occupé par l'Allemagne avant d'être repoussés.

L'histoire du général Mikouchev est exceptionnelle pour plusieurs raisons. D'abord parce qu'en raison de sa lucidité et de son esprit d'initiative, ses hommes offrirent aux Allemands une résistance bien plus vigoureuse et efficace que la plupart des autres troupes soviétiques engagées. Ensuite, parce que le responsable divisionnaire du NKVD se trouvait être un homme raisonnable, qui ne procéda qu'à un simulacre d'arrestation et renonça même à cette comédie quand la situation évolua. Parce que les défenses soviétiques s'effondraient si vite que le Kremlin ne savait plus comment maîtriser la situation, Mikouchev put réussir l'extraordinaire exploit d'agir indépendamment de ses maîtres stalinistes et de ne pas en subir les conséquences.

Il est vrai que, durant l'été, alors que sa division poursuivait le combat, il fut de nouveau arrêté pour avoir évité, avec ses hommes, une tentative d'encerclement allemand, ignorant ainsi l'ordre général de ne se replier sous aucun prétexte. Mais son évident courage et son habileté tactique lui valurent, une fois encore, gain de cause. Le 9 septembre, toutefois, la chance tourna pour lui. Il fut tué d'une rafale de mitrailleuse allemande au cours d'un combat pour le contrôle d'un pont. « Des hommes comme Mikouchev, souligne l'historien militaire Nikolaï Romanitchev, ancien colonel de l'Armée rouge, se sont battus jusqu'à leur dernière goutte de sang. » Mais, en vérité, Mikouchev s'est montré aussi héroïque en défiant les ordres de Staline qu'en affrontant les Allemands.

Beaucoup moins rares étaient les heureuses surprises des Allemands devant la rapidité de leurs premières victoires et la confusion et le désarroi régnant chez leurs adversaires soviétiques. Hans von Herwarth [3], qui avait appartenu au personnel de l'ambassade d'Allemagne à Moscou dans les années trente, eut de nouveau l'occasion de franchir la frontière soviétique, mais, cette fois, sous l'uniforme de la Wehrmacht. Le 22 juin avant l'aube, les pièces de son régiment d'artillerie avaient pilonné pendant quarante-cinq minutes les positions de l'Armée rouge. « Pendant plusieurs heures, raconte-t-il, les Soviétiques ne ripostèrent pas. Nous les avions surpris en état de totale impréparation, beaucoup même, comme nous le dirent ultérieurement nombre de Russes, n'étant pas encore habillés pour la journée. »

Cet état d'impréparation était plus la norme que l'exception. Quand l'artillerie allemande bombarda la ville ukrainienne de Lvov, le commandant local soviétique ne réagit pas. Ayant été fait prisonnier un peu plus tard, il déclara à ses interrogateurs qu'il avait d'abord été convaincu que l'artillerie allemande avait ouvert le feu sur ses positions par erreur, et qu'il avait bien en tête l'ordre du Kremlin de ne pas réagir violemment aux « provocations ».

Comme il traversait une rivière pour entrer en territoire soviétique, le régiment d'Herwarth se heurta à une forte résistance d'unités de gardes-frontières du NKVD installées au sommet des arbres, ce qui leur permettait un tir plongeant sur les troupes assaillantes. Mais, lorsqu'ils furent venus à bout de ces unités, les Allemands trouvèrent remarquablement facile leur progression. « L'esprit combatif de l'infanterie soviétique, écrit Herwarth, était au plus bas. Si certains offraient une résistance un peu vigoureuse, c'était parce qu'il était difficile de déserter à ce moment particulier, en raison, par exemple, d'une stabilisation temporaire de la ligne de front. Mais lorsque celle-ci était rompue, l'Armée rouge renonçait à toute résistance, les hommes jetant leurs armes et attendant d'être faits prisonniers. » Des unités montées de son régiment s'en allaient regrouper leurs victimes apparemment consentantes. « Les prisonniers, ajoute Herwarth, suivaient sans opposer de résistance, cheminant souvent en longues files derrière un unique soldat allemand. »

D'après les récits des soldats de l'Armée rouge ayant survécu à l'assaut allemand, il est facile de comprendre pourquoi beaucoup de leurs camarades jugeaient préférable la captivité. Viatcheslav Dolgov, qui avait reçu son diplôme de l'école militaire le 21 juin 1941, avait été aussitôt envoyé comme officier

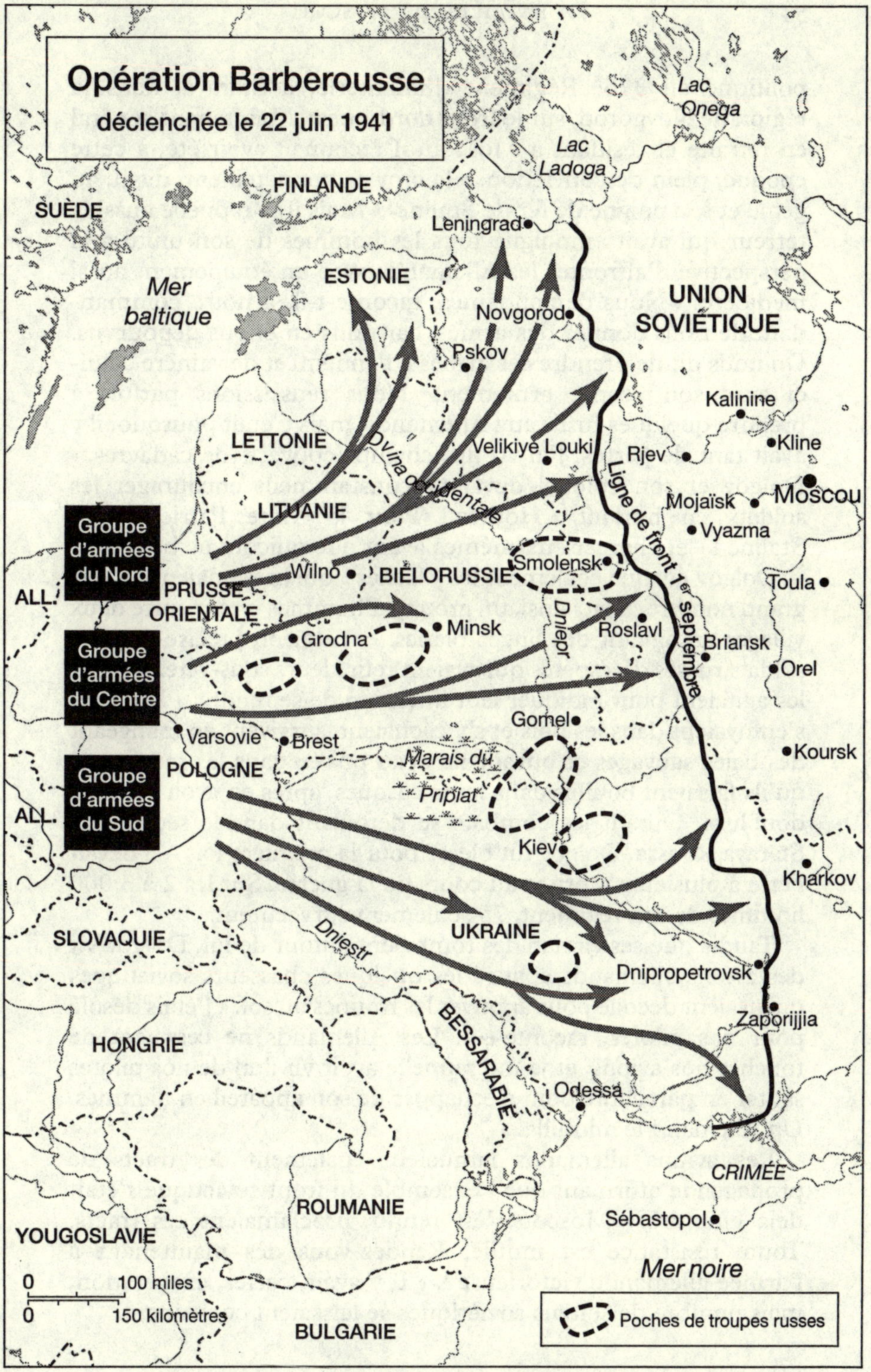
Opération Barberousse
déclenchée le 22 juin 1941
Lac Onega
Lac Ladoga
FINLANDE
SUÈDE
Leningrad
ESTONIE
Mer baltique
Novgorod
UNION SOVIÉTIQUE
Pskov
Kalinine
Kline
LETTONIE
Dvina occidentale
Velikiye Louki
Rjev
Ligne de front 1er septembre
Mojaïsk
Moscou
Vyazma
LITUANIE
Groupe d'armées du Nord
Wilno
BIÉLORUSSIE
Smolensk
Toula
ALL.
PRUSSE ORIENTALE
Dniepr
Roslavl
Minsk
Grodna
Groupe d'armées du Centre
Briansk
Orel
Gomel
Varsovie
Brest
Koursk
POLOGNE
Marais du Pripiat
Groupe d'armées du Sud
ALL.
Kiev
Kharkov
UKRAINE
SLOVAQUIE
Dniestr
Dnipropetrovsk
Zaporijjia
HONGRIE
BESSARABIE
Odessa
CRIMÉE
ROUMANIE
Sébastopol
YOUGOSLAVIE
Mer noire
0 100 miles
0 150 kilomètres
Poches de troupes russes
BULGARIE

politique au 375e Régiment d'infanterie, à Staraya, dans la région de Novgorod, sur le front nord-ouest. Maintenant général en retraite et résidant à Moscou, il reconnaît avoir été, à cette époque, plein de conviction. « Je croyais honnêtement, dit-il, au génie et à la poigne de fer de Staline. » Mais il se rappelle aussi la terreur qui avait empoigné tous les hommes de son unité à la perspective d'affronter les Allemands avec un équipement aussi médiocre. « Nous demandâmes, raconte-t-il, à notre commandant de nous donner des armes, car nous en étions dépourvus. On nous dit de prendre ces armes à l'ennemi et de vaincre celui-ci avec son propre armement. Nous réussissions parfois à prendre quelques fusils aux Allemands, mais c'était pourquoi il y avait tant de pertes. J'ai vu des champs couverts de cadavres. » Dolgov et son colonel devaient constamment encourager les soldats en hurlant « Hourra ! Pour la Mère Patrie ! Pour Staline ! » et charger eux-mêmes avant que quiconque bouge.

Dolgov évoque également les « lâches » qui se rendaient en très grand nombre. Il vit, ainsi, un groupe d'hommes errant entre deux villages en agitant des linges blancs. « C'étaient, précise-t-il, des soldats russes désespérés qui avaient retiré leurs sous-vêtements et les agitaient pour indiquer leur intention de se rendre. » D'autres s'enfuyaient dans les bois et s'y cachaient, survivant en mangeant des baies sauvages et buvant de l'eau puisée dans les marécages qu'ils faisaient bouillir dans leurs casques, après en avoir retiré la doublure. Durant les combats se déroulant dans le secteur de Staraya Roussa, Dolgov fut blessé pour la première fois – il devait l'être à plusieurs reprises au cours de la guerre. Sur les 2 à 3 000 hommes de son régiment, 75 seulement survécurent.

Tandis que ses camarades tombaient autour de lui, Dolgov vit des avions allemands abattre les quelques chasseurs soviétiques qui avaient décollé pour appuyer les troupes au sol. « J'étais désolé pour nos pilotes, raconte-t-il. Les Allemands ne cessaient de toucher nos avions, et je me rappelle avoir vu l'un de nos pilotes sauter en parachute pour s'échapper de son appareil en flammes. Un Allemand le mitrailla. »

Les avions allemands larguaient également des tracts de propagande affirmant que l'ensemble du front soviétique s'était déjà effondré. « Moscou s'est rendu, proclamaient ces tracts. Toute résistance est inutile. Rendez-vous dès maintenant à l'armée allemande victorieuse [4]. » Il y avait, certes, exagération, mais nombre de soldats soviétiques se laissaient convaincre.

L'offensive allemande s'était révélée dévastatrice pour l'aviation soviétique, dont beaucoup des appareils étaient bien sagement alignés sur les aérodromes des secteurs occidentaux, offrant des cibles idéales aux pilotes de la Luftwaffe. Le premier jour de l'Opération Barberousse, les Allemands détruisirent presque tous les avions de la région militaire de la Baltique avant qu'ils aient eu le temps de décoller, et, sur l'ensemble du front, on atteignit un total de quelque 1 200 appareils soviétiques anéantis [5]. En même temps, les avions allemands pouvaient parcourir les cieux tout à loisir, attaquant soldats et civils comme ils le voulaient. Le général Kopets, commandant l'aviation soviétique du secteur occidental, avait juré de se tirer une balle dans la tête si ses avions étaient détruits par une attaque surprise. C'est ce qu'il fit [6].

Durant le premier mois de l'offensive, les troupes allemandes allaient avancer de 720 kilomètres [7], à un rythme qui traduit bien le chaos régnant chez leurs adversaires. Le moral des soldats de la Wehrmacht s'élevait à mesure qu'ils s'enfonçaient en territoire russe sans rencontrer de résistance digne de ce nom. Le 26 juin, dans une lettre adressée à sa famille, le caporal Henry Nahler affirmait : « Je me sens renaître. » Et, évoquant l'assaut initial, quatre jours auparavant, il écrivait : « On aurait dit que toutes les armes du front ouvraient le feu en même temps. » Il ajoutait qu'ensuite, il avait trouvé dans une grange un seau de lait et deux œufs, les fermiers s'étant enfuis, et qu'il avait ainsi pu fêter l'événement. « D'une façon générale, concluait-il, tout s'est passé très confortablement. Les Russes n'ont pas utilisé leur artillerie contre nous » [8].

Cet optimisme se reflétait dans bien d'autres lettres de militaires allemands. « Nous allons expédier en enfer la Grande Russie, écrivait le même jour un sous-officier du nom de Bering. Si le Führer a décidé d'entreprendre tout cela, il va certainement réussir. » Le caporal von Dirdelsen ajoutait : « Nous allons vaincre ce pays au gouvernement de fous et battre l'Armée rouge. Notre compagnie a détruit trois casemates et avancé de 40 kilomètres au cours des trois premiers jours. » Il reconnaissait que nombre d'officiers avaient péri durant cette avance mais affirmait que leur bravoure avait poussé leurs hommes à attaquer plus ardemment encore. Dans d'autres lettres, des soldats racontaient les combats aériens victorieux de la Luftwaffe. « Oui, nos pilotes sont des types superbes ! écrivait Nahler. Je viens de voir un chasseur allemand attaquer tout un groupe d'avions soviétiques, abattant quatre d'entre eux. C'était inoubliable. »

À Moscou, le citoyen moyen n'avait aucune idée de la débâcle se produisant sur le front. Gueorgui Koumanev, qui devait ultérieurement travailler pour le Centre d'histoire militaire de Moscou et avait 10 ans à l'époque, s'était rendu au centre de mobilisation de la capitale, où une foule s'était assemblée. Il se souvient de l'optimisme qui y régnait et des rodomontades qu'on pouvait entendre. « Nous allons casser les dents d'Hitler ! » clamaient certains. D'autres demandaient : « Avez-vous entendu ? Nos troupes approchent de Königsberg » ou « Savez-vous que l'Armée rouge est déjà en territoire ennemi ? » Certains des jeunes gens présents cherchaient à s'engager en toute hâte pour avoir l'occasion de prendre part à la guerre, car ils étaient convaincus que celle-ci allait se terminer très rapidement.

Les enfants psalmodiaient des ritournelles créées pour l'occasion : « Hitler, prends garde ! – Nous montons la garde – Pas de doute ! – Hitler est *kaput* ! » Mais, comme beaucoup d'autres Moscovites, le futur romancier Iouri Droujnikov[9], qui, alors âgé de 8 ans, répétait ce petit refrain, vit ce bel optimisme s'évaporer rapidement. Son père, Ilya Droujnikov, dessinateur et illustrateur de livres, bien qu'ayant dépassé la quarantaine, fut immédiatement mobilisé et expédié au front avec d'autres recrues dans un wagon à bestiaux. Arrivé à destination, il découvrit « un chaos total », personne ne semblant savoir ce qui se passait.

Comme Ilya Droujnikov allait le raconter à son fils longtemps plus tard, il n'y avait, dans son unité, qu'un fusil pour dix hommes, et, en conséquence, des hommes sans armes suivaient chaque soldat armé, et, quand celui-ci tombait, le suivant devait reprendre son fusil. Les officiers, eux, se tenaient prêts à abattre tout homme partant dans la mauvaise direction – c'est-à-dire vers l'arrière. Périodiquement, ordre était donné aux recrues d'aller explorer les champs avoisinants pour dépouiller les cadavres de ce qu'ils pouvaient porter – armes, munitions et vêtements. L'une des raisons de la pénurie qui régnait était que les Allemands avaient rapidement saisi ou détruit nombre de dépôts d'armes et de matériel soviétiques imprudemment installés à proximité immédiate de la frontière.

Droujnikov ne resta qu'un très court moment au front. Durant une période de pluies torrentielles, il contracta une maladie de peau que les médecins militaires pensèrent contagieuse. Renvoyé à Moscou, il se rétablit et fut mobilisé, avec d'autres artistes, pour peindre les toits de la capitale. À l'aide de pleins seaux de peinture verte, jaune et marron, ils s'efforçaient de les camoufler en les faisant apparaître comme une forêt à l'aviation allemande – au moins à haute altitude.

Exécuter les ordres et garder le silence sur ce qu'il avait vu durant son bref passage sur le front avaient paru tout naturel à Ilya Droujnikov. Illustrateur également capable de retoucher des photographies, il savait qu'une seule indiscrétion pouvait lui coûter la vie dans la Russie de Staline. Vers la fin des années trente, deux agents du NKVD s'étaient présentés chez lui. Ils avaient ordonné à sa femme de quitter l'appartement avec le jeune Iouri et sa sœur pendant qu'ils parlaient à Ilya. Celui-ci et son épouse étaient convaincus qu'il allait être arrêté. Mais, restés seuls avec le dessinateur, les agents produisirent une photo de Staline, un gros plan où son visage – contrairement à celui qui apparaissait dans tous les portraits officiels – était visiblement marqué, sans doute des traces d'une variole contractée dans l'enfance. Les hommes du NKVD demandèrent à Ilya s'il pouvait retoucher la photographie pour faire disparaître ces marques disgracieuses. Et ils le surveillèrent avec attention pendant qu'il travaillait méticuleusement à rendre lisses et nettes les joues du dictateur. Quand Droujnikov eut fini, ils lui remirent un document à signer. Selon les termes de ce document, il reconnaissait être en possession d'un secret d'État à ne jamais révéler. Le dessinateur signa et ne raconta l'histoire à son fils que très longtemps après la mort de Staline.

Or, à l'époque, l'état d'impréparation des troupes soviétiques et la déroute qui s'en était suivie étaient considérés comme des secrets aussi importants que les marques de variole de Staline. Ilya Droujnikov n'avait pas besoin d'avoir signé un autre document pour en être conscient.

Le dictateur qui inspirait une telle terreur et présidait un État fondé sur la peur sembla soudain paralysé par la crainte lorsque l'offensive allemande se déclencha. Il s'était refusé jusqu'au dernier moment à accepter les plus claires indications des intentions du Reich. Le 20 juin, deux jours avant l'invasion, le capitaine du port de Riga avait appelé Anastase Mikoyan pour lui communiquer une information facile à interpréter : les vingt-cinq navires marchands allemands se trouvant dans le port avaient reçu ordre de lever l'ancre dès le lendemain, qu'ils aient achevé ou non l'embarquement de leur cargaison. Mikoyan alla tout droit trouver Staline et le pressa d'ordonner qu'on empêche le départ des navires allemands. « Ce doit être une provocation, répondit Staline avec colère. Nous ne pouvons pas faire cela. Qu'on laisse partir les navires [10]. »

Même lorsque l'invasion commença, la première réaction de Staline fut de n'en rien croire. Quand le général Joukov, chef de l'état-major général, appela la datcha du dictateur à 4 heures du matin pour l'informer des bombardements et tirs d'artillerie allemands sur la frontière occidentale, les premières instructions de Staline furent de ne pas riposter. Arrivant au Kremlin peu après, il exprima l'opinion que les militaires allemands agissaient de leur propre chef. « Hitler n'est sûrement pas au courant », déclara-t-il [11]. Puis il ordonna à Molotov d'entrer en contact avec l'ambassadeur allemand Schulenburg pour lui demander ce que signifiaient les informations en provenance de la frontière – comme s'il y avait encore une chance que celles-ci fussent erronées.

En fait, l'ambassadeur du Reich avait déjà demandé à rencontrer Molotov [12] pour lui remettre un message sans équivoque de son gouvernement. Quand il arriva à 5 heures 30 au ministère soviétique des Affaires étrangères, Schulenburg ne cacha pas sa déception devant la teneur de ce message, qui ruinait tous ses efforts pour maintenir la paix entre l'Allemagne et l'Union soviétique. Le texte expliquait en effet que la menace posée par l'accroissement des effectifs soviétiques auprès de la frontière avait contraint le gouvernement allemand « à prendre des contre-mesures militaires immédiates ». Si étrange que cela puisse paraître, Molotov demanda ce que ce message pouvait signifier. Selon le compte rendu sténographique soviétique de la rencontre, « Schulenburg répondit qu'à son avis, cela signifiait le commencement de la guerre ».

Molotov protesta en disant qu'en fait, il n'y avait aucun renforcement du dispositif militaire soviétique sur la frontière, et que les seuls mouvements de troupes correspondaient à des manœuvres classiques. L'ambassadeur répondit qu'il n'avait rien à ajouter à ce sujet. Molotov revint trouver Staline et lui annonça : « Le gouvernement allemand nous a déclaré la guerre [13]. » Staline, alors, marmonna : « Ribbentrop nous a roulés, cette canaille ! [14]. »

Les forces allemandes participant à l'offensive comptaient 3 050 000 hommes, 3 550 chars, 2 770 avions et près de 600 000 chevaux [15] ; malgré le modernisme de l'équipement militaire de la Wehrmacht, les chevaux étaient encore jugés nécessaires pour nombre de tâches. Un demi-million de troupes supplémentaires avaient été fournies par la Finlande et la Roumanie, alliées de l'Allemagne. C'était la plus importante force militaire jamais assemblée, mais cela ne représentait qu'un début ; pendant les quatre années qui suivirent, une moyenne de 9 millions d'hommes se trouvèrent simultanément impliqués dans le conflit germano-soviétique à tout moment donné.

Les Allemands divisèrent en trois leur force d'invasion : le Groupe d'armées du Nord, le Groupe d'armées du Centre et le Groupe d'armées du Sud [16]. Le Groupe d'armées du Nord devait attaquer à travers les États baltes, avec pour objectif ultime Leningrad. Le Groupe d'armées du Sud devait s'efforcer d'atteindre Kiev, la capitale de l'Ukraine. Mais c'était le Groupe d'armées du Centre qui était le plus puissant et le mieux équipé, comprenant notamment la moitié des divisions blindées allemandes. Il devait encercler et prendre Minsk, puis continuer sa progression droit vers l'est, en direction de Moscou.

Mais, les communications étant rares et fragmentaires – des saboteurs allemands avaient coupé les fils télégraphiques et téléphoniques partout où ils le pouvaient et de nombreuses divisions soviétiques, submergées de prime abord, n'étaient plus en état d'envoyer le moindre message –, Staline et son entourage n'avaient pas encore idée de la puissance de la force d'invasion et du caractère dérisoire des consignes qu'ils envoyaient. Il est vrai que nombre de commandants d'unité sur le terrain étaient également dans le brouillard. Comme le reconnut plus tard le général Fediouninski : « Quand l'assaut se produisit, la puissance de l'armée allemande représenta une complète surprise pour beaucoup de nos officiers [17]. » Mais ceux-ci ne tardèrent pas à se rendre compte qu'ils devaient faire face à une offensive à laquelle leurs chefs ne les avaient pas préparés.

Les hommes du Kremlin étaient encore réticents à admettre l'étendue de leurs erreurs d'appréciation. Alors qu'il apprenait de toutes parts les bombardements effectués par la Luftwaffe, au matin du 22 juin, le général Boldine, commandant adjoint de la région militaire occidentale, reçut, à son quartier général de Minsk, un appel du commissaire à la Défense Semyon Timochenko.

« Camarade Boldine, déclara Timochenko, souvenez-vous qu'aucune action ne doit être entreprise contre les Allemands sans que nous en soyons informés. Veuillez dire à Pavlov [le général Dimitri Pavlov] que le camarade Staline a interdit que l'artillerie ouvre le feu sur les Allemands [18].

— Mais comment est-ce possible ? demanda Boldine. Nos troupes sont en pleine retraite. Des villes entières sont en flammes, des gens sont tués de tous côtés [19]. »

Timochenko ne voulut rien entendre, Staline se refusant toujours à croire les nouvelles qui lui parvenaient. Mais, au bout de quelques heures, le dictateur soviétique lui-même ne pouvait plus douter qu'il devait faire face à une invasion en règle. Et il commença à faire envoyer des ordres [20] qui trahissaient encore plus son ignorance de la situation véritable. Les troupes de la frontière reçurent ainsi consigne d'« attaquer les forces ennemies avec toute la puissance et tous les moyens à leur disposition et les annihiler partout où elles avaient violé la frontière soviétique ». L'aviation devait « frapper des coups puissants » et « anéantir les principales concentrations de troupes ennemies et les avions allemands sur leurs aérodromes ». Les bombardiers soviétiques étaient censés frapper Königsberg et Memel, et les forces russes de la région sud-ouest devaient s'emparer de la ville polonaise de Lublin, à 50 kilomètres au-delà de la frontière.

Ces ordres utopiques étaient signés de Timochenko, Joukov et Malenkov – mais non de Staline, qui comprenait sans aucun doute qu'une telle responsabilité pourrait ultérieurement se retourner contre lui. Au début de la matinée du 22 juin, la radio soviétique avait continué à diffuser des programmes anodins, ignorant les alarmantes nouvelles du front. Mais les dignitaires civils et militaires du Kremlin finirent par se rendre compte qu'il leur fallait annoncer au pays qu'il était en état de guerre et pressèrent Staline de le faire. « Que Molotov parle », leur répondit-il. Son entourage tenta de souligner qu'à « un moment d'une telle signification historique », le peuple attendait le chef suprême, mais en vain. Staline ne voulait rien entendre. « Ce fut certainement une erreur, reconnut plus tard Mikoyan, mais Staline était si déprimé qu'il ne savait pas quoi dire au pays » [21].

Ce fut donc Molotov qui, à midi, prononça le discours qui devait rester dans la mémoire de tous les Soviétiques. Staline, toutefois, l'aida à en rédiger le texte [22], qui reflète le choc ressenti par le dictateur en découvrant qu'Hitler s'était retourné contre lui. « Cette attaque inouïe contre notre pays, déclara Molotov, est un acte de perfidie sans équivalent dans l'histoire des nations civilisées. Cette agression a été perpétrée en dépit du fait qu'il existait un pacte de non-agression entre l'Union soviétique et l'Allemagne, pacte dont les termes avaient été scrupuleusement observés par l'Union soviétique. » Puis, oubliant que jusque-là, son pays avait acquiescé à toutes les initiatives du Reich, Molotov dénonça l'oppression par les Allemands « des Français, des Tchèques, des Polonais, des Serbes et des peuples de Norvège, du Danemark, de Hollande, de Belgique, de Grèce et d'autres nations ». Il affirma qu'en Russie, « l'arrogant Hitler » allait connaître le même sort que Napoléon. Et il conclut par ces mots que devaient retenir la plupart de ses auditeurs : « Notre cause est juste. L'ennemi sera écrasé. La victoire sera à nous » [23].

Mais les nouvelles venant du front ne justifiaient guère cette déclaration. Tandis que le Kremlin persistait à envoyer aux troupes soviétiques des instructions insensées leur commandant de prendre l'offensive, les forces du Groupe d'armées du Centre continuaient à faire de rapides progrès en Biélorussie. Le 28 juin, Minsk, la capitale, tomba aux mains des Allemands, et 400 000 soldats russes se retrouvèrent encerclés. Minsk n'avait peut-être pas une importance stratégique capitale, mais Staline avait résolu de défendre la ville, et sa chute lui causa un grave choc psychologique. Le lendemain, il alla jusqu'à déclarer à son entourage : « Lénine nous a laissé un grand héritage, et nous, ses successeurs, nous avons tout gâché ! [24]. »

Comme les nouvelles devenaient de pire en pire, il se retira dans sa datcha et ne se présenta pas au Kremlin le jour suivant. « Le camarade Staline n'est pas là, et il ne sera probablement pas là pour le moment », s'entendaient dire les visiteurs [25]. Pendant deux jours, les membres du Politburo se demandèrent s'il entendait vraiment rester en place. Finalement, une délégation d'entre eux se rendit à la datcha. Quand ils arrivèrent, Staline les regarda et demanda : « Qu'êtes-vous venus faire ? » « Il avait, précise Mikoyan, une expression des plus étranges, et sa question était assez étrange aussi » [26]. Et l'idée effleura Mikoyan que Staline avait peut-être cru qu'« on venait l'arrêter » [27].

Mais Molotov fit aussitôt état d'une proposition visant à la formation d'un Comité de défense de l'État chargé de présider à l'effort de guerre. « Avec qui à la tête ? » demanda Staline [28]. Molotov et Beria se hâtèrent de préciser que ce serait lui. Staline parut alors surpris et soulagé. « Bien », dit-il [29].

Staline reprit son rôle à la tête de l'État, mais il était alors assez difficile de le croire capable de sortir son pays de la crise dramatique qu'il traversait. Il avait pris, il est vrai, quelques mesures raisonnables durant les premiers jours de l'invasion. Ainsi, le 24 juin, il avait créé le Comité d'évacuation, chargé de transporter des usines entières, leurs ouvriers et leur matériel vers des régions orientales d'URSS, hors de portée des Allemands [30]. Des milliers d'entreprises, grandes et petites, allaient être ainsi transférées.

Mais, en ces mêmes jours, il était, selon Khrouchtchev, « un Staline différent, un sac d'os dans une tunique grise ». Et, comme Khrouchtchev se plaignait du manque d'armes sur le front, Staline lui répondit : « On dit toujours que les Russes sont débrouillards. Vois comme nous sommes débrouillards en ce moment ! » [31].

Khrouchtchev n'apprécia guère ce genre d'humour. Et encore moins lorsqu'il appela de Kiev pour signaler que les ouvriers des usines locales demandaient des armes. Ce fut Malenkov qu'il eut au bout du fil [32], et, d'après lui, la conversation fut la suivante :

« Dis-moi où nous pouvons obtenir des fusils, demanda Khrouchtchev. Nous avons ici des ouvriers qui veulent rejoindre les rangs de l'Armée rouge pour combattre les Allemands et nous n'avons rien pour les armer.

— Tu ferais mieux de renoncer à cette idée, répondit Malenkov. Les fusils de l'organisation de défense civile ont tous été envoyés à Leningrad.

— Alors, avec quoi sommes-nous censés combattre ?

— Je ne sais pas. Des piques, des sabres, des armes improvisées, tout ce qu'on peut fabriquer dans une usine.

— Tu veux dire que nous devrions combattre des chars avec des piques ?

— Vous devez faire de votre mieux. Vous pouvez fabriquer des cocktails Molotov avec des bouteilles d'essence ou de kérosène et les lancer sur les chars. »

Sur quoi Khrouchtchev se sentit « effaré et indigné ». « Nous nous retrouvions, écrit-il, essayant de tenir bon face à une invasion sans fusils ni mitrailleuses, sans parler d'artillerie ou d'engins mécanisés » [33].

Néanmoins, au moment où Staline regagna le Kremlin, après sa brève crise de dépression, il était évident qu'il avait repris les rênes. Le 3 juillet enfin [34], il s'adressa à ses compatriotes. Ce fut une remarquable performance à plusieurs égards. Mais la partie la plus importante de son discours fut l'ouverture : « Camarades ! clama-t-il. Frères et sœurs ! Hommes de notre armée et de notre marine ! Je m'adresse à vous, mes amis ! »

Pour le despote tout-puissant, des termes tels que « frères et sœurs » ou « mes amis » étaient sans précédent. Ses auditeurs sentirent que quelque chose d'essentiel avait changé. Il faisait appel à eux en tant que partenaires d'un combat commun, et pas seulement en tant que sujets. C'était véritablement révolutionnaire, et les auditeurs le ressentirent. C'était très différent du discours de Molotov. Le double message était que Staline prenait complètement le commandement et qu'il avait besoin de l'aide de tous pour combattre l'envahisseur allemand.

Le reste du discours était beaucoup plus prévisible, encore qu'assez alambiqué. Staline soulignait le « grave danger » auquel le pays devait faire face et rendait hommage à « l'héroïque résistance de l'Armée rouge », affirmant que les Allemands avaient déjà vu anéantir « leurs meilleures divisions et leurs meilleures unités aériennes ». Et, dans la même foulée, il admettait : « L'ennemi continue à pousser en avant, lançant des troupes fraîches dans son offensive. » Il ne pouvait dissimuler les gains territoriaux réalisés par les Allemands, mais il affirmait qu'ils ne seraient que temporaires. Reprenant les propos qu'il avait tenus en mai à l'Académie militaire, il déclara : « L'Histoire montre qu'il n'y a pas d'armée invincible et qu'il n'y en a jamais eu. L'armée de Napoléon était considérée comme invincible, mais elle a finalement été battue par les armées russe, anglaise et allemande. » Il jura que, comme les troupes de Napoléon, les Allemands seraient « écrasés » sur le sol russe.

Mais, le naturel revenant au galop, il lança aussi un avertissement significatif à ses compatriotes, annonçant « une lutte sans merci contre tous les saboteurs de l'arrière, les déserteurs, les semeurs de panique ». Il ajouta que des tribunaux militaires allaient se charger de faire prompte justice envers quiconque se rendrait coupable « de démoralisation et de lâcheté ».

Staline déclara également que, dans les cas où la retraite serait absolument nécessaire, tout le matériel et toutes les réserves devaient être évacués. « On ne doit pas laisser à l'ennemi, dit-il, une seule locomotive, un seul wagon de chemin de fer, un seul kilo de blé ou un seul litre d'essence. » Il ajouta que tout ce qui ne pourrait être emporté devrait « être détruit sans faute ».

Mais Staline s'était aussi senti obligé de justifier comme il le pouvait sa décision de conclure avec Hitler un pacte de non-agression. Il déclara que ce pacte avait « assuré à notre pays la paix pendant un an et demi et la possibilité de préparer ses forces à repousser l'Allemagne fasciste si elle attaquait malgré le traité ». Ce qui, bien sûr, n'expliquait pas pourquoi, en ce cas, l'Armée rouge s'étant trouvée en un tel état d'impréparation.

Staline tenta de justifier ainsi les revers initiaux de son armée : « Quant à la partie de territoire néanmoins occupée par les troupes fascistes allemandes, déclara-t-il, le fait est principalement dû à ce que la guerre a commencé dans des conditions favorables aux forces allemandes et défavorables aux forces soviétiques. » Il expliqua que les Allemands étaient totalement mobilisés « tandis que les forces soviétiques avaient encore à effectuer leur mobilisation et à gagner la frontière ». Selon lui, la raison de cette différence résidait dans « la traîtrise » montrée par les Allemands en violant le pacte de non-agression. On pouvait vainement chercher, dans son discours, un seul mot d'autocritique.

Cependant, sur le terrain, les Allemands continuaient à avancer. Le 16 juillet, les troupes commandées par le général Heinz Guderian – ou *Schneller Heinz*, comme était surnommé le dorénavant célèbre général de panzers – avaient atteint Smolensk, la deuxième grande ville à tomber après Minsk. Une fois encore, des centaines de milliers d'hommes de l'Armée rouge s'étaient retrouvés encerclés, puis tués ou faits prisonniers. Il n'y avait que trois semaines qu'Hitler avait lancé son offensive, et la prise de Smolensk signifiait que les forces allemandes n'avaient plus que 380 kilomètres à parcourir pour atteindre Moscou. Et, malgré les affirmations de Staline, l'Armée rouge ne semblait pas en mesure d'empêcher les Allemands de faire ce qu'ils entendaient – et, notamment, de s'emparer de Moscou si Hitler décidait que c'était là leur prochain objectif. Le 21 juillet, des bombardiers allemands attaquèrent pour la première fois la capitale soviétique. L'avenir semblait de plus en plus sombre.

Comme la plupart des défunts, Vladimir Ilitch Oulianov, alias Lénine, n'avait pas voyagé depuis ses funérailles, en 1924. Non qu'on l'ait exactement laissé reposer en paix. Les spécialistes chargés de l'entretien de son corps, exposé dans le mausolée construit à cette intention sur la Place rouge, ne cessaient de le toucher et de le manipuler, lui appliquant des onguents spéciaux sur le visage et sur les mains au moins deux fois par semaine, et, tous les dix-huit mois, le plongeant dans un bain d'acétate de potassium, de glycérine, d'eau et de chlorure de quinine agissant comme désinfectant. Ils avaient toujours observé cette procédure de préservation sur l'ordre de Staline. Celui-ci était résolu à faire de son prédécesseur un objet permanent d'adoration populaire, renforçant ainsi la mythologie de la révolution bolchevique et sa propre emprise sur le pouvoir. Un laboratoire spécial avait été installé à cet effet dans le sous-sol du mausolée.

Mais, le 3 juillet 1941, Lénine fut, pour la première fois depuis son trépas, envoyé faire un long voyage hors de la capitale soviétique[35]. Avant même que les chars de Guderian aient atteint Smolensk, Staline s'était rendu compte que Moscou était en grand danger. Ce qui voulait dire que Lénine, lui aussi, était en danger. Si les Allemands s'emparaient de la capitale, ce serait une humiliante défaite. Mais s'ils s'emparaient également du plus sacré des cadavres, celui de Lénine, la défaite irait au-delà de toute humiliation. Ce serait un terrible coup politique et psychologique : le symbole de la victoire du nazisme sur le communisme, du culte d'Hitler sur le culte de Lénine – et, par extension, de Staline. En conséquence, celui-ci fit envoyer en grand secret la dépouille de Lénine à Tioumen, petite ville située à quelque 1 600 kilomètres à l'est de Moscou. Elle devait y rester près de quatre ans, jusqu'en mars 1945.

Lorsque je l'ai rencontré pour la première fois dans un modeste deux-pièces de Moscou, au début de 2004, Ilya Zbarsky se rappelait fort bien le voyage en train et ce qui avait suivi. Pour une bonne raison : il était le seul survivant du groupe de spécialistes ayant accompagné le cadavre et s'en étant ensuite occupé. Son père, Boris Zbarsky, était l'un des deux hommes ayant procédé à l'embaumement de Lénine, et il était, en 1941, le responsable de l'évacuation du corps. En 1934, il avait persuadé son fils Ilya, qui étudiait la biochimie à l'université d'État de Moscou, de se joindre à l'équipe chargée, dans le mausolée, d'assurer la préservation du corps. Pendant les dix-huit années qui allaient suivre, celle-ci allait devenir la tâche et la préoccupation majeure d'Ilya.

Par son père, il savait comment celui-ci et le professeur Vladimir Vorobiov, directeur du service d'anatomie de l'université de Kharkov, avaient, avec toute une équipe d'assistants, travaillé pendant quatre mois à assurer la préservation du corps de Lénine – opération que peu de leurs confrères estimaient réalisable et qui était, pour cette raison même, personnellement et politiquement dangereuse. Malgré les objections de Nadejda Kroupskaïa, la veuve de Lénine, et de Trotski, Lénine fut soumis à un procédé nouveau et audacieux d'embaumement. Sur l'ordre de Staline, son cerveau fut prélevé afin que les chercheurs d'un institut spécialement créé à cet effet puissent l'étudier pour y retrouver les indices de son « génie ». (Malgré tous leurs efforts, les chercheurs en question ne purent jamais y déceler de caractéristiques particulières.) L'équipe préleva également des organes internes, tels que le foie et les poumons. Ils firent de petites incisions dans la peau et plongèrent le corps dans des bains chimiques spécialement destinés à lui conserver irrigation et élasticité. De plus, les yeux de Lénine furent remplacés par des substituts en verre, et la bouche fut cousue sous la moustache pour que les lèvres demeurent closes.

Ilya se souvenait que, la première fois qu'il avait eu à dévêtir le corps de Lénine, il avait, bien qu'ayant déjà travaillé sur des cadavres, ressenti une impression « désagréable » en le touchant. Cela tenait peut-être à la texture de la peau, pensait-il, mais plus probablement à l'idée de manipuler la dépouille d'un homme ayant fait l'objet d'une telle glorification. Même en relatant la chose bien des années plus tard, dans son modeste appartement de Moscou, il trouvait difficile d'analyser vraiment ses sentiments.

Et puis il y avait la peur. La peur toujours présente. On était dans les années trente, une période où la terreur stalinienne battait son plein, où purges, exécutions et voyages avec aller simple vers la Sibérie étaient monnaie courante. Grâce aux fonctions qu'il occupait, Boris Zbarsky était, de même que sa famille, apparemment protégé. Son fils se souvenait qu'à un moment, le NKVD avait fouillé trente-quatre des trente-six appartements que comportait l'immeuble gouvernemental où lui et les siens vivaient. Leur appartement avait été l'un des deux seuls à être épargné. Mais nul ne pouvait être sûr que ce serait toujours le cas. Ilya ne parlait jamais politique avec son père. « Je sentais, dit-il, que c'était la terreur, une épouvantable période. Il était même dangereux de penser. »

Boris Zbarsky menait une existence privilégiée, avec un confortable salaire et l'accès à des denrées alimentaires en quantité suffisante alors que beaucoup d'autres mouraient de faim, mais il savait que tout cela pouvait changer d'un moment à l'autre. Sa personnalité donnait, le cas échéant, au NKVD tous les arguments possibles. Il était, selon la terminologie de l'époque, un « juif cosmopolite ». Il avait fait ses études en Suisse, parlait plusieurs langues, et comptait parmi ses amis des hommes tels que le peintre Leonid Pasternak et son fils Boris, le futur prix Nobel de littérature. Et, en fait, en 1952, Boris Zbarsky allait voir se confirmer que ses états de service ne lui garantissaient pas une immunité perpétuelle. Arrêté sous l'accusation d'avoir travaillé pour les Allemands, il fut pris dans la vague de répression du fameux « complot des blouses blanches », où nombre de médecins et scientifiques furent les ultimes victimes de la paranoïa de Staline. Celui-ci étant décédé en mars 1953, Zbarsky fut libéré en décembre de la même année, mais c'était un homme brisé.

Pour revenir en arrière, ce fut le matin du 3 juillet 1941 que Boris Zbarsky informa son fils Ilya de la décision secrète du Politburo d'évacuer vers l'est la dépouille de Lénine. Toute la famille devait faire ses bagages et s'embarquer à bord du train spécial devant procéder à cette évacuation. Nul, à vrai dire, n'avait besoin d'être convaincu de l'urgence de la situation ; les troupes allemandes avançaient vers la capitale et rien n'indiquait qu'on pourrait les arrêter. Ilya entendit ce même jour le discours de Staline appelant ses compatriotes « frères », « sœurs » et « amis ». « C'était la première fois, remarquait-il, que Staline parlait à son peuple comme à des personnes humaines, et employait d'autres termes que " camarades ". »

« Nous savions qu'il était dangereux de rester à Moscou », ajoutait-il. Mais il disait aussi avoir eu un peu l'impression de déserter à un moment où la capitale avait besoin de tous les hommes disponibles.

Dans la soirée, des voitures du NKVD vinrent chercher la famille Zbarsky, ainsi que celle d'un collègue de l'équipe du mausolée, le professeur Sergueï Mardachev, pour les conduire à une entrée latérale de la gare de Yaroslavsky. Là, sous la surveillance des policiers, tous prirent place à bord du train spécial qui allait emmener vers Tioumen Lénine et quarante gardes du Kremlin. Malgré toutes les précautions prises, le train n'était pas réfrigéré, et les spécialistes du mausolée devaient s'employer constamment à préserver le corps, étendu dans un cercueil de bois, de l'accablante chaleur de juillet, obturant les portières avec des rideaux et humectant régulièrement la peau de l'illustre défunt. Se relayant régulièrement, ils ne laissèrent jamais Lénine seul et sans soins durant les quatre jours que dura le voyage.

Le train emportait toutes les provisions nécessaires à nourrir ses passagers, et, à son approche, tous les signaux passaient au vert tout au long de la ligne. À chaque gare traversée, des soldats et des policiers interdisaient l'accès du convoi à quiconque. Les troupes allemandes approchant et la Luftwaffe frappant déjà jusqu'au cœur de la Russie, nombreux étaient ceux qui voulaient à tout prix se replier vers l'est, mais le train spécial les laissait sur le quai.

À Tioumen, les autorités locales mirent à la disposition de l'équipe moscovite et de son « mystérieux bagage » un bâtiment de deux étages datant de l'époque tsariste et appartenant à une école d'agriculture. Entouré d'un mur de briques et situé à l'écart de la ville, il avait sa propre garde, chargée d'éloigner les éventuels importuns. Ilya et sa femme se virent attribuer un appartement de deux pièces au rez-de-chaussée, mais durent le partager avec une belle-mère, une sœur et deux neveux, qui les avaient accompagnés dans leur voyage. Le père d'Ilya, sa deuxième femme et leur fils occupaient un appartement à l'étage, où le corps de Lénine était également conservé.

La maison, récemment restaurée, était bien chauffée et bien éclairée, contrairement à nombre d'autres durant la guerre, mais il n'y avait, là non plus, pas de réfrigération, et d'énormes quantités d'eau distillée étaient expédiées d'Omsk par avion ou par train, avec les produits chimiques spéciaux destinés à baigner le corps de Lénine, préalablement enveloppé de bandages en caoutchouc. Selon Ilya Zbarsky, contrairement à ce qui se passait à Moscou, où le corps était généralement exposé, Lénine passa, durant cette période d'exil, 70 % de son temps dans des bains chimiques divers. Les soins qui étaient apportés au corps étaient constants, et, après la guerre, une commission chargée d'examiner la dépouille conclut, d'après Ilya, que « le corps était en encore meilleur état qu'avant son évacuation ».

Les hôtes de cette résidence très spéciale avaient des cuisiniers à leur disposition et ne manquaient de rien. « On nous nourrissait bien, devait préciser Ilya. C'était mieux qu'à Moscou. Nous avions thé, pâtisseries et cognac. » Mais, ayant la possibilité d'écouter les radios russes et allemandes, ils s'effrayaient de l'avance régulière des troupes du Reich, puis, plus particulièrement, des nouvelles venues de Moscou à la mi-octobre 1941. « Il était clair, précisa Ilya, que quelque chose de terrible se passait. » Il fut mis au courant par des amis du vent de panique qui soufflait sur la capitale, que beaucoup tentaient de fuir, convaincus qu'elle allait tomber aux mains des Allemands. Il apprit aussi, par le même canal, l'arrestation de professeurs enseignant l'allemand – professeurs dont il avait lui-même connu plusieurs à l'université d'État de Moscou. Plus tard, des soldats blessés revenant du front apportèrent eux aussi des informations.

Bien que Moscou ait finalement résisté aux Allemands, Staline n'autorisa le retour du corps de Lénine dans la capitale que vers la fin des hostilités, en mars 1945. À ce moment, Boris Zbarsky reçut l'Ordre de Lénine et fut fait Héros du travail socialiste. Son fils Ilya se vit conférer l'Ordre du Drapeau rouge du travail. Mais, quand Boris fut arrêté, en 1952, Ilya fut en même temps congédié et ne retrouva jamais son poste au mausolée.

Revenant sur son existence et ce qui en avait constitué un long moment le centre, il exprimait ainsi, bien des années plus tard, son véritable sentiment à l'égard de Lénine : « Il devrait être retiré du Kremlin et enterré quelque part. Il est plus un symbole de terreur qu'un héros. » Mais cela ne l'empêchait pas de se révolter devant des articles de presse affirmant, au début des années quatre-vingt-dix, que le corps de Lénine n'avait pas été vraiment conservé, à l'exception de la tête et des mains. « Une complète absurdité, protestait-il. Tout est intact. »

Car, quel que fût le jugement qu'il avait été finalement amené à porter sur le régime instauré par Lénine, il restait fier du rôle que son père et lui avaient joué dans la préservation du corps de celui-ci au cours des années de guerre. Si les Allemands s'étaient emparés de la dépouille de Lénine, l'effet psychologique aurait été immense. Mais le symbole avait été sauvegardé.

Alors même que Staline évacuait en grand secret de Moscou la dépouille de Lénine, Hitler s'était de plus en plus convaincu que, sous peu, l'Union soviétique aurait cessé d'exister. Et ce fut cette conviction qui le conduisit à une erreur de calcul qui allait influer de façon décisive sur l'issue de la bataille de Moscou.

Hitler s'était senti libéré par l'offensive contre l'Union soviétique. « Depuis que je suis arrivé à cette décision, écrivait-il à Mussolini, je me sens de nouveau libre spirituellement. Je suis heureux d'être délivré de ces tourments intellectuels[36]. » Et les succès initiaux de la Wehrmacht, ainsi que la rapidité de son avance, semblaient lui donner raison. Le 3 juillet, alors que Staline tentait de rallier autour de lui ses compatriotes, le général Halder, chef d'état-major de l'armée allemande, écrivait : « Il n'est probablement pas exagéré de dire que la campagne de Russie a été victorieuse en l'espace de deux semaines. » Mais il ajoutait que tout n'était pas encore terminé. « La simple étendue géographique du pays, soulignait-il, et l'acharnement d'une résistance poursuivie par tous les moyens exigeront de notre part des efforts pendant nombre de semaines à venir »[37].

Il était toutefois symptomatique qu'il parlât de semaines plutôt que de mois.

Le 8 juillet, il écrivit dans son journal de campagne : « C'est la ferme décision du Führer que de raser Moscou et Leningrad et de les rendre inhabitables, de façon à nous libérer de l'obligation de nourrir leurs populations durant tout l'hiver. Ces villes seront rasées par l'aviation. Les chars ne doivent pas être utilisés à cette fin. Ce sera une catastrophe nationale qui privera de leurs centres vitaux non seulement le bolchevisme mais le nationalisme moscovite[38]. »

Cette dernière phrase semble citer directement un propos d'Hitler. Le 27 juillet, au cours d'un dîner[39], celui-ci avait exposé à quelques membres de son entourage ses intentions, non seulement à l'égard de Moscou et de Leningrad, mais aussi de l'ensemble du territoire qu'il entendait conquérir. Il expliqua que son empire s'étendrait de deux à trois cents kilomètres à l'est de l'Oural, et que les Allemands seraient en mesure de contrôler ce territoire « avec 250 000 hommes et un cadre de bons administrateurs ». Le modèle choisi par lui et la source de son inspiration était l'Empire britannique : « Retenons, déclara-t-il, la leçon des Anglais, qui, avec 250 000 hommes en tout, dont 50 000 soldats, gouvernent 400 millions d'Indiens. Cet espace en Russie doit toujours être dominé par des Allemands. » Il ajouta que les populations autochtones devraient être impitoyablement subjuguées, et que la méthode à suivre devrait consister à « germaniser ce pays par l'immigration d'Allemands en considérant les autochtones comme des Peaux-Rouges ».

Mais, au milieu de l'optimisme régnant, du côté allemand, en cette première période et en dépit de l'effondrement des défenses soviétiques en de nombreux secteurs, il y avait déjà des signes que la Wehrmacht allait devoir compter avec plus que ce qu'elle attendait. Des unités allemandes découvrirent rapidement que bien des routes figurant clairement sur les cartes étaient, en fait, pratiquement inexistantes. Et, dès le premier jour, certains soldats soviétiques résistèrent obstinément, refusant de se rendre alors même qu'ils se savaient perdus.

Ainsi, les Allemands avaient compté ne faire qu'une bouchée de la forteresse de Brest, immédiatement au-delà de la frontière, mais ils se retrouvèrent bloqués sur place et contraints à plusieurs jours de combats intenses. Les soldats soviétiques, ainsi que leurs femmes et leurs enfants, réussirent à tenir, sous une pluie d'obus et de balles, plus longtemps qu'il ne semblait humainement possible. Quelques acharnés continuèrent à combattre dans les souterrains du fort pendant près d'un mois. Les Allemands leur lançaient des appels par haut-parleur : « Russes, rendez-vous ! Le commandement allemand vous garantit la vie sauve. Moscou a déjà capitulé [40]. »

Par une ironie du sort, c'était dans cette même forteresse qu'en septembre 1939, alors que Brest faisait encore partie de la Pologne, les troupes polonaises avaient résisté avec le même acharnement aux envahisseurs allemands. (L'un des survivants de ces combats étant le père de l'auteur de ces lignes.) Plus tard, les Allemands avaient livré Brest aux Soviétiques, conformément à l'accord de partage de la Pologne entre les deux alliés d'alors.

Le maréchal von Bock, commandant le Groupe d'armées du Centre, nota dans son journal de campagne à la date du 23 juin, le lendemain même du déclenchement de l'Opération Barberousse : « Les Russes se défendent avec obstination. Des femmes ont souvent été vues participant aux combats. Selon les déclarations faites par des soldats capturés, les commissaires politiques incitent à une résistance maximum en affirmant que nous tuons tous les prisonniers. Ici et là, des officiers russes se sont suicidés plutôt que d'être capturés [41]. »

Comme il se préparait à quitter Berlin avec les autres diplomates soviétiques à la suite de l'invasion, Valentin Berejkov rencontra Heineman, l'officier SS chargé de la protection de l'ambassade. Celui-ci se révéla être un nazi beaucoup moins fanatique qu'il ne le semblait, et il ne tarda pas à informer Berejkov que, dans les hautes sphères du gouvernement allemand, certains étaient extrêmement préoccupés par la résistance que la Wehrmacht avait rencontrée dans quelques secteurs du front au cours des premiers combats, résistance qui avait entraîné de lourdes pertes au sein des troupes du Reich. « Certaines personnes à la Chancellerie, assura-t-il à Berejkov, se demandent même si l'Allemagne a eu raison d'engager les hostilités contre l'Union soviétique[42]. »

Il apparut que l'officier SS était en quête d'une rétribution financière ; il n'est donc pas exclu qu'il ait quelque peu exagéré. Pour la plupart, les dirigeants nazis avaient, au contraire, été exaltés par les succès initiaux remportés par les troupes allemandes et d'autant plus convaincus qu'Hitler avait eu raison de déclencher son audacieuse offensive contre son voisin oriental. Mais même Goebbels[43], tout en affirmant dans son journal, à la date du 25 juin, que « l'évolution de la situation militaire à l'est va au-delà de nos plus grands espoirs », manifestait une certaine considération pour l'adversaire. « Leur propagande, constatait-il, est meilleure que celle de Londres. Nous nous trouvons ici en face d'un adversaire plus expérimenté. » Il reprit ce thème deux jours plus tard, écrivant : « Les Bolcheviks ne sont pas des Anglais. Ils connaissent assez bien la propagande subversive. »

De façon plus significative encore, ses bulletins de victoires ne tardèrent pas à se tempérer d'allusions à la résistance rencontrée. Le vendredi 27 juin, il notait ainsi : « Les Russes subissent d'énormes pertes en chars et en avions. Mais ils combattent bien et ont beaucoup appris depuis dimanche [le jour de l'invasion]. » Et, le lendemain, il ajoutait : « L'ennemi se défend avec l'énergie du désespoir et est également bien commandé. La situation n'est aucunement menaçante, mais nous avons de quoi nous occuper pleinement. »

Tandis que le Kremlin renforçait ses défenses dans la capitale, organisant notamment l'*opoltchenie*[44], une milice dont les effectifs atteignirent rapidement 120 000 hommes à la suite du discours de Staline, une certaine hésitation commença à apparaître chez les dirigeants allemands en ce qui concernait la marche sur Moscou. Le 4 juillet, Goebbels rapportait de nouveau que la situation sur le front central était « excellente » et que l'ennemi commençait à « faiblir ». Mais il ajoutait : « J'interdis que la propagande allemande mette particulièrement l'accent sur Moscou. Nous devons prendre garde à ne pas fixer le regard du public sur ce but unique et fascinant »[45].

Pourquoi cette tendance à l'hésitation alors que les troupes allemandes avançaient aussi rapidement vers l'est ? Le général Jodl, chef d'état-major d'Hitler, en donna une explication au moins partielle. « Le Führer, déclara-t-il, a une répugnance instinctive à emprunter la même route que Napoléon. Moscou lui donne une impression sinistre. Il craint que ne se déroule là une lutte à mort avec le bolchevisme [46]. »

Mais cette lutte à mort était, de toute manière, ce qu'Hitler avait engagé en déclenchant l'Opération Barberousse. Et il était hors de doute que les Allemands devaient conquérir Moscou pour avoir une chance de porter un coup mortel à l'État soviétique. Et pourtant, cet été-là, au moment précis où cet objectif paraissait en vue, Hitler hésita. Le sort de Moscou – ainsi que celui des deux totalitarismes en présence – était dans la balance, et soudain, au grand désarroi de ses généraux, le Führer, habituellement si audacieux, ne semblait plus savoir ce qu'il voulait. L'optimisme qu'avaient suscité en lui les premiers stades de l'invasion le convainquit qu'il avait le temps de poursuivre d'abord d'autres buts, comme la conquête de l'Ukraine, et sa nervosité à l'égard de Moscou acheva de l'orienter en ce sens.

Cela allait se révéler une erreur capitale, offrant à Staline sa première lueur d'espoir. On eût dit que chacun des deux dictateurs répliquait par ses propres erreurs à celles commises par l'autre.

3

LE PRIX DE LA TERREUR

Quand les Allemands envahirent l'Union soviétique, le 22 juin, Ilya Vinitsky[1], élève de l'Institut d'aviation de Moscou, venait de commencer un stage d'été dans une usine des bords de la Volga. Issu d'une famille juive de Kiev, il avait reçu dès le lycée un entraînement de tireur d'élite. Il était donc prêt – et tout à fait disposé – à rejoindre l'armée lorsque la guerre éclata. Il se précipita à Moscou dès le lendemain de l'ouverture des hostilités. Le comité régional du Parti l'affecta au Ier Bataillon communiste spécial de Moscou, une unité forte de 307 hommes comprenant quelques autres élèves de l'Institut d'aviation ainsi que des ingénieurs et des contremaîtres dont certains avaient acquis une expérience militaire durant la guerre d'Espagne.

Le soir même, alors que le nouveau bataillon était rassemblé pour la première fois, arrivèrent trois responsables du Parti en civil, qui, après avoir écarté l'instructeur militaire, informèrent les volontaires qu'une mission spéciale leur était confiée. De nombreux soldats soviétiques fuyaient devant les assaillants allemands, certains allant jusqu'à se dépouiller de leurs uniformes pour franchir une rivière à la nage, et la tâche du bataillon spécial allait être de les arrêter et de restaurer la discipline. « Le Comité central, précisèrent les trois responsables du Parti, vous autorise à prendre toutes les mesures que vous jugerez nécessaires, et même de procéder à des exécutions. »

Relatant la chose quelque soixante ans plus tard, Ilya Vinitsky avait du mal à retenir ses larmes. Pour les survivants de la « Grande Guerre patriotique », ainsi qu'elle fut officiellement appelée en URSS, peu de souvenirs sont aussi pénibles que ceux de soldats soviétiques tués par les leurs. Cette pratique, toutefois, s'amorça dès le début de la guerre et devint rapidement courante.

Mû par un sentiment commun à toutes les périodes de son règne, Staline se comporta comme s'il avait la conviction de devoir mener la guerre sur deux fronts : contre l'envahisseur étranger, mais aussi contre ceux que lui-même et ses exécuteurs des hautes œuvres qualifiaient de traîtres et d'ennemis de l'intérieur.

La campagne de terreur des années trente se mua rapidement en une campagne de terreur du temps de guerre. Et la plupart de ceux qui partirent au combat en 1941 furent rapidement amenés à se rendre compte que ce n'étaient pas seulement les Allemands qui menaçaient leur vie, mais aussi leurs propres camarades, leurs officiers et les troupes spéciales du NKVD. Et même les soldats les plus fidèles et les plus loyaux ne pouvaient être sûrs d'échapper à une répression souvent aveugle.

Jeune et inexpérimenté, Vinitsky ne fut toutefois pas, de prime abord, choqué par les instructions données à son unité. Bien au contraire : « Nous étions fiers qu'on nous ait assigné cette mission spéciale », devait-il reconnaître.

La nature de cette mission fit aussi que tous les hommes du bataillon furent équipés de fusils et de grenades, alors que, dans beaucoup d'autres unités, l'armement était réduit au minimum. Et, les volontaires n'étant pas passés par le bureau de mobilisation, les papiers d'identité qu'ils portaient étaient différents de ceux des autres soldats. Une négligence administrative aidant, ils furent autorisés à conserver leurs passeports intérieurs – documents que tous les civils devaient porter à tout moment – au lieu de les échanger contre des cartes d'identité militaires, ce qui était le cas normal pour l'ensemble des recrues. Cette erreur bureaucratique allait presque coûter la vie à Vinitsky.

Mais il leur fallait avant tout gagner le front. Un instructeur optimiste leur avait longuement expliqué combien, compte tenu de la nature du sol, il leur serait difficile de creuser des tranchées en Prusse-Orientale – comme s'ils allaient s'y retrouver le lendemain. Mais le train à bord duquel ils embarquèrent ne les conduisit que jusqu'à une ville appelée Velikiye Louki, à quelque 450 kilomètres à l'ouest de Moscou. « C'était tout, précisait Vinitsky. Au-delà, il n'existait plus de contrôle soviétique. »

La ville avait été abandonnée par les troupes soviétiques, mais les Allemands n'y étaient pas encore arrivés. Sur la voie ferrée, les aiguillages avaient été bloqués. Avec l'aide d'un ingénieur local, Vinitsky et ses camarades réussirent à les débloquer et à faire repartir leur convoi. Mais, le lendemain matin, celui-ci fut attaqué par des avions allemands. Tous sautèrent du train, mais une trentaine d'entre eux furent tués ou blessés avant d'avoir pu se mettre à couvert dans les bois voisins. « Pour la première fois, devait raconter Vinitsky, je pus voir ce qu'"un peu de sang" signifiait. » C'était là une allusion aux affirmations des responsables soviétiques avant la guerre, proclamant qu'ils vaincraient tout envahisseur au prix d'« un peu de sang » seulement. Et là, morts et mourants entouraient soudain Vinitsky. Un éclat de bombe avait fendu le crâne d'un de ses camarades, le tuant sur le coup, mais ses yeux restaient ouverts, avec ce qui semblait « un regard de reproche ». Le train avait été totalement anéanti.

S'entendant renouveler l'ordre d'aller trouver les unités en retraite pour les faire revenir au combat, les survivants se dispersèrent dans les bois, généralement en équipes de deux. Mais Vinitsky se retrouva rapidement tout seul, son équipier ayant disparu durant la nuit. Après plusieurs heures de marche, il tomba sur un groupe de 60 à 70 soldats soviétiques assis autour d'un feu. Ils avaient, de toute évidence, renoncé à combattre, et deux officiers, qui avaient arraché de leurs uniformes leurs insignes de grade, avaient visiblement l'intention de se rendre avec leurs hommes. Certains de ceux-ci avaient déjà brûlé leurs papiers personnels.

Bien que seul, Vinitsky les interpella et demanda qui avait le commandement de l'unité. Personne ne répondit. Il ordonna alors aux hommes de s'aligner, et, curieusement, ils obéirent. Il leur déclara qu'il avait reçu du Comité central pleins pouvoirs pour prendre le commandement, avec autorisation d'abattre les récalcitrants. Puis il donna l'ordre qu'on le suive, et, de nouveau, les hommes obéirent. « Ils étaient heureux, devait-il affirmer, de voir quelqu'un assumer une quelconque responsabilité. Ils étaient encouragés par mon assurance. »

Ces soldats, il est vrai, n'avaient eu affaire jusque-là qu'à des officiers incompétents. Vinitsky ayant fait part aux deux qui se trouvaient là de sa ferme intention de regrouper les hommes pour les ramener vers le front, il reçut leur accord mais ne tarda pas à se rendre compte que l'un d'eux ne savait même pas lire une carte. La raison en était que la plupart des officiers de carrière de cette unité avaient été, moins d'un an plus tôt, victimes d'une épuration féroce pour être remplacés par des fidèles du Parti dont les compétences n'allaient pas au-delà de la récitation des dogmes politiques.

Alors qu'il aurait pu facilement le faire, Vinitsky n'exécuta personne. Il reconnaissait qu'il en avait été tenté, surtout après s'être aperçu que les deux officiers avaient arraché leurs insignes de grade. Mais lorsqu'il rejoignit le gros des troupes, il découvrit qu'ailleurs, il en avait été autrement. Certains de ses camarades avouaient volontiers avoir abattu des soldats pour affirmer leur autorité. En tout, le bataillon spécial avait réussi à rassembler quelque 1 500 hommes, mais Vinitsky ne sut jamais combien il en avait tué pour ce faire.

Les hommes du bataillon ne reculaient devant rien pour assurer leur survie, quelle que fût la méthode employée. Dans les villages qui n'avaient pas encore été occupés par les Allemands, ils faisaient main basse sur les animaux, les céréales et toutes les denrées alimentaires qu'ils pouvaient trouver. Vinitsky affirmait que ses hommes signaient des bons de réquisition pour ce dont ils s'emparaient, mais les paysans savaient fort bien que ces morceaux de papier étaient sans valeur. « Vous nous abandonnez aux Allemands en volant ce que nous avons ! criaient-ils. Drôles de défenseurs ! »

À un moment, l'unité de Vinitsky repéra une voiture allemande et lui tendit une embuscade. À bord du véhicule se trouvaient un général allemand, son chauffeur et un infirmier russe. « Nous les tuâmes tous, précisait Vinitsky. Il nous fallait tuer aussi l'infirmier. Nous n'avions pas les moyens de les garder prisonniers. Nous pouvions à peine trouver de quoi nous nourrir. Et puis l'infirmier était un déserteur. Vous ne pouvez pas savoir combien il y avait de traîtres. Nous étions furieux et sans pitié. »

Par une amère ironie du sort, ceux-là mêmes qui étaient chargés de traquer les « traîtres » prêts à se rendre risquaient tout aussi bien de devenir les victimes d'autres hommes chargés de la même besogne. Cela aussi était assez courant au sein du système stalinien ; les chasseurs pouvaient soudain devenir – et devenaient très souvent – les chassés.

Vers la fin de l'été, Vinitsky reçut ordre de se replier sur Rjev, ville où se déroulaient de féroces combats, au nord-ouest de Moscou. Il était censé rejoindre les équipes assurant l'entretien des avions soviétiques de la base locale. En chemin, il se retrouva dans une petite gare, avec une journée devant lui avant de pouvoir reprendre un train.

« J'avais mal aux jambes, racontait-il. J'avais faim et je n'avais pas d'argent pour m'acheter à manger. » Il gagna un lac voisin et ôta ses bottes afin de tremper dans l'eau ses pieds douloureux. Il portait un uniforme sale et était en possession d'un pistolet-mitrailleur allemand, ainsi que d'une paire de jumelles prise à l'ennemi. Mais, pire encore, il était toujours porteur de son passeport intérieur, qui aurait dû normalement être remplacé par une carte d'identité militaire.

Il entendit soudain un ordre : « Debout ! Les mains en l'air ! On ne bouge plus ! » Trois soldats l'entouraient, braquant leurs armes sur lui. « Tes papiers ! » demandèrent-ils. Quand Vinitsky produisit son passeport intérieur et sa carte d'étudiant, ils le précipitèrent au sol et lui lièrent les mains dans le dos. Convaincus d'avoir affaire à un espion allemand, ils considérèrent comme un faux le papier l'affectant à son bataillon.

Les soldats soviétiques emmenèrent sans douceur Vinitsky au siège local du NKVD, où trois autres hommes commencèrent à l'interroger, se refusant, eux aussi, à le croire. L'un des interrogateurs se mit à le frapper violemment au visage, lui cassant plusieurs dents. Au cours d'une pause dans ce passage à tabac, Vinitsky eut l'idée d'avancer un autre argument pour sa défense : il était juif. Ses tourmenteurs le firent alors se déshabiller afin de voir s'il était circoncis. Mais quand ils purent constater que tel était bien le cas, ils décrétèrent qu'ils avaient affaire à « un espion très bien camouflé ». Et ils continuèrent à frapper Vinitsky jusqu'au moment où l'un des interrogateurs, se déclarant fatigué, proposa d'abattre le suspect sur place.

Mais l'un des autres hommes, qui se trouvait être le secrétaire local du Parti, ayant continué à examiner les papiers de leur victime, finit par conclure qu'ils étaient authentiques. Ce qui ne pouvait, selon lui, signifier qu'une chose : on avait affaire à un espion encore plus important qu'on l'avait pensé et il convenait de le dépêcher au siège du NKVD de Kalinine, ville plus importante, où l'on pourrait « faire cracher la vérité au salopard ». Vinitsky fut conduit par le train, sous la garde de trois hommes armés, à Kalinine, où il fut jeté, toujours ligoté, sur le sol en ciment d'une cellule sans fenêtre.

Cependant, sans qu'il le sache encore, la chance avait tourné pour Vinitsky. Son nouvel interrogateur fut un jeune agent du NKVD en civil, qui nota scrupuleusement ses dénégations et ses explications sur la nature de ses papiers, à commencer par les raisons pour lesquelles il n'avait pas reçu de carte d'identité militaire. Qui plus est, à la grande surprise de Vinitsky, il accepta de téléphoner au directeur de l'Institut d'aviation de Moscou, qui pouvait confirmer l'identité et la situation de son ancien élève. L'agent du NKVD posa ensuite à Vinitsky un certain nombre de questions sur l'Institut, et, ayant obtenu des réponses satisfaisantes, il ordonna qu'on détache le jeune homme. On permit ensuite à Vinitsky de faire sa toilette et on lui donna du thé et un morceau de pain dur. Compte tenu de l'état de sa mâchoire après son premier interrogatoire, il dut se contenter de boire le thé en renonçant à tenter de mastiquer le pain.

Libéré, Vinitsky alla s'occuper de l'entretien d'avions mais ailleurs qu'à la base de Rjev, dont les installations avaient été détruites. Il ne devait apprendre que plus tard le sort de ses camarades du Bataillon spécial. Sur 307 hommes, 32 seulement avaient survécu. Il avait donc eu beaucoup de chance, et, chose qui n'avait, en fait, rien d'exceptionnel, c'était aux mains des siens qu'il avait frôlé la mort de plus près.

Le contrôle et la censure de la correspondance privée étaient de pratique courante en URSS dès avant l'invasion allemande, mais ils ne firent que s'intensifier dès que les hostilités s'ouvrirent. Les censeurs du NKVD signalaient immédiatement tout fragment de lettre pouvant passer pour séditieux et la répression ne se faisait pas attendre.

Le 24 juin 1941, par exemple, plusieurs lettres figuraient dans le rapport de censure[2]. Un certain Tcherviakov, dont on précisait seulement qu'il avait servi autrefois dans l'armée tsariste, écrivait que le Kremlin avait commis une erreur en s'alliant à l'Allemagne au lieu de se joindre à la France et à la Grande-Bretagne et que, dès le début de la guerre, apparaissait « un grand sentiment de désaffection dans l'armée ». Le rapport des censeurs se terminait par ces simples mots : « Tcherviakov a été arrêté. »

Un Allemand ethnique nommé Kuhn affirmait : « L'Union soviétique est entièrement responsable de la guerre. » Il reprenait les arguments de la propagande allemande selon lesquels les déploiements de troupes soviétiques sur la frontière revenaient à une provocation, et ajoutait : « Le pouvoir soviétique n'est pas le produit de la volonté du peuple, et maintenant le peuple va protester. » Là aussi le rapport se concluait par : « Kuhn a été arrêté. »

Danilov, un employé des ponts et chaussées de Moscou, rapportait de façon erronée que les troupes allemandes avaient déjà pris cinq grandes villes, dont Kiev et Odessa, ajoutant : « Enfin, nous allons pouvoir respirer librement. Dans trois jours, Hitler sera à Moscou et l'intelligentsia aura la vie belle. »

Cette fois, le sort de Danilov n'était pas précisé, mais il n'était guère difficile de l'imaginer.

Un certain Kourbanov, employé de l'Intourist, écrivait : « Il est douteux que l'Union soviétique l'emporte dans cette guerre. En 1919-1920 [c'est-à-dire lors de la guerre civile entre Blancs et Rouges], le peuple combattait pour sa liberté et ses droits. Maintenant, les gens n'ont personne pour qui mourir. Le pouvoir soviétique les a rendus furieux. » De nouveau, il n'y avait pas de précision sur le sort du signataire de ces lignes.

Enfin, Mauritz, présenté comme Allemand ethnique, prédisait que les paysans allaient se féliciter de cette guerre. « Elle les libérera, ajoutait-il, des Bolcheviks et des fermes collectives qu'ils détestent. » Là, de nouveau, la précision : « Mauritz a été arrêté. »

De fait, nombreux furent les Ukrainiens et les habitants des régions occidentales de l'URSS qui, initialement, accueillirent les Allemands comme des libérateurs, convaincus qu'ils allaient mettre fin au régime de terreur qu'ils avaient connu sous Staline. La campagne de collectivisation forcée des années trente, la famine et les exécutions massives qui l'avaient accompagnée, avaient fait des millions de morts, et il était difficile pour les survivants d'imaginer que les Allemands pourraient faire pire. « La population locale, constatait Hans von Herwarth, le diplomate devenu militaire, montre une authentique gentillesse à l'égard des troupes allemandes et a placé de grands espoirs sur notre arrivée. Partout où nous sommes allés, nous avons été accueillis avec du pain et du sel, les marques slaves de l'hospitalité [3]. »

Il fallait, certes, tenir compte du fait que ces marques de sympathie venaient souvent d'Ukrainiens et de représentants d'autres nationalités se considérant comme opprimées par le pouvoir soviétique, mais les rapports des censeurs du NKVD montraient que, durant les premiers jours de la guerre, certains habitants de Moscou et d'autres grandes villes d'URSS n'étaient pas loin de partager le même sentiment. Si la plupart se ralliaient à la cause soviétique, les sceptiques – et ceux qui souhaitaient carrément la chute du régime communiste – n'étaient pas un simple produit de l'imagination paranoïde de Staline et de ses policiers. Ils n'étaient peut-être qu'une petite minorité, mais quand même suffisante pour opposer un démenti à la propagande du régime, selon laquelle le peuple entier était uni autour de Staline.

Mais plus grave que les réticences de certains civils était la situation sur le front, alors que les troupes allemandes poursuivaient leur avance. Staline avait toutes les raisons de soupçonner que ses soldats, démoralisés, ne se rendaient que trop facilement à l'ennemi, et que la discipline avait cessé de régner dans des unités entières. « Ce n'était pas l'attaque allemande qui avait pris Staline par surprise, affirmait Sergo Beria, le fils du chef du NKVD, mais l'effondrement de nos troupes [4]. » S'il avait tort de prétendre que Staline n'avait pas été surpris par l'offensive du Reich, le fils de Lavrenti Beria était dans le vrai en soulignant le choc qu'avait ressenti le maître du Kremlin en se rendant compte que, dans bien des secteurs, ses armées se désagrégeaient littéralement face à l'assaut allemand.

Devant cette avalanche de nouvelles alarmantes, Staline eut sa réaction habituelle, décrétant une série de mesures répressives qui allaient influer sur le cours de tous les combats à venir, y compris la bataille de Moscou. Ces mesures condamnèrent à mort nombre de ceux qui tentaient de fuir ou de se dérober au combat, mais aussi certains soldats qui, pourtant, s'efforçaient de faire leur devoir.

Dès le 28 juin, il avalisa des instructions draconiennes concernant les soldats soviétiques faits prisonniers par les Allemands. Les « traîtres ayant fui à l'étranger [5] », comme étaient qualifiés ces soldats, devaient être châtiés dès leur retour, et, en attendant, leurs familles devaient également être punies.

Un mois plus tard, il signa la Directive 227 [6], résumée par la formule « Pas un pas en arrière ». Elle interdisait aux soldats soviétiques de battre en retraite sous peine de mort. Le NKVD reçut en même temps l'autorisation de fusiller tout soldat ayant été fait prisonnier par les Allemands et s'échappant de captivité.

Les soldats soviétiques ne devaient pas tarder à découvrir qu'en fait, être fait prisonnier par les Allemands revenait probablement, de toute manière, à une condamnation à mort. Un rapport allemand en date du 19 février 1942 indiquait que, sur les 4 millions de soldats soviétiques déjà capturés, près de 3 millions avaient péri [7]. Le rapport exagérait sans doute le nombre total des prisonniers, mais la proportion de 75 % de décès en captivité correspondait certainement à la réalité. Et la directive de Staline faisait que, même si l'on s'évadait, on restait promis à la mort.

Puis, le 16 août, le dictateur soviétique publia sa Directive 270 [8] spécifiant : « J'ordonne que :

« 1) Quiconque retire ses insignes au combat et se rend doit être traité comme un déserteur vicieux, dont la famille doit être arrêtée comme étant celle d'un renégat et d'un traître à la Mère-Patrie. De tels déserteurs doivent être fusillés sur place.

« 2) Ceux qui se trouvent encerclés doivent se battre jusqu'au dernier et s'efforcer de regagner leurs propres lignes. Et ceux qui préfèrent se rendre doivent être éliminés par tous les moyens disponibles, leurs familles devant être privées de toute assistance de l'État. »

Staline avait déjà eu l'occasion de montrer qu'il parlait sérieusement. Un mois plus tôt, Yakov, son fils aîné, lieutenant à la 14e Division blindée, s'était retrouvé cerné par les troupes allemandes à Vitebsk. « Je suis le fils de Staline, avait-il d'abord annoncé, et je ne permettrai pas à ma batterie de reculer. » Mais il finit par être fait prisonnier, au mépris des consignes paternelles. Lorsque les Allemands annoncèrent triomphalement sa capture, Staline explosa de colère. « L'imbécile ! s'exclama-t-il. Il n'a même pas pu se suicider ! » [9].

À l'entrée en vigueur de la Directive 270, le NKVD arrêta la femme de Yakov, Youlia, qui fut expédiée deux ans dans un camp. Ultérieurement, les Allemands proposèrent d'échanger Yakov [10] contre le maréchal Paulus, fait prisonnier par les Soviétiques à la fin de la bataille de Stalingrad, en janvier 1943. Staline refusa et, quelques mois plus tard, son fils se décida à exaucer le vœu de son père. Détenu dans un camp de prisonniers en Allemagne, il se suicida en se jetant sur la clôture.

Rien ne put faire changer la position de Staline quant aux militaires tombés aux mains des Allemands. Dès le début de la guerre, l'Allemagne proposa qu'un système de correspondance postale soit créé pour les prisonniers des deux camps. « Il n'y a pas de prisonniers de guerre russes, répondit Staline. Le soldat russe combat jusqu'à la mort. S'il choisit de devenir un prisonnier, il est automatiquement exclu de la communauté russe. Et un système postal fonctionnant seulement pour les Allemands ne nous intéresse pas [11]. »

Cela voulait dire que les prisonniers de guerre soviétiques qui réussissaient à s'évader ou avaient survécu jusqu'à la fin des hostilités étaient arrêtés s'ils avaient de la chance, ou fusillés immédiatement s'ils en avaient moins. Ainsi, Nikolaï Pisarev[12] avait été blessé et fait prisonnier dans l'ouest de l'Ukraine en juillet 1941. En octobre, il fit partie du premier groupe de captifs envoyé à Auschwitz pour construire les installations du camp de concentration. Presque tous les prisonniers soviétiques périrent, mais Pisarev réussit à s'échapper alors qu'il travaillait à une voie ferrée à l'extérieur du camp, et, grâce à des complicités locales, finit la guerre camouflé au sein d'une équipe de travailleurs forcés polonais. Lorsqu'il regagna Moscou, il fut arrêté par le NKVD, emprisonné et torturé pendant un mois. Il parvint à survivre à cette épreuve, ainsi qu'à la période de déportation qui suivit. C'est ce qui passait pour de la chance chez les hommes se trouvant dans son cas.

Durant l'été 1941, comme les Allemands continuaient à avancer et Moscou semblait de plus en plus vulnérable, Staline ne cessait d'appeler à la répression immédiate là où les lignes soviétiques se rompaient – c'est-à-dire presque partout. Le 10 juillet, ainsi, il fit diffuser par la *Stavka*, le grand état-major des forces armées, un communiqué précisant que celui-ci était « totalement mécontent » de ce qui se produisait sur le front du Nord-Ouest. « Les officiers qui n'exécutent pas les ordres, abandonnant leurs positions comme des traîtres, n'ont pas encore été châtiés », constatait amèrement le texte. Avant d'ordonner qu'un procureur spécial et des officiers du NKVD « se rendent immédiatement auprès des unités du front pour s'occuper sur place des traîtres et des lâches »[13].

En septembre, comme la bataille de Moscou s'annonçait, des « unités de blocage » commencèrent à apparaître. Elles prenaient position derrière les troupes allant au combat, et leur besogne consistait à abattre les hommes tentant de se replier. C'est ainsi que des soldats soviétiques se retrouvaient repoussés par les Allemands, puis mitraillés de l'arrière par leurs propres compatriotes. « Que penser d'une armée où un soldat se voit ordonner de tirer sur l'ennemi et un autre de tirer sur ses camarades ? » demanda ultérieurement Sergo Beria. Il ajoutait : « Il y avait là quelque chose de sale et de repoussant, comme dans les livres de Dostoïevski »[14]. Les « unités de blocage » n'étaient pas encore aussi nombreuses et organisées qu'elles allaient l'être durant d'autres batailles, comme celle de Stalingrad, mais il est incontestable qu'elles naquirent lorsque Moscou commença à être menacé.

À d'autres égards, le système de répression stalinien était déjà en pleine action à ce moment. L'exécution des déserteurs était devenue une pratique courante. Il s'en produisait parfois des centaines dans une même unité [15]. Certains soldats se tiraient une balle dans la main gauche, pensant qu'ils éviteraient ainsi d'aller au combat. Le général – plus tard maréchal – Rokossovski devait écrire qu'il avait constaté, durant les premiers combats, « un grand nombre de cas de lâcheté, panique, désertion et automutilation ». « D'abord apparut, précisait-il, la mutilation de la main gauche, les soldats se tirant dans la paume ou les doigts. Puis ce fut la main droite, et la mutilation réciproque : deux soldats tirant chacun dans la main de l'autre » [16]. Mais ceux qui avaient recours à ces méthodes désespérées signaient du même coup leur arrêt de mort ; les unités du NKVD avaient reçu ordre de fusiller quiconque était soupçonné d'automutilation. Et même les soldats recevant au combat de telles blessures n'étaient pas crus et généralement exécutés sur-le-champ [17].

Pour tout motif, d'ailleurs, la répression était prompte et brutale. Selon un rapport du NKVD [18], à la date du 10 octobre 1941, 667 364 soldats s'étant « échappés du front » avaient été interceptés. Sur ce nombre, 10 201 furent fusillés, 25 878 gardés en détention et 632 486 appelés à former des bataillons disciplinaires couramment affectés à des opérations suicidaires. La guerre se poursuivant, des centaines de milliers de détenus du Goulag vinrent également gonfler les rangs de ces unités, dont la tâche consistait parfois à traverser les champs de mines avant que les troupes régulières ne s'y engagent. En même temps, Staline continuait à expédier au Goulag un flot constant de prisonniers nouveaux remplaçant ceux qui étaient envoyés au front [19].

Mais la terreur ne s'appliquait pas qu'à la masse des soldats. Les chefs militaires étaient tenus pour responsables des échecs subis. Staline voulait faire des exemples – et, en même temps, trouver des boucs émissaires pour les cuisants revers du début de la campagne. Le général Dimitri Pavlov, commandant le front occidental, dont les troupes n'étaient pas parvenues à empêcher la prise de Minsk non plus qu'à freiner l'avance allemande vers l'est, fut appelé à jouer ce rôle avec ses principaux adjoints. Ils furent arrêtés et longuement torturés, ces tortures ayant pour but de leur faire confesser une participation à « un complot militaire antisoviétique ». En approuvant les sentences de mort prononcées à leur rencontre, Staline devait préciser : « Pas d'appel. Et que tous les fronts soient informés, de façon à ce qu'on sache que les défaitistes seront impitoyablement châtiés »[20].

Allaient également être exécutés des officiers qui se trouvaient déjà en état d'arrestation à l'ouverture des hostilités. Quelques jours avant le déclenchement de l'Opération Barberousse, Pavel Ritchagov, un pilote qui s'était distingué pendant la guerre d'Espagne et était devenu ensuite chef d'état-major adjoint de l'armée de l'air soviétique, avait été arrêté, en même temps qu'un autre glorieux vétéran d'Espagne, Yakov Smouchkevitch. Et, le 28 octobre 1941, alors même que les combats autour de Moscou entraient dans une phase cruciale, ils étaient fusillés, ainsi que plusieurs autres officiers supérieurs et que la femme de Ritchagov.

Comme devait le remarquer Stepan Mikoyan : « Une grande guerre s'était engagée, notre armée souffrait de lourdes pertes et essuyait des défaites, et, dans le même temps, des chefs militaires expérimentés, au lieu d'être appelés à sauver la situation, étaient mis à mort en toute hâte... Il est pénible d'imaginer les sentiments de gens qui, à un moment de grand danger pour leur pays, attendaient la mort des mains de leurs propres compatriotes[21]. »

Durant cette guerre, quelque 158 000 soldats soviétiques furent condamnés à mort[22]. En comparaison, les Allemands ne condamnèrent à mort que 22 000 de leurs soldats[23], ces chiffres ne concernant pas que le front de l'Est mais l'ensemble des théâtres d'opérations. En ce qui concerne les exécutions d'officiers et de soldats de leurs propres armées, Staline a donc largement dépassé Hitler. C'est à peine surprenant, le dictateur soviétique ayant amorcé bien avant la guerre cette pratique. Ce sont d'ailleurs ces sanglantes épurations qui expliquent en partie l'état d'impréparation des forces armées soviétiques lors du déclenchement des hostilités, et les pertes humaines qui s'ensuivirent.

Lorsque, dans les années trente, Staline avait entrepris d'éliminer tous ceux qu'il percevait comme des ennemis ou des menaces potentielles, nul homme ou nulle institution n'était à l'abri de ses soupçons. Ainsi, il parcourait un jour les couloirs du Kremlin en compagnie de l'amiral Isakov. Comme à l'habitude, des hommes du NKVD montaient la garde à chaque détour de corridor. « As-tu remarqué combien il y en a ? demanda soudain Staline à l'amiral. Chaque fois que je passe dans ces couloirs, je me pose la question. Lequel est-ce ? Si c'est celui-là, il va me tirer dans le dos. Mais si je tourne le coin, le suivant pourra me tirer au visage[24]. »

En plus des victimes évidentes, comme les paysans ukrainiens, les intellectuels et aristocrates qui n'avaient pas encore été éliminés, Staline prit pour cibles le parti communiste, le NKVD et, en 1937 et 1938, les forces armées. Dans tous ces cas, beaucoup de ceux qui avaient été, initialement, les épurateurs ne tardaient pas à se retrouver parmi les épurés, promis à une prompte exécution. Cette logique impitoyable faisait qu'il n'y avait aucun moyen d'arrêter ni même de ralentir ce qui allait être ensuite connu comme la Grande Terreur. En 1937 et 1938[25], quand les purges vinrent frapper les militaires, le NKVD arrêta environ 1,5 million d'hommes, dont 200 000 seulement furent ultérieurement libérés. Beaucoup furent envoyés au Goulag, mais plus encore – quelque 750 000, probablement – furent tout simplement abattus. Leurs corps furent ensuite jetés dans des fosses communes creusées auprès de très nombreuses villes, dans l'ensemble du pays.

Et, malgré l'énormité de ces nombres, Staline était souvent personnellement impliqué dans le massacre. Le NKVD avait composé des albums où figuraient environ 44 000 des « suspects » les plus importants. « Staline, homme pourtant très occupé, précise l'un de ses biographes, Robert Service, était censé parcourir les listes et indiquer les sentences recommandées lorsqu'il repérait le nom d'un personnage connu de lui et avait une préférence quant au sort à lui réserver »[26]. Staline exigeait également l'approbation de membres du Politburo, dont certains ajoutaient des commentaires enthousiastes aux demandes de condamnations à mort. Molotov, par exemple, se plaisait à écrire auprès d'un nom : « Qu'on procure à ce chien la mort d'un chien ![27]. »

Quand vint le tour des militaires, le dictateur soviétique tint à s'impliquer dans toutes les décisions majeures. Il considérait en effet les militaires comme un objectif de première importance, car, si une révolte contre son régime était un jour concevable, ce seraient vraisemblablement eux qui pourraient en prendre la tête. Pour quelqu'un qui voyait partout des ennemis en puissance, il n'était pas question de négliger une institution qui disposait à la fois de l'essentiel de la puissance de feu nationale et des connaissances nécessaires à son usage. De plus, dans les couches supérieures de la hiérarchie militaire figuraient des hommes que pouvait rendre suspects leur passé dans l'armée du Tsar ou des liens ultérieurs avec Trotski, premier commissaire du peuple aux Affaires militaires et véritable fondateur de l'Armée rouge.

À une réunion du Comité central en date du 2 mars 1937, Vorochilov, le commissaire à la Défense, avait tenté de prévenir un bain de sang en affirmant que l'armée avait régulièrement et systématiquement épuré ses rangs depuis l'éviction de Trotski. « Sans aucun bruit, avait-il déclaré, nous nous sommes débarrassés de nombre d'éléments superflus, parmi lesquels les hommes de Trotski et autre racaille suspecte. » Et il avait ajouté que cette épuration avait abouti à l'élimination d'« environ 47 000 hommes »[28].

Mais d'autres facteurs étaient venus attiser encore la suspicion de Staline. Au cours de la période d'étroite coopération militaire entre l'Union soviétique et l'Allemagne de la République de Weimar, les militaires de haut rang des deux pays avaient, bien entendu, multiplié les contacts. Des pilotes allemands avaient été entraînés en URSS et des officiers soviétiques avaient été invités à venir assister comme observateurs aux manœuvres militaires en Allemagne. Et ces contacts officiels avaient évidemment entraîné des contacts personnels, qui, en théorie au moins, pouvaient avoir couvert des activités subversives.

La réaction de Staline avait été la même à l'égard des aviateurs soviétiques envoyés en Espagne pour appuyer les forces républicaines, tels que Pavel Ritchagov et Yakov Smouchkevitch. Staline soutenant les forces de gauche alors qu'Hitler et Mussolini soutenaient le camp de Franco, la guerre civile espagnole avait quelque peu pris les allures d'une guerre par procuration entre deux idéologies. Il n'empêche que les militaires soviétiques, ayant combattu aux côtés des Républicains espagnols et également des Brigades internationales, étaient soupçonnés d'avoir été contaminés par leurs contacts avec des étrangers aux idéologies parfois douteuses.

S'apercevant que ses affirmations selon lesquelles les forces armées s'étaient épurées elles-mêmes n'avaient pas eu la portée souhaitée, Vorochilov changea brutalement de message. Il s'engagea auprès du Comité central à dévoiler un sinistre complot capable de « faire trembler les cœurs les plus endurcis »[29]. Le signal du massacre était pratiquement donné.

En juin, ce « complot » fut révélé aux instances du Parti. Le maréchal Mikhaïl Toukhatchevski, issu d'une famille de petite noblesse mais ayant accédé aux plus hautes fonctions de l'Armée rouge, admiré tant en Russie qu'à l'étranger pour ses qualités militaires, figurait en tête d'une première liste de huit « conspirateurs ». Devenu chef d'état-major en 1926, Toukhatchevski était l'homme qui avait présidé à la transformation de l'Armée rouge, issue des Gardes rouges de la révolution bolchevique, en une force combattante moderne et professionnelle. Mais, peu enclin à dissimuler ses opinions, il s'était trouvé à plusieurs reprises en désaccord avec Staline. Ainsi, en 1936, il avait déclaré que l'Allemagne pourrait fort bien attaquer l'URSS sans avertissement préalable, et qu'un long et coûteux conflit s'ensuivrait. Staline avait alors réagi avec colère, accusant Toukhatchevski d'essayer de semer la panique[30].

Le procès de Toukhatchevski et de ses prétendus complices s'ouvrit le 11 juin 1937. Un neuvième « conspirateur », le Premier commissaire adjoint à la Défense Yan Gamarnik, avait réussi à se donner la mort avant que les agents du NKVD puissent l'arrêter. À l'époque, nul ne pouvait plus avoir d'illusions sur les méthodes utilisées pour extorquer des aveux aux accusés. Quand les déclarations de Toukhatchevski furent soumises à Staline, des taches de sang étaient clairement visibles sur le papier[31]. Un autre éminent général soviétique, Vassili Blioukher, arrêté en octobre 1938, fut si abominablement torturé lorsqu'il refusa d'avouer que, selon sa femme, également emprisonnée, on aurait dit « qu'un char lui était passé dessus[32] ». Comme les tortures continuaient, il cria à un moment : « Staline, est-ce que tu entends ce qu'ils me font ?[33]. » Il mourut finalement du traitement ainsi subi.

Mais, pour Toukhatchevski et le premier groupe d'accusés, procès et exécutions dans les formes officielles avaient été jugés nécessaires. L'inculpation était celle de haute trahison, et, avant l'ouverture du procès, Staline avait proclamé : « Il y a eu sans aucun doute un complot politico-militaire contre le régime soviétique qui a été suscité et financé par les fascistes allemands. » Il soulignait que plusieurs des accusés s'étaient rendus en Allemagne, où ils avaient eu des contacts avec leurs collègues allemands. Il oubliait de préciser que c'était à un moment où la coopération militaire entre les deux pays était parfaitement officielle. Il se refusa toujours à reconnaître que Toukhatchevski l'avait mis en garde contre les dangers d'une attaque allemande. « Des espions ! Des espions ! » clamait-il [34].

Selon plusieurs spécialistes occidentaux, on aurait un peu aidé Staline à inventer ces accusations. Elles seraient aussi le résultat d'une entreprise de désinformation et d'intoxication des services spéciaux allemands [35]. Ceux-ci auraient communiqué au président tchécoslovaque Beneš de fausses informations sur un complot militaire en Union soviétique, et Beneš en aurait, à son tour, fait part au Kremlin. Aucun document n'est venu jusqu'ici appuyer cette thèse, ce qui rend certains historiens russes dubitatifs. De toute manière, Staline et ses sbires étaient tout à fait capables de concocter un faux dossier d'accusation de ce genre, avec ou sans l'aide des Allemands. Et d'exercer ensuite leur version très particulière de la justice. Comme devait l'écrire Ivan Belov, l'un des juges du procès Toukhatchevski : « Quand j'ai vu ces canailles dans la salle d'audience, je me suis mis à frissonner. J'ai senti une bête en moi. Je ne voulais pas les juger, mais les frapper, les frapper avec une sauvage frénésie [36]. »

Tous les accusés avaient déjà été frappés avec sauvagerie, en fait, et on avait promis à certains d'entre eux la clémence s'ils avouaient, la clémence au moins pour leurs familles. C'était courant durant la Grande Terreur, comme était courant l'oubli de ces promesses dès qu'avaient été extorquées des confessions, qui impliquaient un nombre toujours croissant de victimes. Mais que les accusés avouent ou non, l'issue était toujours la même. La clémence était hors de question. Quand le général Jonah Yakir [37] lui adressa une missive particulièrement déchirante, Staline écrivit en marge de la lettre : « Pourceau et catin. » Vorochilov crut devoir ajouter : « Une parfaite définition », et Lazare Kaganovitch, membre du Politburo, y mit également du sien, écrivant : « Pour un salopard, une canaille et une putain, il n'y a qu'un seul châtiment – la peine de mort. »

Toukhatchevski – qui avait tenté, à l'audience, d'arguer de son innocence – et ses co-accusés furent tous reconnus coupables dès le 11 juin. Staline se hâta d'autoriser la peine de mort, et les huit hommes furent fusillés le 12.

Pour les familles des victimes, l'épreuve ne faisait que

commencer. Comme le remarque l'historien britannique Robert Conquest, être « femme d'ennemi du peuple » était un crime en soi, en Union soviétique[38]. Comparées à d'autres qui se trouvèrent plus tard dans ce cas – et dont 15 furent fusillées le 28 août 1938 – Nina Toukhatchevskaïa et plusieurs autres veuves d'officiers du premier procès parurent tout d'abord ne pas s'en tirer trop mal ; elles ne furent condamnées qu'à huit ans de prison. Mais au sommet de la bataille de Moscou, en octobre 1941, le gouvernement se ravisa. Comme la capitale semblait sur le point de tomber aux mains des Allemands, on estima, au Kremlin, qu'il fallait en finir d'abord avec les veuves. Celles-ci furent de nouveau jugées, condamnées à mort et fusillées.

Le procès de Toukhatchevski donna le signal de la grande purge qui balaya les forces armées soviétiques avec des effets dévastateurs. Le 29 novembre 1938, Vorochilov rapportait : « La purge a été radicale et méticuleuse. Nous avons épuré tous ceux qu'il était nécessaire d'épurer, en commençant par les grades les plus élevés et en finissant par les grades inférieurs. » Il concluait en précisant que l'Armée rouge avait été « nettoyée de plus de 40 000 hommes »[39].

Il serait difficile d'exagérer l'impact de cette opération. Rokossovski, qui fut emprisonné pendant deux ans mais réussit à survivre et à devenir l'un des principaux chefs militaires de la guerre, qualifiait ainsi la chose : « C'est pire que lorsque l'artillerie tire sur ses propres troupes[40]. » Ce furent les officiers généraux et les officiers supérieurs qui furent le plus durement frappés[41]. Parmi les épurés figurèrent 3 des 5 maréchaux, 13 des 15 commandants d'armée, 8 des 9 amiraux de la flotte, 50 des 57 commandants de corps d'armée, 154 des 186 généraux de division, et ainsi de suite jusqu'au bas de l'échelle.

Bien que 13 000 environ des officiers épurés aient été réintégrés entre 1939 et 1941, Khrouchtchev devait, on l'a vu, souligner que cette épuration massive des cadres de l'armée avait été l'une des raisons majeures de l'état d'impréparation des forces soviétiques lors de l'attaque allemande de 1941. « Tant d'hommes, écrit-il, avaient été exécutés que le haut commandement avait été dévasté, ainsi que tous les échelons du corps d'officiers. En conséquence, notre armée se trouva privée des cadres qui avaient acquis leur expérience lors de la guerre civile, et c'est sans préparation que nous dûmes faire face à un nouvel ennemi[42]. »

Si l'on en croit Stepan Mikoyan, son père, Anastase Mikoyan, partageait cet avis – encore que, comme Khrouchtchev, il n'en ait soufflé mot quand Staline était au pouvoir. « J'ai fréquemment entendu mon père, écrit Stepan Mikoyan, dire que la perte, à la veille de la guerre, de chefs militaires expérimentés, instruits et intelligents avait produit l'effet le plus dévastateur qui soit tant sur la préparation que sur la conduite des opérations[43]. »

À la suite des purges, des officiers subalternes se trouvèrent rapidement promus, et ce, souvent, sur la seule base de leurs convictions politiques. Dans d'innombrables cas, des officiers aux talents militaires extrêmement limités remplacèrent ainsi des hommes de grande expérience. La chose ne passa pas inaperçue. Les Allemands assistaient avec une fascination morbide à la saignée qui se produisait au sein de l'Armée rouge, estimant que cela ne pouvait être que « désastreux[44] » pour leur futur ennemi. C'était presque comme si Staline s'efforçait d'aider à l'avance Hitler. Dans sa biographie de Staline, le général Volkogonov, qui avait été le chef du service de propagande de l'Armée rouge, soutient que les purges « ont forgé les défaites de 1941, qui devaient faire des millions de victimes nouvelles[45] ». Cette affirmation n'a rien d'exagéré.

Isaac Deutscher, qui fut l'un des premiers biographes de Staline, donne un éclairage totalement différent à cette épuration de son armée par le dictateur soviétique : « Imaginons un moment, écrit-il, que les meneurs de l'opposition aient vécu assez longtemps pour assister aux terribles défaites de l'Armée rouge en 1941 et 1942, pour voir Hitler aux portes de Moscou, des millions de soldats russes en captivité, une dangereuse crise au sein du peuple comme celle qui apparut à l'automne 1941, quand l'avenir entier des Soviets ne tenait qu'à un fil et l'autorité morale de Staline était à son point le plus bas. Il est possible qu'ils aient tenté de renverser Staline. Et Staline était décidé à ne pas permettre qu'on en arrive là[46]. »

Cela sonne de prime abord comme une scandaleuse tentative de justification. Deutscher semble, là, tenir pour acquis qu'il existait une opposition au moins latente au sein de l'armée, et pas seulement des officiers torturés, terrifiés, contraints d'avouer des crimes imaginaires et des complots inexistants.

Mais, ensuite, Deutscher exclut de lui-même qu'il puisse y avoir eu quelque vérité dans les accusations portées par Staline contre ses victimes. « Parmi tous les documents produits au procès des dirigeants nazis à Nuremberg, ajoute-t-il curieusement dans une note annexe, pas un seul ne contient la moindre allusion à une prétendue Cinquième Colonne nazie au sein du gouvernement et de l'armée soviétiques. Pourrait-il y avoir plus éloquente réfutation des procès menés lors des purges que cette effarante lacune dans l'abondant dossier des préparatifs de guerre hitlériens ?[47]. »

Deutscher s'abstient toutefois de poser la question qui découlerait logiquement de ses précédentes spéculations sur les réactions éventuelles de Toukhatchevski et des nombreux officiers assassinés à sa suite devant les revers militaires de 1941 et 1942. Si les purges n'avaient pas eu lieu et s'ils avaient vécu, ces défaites auraient-elles été aussi dévastatrices ? À en juger par les remarques de Rokossovski, de Khrouchtchev, de Mikoyan et de bien d'autres de leurs contemporains, il est à peu près hors de doute que l'Armée rouge aurait été une force beaucoup plus efficace – encore qu'ayant, en toute probabilité, à mener, de toute manière, un combat désespéré pour sa survie. Mais du moins, ce combat pour la survie n'aurait été livré que contre les Allemands, sans la menace supplémentaire de la terreur interne.

Partout où Staline étendait son pouvoir, la politique de terreur suivait. Lorsque l'Union soviétique eut envahi l'est de la Pologne et que ce malheureux pays se fut trouvé divisé entre Soviétiques et Allemands, conformément au pacte conclu entre les deux gouvernements, chacun de ceux-ci entreprit une campagne de terreur à l'encontre des populations civiles dans leurs zones d'occupation respectives. Dans la partie orientale de ce qui avait été la Pologne, les Soviétiques déportèrent par trains entiers quelque 2 millions de personnes entre septembre 1939 et le 22 juin 1941. Des centaines de milliers de ces déportés périrent, soit dans les trains, soit dans des camps de Russie septentrionale, de Sibérie ou du Kazakhstan, où beaucoup succombèrent au froid ou à la faim. « À un moment où les Allemands en étaient encore à préparer les installations d'Auschwitz et de Treblinka, écrit l'historien britannique Norman Davies, les Soviétiques étaient en mesure d'ajouter avec une relative aisance quelques millions de Polonais et d'Ukrainiens de l'Ouest à la population de leur “ archipel du Goulag ”[48]. » Selon une formule circulant alors en Pologne, les occupants russes divisaient les Polonais placés sous leur contrôle en « ceux qui ont été prison, ceux qui sont en prison et ceux qui vont aller en prison [49] ».

Et il y avait aussi des exécutions massives. Staline était bien décidé à éliminer tous les Polonais susceptibles, un jour, de tenter de résister à son régime. En mars 1940 [50], le Kremlin décida « le châtiment suprême et l'exécution par balles » de 14 736 officiers et fonctionnaires polonais, ainsi que de 10 685 de leurs concitoyens déjà détenus par le NKVD. Les restes d'environ 4 000 officiers polonais ayant chacun le crâne percé d'une balle furent découverts en 1943 par les Allemands dans la forêt de Katyn, près de Smolensk. Jusqu'à l'effondrement du régime soviétique, les représentants de celui-ci prétendirent que les Allemands avaient tenté de faire porter au Kremlin la responsabilité d'une atrocité commise par eux. Mais même alors, il était évident, compte tenu du moment où avait eu lieu le massacre et des éléments trouvés sur place, que la chose ne pouvait être que le fait des Soviétiques. Dans un geste d'apaisement envers la Pologne, en 1992, le président russe Boris Eltsine rendit finalement public l'ordre du Politburo confirmant ce fait.

Dans les États baltes, où il fallut plus longtemps aux autorités soviétiques pour s'assurer le contrôle total de la situation, on put constater le même souci d'éliminer quiconque pouvait être considéré comme un ennemi en puissance du nouveau régime. En Lituanie, les arrestations commencèrent vraiment, de même que la nationalisation des entreprises commerciales et l'interdiction de tout livre et de toute publication jugés nationalistes ou antisoviétiques, à la veille des premières élections organisées sous contrôle russe. Dans la nuit du 11 au 12 juillet 1940, 2 000 personnes furent appréhendées, et les arrestations se poursuivirent à la cadence de deux à trois cents par mois jusqu'à la fin de l'année [51].

S'il était encore besoin de montrer à quel point les autorités soviétiques se concentraient sur la répression alors même que se multipliaient les preuves que l'Allemagne préparait une invasion de l'URSS, le calendrier des déportations dans les États baltes y suffirait. Dès le 28 novembre 1940, le nouveau ministre de l'Intérieur lituanien Alexandras Gouzebicius rendit publique une liste de quatorze catégories de personnes susceptibles d'être déportées [52]. Cette liste comprenait les membres de partis « de gauche » ou « nationalistes » considérés comme antisoviétiques, les vétérans des armées tsariste et blanche, les officiers des forces armées lituaniennes et polonaises, « tous les émigrés politiques et éléments instables », les responsables de la Croix-Rouge, les hommes d'Église, les anciens nobles et les négociants. En fait, cela revenait à un blanc-seing permettant de déporter à peu près tout le monde. Mais ce ne fut que dans la nuit du 13 au 14 juin 1941, une semaine seulement avant le déclenchement de l'Opération Barberousse, que les autorités entrèrent massivement en action.

Bien que les estimations diffèrent[53], on peut considérer qu'environ 60 000 Estoniens, 35 000 Lettons et 34 000 Lituaniens furent déportés par les occupants soviétiques, alors même que les troupes allemandes s'apprêtaient à frapper, la plupart ayant été arrêtés et embarqués dans d'étouffants wagons à bestiaux vers l'est en cette nuit du 13 au 14 juin ou dans les jours qui suivirent.

Si l'on tient compte de la modeste dimension des pays ainsi frappés, ces chiffres sont monstrueux. Pour l'Estonie, ils représentent 4 % de la population, et pour la Lituanie et la Lettonie entre 1,5 et 2 %. Si Staline pensait qu'il allait s'assurer ainsi la loyauté de ces populations, il se trompait lourdement. Bien des Baltes, comme bien des Ukrainiens, considérèrent initialement les envahisseurs allemands comme des libérateurs.

Mais, quand les Allemands attaquèrent, le premier réflexe du NKVD fut d'accélérer et d'intensifier encore la répression dans la Pologne occupée et les États baltes. Pour les policiers staliniens et leurs chefs, les prisonniers politiques « antisoviétiques » encore détenus dans ces régions ne pouvaient être abandonnés. Ils devaient être purement et simplement éliminés, même si cela entraînait qu'on assigne à cette sanglante besogne des troupes régulières, au lieu de les envoyer combattre les Allemands. À Lvov, le NKVD commença à exécuter les prisonniers dès le 22 juin. Un soulèvement ukrainien[54] contraignit brièvement ses agents à battre en retraite, mais ils ne tardèrent pas à revenir abattre les détenus dans leurs cellules. Lorsque les troupes soviétiques durent finalement fuir la ville, 4 000 détenus politiques avaient été ainsi massacrés et leurs cadavres sommairement ensevelis dans des fosses communes.

Des tueries du même ordre furent effectuées par le NKVD et l'Armée rouge dans d'autres villes baltes et polonaises, où des milliers de détenus furent abattus sur place. À la fin, la panique s'étant emparée des bourreaux devant l'avance des troupes allemandes, d'autres prisonniers furent abandonnés ou parvinrent à s'échapper. Plus loin de la frontière, toutefois, des détenus du Goulag furent évacués de force vers l'est, à pied, souvent, car les transports ferroviaires faisaient le plus souvent défaut. Cela formait un sinistre prélude à ces « marches de la mort » qui allaient avoir lieu à la fin de la guerre, lors d'une similaire évacuation des camps de concentration allemands. « Ceux qui peuvent marcher marcheront, déclara un gardien soviétique aux détenus dont il avait la charge. Qu'ils protestent ou non, tous marcheront. Ceux qui ne peuvent pas marcher, nous les abattrons. Nous ne laisserons personne aux Allemands [55]. »

Alors que l'avance allemande se poursuivait et que la Wehrmacht s'enfonçait plus encore en territoire russe, la politique du Kremlin à l'égard des prisonniers demeurait inchangée. Beria, le chef du NKVD – que Staline appelait « notre Himmler [56] » –, multipliait, avec le plein accord de son chef suprême, les ordres d'exécution dans des villes russes telles qu'Orel [57], où 154 détenus furent abattus avant que la localité ne tombe aux mains des Allemands, au début du mois d'octobre. Même au moment où la route de Moscou parut pratiquement ouverte aux envahisseurs, cette obsession du massacre continua à sévir.

Revenant sur cette période quelque soixante ans plus tard, un ancien du NKVD, Viktor Tcherniavski, trouvait toujours difficile à comprendre qu'on s'émeuve de ces tueries. « C'était un problème pratique, déclarait-il. La situation sur le front était terrible. Imaginez : il fallait penser à la façon de transporter les prisonniers et tout le reste. Alors, on s'adressait à Beria pour lui demander ce qu'il fallait faire. Les Allemands étaient tout proches et c'était dangereux, la réponse était donc de liquider les prisonniers. C'était un problème pratique. Les prisonniers étaient un fardeau. »

Mais même cette effrayante logique ne pouvait s'appliquer en certains cas. Ainsi, les autorités soviétiques réussirent à évacuer 3 000 détenus de la prison Boutyrka [58] de Moscou vers Kouïbychev, une ville des bords de la Volga où l'on était censé regrouper les habitants de la capitale. Mais, ce faisant, on prit le temps d'exécuter 138 des prisonniers jugés les plus importants. Si l'on en croit une récente étude russe, 42 776 prisonniers furent « perdus pour des raisons diverses » durant les évacuations de 1941 [59].

Toutefois, devant les pertes effarantes subies par l'Armée rouge durant les premiers mois du conflit, Staline et Beria furent progressivement amenés à envisager avant tout les moyens de regarnir ses rangs, et le rythme des exécutions se ralentit. Dans certains cas, des officiers généraux ou supérieurs qui étaient considérés comme condamnés bénéficièrent de grâces soudaines. C'est ce qui arriva, par exemple, au général Meretskov, arrêté et odieusement torturé durant les premiers jours de la guerre. Alors qu'il avait été longuement frappé à l'aide de tuyaux de caoutchouc, il se retrouva soudain dans un état-major qui comprenait également l'un de ses tortionnaires. Contrairement à d'autres, il ne dissimula pas l'impression de malaise que lui procurait cette situation [60]. Dans son cas, Staline fit une concession exceptionnelle ; les tortures ayant laissé Meretskov infirme, il fut autorisé à s'asseoir pour faire ses rapports au maître du Kremlin [61].

On frôlait souvent le surréalisme dans l'univers de terreur de Staline. Peu après la libération de Rokossovski, en 1940, le dictateur soviétique remarqua que celui-ci n'avait plus d'ongles. Il lui demanda s'il avait été torturé, ce que Rokossovski confirma. Staline déclara alors : « Il y a trop de gens zélés dans ce pays. » À d'autres moments, il lui arrivait de s'enquérir de tel ou tel personnage et d'exprimer surprise et déception quand on lui disait qu'il avait été exécuté, comme si lui-même n'avait rien eu à voir avec de telles décisions [62].

Les défenseurs acharnés de Staline persistèrent à affirmer que ses méthodes de terreur avant et après l'offensive allemande étaient justifiées. Ce fut tout particulièrement le cas de Molotov, fidèle au dictateur jusqu'à sa mort, en 1986. Il continuait à défendre la grande épuration militaire de 1937 et 1938. « Bien sûr, il y a eu des excès, déclarait-il, mais tout cela, à mon avis, était excusable si l'on tient compte de l'objectif essentiel : maintenir la puissance de l'État… Nos erreurs, y compris les plus graves, étaient justifiées [63]. » Sur le cas des principales victimes de ces purges, à commencer par le maréchal Toukhatchevski, il adoptait une position analogue. « Le moment venu, de quel côté aurait-il été ? demandait-il. C'était un homme plutôt dangereux. Je doute qu'il ait été totalement de notre côté quand la situation est devenue grave, car c'était un homme de droite. Le danger de droite était celui qui était le plus grave à l'époque. Et beaucoup d'hommes de droite ne se rendaient même pas compte qu'ils l'étaient ; ils l'étaient malgré eux [64]. »

La dernière remarque était typique de la pensée stalinienne : on ne peut se fier à personne, car n'importe qui peut être un ennemi du peuple sans même le savoir encore. Selon ce raisonnement, la terreur, et la terreur seule, était le remède et la clé de la victoire.

Sergo Beria devait tenter de donner un son de cloche différent : « Mon père m'a expliqué, affirmait-il, que si cette politique d'extermination de l'élite s'était poursuivie pendant deux ans encore, les Allemands n'auraient pas eu besoin de nous envahir, car l'État se serait effondré de lui-même [65]. »

Il s'agissait, bien sûr, de la tentative d'un fils s'efforçant de défendre l'indéfendable en laissant entendre que son père désapprouvait une politique de terreur qu'il était le premier à appliquer avec une effroyable efficacité. Mais le propos témoignait, en même temps, du chaos que cette politique avait créé au sein des forces armées et de la population soviétique.

Mais, heureusement pour Staline, Hitler était également résolu à imposer son propre régime de terreur dans tous les territoires conquis par ses troupes, ce qui revint à créer un équilibre de la peur qui ne semblait pas initialement concevable. Comme l'écrit Robert Service, « la guerre revint à une monstrueuse sauvagerie jamais vue depuis les guerres de religion des siècles passés, et Staline se trouvait dans son élément » [66].

Hitler aussi, mais ses forces se trouvaient lancées dans un pays qu'elles ne connaissaient pas, face à une population qu'elles ne comprenaient pas. Pour atteindre Moscou, il leur aurait fallu remédier très vite à ces déficiences. Une occasion s'offrait au Führer, mais ce ne serait pas pour très longtemps.

4

HITLER ET SES GÉNÉRAUX

Au cours de ces cruciaux mois d'été où les troupes allemandes s'enfonçaient de plus en plus profondément en territoire russe, Hitler et ses généraux étaient souvent en désaccord, tant sur la tactique que sur la stratégie. Ce n'était pas la première fois, tant s'en faut, que ces divergences apparaissaient. Les généraux s'étaient toujours montrés hésitants devant les coups de poker – d'ailleurs victorieux – du Führer, annexant l'Autriche, démembrant la Tchécoslovaquie, envahissant la Pologne, puis la France et une grande partie de l'Europe continentale. Et, bien sûr, lorsque Hitler avait déclenché l'Opération Barberousse, quelques généraux s'étaient montrés dubitatifs devant ses prédictions et sa conviction de voir l'Union soviétique s'effondrer rapidement.

Mais, l'invasion commencée, ce fut soudain Hitler qui se révéla hésitant quand il s'agit de décider quand et comment attaquer Moscou. Il laissait ainsi dans une pénible incertitude ses généraux sur le terrain, qui étaient, eux, convaincus que seul un assaut rapide et direct contre la capitale soviétique pourrait porter le coup décisif, assurant à la fois la victoire et la destruction du régime.

En même temps, Hitler semait véritablement les germes de la résistance aux envahisseurs allemands par sa politique de terreur à l'égard de la population des territoires occupés par ses troupes. Nombre de généraux allemands devaient affirmer, après la guerre, qu'ils s'étaient opposés à cette politique. Mais si tel était le cas, ils ne l'avaient pas fait de façon très ostensible. Et il semble peu probable que leurs réserves se soient appuyées sur des raisons essentiellement morales. En acceptant de servir Hitler comme ils l'avaient déjà fait, ils avaient renoncé, en fait, à se laisser guider par leur conscience.

Ils sont beaucoup plus convaincants lorsqu'ils disent s'être rapidement rendu compte que la brutalité des Allemands retournait contre eux les populations locales, rendant, pour celles-ci, le règne de terreur d'Hitler encore plus redoutable que le règne de terreur de Staline. Plus important encore, cela donnait à ce dernier toutes les munitions dont il avait besoin pour mobiliser son peuple contre l'envahisseur, facilitant au plus haut point le travail des propagandistes soviétiques. À la tête de la meute se trouvait l'écrivain Ilya Ehrenbourg, revenu à Moscou en 1940 après une confortable période d'exil à Paris. « Tuons ! clamait-il à ses compatriotes. Si vous n'avez pas tué un Allemand aujourd'hui, votre journée a été perdue ![1]. »

Initialement, les soldats allemands arrivant dans les régions occidentales d'Union soviétique avaient rencontré des réactions très différentes, comme on l'a vu. Ainsi, Hans von Herwarth put observer avec surprise l'attitude de villageois assistant à un combat aérien très inégal entre avions de chasse allemands et soviétiques. « Tous les chasseurs soviétiques furent abattus, devait-il écrire. Chaque fois que l'un d'eux s'écrasait au sol en flammes, les villageois applaudissaient, criant que Staline n'allait pas tarder à subir le même sort[2]. » Il rapportait également que les paysans lui demandaient si les Allemands allaient abolir les fermes collectives, et que certains d'entre eux lui apportaient des listes de responsables communistes à arrêter[3].

Mais ces bonnes dispositions cédèrent vite la place à la suspicion, puis à la peur et à la haine. Le capitaine Karl Haupt[4], du 350e Régiment d'infanterie, dont l'unité avait d'abord, en Ukraine occidentale, été accueillie dans les villages avec du pain, du sel et des fleurs, rapportait que, vers le milieu du mois de juillet, les attitudes étaient devenues « complètement hostiles » et que « l'heure n'était plus à la confiance, à l'amitié et à la détente ». Et il faisait suivre ces observations d'ordres donnés à ses hommes de prendre « les mesures les plus sévères et les plus impitoyables » contre des populations qui, deux semaines auparavant, s'étaient montrées si accueillantes.

Bien des chefs militaires allemands affirmèrent avoir été choqués par les premières atrocités soviétiques qu'ils avaient observées, soutenant que leurs propres actions n'avaient représenté que des représailles. Le général von Manstein[5], qui, au début de l'Opération Barberousse, commandait le 56e Corps blindé et n'allait pas tarder à recevoir son bâton de maréchal, devait déclarer que, le premier jour des combats, ses hommes avaient retrouvé les restes d'une patrouille allemande coupée de son unité et encerclée par les Soviétiques. « Tous ses membres étaient morts et sauvagement mutilés », écrit-il dans ses Mémoires. Et il ajoute que ses officiers et lui avaient alors juré qu'ils ne laisseraient « jamais un adversaire de ce genre les prendre vivants ».

Manstein raconte qu'à une autre occasion, ses troupes avaient repris un hôpital de campagne allemand qui avait dû être abandonné au plus fort des combats, avec 3 officiers et 30 soldats blessés. Les 33 hommes avaient été tués et « leurs mutilations étaient indescriptibles ». Il rapporte également plusieurs cas de soldats soviétiques faisant mine de se rendre pour ouvrir le feu au dernier moment, ou simulant la mort « pour tirer sur nos hommes quand ils ont le dos tourné ».

Les incidents rapportés par Manstein ne justifient toutefois pas la politique de brutalité systématique appliquée par les Allemands dès le début de la campagne. Bien sûr, ils avaient initialement promis d'améliorer le sort des populations qu'ils « libéraient ». Ainsi, le premier jour de l'invasion, des émissions de radio avaient annoncé que « l'une des premières mesures prises par l'administration allemande serait le rétablissement de la liberté religieuse ». « Nous vous permettrons, affirmaient ces émissions, de créer des paroisses. Chacun doit être libre de prier Dieu de la façon qui lui convient »[6]. Mais Hitler, dont l'aversion pour les Églises chrétiennes était presque aussi viscérale que celle de Staline, ne tarda pas à montrer clairement qu'il n'avait nulle intention d'honorer de telles promesses. Il interdit à l'armée allemande de faire quoi que ce soit pour aider Églises et missionnaires à se rendre dans les territoires soviétiques nouvellement occupés[7].

La vision qu'avait Hitler de l'avenir des terres ainsi conquises ne pouvait impliquer que la subjugation par la terreur. Il en définit les grandes lignes dès avant le déclenchement de l'Opération Barberousse, ne laissant aucun doute possible quant à la nature de l'occupation qu'il envisageait – quel que pût être le comportement des troupes soviétiques et des populations locales. Le 30 mars 1941, il réunit ses généraux pour une communication que son chef d'état-major, le général Halder, résuma comme suit :

« *Affrontement de deux idéologies.* Retentissante dénonciation du bolchevisme, assimilé à une criminalité sociale. Le communisme représente un énorme danger pour notre avenir. Nous devons oublier la notion de camaraderie entre soldats. Un communiste n'est un camarade ni avant ni après la bataille. C'est une guerre d'extermination. Si nous n'en prenons pas conscience, nous vaincrons l'ennemi, mais, trente ans plus tard, nous devrons combattre de nouveau l'ennemi communiste. Nous ne faisons pas la guerre pour préserver l'ennemi… Extermination des commissaires bolcheviques et de l'intelligentsia communiste[8]. »

La politique prévue reposait sur un principe de base très simple : les Russes et les autres peuples d'Union soviétique formaient une race inférieure, primitive, qui n'était pas digne des considérations humaines normales. Comme le formula Erich Koch, nommé par Hitler au gouvernement de l'Ukraine, « l'attitude des Allemands doit être commandée par le fait que nous avons affaire à un peuple inférieur à tous les égards ». Et Koch d'ajouter que l'objet de l'occupation n'était pas « d'apporter des bienfaits à l'Ukraine mais d'assurer à l'Allemagne un espace vital nécessaire et un approvisionnement en denrées alimentaires »[9].

Il ne s'agissait nullement là de propos en l'air. La déclaration d'Hitler sur la renonciation au principe de la confraternité entre soldats conduisit, entre autres, au « Décret sur les commissaires » – ordre d'exécuter tous les officiers politiques des unités de l'Armée rouge, même s'ils tentaient de se rendre. Rédigé le 12 mai 1941, plus d'un mois avant le début de l'Opération Barberousse, cet ordre précisait : « Les commissaires politiques ne sont pas reconnus comme prisonniers de guerre et doivent être liquidés, au plus tard dans les camps de transit »[10].

Ce « Décret sur les commissaires » eut, comme il était prévisible, pour effet de convaincre les commissaires politiques de l'Armée rouge de résister à tout prix, sachant que leur capture équivaudrait à une sentence de mort obligatoire. Mais quand les Allemands commencèrent à se heurter à des troupes soviétiques se battant avec acharnement, même en état de totale infériorité, aucune relation ne fut officiellement faite avec les termes du décret. « La principale raison pour laquelle le Russe ne se rend jamais, affirmait une directive de la Quatrième Armée allemande, est que, comme le demi-Asiatique stupide qu'il est, il croit fermement à la légende, répandue par les commissaires, selon laquelle il sera fusillé s'il est fait prisonnier[11]. »

Au sein de la Wehrmacht étaient diffusés des tracts ajoutant des traits d'antisémitisme à la dénonciation des commissaires politiques de l'Armée rouge. L'un de ces tracts proclamait notamment : « Nous insulterions les animaux en appelant ces hommes, juifs pour la plupart, des bêtes. Ils sont l'incarnation d'une haine satanique et démente à l'égard de la noble humanité dans son ensemble [12]. »

Alors même que les Allemands arrosaient les régions encore contrôlées par les Soviétiques de tracts affirmant qu'ils venaient libérer le pays et pressant les soldats de l'Armée rouge de se rendre – à la fin de l'année 1941, la Luftwaffe en avait largué plus de 400 millions [13] –, ces assertions étaient immédiatement contredites par la politique appliquée aux populations tombant sous le contrôle des forces du Reich. Le 2 mai 1941, un rapport des experts économiques nazis chargés d'établir les objectifs matériels de la campagne avait tout simplement prédit qu'au mois de septembre de cette même année « l'ensemble des forces armées allemandes pourraient être alimentées aux dépens de la Russie ». Et ce rapport en concluait très franchement : « Des dizaines de millions d'hommes vont sans aucun doute mourir de faim si nous prélevons tout ce dont nous avons besoin » [14].

Considérés comme des *Untermenschen* – appartenant à une « sous-humanité » –, les Slaves n'avaient droit, aux yeux des dirigeants nazis, à aucune considération, doctrine qui s'appliquait aux multitudes de soldats de l'Armée rouge faits prisonniers durant les premiers mois du conflit. Quand les journaux allemands publiaient des photographies de prisonniers soviétiques, c'était pour souligner leurs « physionomies asiatiques et mongoles » et leurs « signes de dégénérescence » [15].

Il n'était donc guère surprenant que les troupes allemandes traitent généralement ces captifs avec un total mépris, quand elles ne se contentaient pas de les massacrer sur place. Comme le reconnaît en passant le maréchal von Manstein, évoquant les premiers combats, « à ce stade, nous n'avions ni le temps ni les hommes nécessaires pour rassembler les prisonniers [16] ». Le maréchal s'abstient de préciser ce qui arrivait aux prisonniers qu'on n'avait pas le temps de rassembler, mais ce n'est pas très difficile à imaginer. Et, comme la rumeur de ce genre de traitements commençait à circuler, il devint certainement plus facile aux commissaires politiques de l'Armée rouge de convaincre les soldats dont ils avaient la charge que, la captivité équivalant à la mort, mieux valait combattre jusqu'au bout.

Les civils ne pouvaient s'attendre à meilleur traitement. Dès le 6 mai 1941, plus d'un mois avant le déclenchement de l'Opération Barberousse, une directive du commandement militaire allemand était venue autoriser l'exécution de tous ceux « qui, par leur comportement, représenteraient une menace directe à l'égard de nos troupes » et « des mesures de force collectives » contre toute localité « d'où seraient provenues des attaques insidieuses et malfaisantes de n'importe quelle nature ». La directive insistait sur le fait que les troupes allemandes devaient « se défendre sans pitié contre toute menace d'une population civile hostile ». Elle ajoutait que même si des soldats allemands commettaient des « actes punissables », ils ne seraient pas poursuivis s'ils étaient motivés « par une rancœur due à des atrocités ou au travail de subversion de tenants du système judéo-bolchevique »[17].

À la fin juillet 1941, le maréchal von Brauchitsch, commandant en chef de l'armée, émit de la part d'Hitler un ordre secret précisant encore cette position. « En raison de la vaste superficie des territoires occupés à l'est, déclarait cet ordre, les forces qui seront disponibles pour y assurer la sécurité ne seront suffisantes que si toute résistance est réprimée, non par la poursuite légale des coupables, mais par l'instauration par les forces occupantes d'un régime de terreur qui ôtera à la population tout désir de résister[18]. » Et, dès que les Allemands commencèrent à se heurter à l'activité des partisans, ils appliquèrent à la lettre les consignes de « mesures de force collectives », le commandement donnant ordre d'exécuter 50 à 100 otages pour chaque soldat du Reich tué[19].

De tels ordres revenaient à donner aux troupes allemandes carte blanche pour tuer et détruire, et, dans ce contexte, tout acte de clémence pouvait être jugé répréhensible. « Nourrir des habitants ou des prisonniers de guerre qui ne travaillent pas pour les forces armées allemandes en utilisant des rations de l'armée, déclarait le maréchal von Reichenau en octobre 1941, revient à un acte d'humanité déplacé[20]. »

Cette politique eut un effet immédiat sur les innombrables prisonniers de guerre soviétiques faits par les Allemands durant les premiers mois du conflit. Hans von Herwarth avait vu de longues colonnes de prisonniers « avançant en se donnant le bras mais titubant comme des hommes ivres ». Le lendemain matin, l'un de ses camarades lui montra les cadavres étendus le long de la route, et, soudain, la vérité lui apparut. « Apparemment, on n'avait pas nourri les prisonniers depuis des jours, et leur " ivresse " n'était que de l'épuisement », écrivit-il[21]. Une phrase qui circulait dans l'armée allemande résumait tout : « Le Russe doit périr pour que nous vivions[22]. »

Mais si tous pouvaient être des victimes, les juifs soviétiques étaient tout particulièrement visés. Dans une guerre où l'ennemi déclaré était le « judéo-bolchevisme », le massacre de tous les juifs que l'on rencontrait pouvait être assimilé à l'élimination de l'adversaire. À l'automne 1941, quand l'activité des groupes de partisans commença à s'intensifier derrière les lignes allemandes, le commandement qualifia tous les résistants de juifs quelle que soit leur origine réelle. « Où il y a un juif, proclamaient les chefs militaires allemands, il y a un partisan, et là où il y a un partisan, il y a un juif[23]. »

Mais c'est longtemps avant que l'action des partisans se fasse vraiment sentir – avant même, en fait, le déclenchement des hostilités – que se prépara le massacre systématique des juifs. De nouvelles unités mobiles SS, les *Einsatzgruppen*, qui avaient déjà procédé à l'extermination d'intellectuels, de prêtres et d'israélites en Pologne occupée, suivaient, ainsi que des bataillons de police, l'avance des armées allemandes en territoire soviétique. Elles firent l'objet, durant l'été, d'une inspection personnelle du chef suprême des SS, Heinrich Himmler[24].

Le massacre des juifs avait commencé presque au moment où les troupes allemandes avaient franchi la frontière. Quand le Bataillon de police 309[25] entra, vers la fin du mois de juin, dans la ville de Bialystok, il entreprit immédiatement de s'attaquer aux juifs. Un groupe de représentants de la communauté juive tenta alors de s'adresser au général commandant la division responsable de la sécurité dans le secteur, mais le général tourna ostensiblement le dos aux membres de la délégation tandis que l'un des hommes du bataillon de police urinait sur eux. Quelques juifs furent adossés à un mur et fusillés, tandis que d'autres étaient enfermés dans la synagogue, à laquelle les Allemands mirent le feu. L'incendie se communiqua à des maisons voisines, où des juifs se cachaient. Le sinistre bilan de cette journée : entre 2 000 et 2 200 juifs tués.

Mais, à Bialystok, le massacre n'était en rien terminé. Le 12 juillet[26], deux autres bataillons de police envahirent la ville et regroupèrent tous les juifs mâles qu'ils purent trouver dans le stade municipal. Leurs ordres étaient les suivants : « Tous les juifs mâles entre 17 et 45 ans convaincus d'être des pillards seront fusillés conformément à la loi martiale. » Après avoir dépouillé leurs victimes de tous leurs objets de valeur, les policiers allemands les transportèrent par camions jusqu'à des fossés en bordure de la ville et commencèrent à les passer par les armes. Le massacre se poursuivit tard dans la nuit, les phares des camions éclairant les condamnés pour permettre aux exécuteurs d'ajuster leur tir. Cette fois, le nombre des victimes atteignit les 3 000.

De plus en plus de tueries de ce genre se succédèrent tout au long de l'été et au début de l'automne, incluant souvent parmi leurs victimes des femmes et des enfants aussi bien que des hommes. Les rapports des bataillons de police étaient d'une terrible sobriété, précisant seulement la date, le nom de l'unité et le nombre des personnes exécutées. Par exemple, « 25 août : le Régiment de police sud a exécuté 1 324 juifs » ou « 31 août : le Bataillon 320 a exécuté 2 200 juifs à Minkovtsy »[27].

Interrogé par le psychiatre américain Leon Goldensohn avant son procès à Nuremberg, Otto Ohlendorf, chef du *Einsatzgruppe D*, qui fut pendu en 1948, expliquait calmement les méthodes de son unité durant les premiers mois de la guerre. « Les juifs, précisait-il, étaient fusillés militairement en file. Les pelotons d'exécution comportaient 15 hommes. Une balle par juif. En d'autres termes, un peloton de 15 hommes exécutait 15 juifs à la fois. » Les victimes comprenaient hommes, femmes et enfants. Comme le psychiatre lui demandait combien de personnes avaient péri aux mains de ses hommes durant l'année qu'il avait passée en Russie, Ohlendorf répondit : « 90 000 rapportées. Mais je pense qu'en réalité, 60 à 70 000 seulement furent fusillées. » Ohlendorf, bien sûr, soutenait qu'il n'avait fait qu'obéir aux ordres, et qu'il veillait à ce que ce soit fait « aussi humainement que possible »[28].

Vers la fin du mois de septembre, après la chute de Kiev, ces unités spéciales se trouvèrent en action dans le ravin de Babi Yar, où plus de 33 000 juifs furent massacrés[29]. Et ce n'était là qu'un prélude à l'extermination systématique ultérieurement pratiquée dans les camps.

Comme tant de leurs compatriotes, les généraux allemands, dans leur ensemble, allaient plaider leur ignorance de telles exactions. Le maréchal von Manstein, qui fut également jugé à

Nuremberg mais s'en tira avec quelques années de prison, reconnut devant Goldensohn que l'*Einsatzgruppe* d'Ohlendorf opérait dans son secteur. « Mais on nous avait dit, affirma-t-il, que ces formations SS avaient des fonctions purement policières. Je n'ai jamais su ce qu'elles faisaient. » Manstein soutenait également qu'il n'avait rien su, avant la fin de la guerre, des camps de concentration. « Apparemment, déclara-t-il à Goldensohn, avec le passage du temps, Hitler perdit tous ses scrupules. Mais c'est une constatation que je ne fais que rétrospectivement, je n'en avais pas conscience à l'époque »[30].

Les chefs militaires allemands, toutefois, ne pouvaient prétendre avoir ignoré le Décret sur les commissaires et d'autres directives ayant conduit automatiquement à des atrocités généralisées. Dans ses Mémoires, Manstein qualifie ces directives de « complètement contraires à l'esprit militaire », et assure que, « parce qu'il aurait menacé non seulement l'honneur de nos troupes combattantes mais aussi leur moral », il avait fait savoir qu'il ne permettrait pas à ses subordonnés l'application du Décret sur les commissaires[31]. Guderian devait également affirmer que ses hommes n'avaient jamais appliqué la Directive sur les commissaires[32]. Il est possible que sa notoriété le lui ait effectivement permis.

Quant à Manstein, il devait bien préciser que son opposition était d'ordre pratique. « Cet ordre, écrivit-il, incitait simplement les commissaires politiques à recourir aux méthodes les plus brutales pour amener leurs unités à se battre jusqu'au bout[33]. » Et même les généraux les plus dociles devant le Führer durent tirer cette conclusion lorsque la directive leur parvint. À la veille de l'invasion, Brauchitsch, par exemple, y ajouta une ligne suggérant que les commissaires politiques devaient être exécutés « discrètement[34] ». Il s'agissait moins, ici, de scrupules moraux que de sens pratique.

Il en était ainsi de beaucoup des désaccords surgissant entre Hitler et ses généraux ; les objections de ceux-ci étaient d'ordre tactique et n'avaient rien à voir avec la morale. Manstein a affirmé ultérieurement que, malgré de constantes pressions politiques, la Wehrmacht s'était efforcée de continuer à adhérer à ses « principes traditionnels de simplicité et de chevalerie, ainsi qu'à la notion militaire de l'honneur »[35].

Les faits, toutefois, font sonner assez creux de telles affirmations, et même l'attentat du 20 juillet 1944 contre Hitler ne peut sauver vraiment la réputation d'un commandement militaire largement condamné par ses propres actes.

Néanmoins, il serait faux de négliger les désaccords très réels existant entre Hitler et ses généraux, et le rôle que ces désaccords ont joué dans la conduite de l'Opération Barberousse d'une façon générale et dans l'offensive en direction de Moscou en particulier. Hitler et ses généraux étaient complices dans l'accomplissement d'un forfait, mais cette complicité était fort souvent malaisée. Hitler avait pris en 1938 le titre de Commandant suprême des forces armées, et il se considérait comme le tout-puissant stratège, combinant l'expérience directe de la guerre acquise au cours du précédent conflit mondial et des connaissances historiques, économiques et psychologiques qui lui permettaient d'affronter victorieusement ses ennemis. Il estimait qu'aucun de ses généraux ne pouvait prétendre l'égaler à cet égard. Les généraux, pour leur part, étaient tour à tour impressionnés et affolés par son comportement, le tenant parfois pour un génie et à d'autres moments pour un dangereux imposteur.

Ce fut durant l'été 1938, au moment où il menaçait la Tchécoslovaquie, que les membres du haut état-major furent le plus près d'affronter Hitler et peut-être même de le renverser. Le général Beck, alors chef d'état-major de l'armée, demanda à Hitler de préciser ses projets et de l'assurer qu'une guerre générale ne figurait pas au nombre de ceux-ci. Tout en reconnaissant que la situation de crise avec la Tchécoslovaquie pouvait tourner au conflit armé, Hitler lui affirma que ce ne pouvait conduire à des hostilités généralisées. Mais le Führer n'était nullement disposé à donner à Beck de plus amples garanties. « L'armée, lui déclara-t-il, est un instrument de la politique. Je lui assignerai sa tâche quand le moment viendra, et elle devra l'exécuter sans discuter et sans se demander ce qui est bien ou mal[36]. »

En août 1938, Beck fut chassé de son poste de chef d'état-major. Il pensait avoir le soutien de nombre d'autres généraux hostiles à la politique d'Hitler mais fut amèrement déçu[37] par l'attitude de Brauchitsch, le commandant en chef de la Wehrmacht, qu'il accusa de l'avoir abandonné. Après la guerre, le général Halder, qui avait remplacé Beck comme chef d'état-major, et d'autres officiers généraux dirent avoir encore envisagé un putsch contre Hitler au mois de septembre, encore que nulle preuve formelle ne vienne étayer leurs affirmations. Mais, de toute manière, la conclusion de l'accord de Munich avec Chamberlain et Daladier acceptant le démembrement de la Tchécoslovaquie peut avoir mis fin à toute velléité des généraux. La menace de guerre écartée, affirma Halder, « la base tout entière de l'action avait disparu »[38].

Si le général Halder et d'autres embellissaient peut-être leur rôle après coup pour se justifier aux yeux de l'Histoire, l'attitude du général Beck fut beaucoup plus claire, car il finit par se suicider après l'échec de la tentative d'assassinat d'Hitler, le 20 juillet 1944. Il est toutefois incontestable que, quelle qu'ait été la volonté de certains généraux de résister à Hitler en 1938, l'effarante suite de succès remportés par celui-ci, avec l'annexion de l'Autriche, puis l'affaire de Tchécoslovaquie, rendait toute opération contre lui extrêmement difficile. Comme devait l'écrire le maréchal von Manstein : « Nous observions avec la plus grande attention la progression précaire de l'Allemagne sur le fil du rasoir, et nous étions de plus en plus effarés par la chance incroyable d'Hitler, parvenant – jusque-là sans recours aux armes – à tous ses buts politiques, avoués et inavoués. Cet homme semblait posséder un instinct infaillible[39]. »

Même lorsque l'invasion de la Pologne conduisit à la guerre qu'ils avaient redoutée, les généraux ne se trouvèrent pas en position de menacer sérieusement Hitler. Celui-ci ignora purement et simplement leurs inquiétudes quant à la violation de la neutralité belge et à l'offensive contre la France, et, une fois de plus, le succès de ces audacieuses initiatives vint renforcer son crédit et asseoir sa réputation de chef aux dépens de celle de ses généraux, même si la rapidité de manœuvre de ceux-ci sur le terrain avait largement contribué à la victoire. Le Führer n'hésitait plus à exprimer ouvertement son mépris pour « la perpétuelle hésitation des généraux[40] », renforçant sans cesse l'idée que lui, et lui seul, avait la clairvoyance et l'énergie nécessaires pour porter l'Allemagne au pinacle.

Les généraux commencèrent à essuyer des rebuffades de toutes natures. Après l'invasion de la Pologne, Hitler se rendit à Varsovie pour une parade victorieuse, le 5 octobre 1939. Regagnant ensuite l'Allemagne, il fit une halte pour rendre visite à ses troupes[41]. L'état-major l'attendait dans un hangar, où avait été dressée une table recouverte d'une nappe damasquinée et décorée de fleurs, mais, après un simple coup d'œil à celle-ci, Hitler décida qu'il allait rejoindre les simples soldats auprès de leurs cuisines roulantes, à l'extérieur. Il goûta la soupe, bavarda avec quelques troupiers, puis regagna son avion en ignorant les généraux.

De même, Hitler n'hésitait pas à promouvoir ou à démettre des officiers comme il le jugeait bon, et sa décision même d'élever soudain une douzaine de généraux au rang de maréchaux fut considérée par certains comme visant à dévaluer la plus haute distinction de l'armée allemande [42]. Il ne cachait pas qu'il tenait à s'assurer une obéissance totale de la part des principaux chefs militaires et qu'il était disposé pour ce faire à employer tous les moyens. Dans certains cas, il n'hésitait pas à les acheter, leur accordant des primes nettes d'impôts qui ne figuraient pas dans les registres de comptes de l'armée.

« Bien que cette méthode de paiement constituât une insulte si l'on se référait au code d'honneur de l'officier allemand, écrivit après la guerre Fabian von Schlabrendorff, l'un des rares survivants parmi les conspirateurs du 20 juillet 1944, beaucoup succombèrent, à la fois par crainte de perdre leur position et par attrait de l'argent. De cette façon, Hitler tenait ses principaux officiers attachés à des laisses dorées. » Le général von Kluge, par exemple, reçut pour son anniversaire une carte personnelle d'Hitler accompagnée d'un chèque de 250 000 marks [43].

Mais, dans la plupart des cas, ce genre de corruption n'était pas même nécessaire. Hitler manœuvrait ses généraux à sa guise, balayant leurs avertissements lorsqu'il le jugeait bon et leur imposant ses décisions stratégiques et tactiques. Même ceux qui s'efforcèrent, de temps à autre, de lui tenir tête, ne pouvaient s'empêcher d'être impressionnés par ses succès précédents et la force pure et simple de sa personnalité. « Quand on observait Hitler dans son rôle de chef militaire, devait écrire le maréchal von Manstein, on ne pouvait certes pas l'écarter avec de vieux clichés comme "le petit caporal de la Première Guerre mondiale" [44]. » Et, bien que critiquant « son amour-propre excessif [45] », sa tendance à ignorer les informations qui venaient contredire ses théories et sa façon dédaigneuse de traiter les militaires de haut rang, Manstein ajoutait : « Hitler possédait une étonnante mémoire et une imagination qui lui permettaient de saisir et d'enregistrer rapidement toutes les questions techniques et les problèmes d'armement. Il était étonnamment familiarisé avec les effets des plus récentes armes ennemies et pouvait réciter des colonnes entières de chiffres concernant notre production de guerre et celle de l'ennemi. En fait, c'était sa méthode favorite pour détourner toute conversation dont le thème n'était pas de son goût[46]. »

Un autre procédé consistait à lancer de grandes théories qui ne visaient qu'à noyer le propos. « Il avait, notait encore Manstein avec une réticente admiration, le génie de confronter brusquement ses interlocuteurs militaires à des arguments politiques et économiques que ceux-ci ne pouvaient immédiatement réfuter et sur la valeur desquels, en tout cas, l'homme d'État devait être obligatoirement tenu pour le meilleur juge[47]. »

Il arrivait aussi à Hitler de gratifier ses généraux de tirades directement insultantes. « Avant de devenir chancelier, leur déclara-t-il un jour, je croyais que l'état-major général était un peu comme un chien de boucher, qu'on doit tenir fermement par le collier pour l'empêcher d'attaquer les autres animaux. Mais après être devenu chancelier, je me suis rendu compte que l'état-major général est tout sauf un chien féroce. » Il énuméra ensuite toutes les décisions auxquelles les généraux avaient exprimé leur opposition : le réarmement, l'occupation de la Rhénanie, l'annexion de l'Autriche, le démembrement de la Tchécoslovaquie, l'invasion de la Pologne. Et il ajouta : « L'état-major général m'a mis en garde contre une offensive en France et contre la guerre avec la Russie. C'est moi qui ai toujours dû exciter un peu ce prétendu chien féroce »[48].

Il est vrai que lorsque Hitler avait décidé d'abandonner son projet d'invasion de la Grande-Bretagne pour attaquer l'Union soviétique, certains des chefs militaires avaient exprimé leur scepticisme devant cette stratégie. L'amiral Raeder, commandant en chef de la Kriegsmarine, avait estimé que l'ouverture d'un second front devait être ajournée « jusqu'après la victoire sur l'Angleterre[49] ». Brauchitsch avait aussi exprimé des réserves. Halder le citait comme ayant souligné : « L'objectif n'est pas clair. Nous n'atteindrons pas les Britanniques de cette façon. Notre potentiel économique n'en sera pas substantiellement accru. Les risques à l'Ouest ne doivent pas être sous-estimés[50]. » Même Göring, en principe le plus proche d'Hitler, devait soutenir, à Nuremberg, qu'il avait vu les dangers que comportait le plan d'attaque de la Russie. « Hitler l'avait décidé, dit-il. Je trouvais cela stupide, car je pensais que nous devions d'abord vaincre l'Angleterre[51]. »

Quant au maréchal von Manstein, il écrivit plus tard : « La première erreur commise par Hitler, et nul autre, fut de sous-estimer les ressources de l'Union soviétique et les qualités guerrières de l'Armée rouge [52]. » Mais Manstein affaiblit singulièrement la valeur de son propos en tentant de faire porter à Hitler toutes les responsabilités en cette affaire. Le Führer était loin d'être le seul à sous-estimer l'Union soviétique. À la veille de l'Opération Barberousse, nombre des principaux chefs militaires allemands, à commencer par Brauchitsch, Halder et Jodl, s'étaient convaincus – ou s'étaient laissé convaincre par Hitler – que la campagne serait victorieuse en quelques semaines, et ils faisaient joyeusement écho aux prédictions optimistes de leur maître.

Certains des sceptiques, toutefois, se montraient moins discrets que d'autres. Hitler avait envoyé des conférenciers chargés d'expliquer aux responsables militaires que, compte tenu de l'état de son économie, l'Union soviétique ne serait pas en mesure de remplacer le matériel perdu au combat. Après l'une des causeries, l'amiral Canaris, chef de l'Abwehr, le service de renseignement militaire, et l'un des futurs conjurés du 20 juillet 1944, se retourna vers ses collègues et leur demanda : « Messieurs, croyez-vous vraiment toutes les inepties que vous avez entendues aujourd'hui ? À la connaissance des experts de mon service, la situation est tout à fait différente. Jusqu'ici, nul n'a réussi à vaincre et à conquérir la Russie [53]. »

Mais, en réalité, même les généraux partageant les doutes de Canaris étaient, dans leur écrasante majorité, trop intimidés pour les exprimer. Et beaucoup en étaient arrivés à la conclusion que, si les faits avaient jusque-là donné raison à leur Führer, ils lui donneraient, malgré toutes les réserves qu'on pouvait faire, raison une fois encore. Avant d'être pendu à Nuremberg en 1946, le maréchal Keitel attribua sa volonté de croire ce que proclamait Hitler à propos de la campagne de Russie en partie à l'ignorance et en partie à la foi aveugle. « Je croyais en Hitler, déclara-t-il, et je connaissais moi-même peu les faits. Je ne suis pas un tacticien, et je ne connaissais pas la puissance militaire et économique de la Russie. Comment l'aurais-je pu ? [54]. »

Mais, quels qu'aient été leurs sentiments sur le principe même de l'invasion, les généraux commencèrent très vite à se poser des questions sur la compétence militaire d'Hitler quand celle-ci eut commencé. C'était une chose que de s'en remettre au Führer pour les grandes décisions de guerre ou de paix. C'en était une autre que de rester inactif tandis qu'il hésitait sur la manière de tirer avantage des succès initiaux de la Wehrmacht ou qu'il envoyait ses troupes au combat là où leurs efforts étaient gaspillés.

Alors même que la machine de propagande allemande exaltait les succès de la Wehrmacht durant les premières semaines de l'Opération Barberousse, les officiers commandant sur le terrain étaient conscients du fait qu'ils payaient souvent ces gains plus cher qu'ils ne l'avaient escompté – et que, dans de nombreux secteurs, l'avance n'était pas aussi rapide que prévu. Les forces du Groupe d'armées du Nord étaient encore loin de Leningrad et il faudrait attendre la fin septembre pour que puisse commencer l'atroce siège de neuf cents jours qui allait laisser une marque ineffaçable dans l'Histoire. Des pluies torrentielles étaient venues ralentir l'avance d'une bonne partie des unités du Groupe d'armées du Sud, annonçant d'inquiétante façon les précipitations plus terribles encore de la fin de l'été et du début de l'automne, qui allaient pratiquement paralyser des armées entières. Comme les Allemands allaient l'apprendre très vite, les routes indiquées sur leurs cartes s'avéreraient souvent n'être que des chemins de terre, disparaissant pratiquement lorsque le mauvais temps persistait.

Mais la situation était bien meilleure pour les Allemands sur le terrain qui menait, au moins en théorie, droit vers Moscou. Tandis que ses adversaires soviétiques s'efforçaient désespérément de rassembler assez de force pour s'opposer à lui, le maréchal von Bock, commandant le Groupe d'armées du Centre, était ravi des progrès accomplis jusqu'à Smolensk, et il ne doutait pas de ce qu'il convenait de faire ensuite. « L'ennemi, écrivit-il dans son journal à la date du 13 juillet, n'est vraiment battu qu'à un seul endroit sur le front de l'Est : face au Groupe d'armées du Centre. Si des unités blindées s'éparpillent maintenant vers le sud, l'est et le nord, cela reviendra à renoncer à exploiter notre succès... Ce qui importe maintenant est d'écraser complètement l'ennemi et de lui rendre impossible la création d'un nouveau front devant Moscou. Pour ce faire, il est nécessaire de concentrer étroitement toutes les forces blindées et de foncer avec elles vers l'est jusqu'au moment où je serai en mesure d'annoncer que l'ennemi ne présente plus de résistance devant Moscou[55]. »

Mais Hitler n'était pas disposé à prendre cette décision. Alors qu'il avait atteint tant de ses buts précédents par des actions spectaculaires exigeant une suprême confiance en soi, il hésita près de trois semaines avant de réagir à de telles requêtes de ses généraux. Et quand il y réagit, ce fut pour donner des ordres qui allaient en contradiction directe des recommandations, non seulement de Bock, mais aussi de Halder, de Brauchitsch et d'autres militaires de premier plan. En substance, Hitler décida brusquement que ses forces allaient dorénavant concentrer leurs efforts sur une offensive en direction de Leningrad, au nord, et une autre vers le sud, balayant l'Ukraine jusqu'au Caucase. Et la Directive 34 en date du 30 juillet précisait : « Le Groupe d'armées du Centre se mettra sur la défensive, en tirant avantage du terrain favorable [56]. »

Bock avait reçu la nouvelle depuis deux jours déjà, quand Rudolf Schmundt, l'aide de camp d'Hitler, vint lui exposer en détail les plans de son chef. Comme Bock, visiblement furieux, le rapporte dans son journal, la substance du message était : « L'objectif principal est d'éliminer le secteur de Leningrad, puis de s'assurer les matières premières du bassin du Donetz [en Ukraine]. Le Führer ne se soucie en rien de Moscou [57]. » Et, deux semaines plus tard, Bock revenait avec la même amertume sur le sujet. « Toutes les directives, écrivait-il, disent que prendre Moscou n'est pas important ! Je veux écraser l'armée ennemie, et le gros de cette armée se trouve devant ma ligne de front. Virer vers le sud est une opération secondaire – même si elle est massive – qui va venir compromettre l'exécution de l'opération principale, à savoir la destruction des forces armées russes avant l'hiver [58]. »

La directive de l'état-major du Führer en date du 12 août semblait, au moins dans sa formulation, aller dans le sens préconisé par Bock. Il déclarait que l'objectif des opérations allemandes était toujours « de priver l'ennemi, avant l'hiver qui vient, de ses organes de gouvernement, de son armement et de ses moyens de circulation autour de Moscou, et d'empêcher ainsi la reconstitution de ses forces vaincues et le fonctionnement de son gouvernement [59] ». Mais la clause la plus importante de cette directive venait en détruire la portée en imposant un délai à l'opération souhaitée, non seulement par Bock, mais par les nombreux généraux pensant comme lui. « Avant le déclenchement de cette attaque contre Moscou, précisait en effet le texte, les opérations contre Leningrad devront avoir été conclues [60]. »

Le 18 août, Brauchitsch, en tant que commandant en chef de l'armée, exprima le sentiment de la majorité de celle-ci en pressant pour une reprise de l'offensive en direction de la capitale soviétique. Mais Hitler lui répondit aussitôt que ce plan n'était « pas en accord avec ses intentions ». Et il affirma : « L'objectif le plus important à atteindre avant la venue de l'hiver n'est pas de prendre Moscou mais de s'emparer de la Crimée et de la région industrielle et charbonnière du Donetz ainsi que de couper l'approvisionnement russe en pétrole venant du Caucase. Au nord, le but est d'isoler Leningrad et d'opérer une jonction avec les Finlandais »[61].

Dans un conflit de ce genre avec ses généraux, Hitler n'était pas susceptible de céder un seul pouce de terrain lorsqu'il avait arrêté sa décision. À peu près au même moment, le général von Manstein assista à une confrontation entre le Führer et le chef d'état-major de l'armée, le général Halder. Selon Manstein, Hitler mit en question « dans les termes les plus brutaux le droit d'Halder de soutenir un point de vue différent du sien, affirmant qu'en tant que fantassin de première ligne de la Première Guerre mondiale, il était infiniment meilleur que son interlocuteur, lequel ne s'était jamais trouvé dans cette situation ». Manstein fut si choqué par cette scène « indigne » qu'il quitta la pièce, n'y revenant qu'après qu'un Hitler beaucoup plus calme le lui eut demandé[62].

Malgré son admiration pour la faculté d'Hitler d'appréhender rapidement une vaste étendue de sujets, parmi lesquels la technologie militaire, Manstein en arrivait à la conclusion que le Führer montrait d'importantes déficiences dans, précisément, le domaine où il se comparait favorablement à Halder. « Ce qui lui manquait d'une façon générale, écrivait-il, était simplement *la compétence militaire fondée sur l'expérience*, chose que son " intuition " ne pouvait remplacer[63]. »

Mais là n'était pas tout le problème avec Hitler. Dans ces premières semaines et ces premiers mois de l'Opération Barberousse, il ne cessa de changer d'avis quant aux principaux objectifs stratégiques, et particulièrement quant au moment propice pour déclencher la grande poussée des troupes allemandes vers Moscou. Le 6 septembre, il ordonna au Groupe d'armées du Centre de se concentrer sur « la destruction des forces ennemies installées dans le secteur situé à l'est de Smolensk par un mouvement en tenaille dans la direction générale de Vyazma[64] » – cette localité étant le nœud ferroviaire suivant sur la route de Moscou. Et, le 16 septembre [65], il fit diffuser la directive devant servir de base à l'Opération Typhon, qui devait représenter en principe l'assaut décisif en direction de Moscou. Son déclenchement était prévu pour le 30 septembre.

C'était la décision qu'avaient espérée les généraux, mais elle survenait beaucoup plus tard qu'ils l'auraient souhaité, et plusieurs semaines capitales avaient déjà été perdues. Cela rendait la tâche considérablement plus difficile et laissait les chefs de la Wehrmacht avec un grand sentiment de frustration et, chez certains d'entre eux, des doutes croissants sur l'homme qui les gouvernait.

Au cours des années vingt, alors que le potentiel de l'armée allemande était sévèrement limité par les clauses du traité de Versailles, un jeune officier prussien nommé Heinz Guderian [66] s'était obstinément concentré sur l'idée que son pays devait créer une véritable force blindée capable d'opérer par elle-même au lieu de se limiter à un rôle d'appui d'infanterie. Et après l'accession d'Hitler au pouvoir, en 1933, il se trouva en mesure d'organiser, pour le nouveau chef de gouvernement, une démonstration d'envergure faisant évoluer ensemble chars d'assaut expérimentaux, motocyclettes et véhicules blindés de reconnaissance. Hitler fut visiblement impressionné. « Voilà ce dont j'ai besoin ! s'exclama-t-il. C'est ce que je veux avoir. »

L'enthousiasme manifesté par le chancelier enchanta Guderian. Beaucoup de ses supérieurs, qu'ils soient venus de l'infanterie ou de la cavalerie classique, s'étaient montrés sceptiques quant à ses théories. De plus, le traité de Versailles interdisait explicitement à l'Allemagne d'acquérir ou de construire des chars ou des engins blindés de quelque nature. Selon Guderian, toutefois, cela prouvait tout simplement que « nos ennemis considéraient le char comme une arme décisive », et que l'Allemagne devait donc s'en équiper le plus tôt possible. Afin de prouver la valeur de sa thèse, il avait même fait participer à des manœuvres des répliques de chars en tôle, puisque l'accès à de véritables engins blindés lui était interdit. « Ces pauvres répliques, écrivit-il, furent jugées par les vieux soldats de la Première Guerre mondiale si complètement ridicules qu'ils en conçurent de la peine pour nous et ne furent certainement pas enclins à nous prendre au sérieux. »

Hitler ayant pris les affaires en main, tout cela changea rapidement. L'Allemagne commença très vite à réarmer, et des unités blindées devinrent une partie essentielle des nouvelles forces armées. À l'automne 1935, Guderian se vit confier le commandement de la Deuxième Panzer Division, l'une des trois divisions blindées fraîchement créées.

Quand l'Allemagne attaqua la Pologne, en septembre 1939, les chars de Guderian jouèrent un rôle crucial dans la victoire qui s'ensuivit. Ils poussèrent rapidement jusqu'à Brest, sur la frontière soviétique. Après que l'Armée rouge eut envahi la Pologne de l'Est, les troupes de Guderian se virent ordonner de céder la ville et sa citadelle aux Russes, la rivière Bug devenant la ligne de démarcation entre la partie du territoire polonais occupée par les Allemands et celle occupée par les Soviétiques. Guderian ne fut que très médiocrement satisfait d'avoir à abandonner un territoire qu'il avait conquis de haute lutte face à des Polonais qui, bien que surclassés militairement, se défendaient avec acharnement. « Il semble peu probable, remarqua-t-il amèrement dans ses Mémoires, qu'un soldat se soit trouvé présent lorsqu'a été conçu l'accord sur la ligne de démarcation et le cessez-le-feu. »

Il semble que Guderian ait, à ce moment, gardé ses réflexions pour lui, mais il n'allait pas tarder à se trouver en conflit ouvert avec toute sa hiérarchie – jusqu'à Hitler lui-même – au moment précis de son plus grand succès. Durant l'invasion de la France, ses panzers avaient foncé victorieusement à travers le pays, et personne ne semblait être en mesure de les arrêter. Personne, sauf Hitler. Les forces blindées allemandes reçurent brusquement l'ordre d'arrêter leur progression devant Dunkerque, où les forces franco-britanniques se rassemblaient pour être évacuées par mer. La Luftwaffe se vit assigner la tâche de bombarder le port, tandis que les chars restaient sur place. « Nous étions sans voix, raconte Guderian. On nous arrêtait en vue de Dunkerque ! »

Quelques jours plus tôt, il avait menacé de démissionner quand on lui avait enjoint de ralentir son avance. Il avait alors commencé à lui apparaître qu'au moment précis où la stratégie offensive fondée sur les blindés qu'il avait lui-même soutenue faisait toutes ses preuves, Hitler apparaissait comme « homme à être effrayé de sa propre témérité », redoutant soudain que la vitesse même de l'avance des panzers distende à l'excès les lignes de communication allemandes. Cette première fois, la menace de démission de Guderian avait porté, et les blindés avaient été autorisés à poursuivre leur mouvement, mais il en fut autrement devant Dunkerque. Les unités blindées ne furent pas autorisées à attaquer le port, où, à la faveur de l'Opération Dynamo, quelque 330 000 soldats britanniques et français purent être évacués. Aux yeux de Guderian, il y avait eu là l'occasion de frapper, en continuant la progression vers Dunkerque, un coup qui aurait pu changer le cours même de la guerre. « Malheureusement, devait-il écrire, cette occasion fut gâchée en raison de la nervosité d'Hitler. »

Si Guderian était convaincu qu'Hitler ne s'était pas montré assez audacieux lors de la campagne de France, il en vint à craindre le contraire quand le bruit commença à se répandre d'une invasion imminente de l'Union soviétique. Il pensait que la tâche allait se révéler beaucoup plus difficile et périlleuse que les opérations de Pologne et de France. Mais, selon lui, la rapidité même des victoires remportées dans ces deux pays « avait tellement troublé l'esprit de nos commandants suprêmes qu'ils avaient éliminé le mot "impossible" de leur vocabulaire ».

Il se peut que, comme d'autres généraux allemands, Guderian ait exagéré rétrospectivement les doutes que lui inspirait l'Opération Barberousse, mais il avait sans conteste beaucoup plus de raisons que d'autres de se méfier. Connaissant parfaitement l'état de la production de chars allemande, il la savait encore inférieure à ce qu'il estimait nécessaire, surtout dans l'éventualité d'une guerre prolongée avec l'Union soviétique.

De plus, une rencontre avec ses homologues russes à la veille du conflit lui avait donné matière supplémentaire à réflexion. Au printemps 1941, une délégation militaire soviétique était venue visiter les usines produisant les engins blindés allemands. Hitler, faisant encore mine d'observer le pacte germano-soviétique et soucieux de dissimuler ses intentions agressives à l'égard de l'URSS, avait spécifiquement ordonné qu'on ne cache rien aux visiteurs. Quand les Allemands montrèrent leur char Mark IV aux Russes, ceux-ci déclarèrent aussitôt qu'il ne pouvait s'agir du blindé le plus nouveau et le plus puissant de l'arsenal de leurs hôtes, ainsi qu'on le leur affirmait. En fait, il était parfaitement vrai que le Mark IV était ce que l'armée allemande avait de meilleur à l'époque, et Guderian et quelques-uns de ses camarades furent amenés, à leur grand regret, à la conclusion que les Soviétiques devaient avoir mieux encore en production ou en préparation. Guderian devait être amené ultérieurement à en trouver confirmation.

Faisant partie du Groupe d'armées du Centre sous l'autorité du maréchal von Bock, la division blindée de Guderian fut en action dès le premier jour de l'invasion, franchissant la Bug et prenant par surprise la majorité des troupes soviétiques. Mais, deux jours plus tard, il vit la mort de très près. Alors qu'il conférait avec quelques officiers supérieurs, deux chars soviétiques apparurent soudain derrière un camion en flammes qui les avait dissimulés jusque-là à la vue des Allemands, et ouvrirent le feu sur le groupe à très courte portée. Guderian et deux autres généraux se jetèrent immédiatement à terre et survécurent. Un colonel, moins aguerri, hésita et fut tué. Survenant en pleine euphorie de la victoire, l'incident venait rappeler opportunément que l'ennemi demeurait extrêmement dangereux.

Guderian et ses chars continuèrent à avancer vers l'est et prirent part, à la mi-juillet, aux combats autour de Smolensk. Convoqué au quartier général de son Groupe d'armées le 27 juillet, il s'attendait à recevoir des instructions lui enjoignant de poursuivre sa progression vers l'est en prévision d'une attaque contre Moscou. Il fut donc stupéfait d'apprendre qu'Hitler ordonnait à son unité de se redéployer pour prendre part aux combats se déroulant autour de Gomel, ville située au sud-ouest de Smolensk – « c'est-à-dire vers l'Allemagne », nota avec colère Guderian. On lui intimait tout simplement l'ordre de s'éloigner de Moscou.

À bien des égards, cela semblait, de la part d'Hitler, une erreur beaucoup plus grave encore que sa décision d'arrêter les forces menaçant Dunkerque en 1940. Comme beaucoup de ses supérieurs, Guderian était convaincu que « ces manœuvres de notre part donnaient tout simplement aux Russes le temps de prendre de nouvelles positions et d'utiliser leur inépuisable potentiel humain pour la création de lignes défensives supplémentaires à l'arrière », compromettant ainsi les chances, pour les Allemands, d'obtenir une victoire rapide. Comme Bock, Guderian eut l'occasion de rencontrer Rudolf Schmundt, l'aide de camp d'Hitler, et il lui demanda de presser le Führer de reconsidérer sa décision en faveur « d'une poussée directe visant à s'emparer de Moscou, le cœur de la Russie ».

Au début du mois d'août, la division de Guderian participa aux combats au sud de Smolensk, remportant une nouvelle victoire à Roslavl. Mais son commandant continuait à protester contre les ordres visant à l'envoyer plus loin au sud-ouest, vers Gomel. Ses soldats, eux, étaient convaincus qu'ils n'allaient pas tarder à marcher sur Moscou, et Guderian les regardait, « le cœur lourd », dresser des panneaux indicateurs portant les mots « Vers Moscou ». Et Bock notait dans son journal : « Guderian ronge son frein[67]. »

À la fin août, Bock accepta d'envoyer Guderian avec le général Halder, au « Repaire du Loup », le quartier général avancé d'Hitler en Prusse-Orientale, afin d'essayer une ultime fois de convaincre le Führer de changer d'avis et de renoncer à sa décision de faire de Kiev le prochain objectif clé de la campagne au lieu de Moscou. Mais quand Guderian arriva, le maréchal von Brauchitsch lui déclara brutalement : « Je vous interdis de mentionner la question de Moscou au Führer. L'opération vers le sud a été décidée. Le problème, maintenant, est simplement de savoir comment l'exécuter. Toute discussion est sans objet. »

Mais Guderian n'était pas homme à se soumettre aussi facilement. Se trouvant avec Hitler, il attendit une occasion de plaider sa cause et ne tarda pas à la trouver. Quand Hitler lui demanda si ses hommes étaient prêts à faire « un autre grand effort », il répondit : « Si l'on donne aux troupes un objectif dont l'importance est apparente à tout soldat, certes.

— Vous voulez parler, bien sûr, de Moscou ? » dit alors Hitler.

Guderian répondit par l'affirmative et demanda qu'on le laisse exposer ses raisons. Hitler ayant accepté, Guderian mit en avant tous les arguments en faveur du choix de Moscou comme objectif immédiat : son rôle de premier nœud de communications d'URSS, de principal centre industriel et, indiscutablement, de « plexus solaire politique » du pays. Une victoire à Moscou, souligna-t-il, porterait au zénith le moral des troupes allemandes tout en assénant un coup psychologique dévastateur aux Soviétiques, rendant par là même plus faciles des succès partout ailleurs, y compris en Ukraine. La chose aurait également d'énormes répercussions dans le monde entier. Mais si on ne s'assurait pas très vite cette victoire, et si les troupes allemandes étaient détournées vers un autre objectif, « il serait trop tard pour porter le coup définitif à Moscou cette année », l'arrivée prochaine de l'automne puis de l'hiver rendant la tâche de plus en plus difficile.

Hitler écouta Guderian sans l'interrompre. Mais il revint ensuite à sa théorie selon laquelle on devait d'abord s'assurer les ressources agricoles et les matières premières dont regorgeait l'Ukraine afin d'assurer l'approvisionnement de l'Allemagne. « Mes généraux, déclara-t-il, ne connaissent rien des aspects économiques de la guerre. » Et, comme il précisait une fois de plus que le prochain objectif de la Wehrmacht serait Kiev et non Moscou, Guderian fut stupéfait de voir que tous les autres militaires présents dans la pièce opinaient du bonnet. À la fin de cette réunion, il se sentit complètement isolé, abandonné même par ceux qui s'étaient préalablement déclarés d'accord avec lui.

En conséquence, durant la première quinzaine de septembre, Guderian se retrouva en train de livrer la bataille de Kiev au lieu d'avancer sur Moscou. Utilisant le genre de mouvement en tenaille auquel elles avaient déjà eu recours à Minsk et à Bialystok, les forces allemandes encerclèrent les troupes soviétiques, leur infligeant des pertes massives et faisant des centaines de milliers de prisonniers. Mais, en plus des combattants ennemis, les soldats allemands devaient affronter des pluies diluviennes et leurs conséquences. « Seul un homme ayant personnellement connu ce qu'était la vie sur ces canaux de boue que nous appelions des routes, écrivit Guderian, peut se représenter ce que devaient affronter les troupes et leur matériel et juger vraiment de la situation sur le front et de ses conséquences sur nos opérations. »

Il devait reconnaître que la coûteuse bataille de Kiev s'était soldée par une grande victoire allemande. « Mais restait à savoir, ajoutait-il, si de grands avantages stratégiques pouvaient être tirés de ce succès tactique. Cela dépendait entièrement de ceci : l'armée allemande allait-elle être encore capable, avant l'arrivée de l'hiver et, en fait, avant que ne s'installe la boue automnale, de parvenir à des résultats décisifs ? »

À la suite de la victoire de Kiev, Hitler fit connaître finalement ses instructions pour l'Opération Typhon. Dans un premier temps, les chars de Guderian devaient avancer au nord en direction de Moscou, prenant Orel et Briansk. Comme à son habitude, le général de blindés se montra plus qu'à la hauteur de la situation. Quand ses chars pénétrèrent dans Orel le 3 octobre, les autorités locales furent prises totalement par surprise – à telle enseigne que les tramways continuaient à rouler en ville comme n'importe quel autre jour.

Vassili Grossman, l'éminent journaliste et écrivain, alors correspondant de guerre du journal de l'Armée rouge, a rappelé sa conversation avec son rédacteur en chef, à son retour à Moscou. « Pourquoi n'as-tu rien écrit sur l'héroïque défense d'Orel ? » lui demanda péremptoirement le rédacteur en chef. « Parce qu'il n'y a pas eu de défense », répliqua Grossman[68].

Mais, trois jours après la prise d'Orel, ce fut au tour des Allemands d'avoir une mauvaise surprise. Attaqués par des chars russes T-34, ils subirent de lourdes pertes. « Ce fut, nota Guderian, la première occasion où la supériorité du T-34 russe sur nos propres chars devint flagrante. » Afin d'attaquer efficacement un T-34, le pilote d'un panzer Mark IV devait parvenir à manœuvrer de façon à se trouver carrément derrière le char ennemi et permettre à son tireur d'expédier avec une totale précision un obus sur la grille recouvrant le moteur, afin de mettre celui-ci hors d'action. De tous les autres angles, les Allemands ne pouvaient qu'endommager les T-34, mais non les immobiliser.

Pour Guderian, l'autre découverte fâcheuse était le prix élevé des opérations continuelles et épuisantes qui lui étaient demandées, non seulement en pertes humaines, plus importantes qu'il n'avait été prévu, mais aussi en difficultés matérielles dues, entre autres, à l'étirement des lignes de communication et de ravitaillement. Pour la première fois, il arrivait aux unités blindées de se trouver à court de carburant. Mais le plus inquiétant, pour Guderian, était la perspective d'un changement de temps sans vêtements adéquats pour ses hommes. Il avait demandé à maintes reprises des équipements d'hiver, pour s'entendre simplement répondre que ses hommes recevraient les vêtements « en temps utile » et qu'il devait cesser ces requêtes « superflues ». Il en avait été de même lorsqu'il avait demandé la fourniture d'antigel pour les moteurs. « Nous n'en vîmes pas plus que de vêtements d'hiver pour les soldats, écrivit-il avec amertume. Ce manque de vêtements devait, dans les mois difficiles qui suivirent, poser le plus grand problème et causer les plus grandes souffrances à nos soldats – alors que, de toutes nos difficultés, celle-là aurait été la plus facile à éviter. »

Comme Staline, Hitler rendait ainsi la vie de ses officiers et de ses soldats beaucoup plus pénible qu'il n'était nécessaire. En conséquence, les forces allemandes qui avançaient enfin vers Moscou n'étaient plus, bien que toujours formidables et victorieuses, l'inexorable machine de guerre qu'elles avaient représentée durant les premières semaines de l'Opération Barberousse. Elles avaient été malmenées en plus d'une occasion, et l'effet d'usure résultant de l'ampleur et de la rapidité de leur avance – avec, comme dans le cas de Guderian, de brusques changements d'orientation et d'itinéraire – commençait à se faire sentir. C'était avec un sentiment croissant de malaise et d'incertitude qu'elles s'apprêtaient à affronter l'épreuve la plus difficile s'étant présentée à elles jusque-là.

5

« MOSCOU EST EN DANGER »

C'est à la fin août 2005, soixante-quatre ans après ces premiers mois de l'Opération Barberousse, que j'eus l'occasion d'accompagner un trio de chercheurs dans les épaisses forêts proches de Vyazma, à quelque 225 kilomètres à l'ouest de Moscou. Maintenant encore, des Russes de toutes origines et de toutes conditions se forment en petits groupes pour aller explorer les lieux de batailles de la Deuxième Guerre mondiale, recherchant les restes de soldats, les armes, les vestiges de matériel, ainsi que tout ce qui pourrait, éventuellement, sortir quelques-uns des morts de leur anonymat. Alors que les Allemands enterraient habituellement leurs morts, l'Armée rouge, surtout dans les premiers mois de la guerre, subit de si lourdes pertes et dut abandonner rapidement tant de territoire, qu'elle laissa le plus souvent les cadavres de ses soldats là où ils étaient tombés. Et, dans la période qui suivit la guerre, Staline et les autres dirigeants soviétiques se préoccupèrent aussi peu des restes de ces hommes qu'ils s'étaient préoccupés, à l'époque, de l'énormité des pertes subies par leur armée. Avec une passion confinant presque au mysticisme, les groupes de chercheurs rassemblent ce qu'ils peuvent et veillent à ce que les restes humains recueillis reçoivent une sépulture à peu près décente, avec les honneurs militaires si possible.

Aux environs de Vyazma, qui fut le premier objectif de l'Opération Typhon, nous fîmes halte à une sorte de petit cimetière, au bord de la route. On y voyait quelques rangées de simples tombes rectangulaires. Sur chacune d'elles était placé un casque – souvent troué par des balles. Sur un modeste monument de pierre, à l'entrée du cimetière, quelques noms étaient gravés. Andreï Palatov, mon guide dans cette expédition et le responsable du groupe *Zvezda* – ou « Étoile » – rassemblant dix chercheurs, m'expliqua que ce cimetière avait été créé en 1990. En quinze ans, son groupe à lui seul y avait apporté les restes de près d'un millier de soldats. En tout, quelque 30 000 tués avaient trouvé là leur ultime lieu de repos, chaque tombe représentant la sépulture de plusieurs centaines – et, en certains cas, plusieurs milliers – de trépassés.

Dans la plupart des cas, il a été impossible de connaître les noms des officiers et des soldats dont les restes ont été ainsi retrouvés. Lors de la Deuxième Guerre mondiale, en effet, les Soviétiques n'avaient pas adopté le système simple mais sûr de plaques d'identité métalliques existant dans la Wehrmacht comme dans nombre d'autres armées. Ils distribuaient aux soldats des capsules de bois ou de caoutchouc durci où l'on introduisait une feuille de papier dûment roulée portant le nom et le matricule de chacun. Mais l'efficacité de ce système était plus discutable ; le bois se détériorait à la longue et l'écriture finissait par s'effacer sur le papier. Et surtout, le nom populaire donné à ces capsules était *smertny medalyon* – les « médaillons de la mort » – et nombre de soldats les jetaient avant d'aller au combat, craignant qu'ils ne leur portent malheur sur le champ de bataille. C'était pourquoi si peu de noms étaient inscrits sur le monument commémoratif d'un cimetière abritant les restes de quelque 30 000 hommes.

Une tombe séparée, décorée de fleurs fraîchement coupées, portait beaucoup plus de noms qu'à l'habitude. Elle abritait les corps d'enfants du voisinage tués *après* la guerre, généralement par des munitions, obus et grenades abandonnés sur le terrain en 1941 et continuant, des années plus tard, à faire des victimes.

S'il est difficile d'imaginer que ce petit cimetière contient les dépouilles de tant d'hommes, il l'est encore plus de saisir l'ampleur des combats s'étant déroulés près de Vyazma. Durant les deux premières semaines d'octobre 1941, des unités entières de l'Armée rouge furent encerclées et anéanties par les Allemands. Selon Palatov, ceux-ci affirmaient qu'ils avaient tué 400 000 soldats soviétiques et qu'ils en avaient fait prisonniers 600 000 – soit un effarant total de 1 million d'hommes hors de combat. Les Allemands tendaient, certes, à gonfler leurs bilans à des fins de propagande, mais pas de façon monstrueuse. Il est donc hors de doute que, dans ces combats, les pertes soviétiques se sont chiffrées par centaines de milliers d'hommes.

Jusque-là, seule la bataille de Kiev, à la veille de l'Opération Typhon, s'était révélée plus meurtrière. Dans ce cas, le refus de Staline de laisser ses généraux se retirer de la capitale ukrainienne, condamnée d'avance, avait permis aux forces allemandes d'encercler les troupes soviétiques et de leur infliger des pertes massives. Le général Joukov et d'autres chefs militaires russes avaient tenté de souligner qu'une retraite préviendrait un massacre et permettrait aux unités de l'Armée rouge de se regrouper afin d'être en état de reprendre le combat ultérieurement. Mais Staline n'avait rien voulu entendre. « Comment pouvez-vous même penser à abandonner Kiev à l'ennemi ? » avait-il brutalement lancé à Joukov [1]. Le maître du Kremlin avait la même tendance qu'Hitler à ignorer l'avis de ses généraux.

Si l'encerclement des troupes soviétiques à Kiev avait été l'évident résultat de cette décision de Staline, la catastrophe de Vyazma fut le produit d'un complet effondrement des communications et des organes de commandement. Au début de l'Opération Typhon, les chefs militaires soviétiques ne se rendirent pas compte de la finalité et de la portée de la manœuvre déclenchée par les Allemands, qui visait à envelopper et à prendre au piège, par un mouvement très rapide, le maximum de troupes russes près de Vyazma, puis à les détruire après leur avoir interdit tout moyen d'évasion. Quand les généraux soviétiques comprirent enfin ce qui se passait, ils ordonnèrent à leurs hommes de tenter de s'échapper par tous les moyens, et, cette fois, Staline ne s'y opposa pas. Mais, à ce moment, il était déjà trop tard – sauf pour un petit nombre de soldats.

Boris Orechkine [2] était de ce nombre. « Dans nos livres, soulignait-il, on peut à peine trouver une information sur cette bataille. C'est tout à fait normal : qui veut parler de ses défaites ? » Occupant un poste d'observation avec trois autres soldats en haut d'une colline, il avait été survolé les 2, 3 et 4 octobre, par des vagues successives d'avions allemands, que nul appareil soviétique ne venait affronter. Il avait l'impression de se trouver dans une petite zone de calme au cœur de la tempête. Il pouvait voir, à l'horizon, des explosions et des colonnes de fumée indiquant clairement la direction de l'attaque allemande – celle de Vyazma. Mais quand lui-même et ses camarades tentèrent de rapporter ce qu'ils observaient, ils ne purent joindre qu'un soldat montant la garde à un aérodrome voisin qui n'avait que faire de leurs avertissements. « Je pense, disait-il sans paraître vraiment plaisanter, que nous étions, nous, quatre simples soldats, les seules personnes pouvant voir clairement ce qui se passait. »

L'offensive allemande ne tarda pas à se préciser, les avions de la Luftwaffe bombardant tout ce qui se trouvait à proximité. Et, le 9 octobre, Orechkine se retrouva parmi une cohorte de soldats cherchant désespérément à échapper à l'encerclement allemand, sous les bombes, les obus et les tirs de mitrailleuse. Les soldats soviétiques avaient reçu enfin ordre de sortir du « chaudron infernal », mais un chaos total avait suivi. « Les hommes, racontait Orechkine, jetaient masques à gaz, casques et sacs. Tout le monde n'avait qu'une idée en tête : fuir au plus vite pour échapper à l'encerclement. » Lui-même finit par jeter sa musette de provisions, la dernière chose, normalement, que sacrifie un soldat dans cette situation. Il pensait se trouver en sécurité s'il réussissait à parcourir la courte distance le séparant des lignes russes.

Le parcours allait se révéler infernal. Orechkine et ses camarades passèrent la nuit à courir en tous sens dans les bois, tentant d'éviter les obus et les tirs de mitrailleuse allemands. Des chars ouvraient le feu presque à bout portant sur les soldats soviétiques en pleine débandade. À un moment, Orechkine entendit un bruit semblable à celui qu'aurait pu faire « quelqu'un ayant saisi une plaque de tôle et l'agitant ». Il vit ensuite une lueur aveuglante, et l'explosion le jeta à terre. Lorsqu'il rouvrit les yeux, il constata qu'un camarade tombé à côté de lui avait une plaie béante dans le dos, entre les omoplates, comme s'il avait été frappé d'une hache. Le soldat le suppliait de lui faire un pansement. Orechkine s'y essaya, mais c'était sans espoir, et une autre volée d'obus le projeta de nouveau au sol.

Le matin suivant, étant parvenu à un étang où il avait pu étancher sa soif, Orechkine se sentit totalement vidé de ses forces. « Je n'avais jamais été aussi épuisé de ma vie, disait-il. Même la mort apparaissait comme une délivrance. » Il vit alors un sous-lieutenant déchirer ses papiers d'identité et jeter son pistolet dans l'étang. Il vit aussi une rangée de soldats allemands approcher, et des soldats soviétiques se lever, ayant à peine la force de lever les mains pour se rendre. Il suivit l'exemple du jeune officier, et jeta son arme et ses papiers dans l'étang.

Quand il se fut joint à un groupe d'une vingtaine de soldats soviétiques qui se rendaient, Orechkine fut choqué par la dédaigneuse désinvolture de leurs vainqueurs. « Nous fûmes conduits à un village par un seul soldat, précisait-il. Il marchait à notre tête et ne jugeait même pas nécessaire d'avoir son fusil en main. Il était sûr que nous ne tenterions rien, et cette constatation m'atterra, m'humilia profondément et me fit mesurer le caractère désespéré de notre situation. »

Mais Orechkine allait non seulement survivre, mais reprendre le combat et, en 1944, faire lui-même prisonniers des soldats allemands sans doute aussi désespérés et humiliés qu'il l'avait été en 1941. Toutefois, l'immense majorité des militaires soviétiques encerclés à Vyazma n'eurent pas sa chance et ne purent survivre à l'épreuve.

C'était donc soixante-quatre ans plus tard, par une belle journée ensoleillée, que j'accompagnais le groupe de chercheurs de Palatov dans une épaisse forêt à une quinzaine de kilomètres au sud de Vyazma, centre du « chaudron » où tant avaient péri. Après avoir franchi une assez courte distance, Palatov s'arrêta et descendit dans un fossé où son groupe avait laissé sa plus importante trouvaille de la sortie précédente. Il tira d'un sac en plastique un crâne intact et m'expliqua qu'il allait l'emporter au petit cimetière pour y être inhumé avec tous les autres restes humains que son groupe aurait trouvés. En fait, le seul autre crâne que nous découvrîmes au cours de cette sortie était celui d'un cheval – animal couramment utilisé par les deux armées – mais les indices de la férocité des combats étaient partout. Comme le souligna Iegor Tchegrinets, l'un des partenaires de Palatov : « Ici, on n'échappe pas à la guerre. Elle jaillit tout simplement du sol. »

Je ne tardai pas à voir ce qu'il voulait dire. Après avoir planté nos tentes, nous nous enfonçâmes plus profondément dans la forêt, parfois coupée de champs totalement à l'abandon, qui avaient appartenu autrefois à des villages. Ceux-ci avaient été complètement oblitérés lors des combats, et, dans bien des cas, jamais reconstruits. Bien que nous ne fussions qu'à 15 kilomètres de la ville, nous avions l'impression de nous trouver dans un univers différent. Dans cette forêt où les broussailles avaient envahi et recouvert ce qui avait été des chemins de terre ou des routes de campagne, Palatov m'enjoignit de rester près de lui. Il me dit que, l'année précédente, deux promeneurs s'étaient égarés et avaient mis quatre jours entiers à retrouver la civilisation.

Palatov, Tchegrinets et le troisième membre du groupe, Maxime Souslov, branchèrent ensuite leurs détecteurs de métaux, rompant ainsi le silence profond des sous-bois. Me recommandant de ne toucher à rien, ils commencèrent à déterrer des douilles, des éclats d'obus et de bombes, des grenades, des casques, des baïonnettes, des gamelles, des fragments de pistolets. Une carcasse de véhicule criblée de balles gisait un peu plus loin, entre des arbres, avec des cartouchières, des masques à gaz et une botte de l'armée soviétique. Palatov ramassa une musette, semblable, sans doute, à celle qu'Orechkine avait jetée en tentant d'échapper à l'encerclement. Il y avait beaucoup plus que Palatov et son équipe pouvaient porter. Ils ne prirent que quelques objets à l'intention du petit musée qu'ils avaient créé à Moscou.

Au bout d'un certain temps, je fus frappé par le fait qu'il manquait quelque chose dans cette forêt sauvage : la moindre trace de vie animale. On ne voyait pas même d'oiseaux. Les chercheurs m'expliquèrent alors qu'il y avait des daims et des sangliers dans la forêt, mais que nous n'en verrions sans doute aucun. Les habitants de la région avaient eu l'occasion, après la guerre, de ramasser nombre d'armes à feu, et ils avaient pris l'habitude de tirer sur tout ce qui bougeait. Les animaux s'enfuyaient donc dès qu'ils entendaient quelqu'un pénétrer dans la forêt. Mes guides ajoutèrent que nous ferions d'ailleurs bien, nous-mêmes, de prendre garde, surtout après la tombée de la nuit, où la boisson venait souvent encourager les éventuels tireurs. Mais nous ne vîmes ni humains ni animaux durant tout notre périple.

Comme nous approchions d'un petit ravin, Palatov nous raconta l'histoire de l'un des rares officiers soviétiques ayant eu, alors que presque tous ses camarades avaient perdu la tête, la compétence et le sang-froid nécessaires pour tendre une embuscade aux Allemands. Ayant deviné que ceux-ci prendraient sans doute abri dans le ravin avant d'attaquer, il disposa ses hommes autour de la position. Ils ouvrirent le feu dès que les Allemands se furent engouffrés dans le ravin, et ce fut l'une des rares fois, dans les combats de Vyazma, où les Soviétiques eurent le dessus et purent infliger de lourdes pertes à leurs adversaires.

Je suivis Palatov dans le ravin en question, et son détecteur à métaux entra très vite en action. Palatov déterra ainsi une boucle de ceinturon allemande, des douilles et même une pièce d'un pfennig. Ce soir-là, juste à côté de notre campement, il mit également au jour trois grenades qui n'avaient pas explosé. L'une avait encore un détonateur intact. « Des grenades polonaises », annonça-t-il.

Très étonné, je lui demandai ce que cela signifiait. Il m'expliqua alors qu'il n'était pas rare de trouver, à ces endroits, des armes et des munitions polonaises, et qu'il était impossible de savoir de laquelle des deux armées en présence elles venaient. Après que l'Allemagne et l'Union soviétique eurent l'une et l'autre envahi la Pologne en 1939, leurs armées avaient fait main basse sur tout le matériel polonais se trouvant à leur portée pour l'ajouter à leur arsenal. Et leurs soldats avaient donc utilisé les uns contre les autres à Vyazma des munitions et des grenades polonaises.

Cela ne s'était d'ailleurs pas produit qu'à Vyazma. Un rapport signé d'A.L. Ougrioumov, chef du service politique d'un quartier de Moscou, sur l'action des unités de milice formées pour défendre la capitale, signale que beaucoup des miliciens sont allés au combat, au début du mois d'octobre, seulement armés de « fusils polonais conquis comme trophées »[3].

Il reste peu d'habitants de la région de Vyazma pour se souvenir de la période de la guerre. Mais, en 1996, Palatov avait enregistré les déclarations de Maria Denissova, morte depuis. Elle avait 15 ans à l'époque des combats et vivait dans un village détruit au cours de ceux-ci. Elle se rappelait s'être cachée, terrifiée, dans la cave de sa maison avec sa mère et un soldat russe blessé. Un Allemand avait lancé dans la cave, par un soupirail, une grenade, qui avait tué le soldat et grièvement blessé la mère. Quand les deux femmes étaient sorties de la cave, toutes les maisons du village étaient en feu. Elles s'étaient alors cachées dans l'une des tranchées abandonnées par les soldats soviétiques, et, quelques jours plus tard, la mère avait succombé à ses blessures. Le père de Maria Denissova, lui, s'était dissimulé avec quatre hommes dans une autre tranchée, mais les Allemands les avaient repérés et les avaient fait sortir. L'un des hommes, ayant égorgé un mouton, avait la chemise pleine de sang. Les Allemands en avaient déduit qu'ils avaient affaire à des partisans et les avaient tous abattus.

Les combats ayant pris fin, Maria Denissova eut devant les

yeux un spectacle d'horreur. « Il y avait, racontait-elle, tant de cadavres jonchant le sol que nous devions les piétiner pour avancer. Certains n'avaient plus de jambes, plus de tête ou plus de bras. Nous devions marcher sur eux car il n'y avait plus aucun espace libre. Les corps étaient partout, dans le village tout entier et sur le rivage. C'est un souvenir affreux ! La rivière était rouge, comme si du sang y coulait à la place de l'eau. » Mais les survivants étaient quand même contraints d'y boire, avec des quarts et des gamelles prélevés sur les cadavres, car le village n'avait pas de puits. Ils durent aussi se nourrir de la viande à demi décomposée des chevaux tués durant les combats.

Les villageois finirent par enterrer une partie des cadavres, mais ils n'osèrent pas se rendre dans la forêt, où s'étaient déroulés les affrontements les plus violents. Pendant les mois suivants, des survivants de l'Armée rouge réapparaissaient de temps à autre. « Ils étaient horribles, avec des barbes atteignant presque la ceinture, déclarait Maria Denissova. Ils nous faisaient peur. Je ne sais pas comment ils avaient survécu, ce dont ils s'étaient nourris. » Leurs uniformes étaient en lambeaux, de sorte qu'il était impossible de reconnaître les officiers des simples soldats. La région devant rester deux ans entre les mains des Allemands, il est difficile d'imaginer comment ces soldats perdus ont pu survivre.

La seule tombe individuelle que je vis était proche du dernier village avant la forêt proprement dite. C'était celle d'un général russe qui s'était caché dans le village pendant que les Allemands ratissaient la région. Marquée d'une croix métallique, elle ne portait aucun nom pour la simple raison qu'on avait toujours ignoré l'identité exacte du défunt. Selon les villageois, il s'était mis en civil et avait aidé à cacher les enfants. Mais les Allemands, ayant appris sa présence, avaient menacé de fusiller un habitant sur dix s'il ne se livrait pas. Il s'était alors présenté et avait été promptement abattu. Dans cet endroit où des centaines de milliers d'hommes ont disparu sans laisser de trace, ce général inconnu est l'un des rares à ne pas avoir été oublié.

Les témoins extérieurs ont toujours été stupéfaits de l'endurance stoïque et presque sans borne manifestée par les Russes devant la souffrance et le despotisme. En 1839, le marquis de Custine voyait en Russie « un gouvernement absolu et une nation d'esclaves » où « la peur remplace, à vrai dire, paralyse la pensée »[4]. Si l'on demande à des Russes d'expliquer la façon dont leur peuple a fait face à la longue série de drames marquant son histoire, ils en viennent tôt ou tard à parler de la *soudba* – la fatalité.

Mais celle-ci peut avoir des effets bénéfiques autant que maléfiques. Ainsi, Ella Joukova est fermement convaincue que la décision de Staline de confier la défense de Moscou à son père, le maréchal Joukov, fut l'un de ces effets bénéfiques du destin. « Je ne suis pas une personne portée sur la religion, disait-elle, mais je pense qu'il avait un don venu d'en haut. » On peut voir aussi un signe du destin dans le fait que Joukov était né en 1896 dans un village appelé Strelkovka[5], nom venant du mot *streltsy*, ou « archer », et désignant les endroits où s'étaient installés les archers d'Ivan le Terrible chargés de défendre Moscou contre les invasions tartares.

Quoi qu'il en soit, Gueorgui Joukov n'était pas, *a priori*, un homme très séduisant. Il était célèbre pour ses accès de colère assortis d'injures grossières (« Tu n'es pas un général mais un sac de merde ! » lançait-il à certains de ses subordonnés[6]), et il n'avait jamais une minute d'hésitation lorsqu'il s'agissait de sacrifier des vies humaines sur le champ de bataille.

« Si nous arrivons devant un champ de mines, devait-il expliquer après la guerre au général Eisenhower, notre infanterie attaque exactement comme s'il n'était pas là. Nous considérons les pertes dues aux mines comme équivalentes à celles que nous auraient infligées les mitrailleuses et l'artillerie si les Allemands avaient choisi de défendre le secteur avec des troupes en place[7]. »

En cela, tout comme en la façon impitoyable dont il traitait quiconque n'obéissait pas à ses ordres, il était un parfait général pour un homme tel que Staline. Comme le dictateur, il était prompt à menacer d'exécution ceux qui l'entouraient. Son message aux chefs d'unité sur le terrain était simple : exécutez les ordres reçus, si suicidaires qu'ils puissent paraître, ou vous serez fusillés pour trahison. En septembre 1941, alors qu'il se trouvait dans Leningrad, dont le siège avait déjà commencé, il décréta que tout soldat abandonnant son poste sans autorisation écrite subirait le même sort[8].

Le maréchal Rokossovski traça de son collègue, après la guerre, un portrait où la vérité du personnage transparaît sous des termes très diplomatiques : « Joukov avait toujours été un homme à la forte volonté et au grand esprit de décision, brillant et doué, exigeant, ferme et déterminé. Toutes ces qualités sont indiscutablement nécessaires à un grand chef militaire, et elles étaient inhérentes chez Joukov. Il est vrai que, parfois, sa dureté dépassait ce qui était permissible. Par exemple, dans la chaleur des combats aux environs de Moscou, Joukov a quelquefois montré une sévérité injustifiée [9]. »

Contrairement à la plupart des officiers russes, Joukov n'était pas un grand buveur – au moins aux normes de l'Armée rouge – et il ne fumait pas. Il était très soucieux de son apparence physique et n'hésitait pas à insister pour être représenté de façon, à ses yeux, adéquate. En 1940, il appela le rédacteur en chef de la *Krasnaïa Zvezda* – « L'Étoile Rouge » –, le journal de l'armée soviétique, pour se plaindre de ce qu'une photo sur le point d'être publiée ne lui rendait pas justice. « J'ai l'air d'être chauve, là-dessus, dit-il. Vous avez toute une troupe de dessinateurs, n'est-ce pas ? Est-ce qu'ils ne peuvent pas arranger cela ? [10]. » Bien sûr, ils le pouvaient…

Fils d'un cordonnier, Joukov avait commencé dans la vie comme apprenti-pelletier à Moscou, à l'âge de 11 ans. Et il avait rapidement – et durement – découvert quelques enseignements de la vie. « Supporte cela en silence quand on te bat, lui avait dit d'emblée l'un de ses camarades de travail. Un homme battu en vaut deux [11]. » Mobilisé dans la cavalerie tsariste en 1915 [12], il eut de fréquents ennuis avec ses officiers, qui le considéraient comme insolent, indiscipliné et cabochard. Mais on ne tarda pas à reconnaître, au feu, son talent et son audace. En 1919, alors qu'il faisait partie de l'Armée rouge en lutte avec les Armées blanches, il fut blessé par une grenade, atteint de multiples éclats au flanc gauche et à la cuisse. Il contracta ensuite le typhus.

Mais il ne tarda pas à reprendre du service. Il épousa en 1922 Alexandra Joukova, union qui dura officiellement plus de quarante ans et fut marquée par la naissance de feux filles, Era en 1928 et Ella en 1937 [13]. En 1929, Joukov eut aussi une fille, Margarita, avec une autre femme. (Les trois sœurs vivaient encore à Moscou quand ces lignes ont été écrites, mais Era et Ella n'avaient appris l'existence de Margarita que dans les années cinquante et les relations n'étaient pas au beau fixe.) Joukov, en fait, avait eu nombre d'aventures amoureuses. Selon son chauffeur, Alexandre Bouchine, il avait notamment eu une longue liaison, pendant la guerre, avec une « jeune et jolie infir-

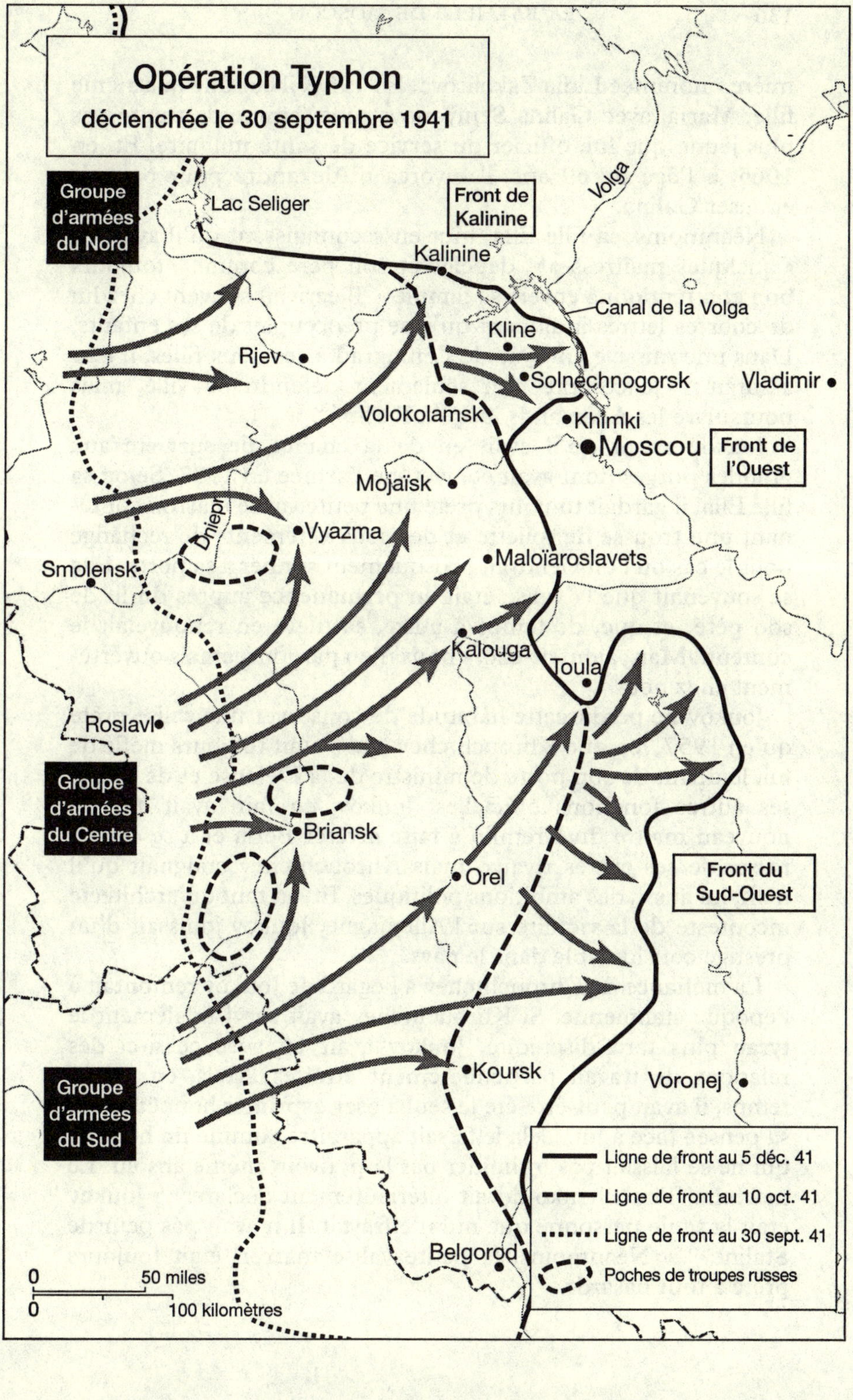
Opération Typhon
déclenchée le 30 septembre 1941
Groupe d'armées du Nord
Groupe d'armées du Centre
Groupe d'armées du Sud
Front de Kalinine
Front de l'Ouest
Front du Sud-Ouest
Lac Seliger
Volga
Kalinine
Canal de la Volga
Kline
Rjev
Solnechnogorsk
Vladimir
Volokolamsk
Khimki
Moscou
Mojaïsk
Vyazma
Dniepr
Maloïaroslavets
Smolensk
Kalouga
Toula
Roslavl
Briansk
Orel
Koursk
Voronej
Belgorod
Ligne de front au 5 déc. 41
Ligne de front au 10 oct. 41
Ligne de front au 30 sept. 41
Poches de troupes russes
0
50 miles
0
100 kilomètres

mière » nommée Lidia Zakharova. En 1957, il eut une quatrième fille, Maria, avec Galina Semyonova, une femme de trente ans plus jeune que lui, officier du service de santé militaire. Et, en 1965, à l'âge de 69 ans, il divorça d'Alexandra pour pouvoir épouser Galina.

Néanmoins, sa fille Ella, tout en reconnaissant qu'il avait eu « quelques maîtresses », dépeignait son père comme « toujours bon et attentionné envers sa famille ». Il écrivait souvent chez lui de courtes lettres indiquant qu'il se préoccupait de ses enfants. Dans une missive envoyée de Leningrad à ses deux filles, il leur assurait : « Je compte non seulement défendre la ville, mais poursuivre les Allemands jusqu'à Berlin [14]. »

Joukov savait qu'il avait eu de la chance de survivre aux grandes purges dont avait été victime l'armée en 1937. Selon sa fille Ella, il gardait toujours prête une petite valise marron contenant une trousse de toilette et des sous-vêtements de rechange pour le cas où l'on viendrait brusquement sonner à sa porte. Ella se souvenait que la valise était en permanence auprès du lit de son père, et que, de temps à autre, sa mère en renouvelait le contenu. Mais, ajoutait-elle, « nous n'en parlions jamais ouvertement chez nous ».

Joukov ne perdit cette habitude de conserver une valise prête qu'en 1957, lorsque Khrouchtchev, qui s'était toujours méfié de lui, le démit de son poste de ministre de la Défense et de toutes ses autres fonctions officielles. Joukov, en fait, avait aidé le nouveau maître du Kremlin à faire arrêter Beria et à se débarrasser de ses autres rivaux, mais Khrouchtchev craignait qu'il n'ait, lui aussi, des ambitions politiques. Et, en tant qu'architecte incontesté de la victoire sur l'Allemagne, Joukov jouissait d'un prestige considérable dans le pays.

La méfiance de Khrouchtchev à l'égard de Joukov remontait à l'époque stalinienne. Si Khrouchtchev avait servi fidèlement le tyran plus tard discrédité, Joukov avait eu avec celui-ci des relations de travail particulièrement étroites. Mais, en même temps, il avait peut-être été le seul à oser exprimer honnêtement sa pensée face à lui. Cela le faisait apparaître comme un homme qui ne se laissait pas intimider par le pouvoir, même absolu. Le maréchal Timochenko devait ultérieurement déclarer : « Joukov était la seule personne que nul n'effrayait. Il n'avait pas peur de Staline [15]. » Néanmoins, la petite valise marron était toujours prête à tout hasard...

Joukov écrivit, dans une partie de ses Mémoires qui resta censurée jusque dans les années quatre-vingt-dix, que les purges [16] de l'armée avaient constitué « une gigantesque épidémie de calomnie », à la faveur de laquelle « on avait diffamé très souvent d'honnêtes gens et même des amis proches ». Il affirmait aussi avoir tenté de protéger, en cette période, tous les officiers qu'il pouvait aider.

Alors qu'il se trouvait en poste dans le secteur militaire de Biélorussie, Joukov fut interrogé à Minsk par Golikov (qui devait, plus tard, en tant que responsable du renseignement militaire, encourager Staline dans son impression que les Allemands n'attaqueraient pas en 1941.) Questionné sur Rokossovski et d'autres officiers récemment arrêtés, Joukov les défendit en les dépeignant comme « de vrais patriotes ». Et, la même question lui ayant été posée de nouveau, il insista : « Oui, même maintenant, je pense que ce sont de vrais patriotes et des communistes sincères. »

Selon la version de l'incident donnée par Joukov lui-même, Golikov fut rendu visiblement furieux par cette réponse. Son visage vira au rouge, et il demanda à Joukov s'il ne croyait pas qu'il était dangereux de « faire l'éloge d'ennemis du peuple ». Mais le futur maréchal tint bon, affirmant qu'il ne voyait pas pourquoi les officiers en question avaient été arrêtés.

Golikov changea alors d'angle d'attaque, faisant état d'informations selon lesquelles Joukov s'était fréquemment montré grossier envers les officiers politiques comme envers ses subordonnés. Joukov reconnut qu'il avait parfois le propos vif, mais seulement à l'adresse de ceux qui le méritaient. Finalement, Golikov lui demanda s'il était vrai que, comme le bruit en courait, sa fille Ella avait été baptisée – ce qui, dans l'affirmative, aurait certainement amené sa condamnation immédiate. Joukov le nia, et Ella devait demeurer persuadée que cette rumeur avait fait partie d'une campagne de diffamation en règle contre lui.

Joukov maintint toujours, ensuite, qu'il avait considéré la période des purges comme une ère de folie ayant coûté la vie à nombre de bons officiers. « Je les considère, bien sûr, comme des victimes innocentes », aurait-il déclaré un jour au ministre des Affaires étrangères Andreï Gromyko, ajoutant que l'exécution de Toukhatchevski avait été « une perte particulièrement grave pour l'armée et pour l'État » [17].

Dans ses Mémoires, il devait également déplorer le fait que les officiers ainsi épurés avaient été remplacés « par des personnages nouveaux n'ayant pas leur expérience », mais il fit en même temps partie d'une génération de militaires dont la carrière se trouva accélérée par la nécessité de combler les vides laissés par les purges. Il reconnut qu'en fait, il avait eu de la chance de ne pas être promu plus vite à un grade très élevé, car cela aurait fait de lui une cible plus évidente lors de l'épuration. « À cette époque, écrivit-il, il était si facile d'être qualifié d'ennemi du peuple... »[18].

C'est durant l'été 1939 que Joukov eut, pour la première fois, l'occasion de montrer ses qualités de chef militaire. Des forces japonaises[19] avaient attaqué les troupes soviétiques en Mongolie, visant à la fois à étendre l'empire nippon et à « tâter » le potentiel militaire de l'URSS. Prenant le commandement du Ier Groupe d'armées soviétique, Joukov montra d'emblée son esprit combatif et son peu de souci des pertes encourues. Les Japonais ayant attaqué en force en un secteur où il ne disposait pas de réserves d'infanterie, il envoya ses chars au combat sans soutien de fantassins, sachant que ses pertes seraient lourdes. Ce fut le cas ; la brigade blindée soviétique ainsi engagée perdit près de la moitié de ses chars, mais les Japonais furent si durement étrillés que leur offensive échoua. Aux yeux de Joukov, cela justifiait le nombre de ses soldats ainsi sacrifiés.

Mais il eut également soin de renforcer patiemment son dispositif afin de pouvoir disposer d'une nette supériorité, en effectifs comme en puissance de feu, lorsqu'il passa à l'offensive en ce qui fut connu comme la bataille de Khalkine Gol, le 20 août 1939. Malgré une résistance acharnée des Japonais, les Soviétiques l'emportèrent de façon décisive, et, deux semaines plus tard, le Japon signait avec l'URSS et la Mongolie un accord mettant fin aux hostilités. Des deux côtés, on avait subi de lourdes pertes, mais c'était l'Armée rouge qui, en l'occurrence, avait été clairement victorieuse. Les Japonais avaient donc appris que l'URSS n'était pas un adversaire à sous-estimer, ce qui devait peser sur leur stratégie lors de la Deuxième Guerre mondiale.

Pour la part qu'il avait prise à cette victoire, Joukov fut fait Héros de l'Union soviétique et, chose plus importante encore, attira l'attention de Staline. En mai 1940, il reçut le commandement de la région militaire de Kiev. Au cours de leur première rencontre, Staline lui fit raconter en détail la campagne de

Mongolie, l'interrogeant tout particulièrement sur le comportement de ses troupes et de ses officiers et écoutant attentivement ses réponses. Il lui conseilla, ensuite, d'appliquer, dans son nouveau commandement, les enseignements de cette campagne.

Quand, le soir, Joukov regagna sa chambre à l'hôtel Moskva, il se sentait si excité qu'il eut du mal à s'endormir. Il avait été profondément impressionné par le calme et le sérieux de Staline. « S'il est toujours ainsi, pensait-il, je ne comprends pas pourquoi tant de gens le dépeignent comme un monstre »[20]. Il devait changer d'avis ensuite, mais il avoue dans ses Mémoires : « À l'époque, je n'arrivais pas à croire le mal qu'on disait de lui. »

Il est à remarquer que, même dans la version complète de ses Mémoires, publiée dans les années quatre-vingt-dix, Joukov s'efforce de justifier le refus de Staline de préparer l'URSS à l'attaque allemande de 1941, affirmant qu'il avait simplement tenté de prévenir la guerre par tous les moyens. « Staline n'était pas un lâche, écrit-il, mais il comprenait clairement qu'il était trop tard pour entreprendre les préparatifs nécessaires à une guerre contre un ennemi aussi puissant. Il comprenait que nous avions du retard... dans le réarmement de nos troupes et la réorganisation des forces armées[21]. »

Joukov préférait, de toute évidence, éviter de se demander pourquoi de tels préparatifs n'avaient pas été faits auparavant et de souligner la responsabilité directe de Staline dans les carences constatées. Mais il hésitait beaucoup moins à relever que le même Staline avait gardé pour lui-même la majeure partie des informations reçues sur les intentions véritables de l'Allemagne, les cachant ainsi aux principaux chefs militaires soviétiques. « Je ne fus pas informé par Staline, note-t-il, du contenu des rapports qu'il recevait personnellement. » Si ces rapports étaient portés à la connaissance de certains membres du Politburo, ils étaient « tenus secrets pour les responsables militaires du pays ». Et quand Joukov avait tenté de savoir pourquoi il en était ainsi, on lui avait dit que tels étaient les ordres de Staline. En une occasion, au début de 1941, Joukov et Timochenko demandèrent directement au maître du Kremlin les raisons de cette discrétion. « Vous ne serez informés, leur répondit sèchement Staline, que de ce que vous avez vraiment besoin de savoir »[22].

Le 11 septembre 1941, alors que les Allemands semblaient tout près d'arriver à leurs fins à Leningrad, Staline envoya Joukov prendre la place du maréchal Vorochilov, qui ne paraissait pas en mesure de défendre la ville. « La situation là-bas est presque désespérée », lui confia-t-il [23]. Joukov reprit rapidement les choses en main, destituant les généraux qui ne lui semblaient pas à la hauteur de leur tâche, et ordonnant aux troupes de cesser de battre en retraite et de contre-attaquer à tout prix, en sachant que toute désobéissance entraînerait une exécution sommaire. À la fin du mois, l'avance allemande avait été arrêtée et commençait ce qui allait être un terrible siège de neuf cents jours devant coûter la vie, surtout par famine, à 632 253 civils si l'on se réfère aux chiffres officiels soviétiques [24].

L'intervention de Joukov – et un certain facteur de chance – avait frustré les Allemands de la victoire escomptée. Mais ce que Staline et ses généraux n'avaient pas encore compris, c'était qu'en cette deuxième quinzaine de septembre, Hitler redéployait une grande partie de ses troupes en préparation de l'Opération Typhon – l'offensive en direction de Moscou [25].

Dans les premiers jours d'octobre, alors que les Allemands prenaient au piège, comme on l'a vu, d'importantes unités de l'Armée rouge dans le « chaudron » de Vyazma, d'autres troupes soviétiques fuyaient désespérément pour échapper à de similaires tentatives d'encerclement.

Correspondant de *Krasnaïa Zvezda*, le romancier Vassili Grossman consignait dans ses carnets des notes qu'il n'aurait pu, sous aucun prétexte, publier dans le journal de l'armée soviétique : « Je pensais avoir déjà assisté à des retraites, écrivait-il notamment, mais je n'ai jamais rien vu de comparable à ce que je vois actuellement, et je n'aurais jamais pu imaginer quelque chose de ce genre. L'Exode ! L'Exode de la Bible ! Des véhicules avançant huit de front, tentant d'arracher simultanément leurs roues à la boue… Des foules de gens à pied, avec des sacs, des ballots, des valises… Il y a des moments où j'ai totalement l'impression que nous sommes revenus à l'ère des catastrophes bibliques [26]. »

Des nouvelles de plus en plus mauvaises parvenaient au Kremlin. Un pilote soviétique [27] signala qu'une colonne de chars allemands était arrivée à quelque 160 kilomètres au sud-ouest du Kremlin, avançant régulièrement sur la route, et qu'il n'y avait apparemment pas de forces soviétiques en face d'elle pour l'empêcher d'atteindre Moscou. Affolés, les généraux envoyèrent en reconnaissance un deuxième avion, dont le pilote confirma les informations données par son camarade. Furieux, Beria envoya l'un de ses subordonnés trouver le général Sbytov, commandant l'aviation pour le secteur de Moscou, pour lui dire que lui-même et ses pilotes risquaient d'être arrêtés pour « lâcheté et défaitisme »[28]. Mais un troisième équipage d'avion confirma lui aussi la mauvaise nouvelle, et Staline dut se rendre à l'évidence et admettre la gravité de la situation. « La grave possibilité d'une percée ennemie menaçait Moscou », devait écrire Joukov à ce sujet[29].

Le soir du 6 octobre, Staline appela Joukov à Leningrad pour lui ordonner de revenir immédiatement à Moscou par avion. Le lendemain, souffrant d'une mauvaise grippe, il reçut le général dans ses appartements du Kremlin. « Écoutez, lui dit-il, nous sommes dans une situation réellement grave sur le front de l'Ouest, mais je n'arrive apparemment pas à avoir un rapport détaillé sur ce qui se passe exactement[30]. » La mission officielle de Joukov consistait à se rendre sur-le-champ au quartier général d'un front occidental en pleine décomposition et de faire le rapport demandé par le Kremlin. Mais sa mission réelle était tout simplement d'empêcher les Allemands d'atteindre Moscou.

Bien qu'épuisé physiquement et nerveusement, Joukov monta immédiatement en voiture et partit en direction de l'état-major du front de l'Ouest, entamant ainsi un difficile voyage qui se prolongea tard dans la nuit. En une occasion au moins, il commanda à son chauffeur de faire halte le long de la route et s'en alla courir une centaine de mètres pour se maintenir éveillé. Il savait que son sort, en même temps, sans doute, que celui de son pays, dépendait de sa faculté de rester lucide et alerte face à la catastrophe qui menaçait.

L'exubérant optimisme d'Hitler quant à l'Opération Typhon faisait contraste avec le pessimisme croissant de Staline. En septembre, Otto Günsche[31], qui devait devenir l'aide de camp du Führer, arriva au « Repaire du Loup ». Quand il demanda à quelques-uns des officiers présents si Hitler comptait y passer l'hiver, ils éclatèrent de rire. « Passer l'hiver ici ? dit l'un d'eux. Vous n'y pensez pas ! C'est une *Blitzkrieg* que nous faisons contre la Russie. » Et il ajouta : « Nous fêterons certainement Noël sur l'Obersalzberg comme d'habitude. » Autrement dit, dans la résidence favorite d'Hitler dans les Alpes autrichiennes.

Hitler fit ensuite appeler Günsche dans sa salle de conférences pour lui demander ses impressions sur le déroulement des opérations sur le front. Joyeux et sifflotant doucement entre ses dents, le Führer s'attendait visiblement à de bonnes nouvelles. Tout en admettant que les Russes se battaient farouchement, Günsche ne fit rien pour le décevoir et souligna que le moral des unités SS était au plus haut.

« Nous n'allons pas tarder à en venir à bout, affirma Hitler, parlant des Soviétiques. Ce n'est qu'une question de temps. Moscou sera attaqué et tombera, et là, nous aurons gagné la guerre. » Il ajouta que lorsque les forces allemandes auraient atteint l'Oural, elles y feraient halte, et la Luftwaffe serait chargée d'éliminer toute concentration de troupes soviétiques pouvant survenir plus à l'est. Il passa directement, ensuite, au sort qui serait réservé à l'ensemble du pays après la victoire allemande, concluant : « En tant que réformateur de l'Europe, je veillerai à ce qu'un ordre nouveau conforme à mes lois soit imposé à ce pays. »

Il devait revenir sur le sujet au cours d'un dîner, le 17 octobre [32], alors même que la pluie et les premières neiges commençaient à ralentir l'avance allemande, évoquant de grands projets de construction et soulignant la nécessité de construire partout des routes. « Quand des ponts auront été jetés sur les grands fleuves, déclara-t-il notamment, des villes allemandes devront se dresser, servant de centres nerveux à la Wehrmacht, à la police, à l'administration et aux autorités du Parti. Le long de ces routes s'installeront des fermes allemandes, et sous peu, cette steppe monotone et d'aspect asiatique prendra une allure très différente. En dix ans, 4 millions d'Allemands se seront installés là, et dans vingt ans, au moins 10 millions. »

Selon Hitler, ces colons germaniques ne viendraient pas seulement d'Allemagne, mais de diverses parties du monde comme l'Amérique. Il semblait hors de doute pour lui qu'après la défaite de l'Union soviétique, l'Allemagne nazie contrôlerait le monde. Quant aux Ukrainiens, aux Russes et autres peuples constituant l'URSS, ils seraient réduits à l'état de colonisés, pour lesquels ne seraient prévus « ni enseignement ni aides sociales ».

Mais les généraux allemands, eux, se préoccupaient d'objectifs plus immédiats. Ils se préparaient à attaquer Moscou du sud, de l'ouest et du nord. Vingt-quatre heures après que Guderian eut fait, le 3 octobre, son entrée dans Orel sans rencontrer de résistance, Halder, le chef d'état-major, notait dans son journal que tout se déroulait selon le plan prévu. « Guderian, écrivait-il, a atteint Orel et avance maintenant dans un espace complètement vide. Hoepner a percé les positions ennemies et atteint Mojaïsk[33]. » Cette dernière ville était située à une centaine de kilomètres à l'ouest de Moscou et se trouvait former le centre de la principale ligne de défense soviétique. Au nord-ouest de Moscou, d'autres troupes allemandes poussaient vers Rjev, ville considérée comme un point de ralliement majeur pour les unités devant constituer la partie septentrionale de la tenaille destinée à se refermer sur Moscou.

Mais Guderian[34], lui, n'était pas convaincu d'avoir le vide devant lui, entre Orel et Moscou. Et, en plus d'avoir constaté que les performances au combat du T-34 soviétique étaient supérieures à celles de ses propres chars, il devait reconnaître que les unités de l'Armée rouge auxquelles il avait affaire organisaient beaucoup mieux qu'auparavant leurs contre-attaques, même lorsqu'elles devaient affronter une puissance de feu importante. Alors que l'infanterie soviétique attaquait ses troupes de front, les chars russes venaient les prendre de flanc. « Ils apprennent à se battre », constatait Guderian. Et il s'inquiétait de l'effet que ce phénomène nouveau avait sur ses troupes. « L'âpreté des combats, écrivait-il, venait entamer progressivement le moral de nos officiers et de nos hommes... Il était de fait surprenant de voir combien nos meilleurs officiers avaient été affectés par les plus récents combats. »

Encore plus alarmants étaient, en ces premiers jours d'octobre, les signes d'un changement de temps. Les premières neiges tombèrent dans la nuit du 6 au 7 octobre, et cela ne faisait qu'annoncer bien pire avec l'arrivée du terrible hiver russe. Les officiers de Guderian réclamaient à cor et à cri des bottes, des vêtements et des sous-vêtements chauds, dont la rareté commençait à se faire cruellement sentir. Malgré les réprimandes qu'il avait reçues préalablement du haut commandement, leur général multipliait les demandes, mais en vain.

Ces premières neiges ne tinrent pas, mais, avec les pluies qui les avaient rapidement suivies, elles contribuèrent à transformer les routes d'URSS en d'« épouvantables marécages », comme le nota Guderian. Le 12 octobre, il soulignait : « Nos troupes sont prises dans la boue et immobilisées. » Elles parvinrent quand même à compléter l'encerclement d'un autre « chaudron », celui de Briansk, au sud de Vyazma. Mais au moment où le haut commandement allemand donna enfin l'ordre d'amorcer l'investissement de Moscou, les unités de Guderian, qui devaient se charger de la portion sud de la tenaille, se trouvèrent de plus en plus ralenties par le mauvais temps autant que par la résistance à laquelle elles se heurtaient. En fait, l'ordre direct de procéder à l'encerclement de Moscou ne leur parvint même pas.

Si beaucoup des généraux allemands sur le terrain persistaient à penser qu'ils pouvaient remporter la victoire qu'Hitler exigeait d'eux, leur optimisme était certainement loin d'égaler celui du Führer et ils étaient maintenant plus lucides que lui sur le prix qu'il y aurait à payer. Ils avaient suffisamment tâté de la résistance soviétique et du climat russe pour savoir que la partie serait rude.

À ce que pensait Joukov, les Allemands avaient toutes les raisons de croire qu'ils avaient le dessus et étaient en mesure d'aller directement jusqu'à Moscou. « L'ennemi, devait-il écrire ultérieurement, pensait que les troupes soviétiques étaient affaiblies, démoralisées et incapables de défendre leur capitale[35]. » Le 6 octobre, donc, après son entrevue avec Staline, il parvint au quartier général du front occidental, interrogea longuement les généraux et constata que la situation était, en effet, très grave et les perspectives sombres. Le commandement avait perdu contact avec les unités encerclées dans le secteur de Vyazma, et, selon les propres termes de Joukov, « il n'y avait plus de ligne de front continue à l'ouest et les brèches ne pouvaient être comblées car le commandement était à court de réserves[36] ». Il affirma ensuite avoir su, à ce moment même, que, bien reprises en main, les forces soviétiques seraient encore en mesure de contenir les Allemands, mais la peinture qu'il faisait de la situation semble exclure toute certitude à cet égard.

Joukov téléphona à Staline à 2 heures 30 du matin pour lui faire le rapport qui lui avait été demandé. Comme à son habitude, le dictateur soviétique était encore debout. « Le principal danger, actuellement, lui expliqua Joukov, est que la route menant à Moscou est presque entièrement sans protection. Les fortifications le long de la ligne de Mojaïsk sont trop faibles pour empêcher une percée des armées allemandes. Nous devons, aussitôt que possible, concentrer sur cette ligne des forces prélevées partout où nous pourrons[37]. » La ligne en

1

2

Staline et Hitler étaient intellectuellement de la même race, se rejoignant presque parfaitement par leur cynisme et leur effarante brutalité. Staline était tout prêt à boire à la santé d'Hitler au moment où il pensait avoir conclu un marché avantageux avec lui. Mais Hitler était résolu à conquérir et à asservir la Russie, la considérant comme un *Lebensraum* – un « espace vital » – pour le peuple allemand. Parlant au Sportpalatz de Berlin le 3 octobre 1941, il appela la poussée vers Moscou « la plus grande bataille de l'histoire du monde ».

3

4

Le 23 août 1939, le ministre soviétique des Affaires étrangères Viatcheslav Molotov (assis) et son homologue allemand Joachim von Ribbentrop (à gauche) signèrent sous l'œil de Staline le pacte de non-agression germano-soviétique.

Une caricature française représentait la « valse d'amour » des deux dictateurs.

5

Staline pensait l'avoir emporté sur Hitler en lui faisant accepter que l'URSS s'empare de la partie orientale de la Pologne et des États baltes. Il pensait également que le pacte de non-agression retarderait au moins de quelques années une guerre entre leurs deux pays. Mais le dictateur allemand le prit de court en déclenchant l'invasion de l'Union soviétique le 22 juin 1941. Au début, les troupes allemandes ne rencontrèrent qu'une résistance minimale.

6

7

Staline s'étant refusé à croire aux avertissements sur l'imminence d'une attaque allemande, les envahisseurs furent en mesure d'avancer vers l'est avec rapidité.

À gauche : un engin blindé de reconnaissance allemande dépasse un panneau routier indiquant que Moscou n'est qu'à cent kilomètres.

En bas : des civils russes fuient devant l'armée d'invasion.

8

Pris par surprise et souvent dépourvus d'armes, des centaines de milliers de soldats soviétiques se rendirent aux Allemands durant les premiers mois de la guerre.

À droite : les prisonniers sont dirigés vers des camps improvisés.

En bas : des femmes russes en pleurs regardent leurs hommes marcher vers leur lieu de captivité. La plupart de ces prisonniers soviétiques allaient bientôt périr.

9

10

11

Lorsqu'il sembla que les défenses de Moscou n'allaient plus tenir, Staline rappela de Leningrad le général Joukov et lui donna mission de sauver la capitale. Comme son maître, Joukov était prêt à tout faire pour assurer qu'on obéisse à ses ordres, y compris à faire exécuter quiconque tentait de battre en retraite. Il n'hésita jamais non plus à sacrifier ses hommes au combat, ce qui entraîna des pertes effarantes.

12

Les unités blindées du général Heinz Guderian, poussant vers l'est, atteignirent Smolensk en moins d'un mois. Guderian pressa Hitler de lui permettre de continuer directement vers Moscou, mais le dictateur allemand insista pour que ses troupes prennent d'abord Kiev. Comme Guderian l'avait prédit, cela se révéla une énorme erreur. Cela retarda l'offensive vers Moscou jusqu'au moment où le temps se mit à changer et où Staline put faire venir des renforts de Sibérie.

13

Winston Churchill et son ministre des Affaires étrangères Anthony Eden. Les gouvernants britanniques étaient résolus à apporter leur aide à l'effort de guerre soviétique. Mais Churchill était rendu furieux par les demandes de Staline d'ouverture d'un second front par les Britanniques sur le continent européen, ainsi que par ses requêtes tout aussi irréalistes quant aux livraisons d'avions, de chars et d'autre matériel.

14

Harry Hopkins, représentant du président Roosevelt, avec Staline durant sa visite à Moscou, en août 1941. Une haute personnalité du Kremlin se déclara enchantée de « l'évidente sympathie pour l'Union soviétique » manifestée par Hopkins.

15

Roosevelt et Hopkins dans le bureau présidentiel de la Maison Blanche. Bien que les États-Unis ne fussent pas encore en guerre, Roosevelt insistait pour qu'on apporte à l'URSS toute l'aide possible. Même lorsque le sort de Moscou était toujours incertain, Staline utilisa ses pourparlers avec les dirigeants occidentaux pour commencer à faire avancer ses projets de domination de l'Europe de l'Est après la guerre.

16

Sur l'ordre d'Hitler, les Allemands instaurèrent un régime de terreur dans tous les territoires qu'ils conquéraient. Cela fit que ceux qui avaient initialement accueilli les soldats allemands en libérateurs ne tardèrent pas à se retourner contre eux. Les atrocités telles que la pendaison de ces prétendus partisans ne firent qu'aider Staline à regrouper son peuple autour de lui.

17

Pour arrêter les chars allemands, des civils russes creusèrent un gigantesque réseau de tranchées et de fossés aux abords de Moscou. En même temps, on procédait à l'évacuation vers l'est d'usines et de services officiels. Vers la fin de 1941, la moitié de la population de la capitale avait fui ou avait été évacuée.

18

Une affiche de propagande soviétique affirmant « Nous défendrons Moscou ! » Mais, alors même qu'ils exhortaient la population à participer à la lutte pour sauver la capitale, les dirigeants soviétiques étaient si peu confiants en l'issue des combats qu'ils formaient des équipes de sabotage destinées à rester dans une ville occupée par les Allemands.

Après le retard causé par la décision d'Hitler de s'emparer d'abord de Kiev, les troupes allemandes avançant vers Moscou se trouvèrent prises sous les pluies d'automne. Comme le souligna le général Guderian, les routes se transformèrent en « des canaux de boue » qui ralentirent la progression de façon dramatique.

19

Après la panique de la mi-octobre, qui avait entraîné des pillages, des grèves et un exode massif hors de Moscou, Staline sidéra son entourage en insistant pour qu'une parade militaire ait lieu sur la Place rouge le 7 novembre 1941, anniversaire de la Révolution bolchevique. D'importantes chutes de neige vinrent réduire le danger de bombardements aériens allemands, et Staline fut ainsi en mesure de montrer qu'il contrôlait toujours la capitale.

21

Les terribles froids hivernaux commencèrent tôt, alors que les troupes allemandes tentaient de s'emparer de Moscou. Hitler s'étant convaincu qu'elles triompheraient avant le changement de saison, la plupart de ses soldats étaient dépourvus d'équipements d'hiver. Les Soviétiques commencèrent à capturer de plus en plus de soldats allemands mal vêtus et frigorifiés.

22

23

Les troupes soviétiques, et particulièrement celles venues de Sibérie pour défendre Moscou, étaient beaucoup mieux équipées contre le froid, avec bottes d'hiver, vestes matelassées, capotes et combinaisons blanches de camouflage. Ce facteur allait s'avérer de plus en plus crucial.

24

25

Un char T-34 soviétique dépasse un cadavre allemand gisant dans la neige. Comme le soulignait un officier allemand, l'échec de l'ultime poussée vers Moscou avait mis fin au mythe de l'invincibilité de la Wehrmacht. « L'armée allemande, écrivait-il, ne s'est jamais complètement remise de cette défaite. »

question allait du nord au sud sur quelque 220 kilomètres, à une distance d'une centaine de kilomètres de la capitale.

Pour gagner du temps, quelque 4 000 élèves des deux écoles militaires de Podolsk, l'école d'infanterie et l'école d'artillerie, reçurent l'ordre d'aller combler l'une des brèches les plus importantes de la ligne de front, celle qui permettait aux troupes allemandes d'avancer sur Maloïaroslavets. Selon l'histoire soviétique d'après-guerre, l'héroïsme de ces élèves officiers stupéfia les Allemands et les tint plusieurs jours en échec. L'un des survivants, nommé Leonov, était cité comme ayant dit : « Nous voyons des Allemands. Ils s'enfuient. Nous ne pouvons en croire nos yeux. Mais ce n'est pas un rêve ; les ennemis s'enfuient devant nous – des élèves officiers [38]. »

Mais, même si l'histoire est vraie, elle ne rend compte que d'un épisode exceptionnel de cette affaire. Un autre survivant devenu historien militaire, Boris Vidensky, évoque la terreur immédiatement suscitée par un bombardement allemand qui tua nombre de ses camarades, suivi d'une pluie de tracts déversés par les avions de la Luftwaffe et invitant les Soviétiques à se rendre. Les élèves officiers se trouvaient écrasés par la puissance de feu adverse. Vidensky souligne, de plus, que, sortant d'une école d'artillerie, il était incapable de faire fonctionner une mitrailleuse.

Si les Allemands étaient en face, un autre danger menaçait les jeunes élèves officiers de l'arrière. « Ce fut la première fois, raconte Vidensky, que je vis fonctionner les unités de blocage du NKVD. » Il s'agissait des unités préposées à abattre tout soldat tentant de battre en retraite. Vidensky, toutefois, n'exprimait, soixante ans plus tard, aucun ressentiment devant ces méthodes. « Il s'agissait, déclarait-il, de résister aux Allemands à n'importe quel prix. Cette sévérité nous a valu la victoire. »

Selon les bilans officiels, 80 % des élèves officiers périrent durant ces quelques jours de combats. Comme dans le cas des victimes du « chaudron » de Vyazma, Joukov devait estimer que ces sacrifices n'avaient « pas été vains ». Ils permirent de gagner du temps pour ceux qui s'efforçaient désespérément de mettre en place des défenses autour de Moscou, creusant des tranchées, construisant des redoutes, érigeant des barrages antichars – et se préparant au pire. Ils donnèrent aussi au commandement le loisir de réorganiser les unités et de regrouper les réserves encore disponibles.

Mais le premier mouvement de Staline fut, comme toujours, de s'en prendre à ceux qu'il rendait responsables des échecs subis face à l'assaut allemand. Après avoir pris connaissance des premiers rapports de Joukov, il lui confia le commandement de toutes les troupes chargées d'assurer la défense de Moscou et démit de leurs fonctions plusieurs généraux en poste jusque-là. Bien que Joukov n'eût, dans l'ensemble, que peu de sympathie pour ceux-ci, il prit la défense du général Koniev, affirmant qu'il avait besoin de lui comme adjoint. Staline accepta avec réticence et en déclarant à Joukov : « Si Moscou tombe, vos deux têtes tomberont aussi[39]. »

Joukov calcula qu'il ne disposait que d'environ 90 000 hommes pour arrêter les troupes allemandes marchant sur Moscou. « Ces forces, nota-t-il, étaient loin d'être adéquates pour occuper une ligne de défense continue. » En conséquence, il les préposa à défendre les villes et les positions clés. Leurs chefs, à commencer par lui-même, devaient s'efforcer de déterminer où les Allemands allaient frapper pour déployer leurs hommes en conséquence, le plus rapidement possible. « Tout le monde travaillait jour et nuit, écrit Joukov. Les hommes tombaient littéralement de fatigue et de manque de sommeil. Mais chacun faisait tout ce qu'il pouvait à son poste – parfois même l'impossible »[40]. Néanmoins, les Allemands continuaient à opérer des percées dans les lignes soviétiques, et Joukov se rendit rapidement compte que le mieux qu'il pouvait espérer était de retarder l'avance de la Wehrmacht assez longtemps pour que les défenses de la capitale elles-mêmes puissent être renforcées.

Tandis que des barrages antichars étaient érigés à la hâte à tous les accès de la ville et que les raids de la Luftwaffe envoyaient les Moscovites se réfugier dans les stations de métro, le ton des communiqués officiels soviétiques, où l'on s'appliquait généralement, pourtant, à effacer les mauvaises nouvelles, se faisait grave. Les organes de presse ne rapportèrent pas le discours prononcé le 3 octobre par Hitler et annonçant que « l'ultime poussée » vers Moscou avait commencé, mais le vice-ministre soviétique des Affaires étrangères Salomon Lozovsky reconnut implicitement le fait lorsqu'il affirma à des journalistes étrangers que la chute de telle ou telle ville en particulier n'affecterait pas l'issue de la guerre. « Si les Allemands veulent faire tuer quelques centaines de milliers de leurs hommes de plus, déclara-t-il le 7 octobre, ils y parviendront. Mais ils n'arriveront à rien d'autre. » Le même soir, la nouvelle de « violents combats dans la direction de Vyazma » fut mentionnée pour la première fois dans les bulletins d'information. Le lendemain, *Krasnaïa Zvezda* écrivait : « L'existence même de l'État soviétique est en danger. » Le quotidien de l'Armée rouge demandait à tous les soldats de « tenir bon et combattre jusqu'à la dernière goutte de leur sang »[41]. Cela s'inscrivait dans le cadre d'une politique nouvelle visant à expliquer, selon Joukov, « la gravité de la situation et le caractère immédiat de la menace dirigée vers Moscou, vers le peuple soviétique »[42]. On appelait tous les Moscovites à contribuer à la mise en place d'une nouvelle ligne de défense devant la ville, d'une autre aux limites mêmes de la ville et d'autres sur les boulevards périphériques, en préparation manifeste de combats de rues au sein même de la capitale. Le 13 octobre, Alexandre Chtcherbakov, le chef du parti communiste moscovite, déclara à une réunion de militants : « Ne nous faisons pas d'illusions. Moscou est en danger[43]. »

Pendant ce temps, les troupes allemandes se rapprochaient de plus en plus. Le 14 octobre, elles prirent Rjev. Si cette ville se trouvait à plus de 310 kilomètres au nord-ouest de Moscou, sa chute ouvrait la voie à un mouvement enveloppant des forces allemandes venues du nord. Elle allait bientôt devenir, aussi, le cadre d'un massacre analogue à celui de Vyazma, un autre « chaudron infernal » consumant d'innombrables soldats. Les défaites de Vyazma et de Rjev indiquaient aux Soviétiques que la bataille finale pour Moscou avait effectivement commencé, et bien des Moscovites en étaient arrivés à la conclusion qu'elle risquait de ne pas durer très longtemps et avait peu de chances de bien se terminer.

Le citoyen soviétique moyen n'avait plus, maintenant, qu'à prendre connaissance des communiqués officiels pour être édifié à ce sujet. Plus n'était besoin de lire entre les lignes. Le matin du 16 octobre, un communiqué gouvernemental reconnaissait : « Durant la nuit du 14 au 15 octobre, la situation sur le front occidental a empiré. Les forces fascistes allemandes ont lancé contre nos troupes d'importantes unités de chars et d'infanterie motorisée, et, dans un secteur, ont enfoncé nos défenses[44]. »

Les Allemands arrivaient, en un vaste mouvement de tenaille, et, du propre aveu du gouvernement soviétique, ils perçaient. Le parti communiste moscovite appelait à « une discipline de fer, une répression sans merci des plus petites manifestations de panique, contre les lâches, les déserteurs et les propagateurs de rumeurs[45] ». Mais ce n'était pas cela qui allait empêcher de circuler le bruit que les troupes allemandes étaient déjà dans les faubourgs de la capitale et que les ambassades étrangères commençaient à évacuer leur personnel. Le 13 octobre, Staline avait lui-même ordonné l'évacuation des principaux responsables civils et militaires vers Kouïbychev, sur la Volga, la ville qui avait été choisie pour servir de capitale provisoire si Moscou tombait[46].

Cela ne pouvait pas plus prévenir l'angoisse croissante des simples Moscovites, qui entrevoyaient la possibilité d'être abandonnés aux Allemands. Brusquement, nombre d'entre eux firent leurs bagages et tentèrent de fuir, mais il leur restait à trouver le moyen de sortir d'une ville déjà en état de siège…

6

« LA FRATERNITÉ HUMAINE »

Il n'y avait pas que les Moscovites, Hitler et Staline pour suivre anxieusement le déroulement de l'offensive allemande en direction de la capitale soviétique. Il n'est pas exagéré de dire que le monde entier portait son attention sur l'évolution de la situation. À coup sûr, Winston Churchill l'observait avec l'espoir que les Soviétiques retarderaient et occuperaient suffisamment les armées allemandes pour soulager son pays, poursuivant un combat jusque-là solitaire contre une terrible machine de guerre. C'était tout aussi certainement le cas du président américain Franklin Roosevelt, qui savait, même s'il n'avait pas fait part de cette conviction à ses compatriotes, que les États-Unis allaient être inévitablement entraînés dans le conflit global. Les gouvernants japonais, quant à eux, suivaient les opérations en cours, afin de décider s'ils devaient rester à l'écart ou s'ils devaient attaquer l'Union soviétique de l'est, au cas où celle-ci donnerait de véritables signes d'effondrement.

Après les succès initiaux de l'Opération Barberousse, la plupart des observateurs étrangers se montraient pessimistes quant aux chances des Soviétiques, et ils se rendaient bien compte que, si ce pessimisme se révélait justifié, les implications seraient véritablement effrayantes. Dans le numéro de *Life* du 4 août 1941, Hanson W. Baldwin, le plus éminent chroniqueur militaire américain, publiait un article mémorable revenant, après une très sombre analyse de la situation, à presser les États-Unis d'entrer dans la guerre – parce que, précisément, les perspectives paraissaient désespérément sombres pour l'URSS [1].

« L'avenir, écrivait-il, dépend dans une large mesure de l'issue de la campagne de Russie. Une victoire remportée en trois ou quatre mois dans ce pays (et, par " victoire ", j'entends l'annihilation du gros de l'Armée rouge) placera l'Allemagne dans une position stratégique beaucoup plus forte qu'auparavant. » Baldwin soulignait en effet qu'en prenant le contrôle des ressources de l'Ukraine et d'autres régions de l'Union soviétique, l'Allemagne deviendrait « insensible à un blocus » et aurait « achevé la conquête de l'Europe ». « L'Ordre Nouveau d'Hitler, ajoutait-il, sera ainsi libre d'atteindre ses objectifs politiques et économiques. »

Baldwin reconnaissait toutefois qu'une autre issue était théoriquement envisageable. « D'autre part, poursuivait-il, si l'offensive allemande en Russie connaît le sort de celle de Napoléon, Hitler pourrait devoir faire face à une éventuelle défaite. » Mais il jugeait la chose peu probable. Il pensait que, dans la meilleure des hypothèses, Hitler ne gagnerait, en Russie, qu'après une longue campagne qui minerait le potentiel militaire allemand et donnerait à la Grande-Bretagne plus de temps pour se renforcer.

« Mais, concluait-il, sur la base de toutes les expériences passées – sur celle de notre connaissance limitée de l'Armée rouge et des opérations du premier mois –, on peut prévoir en Russie une autre victoire allemande rapide et décisive. Et si la Russie et ses ressources tombent facilement dans le camp nazi, la victoire sera, de toute évidence, hors de portée de la Grande-Bretagne. Le mieux que celle-ci pourra espérer sera une paix négociée. »

Il est certain que Baldwin écrivait avec l'idée bien arrêtée de pousser son pays à l'effort de guerre visant à arrêter Hitler, mais son pessimisme à l'endroit de la Russie n'était pas feint et partagé par beaucoup.

Le 16 juin 1941, Sir Stafford Cripps[2], l'ambassadeur de Grande-Bretagne à Moscou, informa le cabinet de guerre britannique que l'opinion des diplomates occidentaux en poste dans la capitale soviétique était que la Russie ne pourrait pas tenir plus de trois ou quatre semaines contre une offensive allemande. Après réception du rapport de Cripps, le général Dill[3], chef de l'État-major général impérial, exprima l'opinion que les Soviétiques pourraient peut-être se montrer capables de résister un peu plus longtemps, mais qu'il serait peu sage de compter sur plus de cinq à six semaines de combats. Alors que Staline continuait à nier officiellement l'imminence ou même la possibilité d'une attaque allemande, l'ambassadeur d'URSS à Londres, Ivan Maïsky, était tout à fait conscient du pessimisme de ses hôtes britanniques. Il devait écrire ultérieurement que les responsables militaires du Royaume-Uni étaient convaincus que les Allemands allaient « rentrer dans la Russie comme dans du beurre [4] ».

Churchill et ses ministres n'en avaient pas moins hâte de voir les Allemands concentrer leur puissance de feu sur l'Union soviétique, les soulageant et contraignant ainsi Staline à se joindre aux Alliés après deux années d'amitié ostensible avec l'Allemagne. Le matin du 22 juin, le maître d'hôtel de Churchill se présenta dans la chambre à coucher du ministre des Affaires étrangères, Anthony Eden, avec un gros cigare sur un plateau d'argent en annonçant : « Avec les compliments du Premier ministre : les armées allemandes ont envahi la Russie. » Et Eden devait noter : « Nous savourâmes notre soulagement, mais pour moi, il était un peu tôt pour le cigare » [5].

Comme les combats se rapprochaient de plus en plus de Moscou, les diplomates étrangers présents dans la capitale soviétique envoyaient à leurs gouvernements des rapports de plus en plus pessimistes sur les chances qu'avait l'Armée rouge d'arrêter l'offensive allemande. Mais des divergences fondées sur des appréciations différentes du régime soviétique apparaissaient au sein des ambassades. Elles avaient toujours existé à l'état latent mais se trouvaient exacerbées sous la terrible pression des événements. Le sort de Moscou se trouvant dans la balance, les diplomates, de même que les plus hauts responsables politiques de Londres et de Washington, se retrouvaient en train de débattre non seulement de l'évolution probable de la situation, mais aussi de la façon dont les Occidentaux devaient répondre aux appels à l'aide de l'URSS. Ce débat interne devait d'ailleurs se poursuivre tout au long de la guerre et au-delà.

Contrairement à ses prédécesseurs républicains, le président démocrate Franklin Roosevelt était désireux d'un rapprochement avec le Kremlin, rapprochement mettant fin à la longue période où les États-Unis et la plupart des puissances occidentales continuaient à traiter les dirigeants soviétiques comme les représentants d'un régime illégitime, dangereux et peut-être transitoire.

Le 16 novembre 1933, Roosevelt avait ainsi signé avec le ministre soviétique des Affaires étrangères Maxime Litvinov un accord établissant des relations diplomatiques entre les États-

Unis et l'URSS. Sur quoi il avait désigné William Bullitt[6] comme premier ambassadeur américain en Union soviétique. Bullitt allait être aussi le premier – mais certes non le dernier – représentant diplomatique envoyé par Roosevelt à Moscou à acquérir rapidement une vue du régime soviétique le mettant en conflit avec son président.

Au départ, pourtant, Bullitt, né en 1891, issu d'une riche famille de Philadelphie et diplômé de l'université de Yale, était avide de servir de son mieux un président qu'il admirait profondément et ravi d'avoir été désigné par lui pour une mission aussi importante. Il s'était déjà rendu à Moscou avec sa mère en 1914, au moment même où éclatait la Première Guerre mondiale. Entré au Département d'État, après la révolution bolchevique, il n'avait pas tardé à devenir un fervent partisan de la reconnaissance du nouveau régime soviétique. Envoyé en Russie en 1919 pour une mission exploratoire, il avait rencontré Lénine, qu'il avait estimé être « un homme à la personnalité très frappante, droit et direct, mais aussi très naturel et doué de beaucoup d'humour et de sérénité[7] ». Il semblait donc être, *a priori*, exactement le type d'ambassadeur que pouvait souhaiter Roosevelt : un homme partageant ses vues positives sur l'Union soviétique et les possibilités de coopération avec elle.

Moins d'un mois après la signature de l'accord Roosevelt-Litvinov, William Bullitt arriva à Moscou pour un séjour préliminaire au terme duquel il devait retourner aux États-Unis pour faire ses ultimes préparatifs avant l'installation permanente de son ambassade. Il emmenait avec lui, comme assistant personnel et interprète, George Kennan, un jeune fonctionnaire du Département d'État ayant acquis la pratique de la langue russe. Kennan devait décrire plus tard Bullitt comme « charmant, brillant, bien éduqué, imaginatif, un homme averti, capable de tenir tête intellectuellement à n'importe qui ». Mais il devait souligner aussi son caractère impatient : « Il venait en Russie avec de grands espoirs, il voulait les voir se réaliser aussitôt »[8].

En décembre 1933, le nouvel ambassadeur fut l'hôte de Staline et des principales personnalités du Kremlin à un interminable dîner émaillé « d'une cinquantaine de toasts ». Bullitt devait raconter que, Staline lui ayant promis des locaux de choix pour son ambassade, il voulut lui exprimer sa reconnaissance et une scène déconcertante s'ensuivit. « Je lui tendis la main, écrit-il, et, à ma stupéfaction, Staline m'empoigna la tête et me donna un gros baiser ! Je ravalai mon saisissement et, quand il me présenta le visage pour que je lui rende la pareille, je le fis »[9].

Mais, au-delà du pittoresque, Bullitt retira des impressions très mitigées de sa rencontre avec le maître du Kremlin. Il s'était, précise-t-il, attendu à « un homme de haute taille avec un visage de fer et une voix de bronze » et s'était trouvé en présence d'un personnage « plutôt petit, le sommet de sa tête arrivant au niveau de mon œil, et d'un physique ordinaire, nerveux plus que puissant ». Il fut frappé par le contraste entre Staline et son prédécesseur. « Avec Lénine, écrit-il, on sentait aussitôt être en présence d'un grand homme ; avec Staline, j'avais l'impression de parler à une sorte de Gitan agité, dont les mobiles et les émotions étaient hors du champ de mon expérience »[10].

Cependant, le nouvel ambassadeur était d'humeur optimiste quand, ayant rapporté à Washington les résultats de sa visite, il regagna Moscou en mars 1934[11]. Il était convaincu que l'accueil qu'il avait reçu au mois de décembre précédent allait préluder à des relations amicales entre les États-Unis et l'URSS et, en particulier, entre les autorités soviétiques et le personnel encore embryonnaire de son ambassade. Mais il ne tarda pas à constater que les Soviétiques semblaient tout faire pour démentir sa bonne impression initiale. Ils repoussèrent ses requêtes d'un taux de change raisonnable pour le rouble, de sorte que son ambassade dut suivre l'exemple d'autres missions en place à Moscou et acheter des roubles à l'étranger pour se les faire envoyer par la valise diplomatique. Ils limitèrent également à 15 kilomètres le rayon d'action d'un avion léger que Bullitt avait fait amener des États-Unis, le rendant ainsi à peu près inutilisable. Et, sur des questions beaucoup plus importantes, telles que celle de la dette contractée par la Russie à l'égard des États-Unis à l'époque tsariste, le nouvel ambassadeur n'arrivait pas à avancer d'un millimètre, bien que son idée fût de régler ce problème afin de faciliter l'ouverture de crédits au régime soviétique.

Le jeune et ardent personnel de l'ambassade devait mener une lutte quotidienne pour survivre et fonctionner dans ses minables locaux provisoires de l'hôtel Savoy et à la résidence de l'ambassadeur, la « Maison Spaso », ancienne demeure d'un marchand de fourrures, surtout remarquable par son état de délabrement. Ce personnel comprenait, outre George Kennan, Charles « Chip » Bohlen, lui-même futur ambassadeur à Moscou, et

Charles Thayer, un diplômé de l'école militaire de West Point, qui allait devenir l'auteur de divers ouvrages sur la Russie.

Tous s'efforçaient d'établir et de développer des contacts avec les Soviétiques, mais essuyaient le plus souvent des rebuffades. Karl Radek, un responsable communiste qui devait devenir victime des purges ultérieures, expliqua à Bohlen : « Vous, les Occidentaux, ne comprendrez jamais le bolchevisme. Vous considérez celui-ci comme un bain chaud dont la température peut être élevée ou abaissée à la convenance du baigneur. Ce n'est pas vrai. On est soit à cent pour cent dans le bain et à cent pour cent pour lui, ou l'on est à cent pour cent hors du bain et à cent pour cent contre lui [12]. »

Tout cela amenait les Américains à se sentir isolés et même assiégés. « Nous nous considérions, raconte Kennan, comme un bastion solitaire et très exposé de l'appareil gouvernemental américain, entouré par un véritable océan de mauvaise volonté soviétique, et nous tirions fierté de ce que nous parvenions à faire en raison, précisément, de toute cette hostilité [13]. »

Bullitt ne tarda pas non plus à se rendre compte qu'il avait affaire à un État obsessivement porté à espionner tout le monde, diplomates compris. Il était lui-même constamment suivi par quatre policiers en civil, qui l'attendaient à l'extérieur lorsqu'il regagnait sa résidence [14]. Lorsqu'il s'en plaignit, les responsables soviétiques lui affirmèrent que ces hommes étaient là pour sa protection et qu'il n'était pas question de les retirer. Sur la demande instante de Bullitt, six « marines » américains furent envoyés à Moscou pour assurer la garde de l'ambassade [15], inaugurant une pratique qui allait s'étendre à toutes les ambassades des États-Unis dans le monde.

Mais d'autres problèmes ne tardèrent pas à surgir de ce fait. Bohlen devait raconter comment il avait vu entrer à l'hôtel Savoy « une femme russe très maquillée », qui avait déclaré à l'employé de la réception qu'elle désirait monter dans la chambre du sergent O'Dean, l'un des marines. Et quand l'employé avait demandé pourquoi, elle avait répondu : « Je suis son professeur de russe. » Selon Bohlen, la sécurité se trouva quelque peu améliorée quand l'ambassade put se transporter dans ses nouveaux locaux, dans la rue Mokhovaya, mais ce ne fut pas la dernière tentative faite pour compromettre des marines américains en poste à Moscou avec des « visiteuses » russes.

Bullitt ne tarda pas à perdre toutes ses illusions sur un régime qu'il avait trouvé initialement attirant. Il écrivit à Roosevelt que « le climat de lune de miel s'était totalement évaporé » et il informa le secrétaire d'État Cordell Hull qu'il serait « peut-être mieux de mettre en veilleuse toutes les relations commerciales et financières » avec l'URSS tant que les Soviétiques n'auraient pas adopté une attitude plus positive [16]. À Roosevelt il déclara que, tout en maintenant des relations personnelles aussi amicales que possible avec les responsables soviétiques, les Américains devraient « leur faire savoir clairement que s'ils n'étaient pas disposés à faire un pas en avant et prendre la carotte, ils recevraient le bâton sur le derrière [17] ».

Ce n'étaient pas seulement les difficultés rencontrées dans les relations bilatérales qui avaient provoqué le changement d'attitude de Bullitt. Comme Kennan, Bohlen et d'autres, il avait trouvé les purges et l'atmosphère de paranoïa et de xénophobie qui régnait en URSS de plus en plus alarmantes et déprimantes. En mars 1936, il écrivit à un ami qu'il avait été stupéfié par le nombre des arrestations et que celles des victimes qu'il connaissait étaient « sans aucun doute loyales au régime soviétique [18] ». Un mois plus tard, il avertissait Cordell Hull qu'à son avis, la politique des Soviétiques consistait à lier des relations amicales avec les démocrates « de façon à amener finalement ceux-ci devant un peloton d'exécution [19] ».

Mais Roosevelt n'était nullement enchanté des nouvelles positions adoptées par Bullitt et de ses recommandations en vue d'une politique plus ferme à l'égard de l'URSS. Il ne voulait pas croire que le régime stalinien était allé aussi loin qu'on le lui indiquait dans la voie de l'arbitraire et de la terreur. Il s'accrochait à l'idée que l'Union soviétique allait finir par évoluer vers des institutions plus démocratiques et renoncer à ses intentions d'imposer le communisme dans le monde entier. Il épousait plus volontiers les vues du seul membre de l'ambassade américaine de Moscou acceptant régulièrement comme vérités d'Évangile les affirmations de la propagande soviétique. Le colonel Philip Faymonville, principal attaché militaire, prétendait ainsi que les victimes des purges staliniennes étaient incontestablement coupables et qu'il n'y avait eu que des « cas isolés [20] » de violences contre les paysans lors de la brutale campagne de collectivisation des terres. Selon Bohlen « l'incontestable parti pris prorusse » de Faymonville en faisait le « maillon faible » du personnel de l'ambassade [21].

En fait, Faymonville compromettait véritablement l'activité et la position de son propre ambassadeur, faisant nettement savoir aux responsables soviétiques qu'il désapprouvait l'attitude de celui-ci. Forts de cela, les Soviétiques se plaignaient ouvertement de Bullitt tout en couvrant de louanges son attaché militaire [22]. Et finalement, à Washington, Roosevelt décida qu'il voulait avoir, à l'ambassade de Moscou, un homme ayant, comme Faymonville, la faveur des Soviétiques. À la fin de 1936, il le trouva en la personne de Joseph Davies.

Ami personnel et partenaire de golf du Président et – grâce à la fortune de sa deuxième femme, Marjorie Merriweather Post, héritière de la compagnie General Foods –, ayant apporté une importante contribution financière à sa campagne, Davies n'avait aucune expérience des problèmes russes. C'est ce qui enchanta tout particulièrement le ministre soviétique des Affaires étrangères, Litvinov, lorsqu'il reçut le rapport de son ambassadeur à Washington. « Davies, précisait ce rapport, ne comprend rien à nos affaires mais il est plein du plus sincère désir de travailler en complète coopération avec nous et d'appliquer strictement les instructions de Roosevelt [23]. »

Pour Kennan et la plupart des autres diplomates américains de Moscou, la nouvelle faisait figure de catastrophe. « Si le Président, écrivit Kennan, avait voulu nous rabaisser et tourner en dérision nos efforts pour le développement des relations soviéto-américaines, il n'aurait pu faire mieux que de procéder à cette nomination [24]. » Avec plusieurs de ses collègues, Kennan envisagea un moment de démissionner en signe de protestation, mais il se ravisa, estimant qu'il fallait quand même laisser au nouveau venu la chance de s'affirmer. Néanmoins, Davies se rendit compte dès l'abord qu'il avait à faire face à une opposition interne. Tout en faisant ostensiblement l'éloge de Kennan dans un rapport adressé au Département d'État, il demanda son rappel à Washington en soutenant qu'il avait été à Moscou « trop longtemps pour son propre bien » [25].

Du point de vue du Kremlin, Davies était l'ambassadeur rêvé : un homme assez aveugle à ce qui se déroulait directement devant lui pour accepter comme argent comptant les affirmations les plus absurdes du régime stalinien. Ses observations sur les dirigeants soviétiques sont, à cet égard, éloquentes. « Staline, écrivait-il dans son journal à la date du 11 mars 1937, est un homme très fort et très capable, à l'esprit pratique, plein de sens commun et de sagesse. Molotov est un homme exceptionnel, pourvu de grandes capacités intellectuelles [26]. » Dans une lettre adressée à sa fille le 9 juin 1938, alors qu'il se préparait à quitter Moscou, il persistait : « Il [Staline] a un sens aigu de l'humour Il a une très grande intelligence. Il est vif, subtil et, par-dessus tout, sage. Du moins est-ce ainsi qu'il m'apparaît. Si tu peux te représenter un personnage aux antipodes de ce que pourrait concevoir le plus acharné des anti-staliniens, tu peux avoir une idée de cet homme [27]. »

Davies tint à assister aux plus honteux des procès de Moscou, envoyant à Washington des rapports qui différaient peu de la version donnée de ces audiences par la propagande soviétique. Rendant compte à Cordell Hull du procès de Boukharine et ses coaccusés, il écrivait qu'à son avis, la culpabilité des prévenus avait été « établie et prouvée au-delà d'un doute raisonnable pour justifier le verdict et l'application du châtiment prévu par le code criminel soviétique [28] ». Autrement dit, que le gouvernement stalinien avait eu parfaitement raison de condamner et d'exécuter les accusés.

Dans un rapport précédent sur l'exécution du maréchal Toukhatchevski et d'autres officiers généraux de l'Armée rouge, Davies affirmait à Cordell Hull que la plupart des diplomates de Moscou étaient convaincus « que les accusés devaient s'être rendus coupables d'un crime qui, en Union soviétique, mérite la peine de mort [29] ». Et il concluait : « Le régime de Staline est probablement plus fort, politiquement et intérieurement, qu'auparavant. Toute opposition potentielle a été éliminée [30]. »

En fait, nombre de diplomates en poste à Moscou étaient déconcertés par l'attitude et le comportement de Davies. Un attaché de l'ambassade d'Allemagne rapportait que son ambassadeur lui-même, le comte von der Schulenburg, avait ressenti « indignation et stupéfaction [31] » en apprenant que Davies était allé assister aux procès. Charles Bohlen, qui était revenu dans la capitale soviétique après une affectation à Washington, fut effaré par les rapports concoctés par Davies et s'efforça de saisir ses mobiles. « Il désirait ardemment, devait-il écrire, assurer le succès d'une ligne prosoviétique et s'appliquait probablement à refléter les vues de certains des conseillers de Roosevelt pour renforcer sa position politique à Washington [32]. »

Et si Davies proclamait qu'avec les purges, Staline avait renforcé son pays, Bohlen était de l'avis contraire. « Je n'arrivais pas à comprendre, écrivait-il, pourquoi Staline avait choisi, à un moment où l'Union soviétique était mise en péril à la fois par l'Allemagne et le Japon, de détruire les structures gouvernementales qu'il avait érigées, ainsi que le commandement de l'Armée rouge[33]. »

Comme Bohlen devait le noter amèrement, Davies ne lui demanda jamais son opinion sur les procès de Moscou, préférant en conférer avec le colonel Faymonville, qui adoptait automatiquement la position officielle soviétique, et avec les correspondants de presse américains manifestant la même tendance. Son grand favori était un reporter du *New York Times*, lauréat du prix Pulitzer, Walter Duranty, qui avait nié l'existence de la famine en Ukraine lors des collectivisations et faisait régulièrement l'apologie de Staline. « Je me sentirai toujours, écrivait Davies dans son journal, une obligation toute particulière envers Walter Duranty, qui disait la vérité telle qu'il la voyait, et a les yeux du génie[34]. »

Lorsqu'il publia son livre *Mission à Moscou*, peu après que les Allemands eurent déclenché leur offensive contre l'URSS, Davies se sentit plus que jamais obligé de justifier le comportement des Soviétiques. « À mon avis, écrivit-il, le peuple russe, le gouvernement soviétique et ses dirigeants sont mus, à la base, par des idées altruistes. Ils ont pour but de promouvoir la fraternité humaine et d'améliorer le sort commun. Ils souhaitent créer une société dans laquelle les hommes puissent vivre en égaux, gouvernés par des idéaux élevés. Ils sont attachés à la paix[35]. » Il estimait aussi que l'Union soviétique était en mesure de se défendre. « Il est de mon avis, écrivit-il à Roosevelt le 18 janvier 1939, de Bruxelles, où il venait d'être nommé ambassadeur, que le gouvernement soviétique et son armée sont considérablement plus forts qu'on ne l'estime généralement dans certains milieux européens[36]. »

Quant aux conséquences des purges, il proclama, après le déclenchement de l'Opération Barberousse : « Il n'y a pas de Cinquième Colonne en Russie en 1941 – on a fusillé ceux qui en feraient partie. Les purges ont nettoyé le pays et l'ont débarrassé de la trahison[37]. »

Le 7 septembre 1939, quelques jours après que la Deuxième Guerre mondiale eut éclaté, un nouvel attaché militaire arriva à Moscou pour prendre son poste à l'ambassade américaine.

Il s'agissait du major Ivan Yeaton[38], qui cultivait à l'égard de l'Union soviétique des sentiments diamétralement opposés à ceux de Davies et du colonel Faymonville. Ses expériences initiales en Russie ne firent que le confirmer dans ses opinions préalables. Il venait à peine de défaire ses valises, rapporte-t-il dans ses Mémoires inédits, lorsque l'Armée rouge attaqua la Pologne, déjà envahie de l'ouest par les Allemands. L'attaché militaire de l'ambassade polonaise se présenta chez lui et lui dit : « Nous avons reçu ordre d'évacuer l'ambassade dans les heures qui viennent en n'emportant qu'une seule valise. On m'a averti que, dès que j'aurais quitté définitivement l'ambassade, je serais arrêté et, en fin de compte, fusillé. Il faut donc que je m'échappe. Cela coûtera cher, et j'apprécierais donc que vous m'achetiez, au prix de votre convenance, tous ceux de mes biens que vous pourrez. »

Yeaton lui remit alors tout l'argent liquide dont il disposait en lui achetant le contenu de sa cave au prix d'un dollar la bouteille. Il ne revit jamais son collègue polonais, mais apprit ultérieurement que le NKVD le recherchait dans la région de Kiev. Rappelant le sort des milliers d'officiers polonais massacrés l'année suivante dans la forêt de Katyn, Yeaton souligne : « Il n'avait rien à perdre en tentant désespérément de s'échapper. »

Et il ne fallut pas longtemps à Yeaton pour constater ce qui arrivait aux ressortissants d'autres pays tombant sous le joug de l'Union soviétique. « La femme de l'ambassadeur de Lettonie, écrit-il, une charmante, gracieuse et délicieuse hôtesse, qui avait eu toute sa vie des domestiques, fut aperçue au milieu d'un groupe de prisonnières attendant d'être embarquées de force dans l'un des wagons à bestiaux d'un train partant pour l'est. »

Légitimement suspicieux, Yeaton avait donné rapidement son congé à son jeune chauffeur russe qui lui paraissait « un peu trop arrogant et sûr de lui ». Une quinzaine de jours plus tard, il le rencontra dans la rue en uniforme de capitaine du NKVD, donnant des ordres aux quatre « gardes du corps » qui suivaient jour et nuit l'attaché militaire. « Il me rit au nez », rapporte Yeaton. Il n'y avait rien qu'il puisse faire à ce sujet, mais il était bien décidé à adopter un comportement totalement différent de celui de Faymonville, dont il réprouvait la crédulité et la servilité à l'égard des Soviétiques. Il prit contact avec les attachés militaires d'autres ambassades, dont il découvrit « l'aversion et la crainte unanimes du communisme ».

Yeaton entreprit également de renforcer le dispositif de sécurité de l'ambassade. Il remarqua que de nombreux attachés consulaires organisaient des réceptions où se distinguaient des jeunes et séduisantes Russes « généreusement fournies » par le NKVD. « Ces filles, précise-t-il, étaient des informatrices bien entraînées et polyglottes appelées des " pigeons " dans les milieux du renseignement. » Et il ajoute : « Ayant assisté à quelques-unes de ces réceptions, je fus effaré par la liberté avec laquelle nos gens discutaient devant les " pigeons " des affaires de l'ambassade. »

« Il devint également évident, au moins pour moi, écrit-il dans ses Mémoires, qu'il y avait des homosexuels dans l'équipe. Du point de vue de la sécurité, c'était une situation dangereuse. »

Sans en informer ses collègues, il demanda au FBI d'envoyer à Moscou « un expert en homosexualité ». Un agent spécial arriva donc de Washington, et, constate avec une certaine satisfaction Yeaton, « environ une semaine plus tard, un petit groupe de célibataires fut renvoyé au pays ».

De telles initiatives ne rendirent pas Yeaton extrêmement populaire à l'ambassade, même parmi ceux qui partageaient ses vues sur le régime soviétique. Mais le nouvel ambassadeur, Laurence Steinhardt, en vint rapidement à apprécier les membres de son personnel ne cultivant pas l'attitude d'aveuglement servile d'un Davies ou d'un Faymonville.

Avocat new-yorkais appartenant à la haute bourgeoisie juive, Steinhardt, qui avait déjà été ambassadeur en Suède, appartenait pourtant à l'aile libérale du parti démocrate et avait – au moins du point de vue de Roosevelt – d'excellentes références familiales. Son oncle, Samuel Untermeyer, outre qu'il avait apporté une importante contribution financière à la campagne présidentielle, était ouvertement favorable à l'Union soviétique. Quand il avait nommé Steinhardt ambassadeur à Moscou, Roosevelt pensait de toute évidence qu'il se situerait plus dans la ligne de Davies que dans celle de Bullitt. Mais, comme le souligne Yeaton, Steinhardt se révéla très vite « prêt à faire face aux tactiques d'obstruction soviétiques quand c'était nécessaire ».

Dès que le nouvel ambassadeur commença à adopter cette attitude, les responsables soviétiques se mirent à l'attaquer en termes virulents. Konstantin Oumansky, l'ambassadeur d'URSS à Washington, affirma que Steinhardt était « un riche bourgeois juif répandant l'odeur nauséabonde du sionisme [39] ».

Steinhardt fut rapidement irrité par les méthodes de harcèlement utilisées par les Soviétiques à l'égard du personnel diplomatique étranger à Moscou – la constante surveillance et les difficultés administratives uniquement destinées à rendre la vie quotidienne la plus difficile possible. Comme l'avait fait Bullitt, il commença à presser pour l'adoption d'une politique américaine de réciprocité, demandant au Département d'État que les diplomates soviétiques à Washington soient traités comme l'étaient les diplomates américains à Moscou. Bien qu'il eût toujours, auparavant, rejeté les propositions de ce genre, Roosevelt parut changer d'avis à la suite des initiatives soviétiques consécutives au pacte Molotov-Ribbentrop – l'invasion de la Pologne, l'annexion des États baltes, puis l'attaque contre la Finlande. « Je pense, déclara-t-il en décembre 1940 au secrétaire d'État Cordell Hull et au sous-secrétaire d'État Summer Welles, que nous devons répondre à toute brimade soviétique par une brimade analogue [40]. »

Malgré les restrictions imposées par les Soviétiques, Yeaton circulait autant qu'il le pouvait dans le pays, observant attentivement ce qui s'y passait. Dans les premiers mois de 1940, il remarqua que « de plus en plus de femmes et d'adolescents prenaient la place des ouvriers adultes », ceux-ci étant appelés en nombre croissant sous les drapeaux. Un jour, un prototype d'avion de chasse, avec son créateur à bord, se désintégra littéralement au-dessus de sa tête. La police vint rapidement interdire l'accès du lieu de l'accident, et, interrogé par Yeaton, le ministère soviétique des Affaires étrangères affirma que la chose ne s'était jamais produite. Quelques jours plus tard, la presse moscovite annonçait la mort de l'ingénieur ayant créé l'avion comme si elle avait été due à des causes naturelles.

Le 18 juin 1941, Yeaton vit un diplomate allemand embarquer ses deux chiens boxers favoris à bord d'un avion à destination du Reich. Cela l'amena à câbler à Washington qu'Hitler allait certainement frapper « sous quelques jours ». Quand cela se produisit, le chauffeur russe de Yeaton fut mobilisé, et l'attaché militaire se trouva donc en mesure de conduire lui-même sa voiture. Et il s'aperçut assez vite que ses gardes du corps avaient eux aussi disparu, tant l'URSS avait besoin d'hommes à envoyer au combat, et il décida d'exploiter au maximum la situation en intensifiant ses explorations. Il fit l'objet d'une bonne demi-douzaine de plaintes de la milice soviétique pour violation des règlements du temps de guerre, circulant la nuit et s'efforçant de sortir de Moscou pour se rapprocher de la zone des combats. Comparant ses impressions à celles d'autres diplomates étrangers et recueillant les récits de réfugiés ayant fui les secteurs du front, il envoya à Washington des prévisions extrêmement pessimistes quant aux chances de voir l'URSS tenir devant les forces allemandes. « Si mes rapports pouvaient sembler suivre les lignes de la propagande allemande plutôt que celles des communiqués soviétiques, devait-il écrire, je n'en étais pas conscient ; je ne trouvais pas l'ombre d'un élément sur lequel fonder un rapport optimiste. »

Mais ce n'était pas seulement le pessimisme de Yeaton quant à la situation militaire qui allait lui attirer des ennuis. Après tout, l'idée que l'Armée rouge ne pourrait pas résister à l'offensive allemande ne lui était nullement particulière. Ce fut, en fait, la combinaison de ce pessimisme et de sa totale aversion pour le régime stalinien qui le poussa à s'opposer à la politique de soutien de l'Union soviétique rapidement adoptée par Churchill et Roosevelt, politique qui allait donner lieu à des controverses tant publiques que privées.

Le soir précédant le déclenchement de l'Opération Barberousse, Churchill reçut à dîner aux Chequers, la résidence campagnarde des Premiers ministres britanniques, son ministre des Affaires étrangères, Anthony Eden, le secrétaire du Cabinet Edward Bridges, l'ambassadeur des États-Unis John Winant et leurs épouses. Il déclara à ses invités que l'invasion de l'Union soviétique par l'Allemagne était maintenant chose certaine, et qu'Hitler pensait pouvoir compter sur l'appui moral des éléments conservateurs de Grande-Bretagne et des États-Unis pour cette opération. Il ajouta que le Führer se trompait totalement sur ce point, et que la Grande-Bretagne ferait tout ce qui était en son pouvoir pour aider la Russie dans ce combat. L'ambassadeur Winant se hâta de dire que ce serait certainement vrai pour les États-Unis eux aussi.

Après le dîner, Churchill et son secrétaire particulier, John Colville, évoquèrent de nouveau le sujet au cours d'une promenade dans les jardins. Colville demanda au Premier ministre si un fervent anticommuniste comme lui n'était pas troublé à l'idée d'aider le Kremlin. « Pas du tout, répondit Churchill. Je n'ai qu'un seul objectif, c'est l'anéantissement d'Hitler, et ma vie s'en trouve beaucoup simplifiée. Si demain Hitler envahissait l'Enfer, j'aurais à tout le moins un mot aimable pour le Diable à la Chambre des Communes »[41].

Réveillé à 4 heures du matin avec la nouvelle de l'offensive allemande, Churchill se mit aussitôt à préparer une allocution qui serait diffusée le soir par la BBC. « Tout homme ou tout État qui lutte contre le nazisme aura droit à notre aide », y déclarait-il, ajoutant : « Il en découle, par conséquent, que nous apporterons toute l'aide que nous pourrons à la Russie et au peuple russe. Nous appellerons tous nos amis et alliés dans toutes les parties du monde à adopter la même attitude et à s'y tenir, comme nous le ferons sans répit jusqu'au bout »[42].

Churchill n'avait pas oublié pour autant le comportement antérieur des responsables du Kremlin et ne croyait aucunement que Staline allait soudain se révéler un partenaire idéal. « Ainsi, les tirades haineuses contre la Grande-Bretagne et les États-Unis lancées à minuit par la machine de propagande soviétique se sont trouvées étouffées à l'aube par la canonnade allemande. Les mauvais ne sont pas toujours intelligents et les dictateurs n'ont pas toujours raison[43]. » Mais malgré toute sa clairvoyance, le Premier ministre britannique ne savait probablement pas combien de temps, d'énergie et de fatigue nerveuse il allait devoir consacrer à l'entretien des relations avec le dictateur qui était ainsi devenu son allié.

Dès le début, Staline et les siens s'appliquèrent fréquemment à ignorer ou même carrément bafouer leurs nouveaux alliés occidentaux. Churchill, par exemple, fut stupéfait de constater que son vibrant discours radiodiffusé du 22 juin, appelant au soutien de l'Union soviétique, n'avait entraîné de prime abord aucune réaction du Kremlin. Trouvant ce silence « oppressant », le Premier ministre britannique écrivit à Staline le 7 juillet pour renouveler sa proposition d'aide. Ce ne fut que le 18 juillet, pratiquement un mois après le discours de Churchill, que Staline daigna répondre et remercier le Premier ministre de ses déclarations de soutien. Mais cette première lettre en provenance du Kremlin formulait également une requête que Staline allait répéter sans cesse ensuite : l'établissement d'un deuxième front contre l'Allemagne à l'ouest – autrement dit, l'envoi de troupes britanniques sur le continent occupé[44].

Churchill répondit avec une impatience à peine dissimulée

que son pays n'était aucunement en mesure de lancer une offensive sur le continent à ce moment. « Vous devez vous rappeler, écrivit-il, que nous avons combattu seuls pendant plus d'un an, et que, bien que nos ressources s'accroissent de plus en plus vite, nous sommes pressés au maximum, tant dans notre pays qu'au Proche-Orient[45]. »

Cette requête devait être simplement l'amorce d'une série de plaintes et de récriminations qui dura tout au long de la guerre. « J'ai essuyé, écrit Churchill, nombre de rebuffades et ai rarement eu droit à un mot aimable. » Et il ajoute : « Le gouvernement soviétique avait l'impression qu'il nous faisait une grande faveur en combattant pour sa propre survie dans son propre pays »[46].

Bien que Churchill ait eu lui-même bien souvent à vaincre son irritation devant l'attitude des Soviétiques, il rencontra fort peu d'opposition en Grande-Bretagne à sa politique d'aide à l'URSS. Il n'en fut pas de même, de l'autre côté de l'Atlantique, pour Roosevelt. Il s'était également engagé à apporter « toute l'aide que nous pouvons à la Russie[47] », mais cette position se trouva assez vivement et publiquement contestée. L'ancien président Herbert Hoover déclara : « Nous nous retrouvons promettant une aide à Staline, qui conspire de façon active contre tous les idéaux démocratiques de ce monde. » Il ajoutait que si les États-Unis entraient dans la guerre et contribuaient à rendre possible une victoire soviétique, cela faciliterait les ambitions expansionnistes de Staline. Le sénateur – et futur président – Harry Truman voyait les choses sous un angle beaucoup plus pratique. « Si nous voyons que l'Allemagne est en train de gagner, disait-il, nous devons aider la Russie, et si c'est la Russie qui gagne, nous devons aider l'Allemagne, et, de cette façon, les laisser se tuer autant qu'il est possible, bien que je ne veuille voir, en aucune circonstance, Hitler victorieux »[48].

George Kennan, qui était, à l'époque, affecté à l'ambassade de Berlin, écrivit à Loy Henderson, l'un de ses anciens collègues de Moscou revenu au Département d'État, pour lui dire : « Nous ne devrions rien faire qui puisse sembler indiquer que nous épousons la ligne de conduite que Churchill paraît avoir adoptée en accordant son appui moral à la cause russe. » Il rappelait que la Russie n'avait « nullement mérité les sympathies occidentales », car elle ne combattait pas, de toute évidence, pour les mêmes idéaux. « Une telle position, ajoutait-il toutefois, n'exclurait pas l'apport d'une aide matérielle quand notre propre intérêt le commanderait. Mais elle exclurait, en revanche, toute chose pouvant nous lier politiquement ou idéologiquement à l'effort de guerre russe »[49].

D'autres personnalités politiques et militaires considéraient le problème d'un point de vue purement pratique. Était-il vraiment raisonnable d'accorder une aide, militaire ou autre, à l'Union soviétique si, comme beaucoup le prédisaient, celle-ci ne se montrait pas capable de tenir face à l'offensive allemande ? En ce cas, ce serait les Allemands qui bénéficieraient, leur conquête achevée, du matériel et des denrées envoyés.

Mais Roosevelt et son proche entourage n'avaient nulle intention de tenir compte de tels avis. En fait, ils n'allaient pas tarder à aller bien au-delà de Churchill dans le soutien moral à l'effort de guerre soviétique et à faire preuve d'un parti pris d'angélisme excluant qu'on tente d'arracher des concessions à Staline en échange de l'aide apportée. En théorie comme en pratique, il devint rapidement évident que Roosevelt considérait l'URSS comme une alliée digne d'un soutien inconditionnel. L'idée de Steinhardt d'une réciprocité dans les rapports entre les deux pays, que le Président avait brièvement épousée, fut incontestablement balayée par cette politique nouvelle.

L'homme de pointe de cette politique était Harry Hopkins, l'un des plus proches conseillers de Roosevelt, dont les tendances prosoviétiques avaient déjà attiré l'attention de Moscou. À la mi-juillet 1941, Hopkins fut envoyé à Londres pour des consultations avec Churchill sur la façon de donner suite aux promesses d'aide à l'URSS, et le Premier ministre britannique le présenta à l'ambassadeur soviétique Maïsky. Celui-ci fut enchanté de constater « l'évidente sympathie pour l'Union soviétique » cultivée par Hopkins, qu'il trouva « beaucoup plus attentif » que Churchill aux besoins de l'URSS. Dans ses Mémoires, Maïsky devait écrire : « Harry Hopkins est resté l'un des hommes les plus éclairés parmi les hautes personnalités du monde bourgeois durant la Deuxième Guerre mondiale »[50].

Hopkins était très proche des positions de l'ancien ambassadeur Joseph Davies, qui servait toujours à Roosevelt de conseiller pour les affaires russes et dînait régulièrement avec l'ambassadeur soviétique à Washington, Oumansky. Davies était, bien évidemment, un chaud partisan de l'aide à l'URSS, et, reflétant une fois de plus la position adoptée par le Kremlin, il cherchait à se montrer optimiste, même durant les premières semaines de l'Opération Barberousse, où l'Armée rouge essuyait revers sur revers et subissait d'énormes pertes. Dans une lettre à Harry Hopkins en date du 18 juillet, Davies affirmait : « La résistance de l'armée russe a été plus efficace qu'on ne s'y attendait généralement. » Il soutenait également que les Soviétiques continueraient à résister même si une grande part de leur territoire était occupée, et que, donc, de toute matière, l'aide occidentale ne serait pas gaspillée [51].

Ce ne fut pas un hasard si on vit réapparaître à ce moment l'ancien attaché militaire de Davies, le colonel Faymonville. Lorsque celui-ci était revenu de Moscou, le ministère de la Guerre l'avait pratiquement mis sur la touche en raison de sa réputation d'apologiste de Staline. Mais, le 13 juillet, il se retrouva affecté, à Washington, à la Division of Aid Reports, chargée de superviser l'application des accords de prêt-bail, programme d'aide militaire essentiellement dirigé, jusque-là, vers la Grande-Bretagne [52]. Faymonville fut chargé de contribuer à la mise en route d'un programme d'aide à la Russie, ce qu'il fit avec un enthousiasme tout particulier.

Quand une mission militaire soviétique arriva dans la capitale américaine, le 26 juillet, Faymonville fut préposé à l'escorter, et il se montra si anxieux de satisfaire ses membres qu'il leur montra des documents confidentiels [53]. Cela conduisit à des accusations de violation des règlements militaires, mais le soutien d'Hopkins – et, par extension, de Roosevelt – évita à Faymonville toute sanction. En fait, on n'allait pas tarder à lui confier de plus vastes responsabilités dans la mise en œuvre du programme d'aide à l'URSS.

Vers la même époque, Hopkins [54] quitta Londres pour Moscou. Après qu'un avion de la RAF l'eut déposé à Arkhangelsk, il eut une première expérience de l'hospitalité officielle soviétique avec un « monumental » repas de quatre heures émaillé de multiples toasts à la vodka. « La vodka a de la puissance, devait-il déclarer ultérieurement. Ce n'est pas une chose avec laquelle peut jouer un amateur. » Puis, après seulement deux heures de sommeil, il gagna Moscou, où il fut accueilli par l'ambassadeur Steinhardt.

D'emblée, Hopkins demanda à Steinhardt s'il pensait que les rapports du major Yeaton reflétaient la réalité. Autrement dit, si la situation militaire tournait aussi mal pour les Soviétiques que ces rapports l'affirmaient. Steinhardt répondit que ce serait une erreur que de sous-estimer les Russes, car l'Histoire avait montré qu'ils étaient acharnés à défendre leur pays, mais qu'il était, d'un autre côté, extrêmement difficile de savoir où en étaient réellement les choses en raison de l'obsession du secret régnant au Kremlin.

Durant les trois jours qu'Hopkins passa à Moscou, Staline lui consacra plusieurs heures d'entretien qui donnèrent au visiteur l'impression « qu'il était mis dans le secret des dieux ». Staline, raconta ensuite Hopkins, déclara que « ses soldats ne considéraient pas la bataille comme perdue parce que les Allemands avaient réussi à percer à un point ou à un autre avec leurs forces mécanisées ». Le dictateur soviétique lui affirma également que les troupes allemandes étaient à la limite de leurs possibilités et commençaient à manquer de carburant pour leurs chars [55].

De façon plus significative, les requêtes de Staline pour des canons antiaériens, des mitrailleuses, de l'aluminium pour la construction d'avions, du carburant d'aviation et plus d'un million de fusils tendaient à indiquer qu'il envisageait un conflit prolongé. « Donnez-nous des canons de DCA et de l'aluminium, dit-il à Hopkins, et nous pourrons combattre pendant trois ou quatre ans [56]. » Il lui affirma également que, derrière les lignes allemandes, des groupes de partisans rendaient déjà l'existence difficile aux envahisseurs. De plus, Hopkins pouvait voir par lui-même que Moscou était une ville bien préparée à faire face à des raids aériens. Le black-out [57] était total la nuit, et quand les bombardiers allemands apparaissaient, ils étaient accueillis par d'intenses tirs antiaériens.

Staline soutint aussi que les États-Unis trouveraient finalement nécessaire de se joindre directement à la guerre contre Hitler. Il demanda à son visiteur de dire à Roosevelt qu'il accueillerait volontiers des troupes américaines sur le front russe. « Je lui ai déclaré, nota Hopkins dans son rapport, que je doutais que notre gouvernement, en cas de guerre, veuille envoyer une armée américaine en Russie, mais que je transmettrais son message au Président [58]. » Du constant refus des autorités soviétiques de laisser Yeaton et d'autres attachés militaires s'approcher de la zone du front on peut déduire que l'offre de Staline était de pure rhétorique.

Hopkins fut visiblement aussi impressionné par la personnalité du dictateur soviétique que par ses déclarations. « Il parlait, devait-il écrire, comme il savait que tiraient ses soldats – droit et juste. » Il décrivait Staline comme « un personnage austère, rude et résolu, portant des bottes qui luisaient comme des miroirs, des pantalons bouffants et une blouse lui moulant le torse. Il n'arborait aucune décoration, civile ou militaire. Il est ramassé et trapu, comme le défenseur dont rêverait un entraîneur de football américain… Ses mains sont énormes, aussi dures que sa pensée »[59].

Il n'est donc pas étonnant qu'Hopkins ait fait grise mine au major Yeaton lorsqu'il le rencontra ensuite à l'ambassade pour le petit-déjeuner. Il se hâta de dire à l'attaché militaire qu'il était, quant à lui, convaincu que l'URSS allait l'emporter dans le conflit en cours, et que les États-Unis devaient lui fournir toute l'aide économique et militaire « possible ». Il ajouta que cette assistance ne devait être assortie d'aucune condition.

Yeaton fut effaré. Il écrivit plus tard, se référant au mauvais état de santé dans lequel se trouvait Hopkins : « Son ardeur à nous impliquer dans cette guerre et à négocier avec Staline sur une base de totale confiance me donna des raisons de me demander si la maladie n'avait pas affecté ses facultés mentales. » L'attaché militaire passa alors à la contre-offensive, exposant à Hopkins ses vues beaucoup plus pessimistes tant sur la situation militaire que sur la nature du régime stalinien. Mais il se heurta à un mur. « Quand je mis en question, raconte-t-il, l'intégrité et les méthodes de Staline, il ne put le tolérer et me fit taire en déclarant farouchement : “Je ne veux pas discuter plus longtemps ce sujet.” »

Le lendemain matin, Yeaton tenta d'arranger les choses. Il présenta des excuses à Hopkins et lui demanda son aide. Il lui expliqua que si les États-Unis et l'Union soviétique devaient devenir des alliés, il était important qu'on le laisse circuler plus librement en Russie pour évaluer la situation militaire. En d'autres termes, que le Kremlin renonce à imposer des restrictions aux mouvements des attachés militaires occidentaux. Hopkins répondit à cette requête par « un non froid et délibéré ». Pour lui, l'aide à l'URSS devait vraiment être inconditionnelle[60].

Les Américains n'étaient pas seuls à connaître des divergences dans leurs prévisions sur l'évolution de la situation militaire et l'issue du conflit en cours. Dans des dépêches interceptées par le

NKVD, deux des attachés militaires japonais en poste à Moscou exprimaient des vues diamétralement opposées à leurs supérieurs de Tokyo [61]. Dès le mois d'avril, le colonel Michitake Yamaoka, principal attaché militaire, avait prédit une invasion allemande durant l'été et s'était montré convaincu que les forces du Reich seraient victorieuses vers la fin de l'année. Un journaliste japonais en contact étroit avec Yamaoka nota dans son journal personnel à la date du 19 juillet : « Le sort de Moscou sera réglé dans la semaine. » Et, le 11 août, il écrivit : « Moscou devrait tomber au début septembre. »

En revanche, le capitaine de vaisseau Takeda Yamaguchi, attaché naval, estimait, le 11 août, que le but initial des Allemands de remporter la victoire en deux mois n'était pas réaliste. « Si les opérations sont conduites selon de tels plans, écrivait-il dans un rapport adressé au ministère japonais de la Marine, la guerre sera indubitablement perdue, et nous devrons nous attendre à une situation extrêmement dangereuse dans l'avenir. »

Ce débat était loin d'être purement académique. Le Japon et l'Union soviétique avaient signé, en avril 1941, un pacte de neutralité de cinq ans, mais Staline craignait toujours que le Japon ne décide d'attaquer l'URSS à l'est, surtout si les Allemands semblaient sur le point de remporter une victoire rapide. De l'ambassade d'Allemagne à Tokyo, le maître-espion Richard Sorge rapportait d'intenses pressions exercées par les Allemands sur les Japonais pour les convaincre de participer à la guerre [62]. Le 1er juillet, Ribbentrop, le ministre allemand des Affaires étrangères, avait souligné, dans un télégramme à son homologue japonais, que « l'imminent effondrement de l'essentiel des forces militaires russes et, par conséquent, du régime bolchevique lui-même, offrait au Japon l'unique occasion » de s'emparer de Vladivostok et de poursuivre sa progression. « Le but de ces opérations, ajoutait Ribbentrop, devrait être de faire se rencontrer à mi-chemin l'armée japonaise en marche vers l'ouest et les troupes allemandes avançant vers l'est avant que la saison froide ne s'installe » [63].

L'éventualité d'une telle rencontre pouvait sembler passablement utopique, mais tout était bon pour inciter les Japonais à frapper. Et, tant que leurs intentions demeuraient incertaines, Staline n'osait pas envoyer les troupes soviétiques d'Extrême-Orient renforcer celles qui combattaient les Allemands devant Moscou.

Durant sa visite à Moscou, Hopkins avait discuté de ce problème avec Molotov[64]. Il rapporta ensuite que, tout en ne s'attendant pas à une attaque immédiate, le ministre soviétique des Affaires étrangères « pensait que les Japonais n'hésiteraient pas à frapper si survenait un moment propice ». Molotov avait également exprimé l'espoir que Roosevelt avertirait les Japonais qu'au cas où la chose se produirait, les États-Unis viendraient au secours de l'URSS. Hopkins répondit prudemment que le gouvernement de Washington suivait « avec une grande attention » l'évolution de la situation, mais ne voulait pas se montrer « provocateur » dans ses relations avec le Japon.

Roosevelt et ses conseillers cherchaient toutefois à montrer, d'une autre façon, qu'ils répondaient de façon rapide et positive aux demandes d'aide soviétiques. Le 2 août, le président américain adressa une note très sèche à Wayne Coy, chargé de superviser le programme d'aide à l'URSS en l'absence d'Hopkins, soulignant que, six semaines après le déclenchement de l'Opération Barberousse, les États-Unis n'avaient encore « pratiquement rien fait » pour livrer le matériel et les denrées demandées par les Soviétiques. « Franchement, écrivait-il, si j'étais un Russe, j'aurais l'impression d'avoir été abusé par les États-Unis. » Et il ordonnait à Coy d'user de toute son autorité pour faire avancer les choses « à pleine vitesse »[65].

Lors de leur conférence au large des côtes de Terre-Neuve, du 9 au 12 août, Roosevelt et Churchill s'employèrent à définir les principes de base de ce qui devait être la Charte de l'Atlantique. Selon cette charte, aucune modification territoriale ne devait se produire « qui ne soit en accord avec la volonté librement exprimée des peuples intéressés » et tous devraient être en mesure « de choisir la forme du gouvernement sous lequel ils vont vivre »[66].

En théorie, ces principes auraient dû immédiatement amener les signataires de la charte à mettre en cause les objectifs à long terme de l'Union soviétique, Staline insistant déjà pour que soient acceptés les gains politiques et territoriaux qu'avait rendus possibles le défunt pacte Molotov-Ribbentrop. Mais cela n'apparut guère comme une priorité à l'époque. Se fondant sur le rapport produit par Harry Hopkins après sa visite à Moscou, Roosevelt et Churchill examinèrent les façons de répondre au mieux aux requêtes de Staline. Et ils envoyèrent à celui-ci, le 14 août, une déclaration conjointe lui affirmant : « Nous coopérons à ce moment pour vous fournir le maximum de ce dont vous avez le besoin le plus urgent. Déjà, de nombreuses cargaisons ont quitté nos côtes et d'autres vont suivre dans l'avenir immédiat. » Mais ils mettaient en même temps le dictateur soviétique en garde contre des espérances excessives, car la guerre se déroulait sur de multiples fronts et ils devaient montrer de la prudence dans l'allocation des ressources. Ils concluaient en proposant l'envoi à Moscou d'une délégation anglo-américaine de haut niveau pour l'élaboration d'un plan efficace de mise en œuvre du programme d'aide à la Russie [67].

Craignant qu'Hopkins ne soit pas en état de faire un nouveau voyage à Moscou, Roosevelt désigna pour cette mission Averell Harriman, président de l'Union Pacific Railroad. Churchill, quant à lui, chargea Lord Beaverbrook, le magnat de la presse devenu ministre de l'Équipement, de représenter la Grande-Bretagne. Bien que soucieux l'un et l'autre de mettre en route le programme d'aide, Churchill et Roosevelt n'avaient pas la même conception des rapports avec Staline. Ainsi, le Premier ministre britannique eut soin de préciser à Beaverbrook avant son départ : « Votre tâche consistera non seulement à contribuer à l'élaboration de plans d'aide à la Russie, mais aussi de vous assurer que nous ne sommes pas saignés à blanc dans l'affaire [68]. »

De l'autre côté de l'Atlantique, le président américain se préoccupait plus de présenter sous un jour favorable, au Congrès et à l'opinion, sa politique de soutien de l'URSS. Le 11 septembre, rencontrant l'ambassadeur soviétique Oumansky, il lui suggéra que ses compatriotes pourraient faire avancer leur cause en rappelant leur attachement théorique à la liberté religieuse, ce qui « pourrait avoir un excellent effet avant que le prochain texte de loi prêt-bail vienne devant le Congrès » [69]. En même temps, Roosevelt voulait assurer une fois de plus les Soviétiques que les Américains arrivaient à Moscou avec les sentiments les plus amicaux. À cet effet, il décida d'inclure le colonel Faymonville dans la délégation conduite par Averell Harriman.

Churchill, lui, se montrait toujours plus réservé. Le 29 août, il écrivit à Staline [70] qu'en réponse à la requête de l'ambassadeur Maïsky visant à l'envoi par les Britanniques d'avions de chasse, 40 Hurricane allaient arriver à Mourmansk le 6 septembre et 200 Tomahawk étaient en cours de construction. Il proposait d'expédier aussi 200 autres Hurricane, portant le total à 440 appareils, « si vos pilotes peuvent les utiliser efficacement ». Mais il rappelait au dictateur soviétique de ne pas nourrir d'espoirs irréalistes, car, précisait-il, « les avions de chasse forment la base de notre propre défense territoriale » tout en étant également nécessaires en Afrique du Nord. Poliment mais fermement, le Premier ministre britannique soulignait qu'il devait, en priorité, prendre en considération les besoins de son propre pays.

Le 4 septembre, l'ambassadeur Maïsky vint remettre au 10 Downing Street la réponse de Staline[71] – « le premier message personnel depuis le mois de juillet » de l'homme du Kremlin, comme devait le noter amèrement Churchill. Reconnaissant que la situation des troupes soviétiques s'était « considérablement détériorée » au cours des trois semaines précédentes, Staline faisant clairement savoir qu'il considérait les offres d'aide de Churchill comme insuffisantes pour ralentir la progression des forces allemandes en Russie. Il déclarait que, pour redresser la situation, la Grande-Bretagne devait « établir cette année même un second front quelque part dans les Balkans ou en France, capable de contraindre au retrait de 30 à 40 divisions du front de l'Est », fournir à l'Union soviétique 30 000 tonnes d'aluminium dès le début du mois d'octobre et assurer « un minimum d'aide *mensuelle* » de 400 avions et 500 chars.

Non content de remettre cette missive, Maïsky se mit à insister sur le fait que, depuis onze semaines, l'Union soviétique luttait par ses propres moyens contre l'énorme masse de troupes allemandes ayant déferlé sur elle. Churchill commença par compatir, mais la colère se mit à l'envahir lorsque Maïsky lui demanda, sur un ton comminatoire, comment la Grande-Bretagne pouvait espérer gagner la guerre si elle laissait battre l'URSS. « Rappelez-vous, lui répondit vertement le Premier ministre britannique, qu'il y a quatre mois seulement, nous, dans cette île, ne savions pas si vous n'alliez pas entrer dans la guerre contre nous, du côté allemand. En fait, nous jugions tout à fait probable que vous le feriez. Mais, même alors, nous étions parfaitement sûrs de gagner à la fin. Nous n'avons jamais pensé que notre survie dépendait de votre comportement, en un sens ou dans l'autre. Quoi qu'il arrive et quoi que vous fassiez, vous n'avez, vous entre tous, aucun droit de nous faire le moindre reproche. » Maïsky se hâta de battre en retraite. « Calmez-vous, je vous en prie, cher Mr Churchill », dit-il[72]. « Je commençais à craindre, rapporta-t-il ensuite, que, au plus fort de son irritation, il ne dise des choses tout à fait superflues[73]. »

Staline n'arrangea rien en envoyant, le 15 septembre, une dépêche comportant une nouvelle suggestion. « Il me semble, écrivait-il, que la Grande-Bretagne pourrait, sans risque, débarquer à Arkhangelsk 26 à 30 divisions ou les transporter par l'Iran jusque dans les régions méridionales de l'URSS. De cette façon pourrait s'instaurer une collaboration militaire entre les troupes soviétiques et britanniques sur le territoire de l'URSS. » Churchill fut stupéfait que Staline puisse croire, ne fût-ce qu'un instant, que la Grande-Bretagne était en mesure d'envisager une telle action. « Il est presque incroyable, devait-il noter dans ses Mémoires, que le chef du gouvernement russe, entouré de tous ses conseillers militaires, ait pu se laisser aller à de telles absurdités. Il semblait sans espoir de discuter avec un homme pensant en termes de totale irréalité »[74].

Ultérieurement, Maïsky montra qu'il comprenait la nécessité de quelques petits gestes d'apaisement. Ainsi, lorsque fut publiée une nouvelle édition de *Guerre et paix*[75], sa femme en offrit un exemplaire à celle de Winston Churchill avec l'inscription suivante : « 1812-1942. Nous avons anéanti notre ennemi alors, nous l'anéantirons aussi aujourd'hui. »

Mais, au cours de l'été 1941, il était difficile de trouver beaucoup de gens partageant ce bel optimisme, surtout au sein de la communauté étrangère de Moscou. Pour les Américains, la précarité de la situation avait été encore soulignée par l'explosion d'une bombe de 500 kilos à une cinquantaine de mètres de la Maison Spaso, faisant voler en éclats toutes les vitres de la résidence de l'ambassadeur Steinhardt[76]. Moscou était loin de se sentir en sécurité.

Le 28 septembre, la délégation anglo-américaine conduite par Beaverbrook et Harriman arriva dans la capitale soviétique. Quentin Reynolds, qui s'était vu auparavant refuser un visa pour la Russie comme correspondant de guerre, avait réussi à s'y joindre comme attaché de presse. Son employeur habituel, l'hebdomadaire *Collier's*, avait accepté de le « prêter » au gouvernement pour la durée des hostilités. Informé que les Allemands avançaient rapidement vers Moscou, il voulait à toute force s'y trouver. Au cours du vol, effectué à bord d'un bombardier, il se retrouva à côté du colonel Faymonville. « C'était, devait-il noter, l'un des rares Américains que j'avais rencontrés à douter de la victoire allemande [77]. »

Tandis que les autres membres de la délégation travaillaient en sous-commissions avec leurs homologues soviétiques, Beaverbrook et Harriman eurent trois rencontres consécutives avec Staline, le soir au Kremlin, chacune durant environ trois heures. Lors de la première de ces rencontres [78], Staline passa en revue la situation militaire, insistant sur l'infériorité numérique des Soviétiques en chars face aux Allemands – un contre trois, quand ce n'était pas un contre quatre. Puis il égrena une longue liste de fournitures qu'il estimait nécessaires : chars, canons antichars, avions, canons antiaériens et même fil de fer barbelé. S'adressant directement à Beaverbrook, il souleva de nouveau l'idée de forces britanniques se joignant aux troupes soviétiques en Ukraine. Comme son Premier ministre, Beaverbrook ne lui prodigua aucun encouragement à ce sujet. Harriman tenta d'aborder le problème de la liberté religieuse, qui, souligna-t-il, tenait au cœur du peuple américain, mais Staline daigna à peine lui répondre. Néanmoins, Beaverbrook et Harriman rapportèrent que cette première entrevue s'était déroulée dans un climat « extrêmement amical ».

Mais, le lendemain soir [79], ce fut quelque peu différent. « Staline, devait raconter Beaverbrook, était très agité, marchant de long en large en fumant continuellement. Il nous sembla, à l'un et à l'autre, sous le coup d'une extrême tension. » Les deux visiteurs attribuèrent cette tension à la menace grandissante que les troupes allemandes faisaient peser sur Moscou, mais ils n'en furent pas moins déconcertés par la brusquerie et même la grossièreté, apparemment délibérée, de ses manières. Sans s'occuper d'eux, il s'empara du téléphone placé sur une table et eut trois communications prolongées. Quand Beaverbrook lui remit une lettre de Churchill, il la regarda à peine et la posa sur la table, l'ignorant ostensiblement.

Quant aux fournitures demandées par l'URSS, Staline devint presque agressif. « Pourquoi, demanda-t-il à Harriman, les États-Unis ne me donneraient-ils que 1 000 tonnes d'acier pour le blindage des chars alors qu'ils ont une production de plus de 50 000 tonnes ? » Et quand Harriman tenta de lui expliquer que le traitement de ce genre d'acier demandait un certain temps, Staline rétorqua : « On n'a qu'à utiliser des alliages ! » Il ne manifesta quelque gratitude que quand Harriman proposa l'envoi de 5 000 jeeps américaines, mais demanda aussitôt quand d'autres pourraient suivre.

Le lendemain, les Allemands affirmaient que les pourparlers s'étaient soldés par un échec. Goebbels lui-même soulignait qu'aucun accord n'était possible entre les visiteurs et les « Bolcheviks »[80]. Mais quand, assez déprimés, Beaverbrook et Harriman arrivèrent le soir au Kremlin pour l'ultime entretien, le ton avait totalement changé. Et Staline déclara d'emblée : « C'est à nous trois qu'il revient de prouver que Goebbels est un menteur[81]. »

Beaverbrook passa alors en revue la liste des fournitures demandées par l'URSS, indiquant celles que la Grande-Bretagne et les États-Unis pouvaient livrer rapidement et ajoutant quelques suggestions de son cru. Staline paraissait fort satisfait, et Litvinov, l'ancien ministre des Affaires étrangères, qui servait d'interprète, jubilait et finit par s'exclamer : « Maintenant, nous allons gagner la guerre ! »[82].

Les visiteurs se déclarèrent également enchantés. « La rencontre, dit Harriman, a pris fin de la façon la plus amicale possible. Staline ne chercha nullement à dissimuler son enthousiasme. J'eus l'impression qu'il était totalement convaincu que la Grande-Bretagne et les États-Unis étaient prêts à tenir leurs engagements. » Pendant tout l'entretien, Beaverbrook avait observé attentivement le maître du Kremlin, notant même que, pendant que Litvinov traduisait ses paroles, il dessinait « d'innombrables images de loups sur fond de crayon rouge ». Parlant pour Harriman en même temps que pour lui-même, il devait déclarer : « Nous en étions venus à bien l'aimer ; un homme aimable, ayant l'habitude, quand il est nerveux, d'arpenter le plancher, les mains derrière le dos »[83]. On eût dit que le soulagement qu'ils avaient éprouvé en trouvant, ce soir-là, un Staline devenu cordial avait fait oublier à Beaverbrook comme à Harriman la brutalité et la grossièreté de la veille.

Mais d'autres membres de la délégation ne partageaient pas cette belle indulgence. Le général Ismay, représentant militaire de la Grande-Bretagne, nota que Staline « se déplaçait comme un animal sauvage à la recherche d'une proie », ajoutant : « Son regard était malin et plein de ruse. Il ne regardait jamais quelqu'un en face. Mais il avait une grande dignité et une personnalité dominatrice. Quand il entra dans la pièce, tous les visages russes se figèrent, et le regard de bête traquée des généraux ne montrait que trop clairement la constante peur dans laquelle ils vivaient. Il était repoussant de voir des hommes courageux réduits à une telle abjecte servilité »[84].

Quentin Reynolds fut sidéré pour une autre raison en voyant Staline accueillir Beaverbrook et Harriman. Se fondant sur les portraits officiels du dictateur soviétique, Reynolds s'était attendu à un géant au physique impressionnant[85]. « Mais, écrivit-il, le petit homme aux jambes un peu arquées qui s'avança vers nous, un large sourire aux lèvres lorsqu'il aperçut Beaverbrook et Harriman, contredisait totalement l'image publique. Je pense qu'il portait des semelles surélevées. » Et Reynolds entendit l'un de ses confrères britanniques dire de Staline : « Il ressemble au brave jardinier italien qui vient tondre votre pelouse deux fois par semaine. »

Le banquet d'adieu[86], au Kremlin, fut, selon Reynolds, « une orgie de vingt-trois plats », comportant caviar à la louche, champignons sautés à la crème aigre, esturgeon au champagne et pilaf de cailles. Le tout était accompagné d'innombrables verres de différentes vodkas. « Tout en festoyant ainsi, écrivit Reynolds, j'avais quelque difficulté à me rappeler que les Allemands étaient alors à moins de 160 kilomètres de Moscou – ou à penser aux files d'attente des affamés à la porte des magasins d'alimentation, dans cette société sans classes. »

Le journaliste américain resta à Moscou après le départ de la délégation, souhaitant voir ce qui allait se passer dans la capitale soviétique. Il ne fut pas seul dans son cas ; Hopkins avait discrètement pris des dispositions pour que Faymonville demeure également sur place, afin de veiller à l'application du programme d'aide[87]. Cela fit l'effet d'une rebuffade à l'ambassadeur Steinhardt et à ses principaux collaborateurs, qui considéraient le colonel comme l'homme des Russes. Ils protestèrent, mais en vain. Roosevelt, Hopkins et Harriman voulaient tous avoir à Moscou un personnage qui plaise au Kremlin.

Nul ne fut plus furieux de cette décision que Yeaton, qui considérait Faymonville comme « incontestablement prisonnier du NKVD », et dénonçait « l'attitude obséquieuse d'Harriman envers Staline »[88]. Mais le principal souci de Yeaton, à ce moment, était de déterminer la vitesse avec laquelle les Allemands allaient s'emparer de Moscou, chose qu'il tenait de plus en plus comme inévitable. Alors même que les miliciens et, en fait, tous les Moscovites disponibles s'affairaient à creuser des tranchées et installer des pièges antichars aux abords de la ville, Yeaton déclarait : « La question est de savoir qui arrivera en premier – les Allemands ou les premières tempêtes de neige de la saison. »

Le 14 octobre, Yeaton décida d'aller passer la nuit à la datcha de l'ambassade, à quelque 18 kilomètres de Moscou, sur la route de Smolensk. « Mon moral était au plus bas, raconte-t-il, et j'avais besoin d'un peu d'air de la campagne. » Il fut réveillé le lendemain matin par des tirs d'artillerie, et, lorsqu'il alla à la fenêtre, il vit des soldats de l'Armée rouge mettre en batterie des mitrailleuses dans la cour. Il pensa que c'était la fin. « Je savais, ajoute-t-il, que je ne reverrais jamais cet endroit. »

Lorsqu'il regagna la Maison Spaso, le 15 octobre, il put constater que son sentiment était partagé par l'ensemble du personnel de l'ambassade. L'ambassadeur Steinhardt [89] avait déjà mis sa femme en sûreté en Suède, et l'on discutait des moyens d'évacuer tous les autres. Selon Charles Thayer, Yeaton estimait que Moscou ne tiendrait pas plus de trente-six heures, et même Faymonville « avait alors complètement perdu son aplomb et ne donnait que cinq heures de plus avant l'arrivée des Allemands » [90]. À ce moment, Molotov convoqua Steinhardt au Kremlin et lui donna instruction d'évacuer tous les Américains à Kouïbychev, la ville qui était censée abriter le siège du gouvernement soviétique si la capitale tombait.

Molotov affirma également à Steinhardt et à l'ambassadeur britannique Cripps : « Le combat pour Moscou va continuer et le combat pour vaincre Hitler va être plus furieux encore [91]. » Mais lorsque les deux ambassadeurs demandèrent à rester dans la capitale tant que Staline y serait, Molotov refusa, leur disant que Staline et lui-même allaient les rejoindre à Kouïbychev dans un jour ou deux. Le message semblait : le combat pour Moscou allait se poursuivre hors de Moscou.

De retour à la Maison Spaso, Steinhardt annonça aux membres de l'ambassade qu'ils devaient tous se rassembler à la gare de Kazan pour y prendre un train dans la soirée. Il transmit le même message aux journalistes américains présents à Moscou, leur annonçant qu'eux aussi quittaient la capitale en compagnie de leurs censeurs. « Vous n'avez pas le choix », leur précisa-t-il [92].

Après des heures d'attente à la gare, les étrangers de Moscou

– diplomates et journalistes de tous les pays représentés dans la capitale soviétique – embarquèrent à bord d'un train de trente-trois wagons, tirés par une locomotive, qui, selon Reynolds, « semblait se fatiguer fréquemment »[93]. Les diplomates voyageaient dans les wagons « confortables » et les journalistes dans les wagons « ordinaires », mais ce parcours de cinq jours, effectué à très petite vitesse, ne fut plaisant pour personne. Les réserves d'eau potable furent épuisées dès le premier jour, et seules quelques-unes des voitures étaient chauffées. Mais la bonne nouvelle, pour les Moscovites, fut qu'il commença à neiger le 16 octobre. « Cela tourna, nota Yeaton, à une tempête de neige de cinq jours, et c'était la meilleure défense que pouvait avoir Moscou[94]. »

Quand les voyageurs, épuisés, eurent le premier aperçu de leur nouvelle résidence – une ville assez sinistre au bord de la Volga, à un millier de kilomètres de Moscou mais où, contrairement à ce qui se passait dans la capitale, totalement obscurcie, un éclairage nocturne était toléré –, ils ne voyaient guère de raisons de croire que la progression des troupes allemandes pourrait être arrêtée.

7

PANIQUE À MOSCOU

L'un des thèmes principaux de toutes les relations officielles soviétiques de la Grande Guerre patriotique est que le peuple russe n'a jamais connu un moment de faiblesse dans sa lutte contre l'envahisseur allemand, si désespérée qu'ait pu paraître sa situation et si grands qu'aient été les sacrifices qui étaient exigés de lui. Ce peuple croyait, selon ces versions de l'histoire, à la justesse de sa cause et à son inéluctable victoire finale. En bref, un patriotisme héroïque l'avait constamment animé et soutenu. Mais nulle journée ne dément plus formellement ce mythe que celle du 16 octobre 1941.

Au moment précis où diplomates et journalistes étrangers quittaient Moscou, la panique s'emparait de la ville. C'est une panique que les historiens soviétiques se sont montrés fort soucieux d'oublier, ce qui explique en bonne part pourquoi leurs relations de la bataille de Moscou sont si souvent abrégées, expurgées et pleines d'omissions et de déformations flagrantes. Ces versions aseptisées des événements sont inconciliables avec la réalité, qui fut celle d'un effondrement brutal et complet de l'ordre public, s'accompagnant de pillages, de grèves sur le tas et d'autres défis au régime qui eussent été inconcevables auparavant. À ce moment où la plupart des Moscovites pensaient que leur ville était sur le point de tomber aux mains des Allemands, la population n'était aucunement unie. Elle était divisée, et la capitale soviétique était dangereusement près de sombrer dans l'anarchie.

« Une menace pèse sur Moscou et sur notre pays, écrivaient les *Izvestia* ce jour-là. Comme toujours, le peuple soviétique regarde le danger dans les yeux [1]. » Mais, en fait, une bonne partie de la population cherchait la sortie. On évacuait très officiellement les hautes personnalités du gouvernement et du Parti, comme on l'avait fait pour les installations nécessaires à la poursuite de la guerre, mais beaucoup de Moscovites, aussi, suivaient cet exemple sans en demander l'autorisation. À ce sujet, les chiffres seuls sont éloquents. Le 1er janvier 1941, la population de Moscou était de 4 216 000 habitants. Avec l'apport des réfugiés, elle s'était trouvée portée, en septembre, à 4 236 000 âmes. Mais, ensuite, elle ne cessa de décroître de façon spectaculaire, passant à 3 148 000 habitants en octobre et 2 028 000 habitants seulement en janvier 1942 [2].

Le 16 octobre, l'exode tournait à la débâcle. Dimitri Safonov, qui travaillait dans une usine de matériel d'artillerie normalement installée près de Moscou mais évacuée vers l'Oural, était revenu dans la capitale pour y chercher ses affaires, et il fut effaré par le spectacle qui l'y attendait. « Tout Moscou semblait se vider », raconte-t-il. Partout, on chargeait voitures et camions et beaucoup des gens qui emplissaient les rues « ne semblaient pas savoir où aller ni quoi faire ». Certains affirmaient avoir déjà vu des Allemands en ville. À la gare, où il espérait prendre un train, Safonov vit des valises, des sacs, des vêtements, des lampes et même un piano abandonnés par des fuyards. Les quais étaient noirs de monde. « J'ai à peine reconnu la ville », déclare-t-il.

Tandis que les simples citoyens se battaient pour simplement prendre place à bord des trains en partance, même si cela impliquait d'abandonner leurs bagages sur le quai, de hauts responsables du Parti et des directeurs d'usine discutaient âprement avec les employés de chemin de fer, exigeant d'emporter tout ce qui leur semblait bon. « Ils tentaient de prendre avec eux des pianos, des tables, des divans et autres meubles », racontait F. Rostovtsev, le chef de la gare Lénine, qui était chargé d'assurer le mouvement de tous les trains participant à l'évacuation, du 14 au 16 octobre. Ils exigeaient des wagons supplémentaires pour eux, pour leurs épouses ou pour leurs amis. » Les employés étaient contraints de « modérer leurs appétits » [3].

Sur les routes allant vers l'est, nul n'était là pour assurer l'ordre ; la police, d'habitude omniprésente, semblait s'être à peu près évaporée. Les rares Moscovites à posséder des voitures allaient au-devant de mauvaises surprises. « Certains groupes, écrit l'éditeur d'art Rechetine, arrêtaient les automobiles sur la route. Ils arrachaient conducteurs et passagers à leurs véhicules, les passaient à tabac et jetaient leurs bagages sur la chaussée [4]. »

Quelques-uns tentaient ensuite de s'entasser dans les voitures, mais d'autres n'agissaient que par pur ressentiment. Rechetine entendit une foule hurler « Mort aux juifs ! » avant d'attaquer une voiture transportant un homme âgé et une jeune femme, tous deux encombrés de multiples documents. Tous deux furent extirpés du véhicule, l'homme fut violemment frappé et eut bientôt le visage ensanglanté. La jeune femme tenta de le défendre, criant qu'il n'était pas juif, et que tous deux escortaient seulement les documents. Son intervention fut vaine. Rechetine avait déjà assisté à plusieurs incidents antisémitiques, mais il fut « choqué » par la violence de celui-là.

Dans presque tous les domaines, semblait-il, les règles de vie et de fonctionnement normales semblaient avoir soudain cessé de s'appliquer. Les cinémas avaient tous fermé « pour rénovation », le métro avait cessé de circuler, et les quelques tramways encore en service étaient si bondés qu'ils ne s'arrêtaient plus aux stations habituelles. Slava Yeremko, qui avait 14 ans à l'époque, se souvenait de l'étrange spectacle qu'offrait une banque d'État située à côté de chez elle : « Il n'y avait plus personne, les portes étaient ouvertes et de l'argent traînait sur le sol. » Les gens qui ne cessaient de passer devant l'établissement, se dirigeant vers la gare de Biélorussie, ne paraissaient pas s'en soucier.

Youli Labas, qui n'avait que 8 ans, était sorti avec sa mère pour tenter de trouver du lait. Il avait pris l'habitude de voir dans le ciel les « saucisses » – les ballons captifs entre lesquels étaient tendus des filets antiaériens – mais, cette fois, il y avait aussi quelque chose d'autre. Une fumée noire montait des cheminées du siège du NKVD, place de la Loubianka, non loin de chez lui, où l'on brûlait vraisemblablement des papiers.

Habitant près de l'immeuble du Comité central du Parti, Ella Braginskaïa, qui avait alors 15 ans, vit également de la fumée et des cendres tournoyer dans l'air. Pendant ce temps, on pillait les magasins du quartier. « La plupart des pillards étaient des femmes », soulignait Ella Braginskaïa. Le pillage s'étendait à d'autres parties de la ville. Et, si les magasins d'alimentation étaient visés en premier, rien, en fait, n'était plus épargné, et les appartements laissés vacants par les Moscovites ayant déjà fui la capitale étaient également mis à sac. Des pillards s'en prirent notamment aux locaux, récemment désertés, de l'ambassade britannique[5].

En même temps, on se débarrassait de ce qui aurait pu être

compromettant aux yeux des Allemands. On jetait hors des appartements et des bureaux les inévitables portraits de Lénine et de Staline, en même temps que les volumes de Marx et d'autres doctrinaires soviétiques. Des poubelles entières en étaient emplies. Beaucoup agissaient ainsi par crainte des futurs occupants, mais la rancœur, aussi, poussait certains. Valeria Prokhorova, qui avait 22 ans et était étudiante à l'Institut des langues étrangères, entendit cette sorte de propos : « Nous mourions de faim et ils passaient leur temps à nous dire que nous étions le pays le plus riche du monde. Et maintenant ? Où est Staline ? Il nous a abandonnés. »

Tamara Bylinina, la jeune veuve d'un officier exécuté lors des grandes purges des années précédentes, creusait des tranchées avec d'autres femmes dans les faubourgs de Moscou lorsque le bruit se répandit que les Allemands arrivaient. Toutes se hâtèrent de regagner la ville, et, arrivant dans l'appartement qu'elle partageait avec une douzaine d'autres personnes, Tamara Bylinina constata que les portraits de Lénine et de Staline avaient disparu des murs et que quelqu'un avait brûlé un recueil en douze volumes des écrits et discours de Lénine. « Les gens, expliquait-elle, avaient peur que les Allemands ne les fusillent pour avoir adoré ces idoles. »

Mais cette peur s'accompagnait souvent d'une certaine euphorie à l'idée de voir le Kremlin vidé des gouvernants jusque-là en place. « C'est très bien, déclara à Tamara Bylinina l'un de ses voisins. Ils nous ont assez sucé le sang. » D'autres avaient posé des samovars de thé sur leurs tables « pour accueillir les Allemands ».

Ella Braginskaïa, l'adolescente habitant près du siège du Comité central, avait, quant à elle, peur que les gens du voisinage ne voient dans l'occupation allemande une bonne occasion de régler leurs comptes. Sa mère juive était, soulignait-elle, très impopulaire, tant en raison de son « arrogance » que de sa religion – elle répétait à sa fille qu'elle était de trop bonne famille pour aller jouer avec des enfants de prolétaires. Et la meilleure amie d'Ella était une certaine Valia, fille d'un responsable communiste. Les Allemands se rapprochant de Moscou, Ella ne pouvait sortir dans la cour de son immeuble sans entendre des imprécations et des menaces : « Tu vis tes derniers jours. Bientôt, les Allemands vont arriver et vous tuer, Valia et toi ! »

Une voisine, toutefois, qui habitait le rez-de-chaussée de

l'immeuble, avait promis de mettre à l'abri Ella et sa mère. « Les Allemands sont des gens convenables, assurait-elle. Nous allons creuser un souterrain pour vous y cacher un moment, et ensuite, tout ira bien. »

D'autre part, si d'innombrables Moscovites fuyaient vers l'est, d'autres continuaient à partir pour le front afin de s'efforcer d'arrêter l'avance allemande. Au soir de cette journée chaotique du 16 octobre, Valeria Prokhorova et plusieurs de ses amies gagnèrent, dans l'obscurité et sous une pluie glaciale mêlée de neige, la gare de Biélorussie pour faire leurs adieux à deux volontaires partant pour le combat : Alexandre Aniks, le professeur préféré de Valeria à l'Institut des langues étrangères, et Gricha, le mari d'une de ses voisines.

Dans le noir total et dans la bousculade, elles finirent par trouver le train et, miraculeusement, localiser les deux hommes.

Elles se jetèrent dans leurs bras et leur remirent un colis contenant des vivres prélevés sur leurs maigres rations. Comme le train se mettait en marche, le professeur leur cria par la portière : « Les filles, dites à tout le monde que nous allons défendre le pays ! Nous vous protégerons. » Cela aurait pu être extrait d'un film de propagande. À un détail près : « Il n'a à aucun moment parlé de Staline, remarquait Valeria Prokhorova. Il partait simplement combattre pour son pays. »

S'interposant entre Moscou et les troupes allemandes, des soldats tels qu'Albert Tsessarsky étaient bien conscients du fait qu'ils n'étaient pas équipés pour éviter la catastrophe. Étudiant en médecine s'étant volontairement engagé après l'attaque allemande, Tsessarsky avait été affecté à une section de 33 hommes dont l'arme principale était une mitrailleuse hors d'état de fonctionner et que personne n'arrivait à réparer. Au début d'octobre, l'unité avait été déployée à l'ouest de Moscou, près de Mojaïsk, ville située au centre du périmètre défensif de la capitale, à une centaine de kilomètres de celle-ci. À ce moment, ses soldats disposaient enfin d'une mitrailleuse en état de tirer. Ils avaient reçu ordre de creuser des abris où ils pourraient se cacher si les Allemands perçaient les minces défenses soviétiques. Ils se retrouveraient ainsi derrière les lignes ennemies, et devraient, à partir de ce moment, effectuer des opérations de harcèlement, de sabotage et de recueil de renseignements.

En tant qu'infirmier de son unité, Tsessarsky fut envoyé, avec une voiture et un chauffeur, à Moscou, où il arriva le 16 octobre.

En chemin, il avait découvert avec effarement qu'il n'y avait pas de troupes soviétiques en vue. « La route de Minsk était ouverte, devait-il déclarer. Si les Allemands avaient franchi le fleuve, ils auraient tous pu marcher sur Moscou. »

Arrivé dans la capitale Tsessarsky allait droit au centre de la ville, passant devant le Théâtre Bolchoï, sans voir un seul policier. Il aperçut, comme tout le monde ce jour-là, les cendres de documents brûlés tourbillonnant dans l'air. Quand il se présenta au dépôt de pharmacie et de matériel de l'armée, le responsable ne voulut pratiquement rien lui donner, prétendant qu'il n'avait pas les autorisations nécessaires. Il l'invita, toutefois, à revenir tenter sa chance un peu plus tard.

Tsessarsky partit alors à la recherche de sa femme, Tatiana, étudiante en médecine elle aussi, qui était hébergée dans un dortoir attenant à la faculté. Elle était allée, le 15 octobre, rendre visite à sa famille à Dmitrov, à quelque 65 kilomètres de Moscou, où elle était rentrée dans l'après-midi du 16, trouvant la ville méconnaissable. Le métro ne fonctionnant plus, elle avait dû gagner à pied son dortoir, qu'elle avait trouvé pratiquement désert. Presque tout le monde était parti, et les papiers, les vêtements et les objets les plus divers jonchaient le sol. « Ils s'étaient enfuis et avaient tout laissé, devait-elle raconter. Pour moi, le 16 octobre a été un jour comme aucun autre, le pire que j'aie jamais connu. Rien de comparable ne m'était jamais arrivé avant – ou ne m'est jamais arrivé depuis. Les gens qui connaissent un peu la chose militaire disent que si les Allemands avaient su ce qui se produisait, ils auraient pu facilement prendre la ville. »

Tatiana fut heureuse de pouvoir voir, même brièvement, son mari, mais cela n'apaisa pas pour autant ses craintes quant au proche avenir. Ensemble, ils virent une grande croix gammée peinte sur une palissade, non loin de l'école de médecine. « Tout le monde ne se sentait pas patriote, soulignait Tatiana. Il y avait beaucoup de gens qui se sentaient simplement perdus. La plupart ont changé quand les combats ont commencé, mais pas tous. »

Après avoir passé la nuit avec sa jeune épouse dans le dortoir presque vide, Tsessarsky retourna au dépôt médical pour tenter d'obtenir ce qu'on lui avait refusé la veille. Il n'y avait plus personne là, sauf un secrétaire qui lui dit simplement : « Prends ce que tu veux. » Il put donc regagner son unité avec un plein chargement.

De toute la journée, les autorités ne s'étaient nullement manifestées dans la capitale. Et même le 17 au matin, elles restaient étrangement silencieuses. La radio appelait simplement au calme. La seule bonne nouvelle était que les Allemands n'étaient pas arrivés dans la nuit.

Pour les Moscovites, toutefois, cela ne voulait nullement dire que les forces ennemies n'allaient pas venir sous peu. Longtemps après la guerre, Mikhaïl Makliarsky, un haut responsable du NKVD faisant partie de l'équipe chargée d'organiser l'action clandestine à Moscou si la capitale était occupée par les Allemands, avoua à son fils Boris que, contrairement à l'historiographie officielle soviétique, « 98 % des Moscovites pensaient qu'Hitler allait conquérir Moscou tôt ou tard ». Boris, qui avait alors 8 ans, et sa mère avaient été évacués à Kouïbychev avec les autres familles de gradés du NKVD, dès le début du mois de juillet.

Le 18 octobre, le chef du directorat du NKVD pour Moscou et sa région, Mikhaïl Jouravlev, remit un long rapport [6] sur « la réaction de la population au fait que l'ennemi approche de la capitale ». Ce rapport se concentrait en particulier sur « le comportement anarchique » des ouvriers d'usine durant les deux journées précédentes.

« Certains ouvriers de l'usine N° 219, déclarait, par exemple, ce rapport, ont attaqué des voitures transportant des évacués de Moscou… Ils se sont emparés de leurs biens. Six voitures ont été précipitées dans un ravin par ce groupe. »

À une autre usine, le directeur du personnel, un certain Rougane, avait chargé sa voiture de vivres et tentait de s'enfuir. « En chemin, il a été arrêté et violemment frappé par les ouvriers de l'usine. Les soldats de garde sur place étaient ivres. »

Les ouvriers d'une fabrique de chaussures n'avaient pu être payés à temps « en raison d'un manque de billets » à la banque locale. « Les protestataires, poursuivait le rapport, ont forcé les portes et sont entrés dans l'usine. Des cas de vols de souliers ont été constatés. »

Bousanov, le directeur de l'usine Front Rouge, avait tenté d'apaiser ses ouvriers en leur distribuant des sucreries. « Durant la distribution, déclarait le rapport, une rixe a éclaté entre des ouvriers ivres. »

Près d'une fabrique de cuir synthétique, « un groupe d'ouvriers a arrêté une voiture transportant les familles de certains travailleurs évacués. Quelques personnes furent sauvagement frappées et l'on s'empara de leurs bagages. À la même usine, quatre véhicules furent mis hors d'usage ».

« Les ouvriers de l'usine N° 58 n'avaient pas été payés. Certains hurlèrent " Cassez la gueule aux communistes ! " Les mêmes fabriquèrent une fausse clé donnant accès à la réserve de produits chimiques, volèrent de l'alcool et s'enivrèrent. »

À l'usine N° 8, il se produisait « de l'agitation contre-révolutionnaire ». On mit le feu à un entrepôt et l'on s'en prit aux bagages d'un groupe d'ouvriers désignés, avec leurs familles, pour être évacués. « Les dégâts causés par l'incendie s'élèvent à 500 000 roubles environ. »

« Près de 500 élèves de l'école d'artisanat de l'usine Staline se sont rassemblés pour être payés. Le directeur de l'école, Samoïlov, n'était pas là, car il avait déjà fui Moscou. N'ayant pas reçu leur argent, les élèves entreprirent de saccager l'école. Ils déchirèrent les manuels scolaires, brisèrent les meubles, volèrent des vêtements chauds et des vivres. »

Le rapport relevait également des vols de bétail dans les fermes collectives de la région de Moscou, sans doute dus à des paysans se préparant à fuir. Un groupe d'ouvriers agricoles tenta même de dévaliser un bureau du NKVD. Et, plus inquiétant encore, vers 14 heures le 17 octobre, dans les villages de Nikoulino et de Toropovo, « des drapeaux blancs furent hissés sur certaines des maisons des employés des fermes collectives ». Ceux-ci attendaient visiblement les Allemands.

Selon le rapport de Jouravlev, il y eut, cependant, quelques réactions des autorités. Dans quelques cas, le NKVD, « avec l'aide de militants du Parti et de gardiens des usines », parvint à arrêter les perturbateurs. Des patrouilles spéciales du NKVD furent dépêchées dans toute la ville pour tenter de rétablir l'ordre, mais l'impression générale laissée par le rapport est que l'appareil de répression soviétique se retrouvait soudain en train de livrer une bataille perdue contre une population qu'il ne parvenait plus à intimider.

Dans la panique générale ayant régné initialement le 16 octobre, les unités du NKVD elles-mêmes ne savaient parfois pas comment réagir. Alexandre Zevelev, un étudiant en histoire qui, s'étant engagé volontairement au moment de l'offensive allemande, avait été affecté au NKVD, se retrouva en patrouille dans la rue Gorki, l'une des principales artères du centre de Moscou. « Il y avait du pillage, devait-il rapporter. Des magasins d'alimentation avaient été abandonnés toutes portes ouvertes, et des gens les dévalisaient. Il nous fallait donc les arrêter ? Ils volaient du sucre, du pain et de la farine. »

Zevelev vit également des gens piller un restaurant, près de la station de métro Maïakovski. Bien que lui-même et les autres hommes de son unité fussent armés de fusils, ils n'osèrent pas tirer. Ils crièrent aux pillards de s'arrêter et rapportèrent ce qu'ils avaient vu à leurs supérieurs, en laissant à ceux-ci le soin d'agir.

Mais, en d'autres domaines, le NKVD semblait ignorer la confusion générale et poursuivre sa sinistre besogne comme si rien ne s'était passé. Ainsi, vers minuit, des milliers de prisonniers politiques furent conduits sur la place située devant la gare de Koursk. Parmi eux se trouvaient plusieurs éminents chercheurs scientifiques, dont le généticien Nikolaï Vavilov[7]. Un autre scientifique, Andreï Soukhno, décrivit ultérieurement les épreuves auxquelles ils furent soumis. « Des gardes avec des chiens, raconta-t-il, encerclèrent la place et nous ordonnèrent de nous mettre à quatre pattes. Il avait neigé la veille, c'était la première neige de l'année, et elle avait fondu. Nous nous trouvions donc à genoux dans un mélange d'eau et de boue. Tous essayaient de s'écarter des plus grandes flaques, mais nous étions serrés les uns contre les autres, et les gardes réagissaient violemment... Nous restâmes donc ainsi, à quatre pattes, pendant six heures. »

Les prisonniers furent ensuite entassés dans un train à destination de Saratov. On comprimait 25 personnes dans un compartiment prévu pour 5, et l'épuisant voyage prit deux semaines. Soukhno devait survivre et se trouver en mesure de raconter son histoire, mais Vavilov mourut de faim deux ans plus tard dans la prison de Saratov. Par une ironie du sort, son frère, Sergueï Vavilov, qui était également un chercheur scientifique, fut si remarqué pour ses travaux qu'en 1945, Staline le convoqua au Kremlin pour le nommer à la tête de l'Académie des sciences soviétique. Au cours de l'entrevue, Sergueï Vavilov s'enquit du sort de son frère. En sa présence, Staline décrocha le téléphone et appela Beria. « Lavrenti, lui demanda-t-il, qu'est devenu Nikolaï Vavilov. Mort ? » Et, raccrochant, il déclara, sans l'ombre d'une ironie : « Quel homme nous avons perdu là ! »

Alors que la plupart des responsables du Kremlin demeuraient étrangement silencieux et invisibles, Anastase Mikoyan intervint personnellement lors d'une grève s'étant déclenchée à l'usine d'automobiles Staline [8]. Le directeur de l'établissement l'ayant appelé à l'aide, il se rendit sur place et trouva 5 à 6 000 ouvriers manifestant devant les portes fermées de l'usine. Les ouvriers reconnurent immédiatement Mikoyan et se mirent à l'assaillir de questions. Pourquoi n'avaient-ils pas été payés depuis deux semaines ? Pourquoi leur interdisait-on l'accès de leur propre usine ? Pourquoi le gouvernement avait-il fui Moscou, en même temps que les responsables du Parti et des Komsomols de l'usine ? Pourquoi ne les informait-on de rien ?

Mikoyan les écouta et fit de son mieux pour les apaiser. « Camarades, leur demanda-t-il, pourquoi ces protestations ? Il y a une guerre en cours, et n'importe quoi peut arriver. Qui vous a dit que le gouvernement avait fui Moscou ? Ces rumeurs ne sont que des provocations ; le gouvernement n'a pas fui. Tous ceux qui doivent être à Moscou sont à Moscou. Staline est à Moscou, Molotov aussi, de même que tous ceux qui ont des raisons d'y être. » Il reconnut que certains services officiels avaient été évacués parce que « la ligne de front se rapprochait de la ville ». Mais il affirma aux ouvriers que tout cela s'opérait selon un plan soigneusement prévu et qu'ils ne devaient pas s'inquiéter pour leur gagne-pain. « Maintenant, conclut-il, il vous faut rester calmes et obéir aux instructions dictées par la situation militaire. Nous avons besoin de sang-froid et de discipline pour faire face à l'ennemi. »

Cette intervention personnelle de Mikoyan calma les choses, et les ouvriers se dispersèrent progressivement. Mais il s'était bien gardé de répondre à certaines questions et de préciser certains points. Il omit notamment de dire que Staline avait déjà ordonné à nombre de hautes personnalités gouvernementales de quitter la capitale, et qu'à ce moment, la plupart de ses collaborateurs supposaient que lui-même n'allait pas tarder à en faire autant. Il ne révéla pas non plus aux ouvriers que la véritable raison pour laquelle l'accès de l'usine leur était interdit était que des charges explosives y avaient déjà été posées, prévues pour éclater à l'entrée des Allemands dans la ville. Le 15 octobre, Staline avait émis une directive commandant de « faire sauter les usines, entrepôts et installations qui ne pourraient être évacués, ainsi que le système d'alimentation en électricité du métro [9] ». Les conduites d'eau et les égouts devaient toutefois être épargnés.

Certains ouvriers, cependant, avaient eu vent du fait que le NKVD minait leurs usines. Cela avait donné lieu, comme le rapporta ensuite le responsable du contre-espionnage pour la région de Moscou du NKVD, Sergueï Fedoseïev [10], à « un incident grave » à l'usine N° 6, une fabrique de matériel militaire désignée comme l'une de celles qui ne devaient tomber sous aucun prétexte aux mains de l'ennemi. Les machines avaient été emballées dans des conteneurs spéciaux devant être envoyés vers l'est, hors de Moscou. Là, les machines devaient, en principe, être remontées et remises en service. Mais les cadres de l'usine chargés d'évacuer les conteneurs furent pris de panique et décidèrent d'embarquer leurs familles en même temps que le matériel. « Les ouvriers de l'usine s'en aperçurent, rapporta Fedoseïev, et furent pris de fureur, ce qui les amena à manifester. Ils exigèrent que l'évacuation soit annulée et que l'usine continue à fonctionner. Ils avaient peur de perdre leurs emplois. »

À ce moment, l'un des ouvriers cria que l'usine risquait de sauter d'un moment à l'autre, et la tension monta de façon dramatique. Terrifiés, les ouvriers désignèrent cinq d'entre eux pour fouiller l'usine à la recherche des charges explosives qui y avaient été posées. Ils insistèrent pour que l'un des principaux responsables de la sécurité, un certain Serov, les accompagne. Bien que Serov sût parfaitement où les explosifs avaient été disposés, il n'en fit nulle part aux ouvriers, et ceux-ci ne trouvèrent rien.

Mais l'histoire ne devait pas s'arrêter là. Serov informa aussitôt ses supérieurs de ce qui s'était passé, et le gouvernement ordonna au NKVD d'arrêter les meneurs de la manifestation ouvrière. Une quinzaine d'hommes furent ainsi appréhendés. « Ils furent tous fusillés quelques jours plus tard, nota laconiquement Fedoseïev, et ne furent réhabilités qu'en 1953. » C'est-à-dire à la mort de Staline, qui entraîna de telles réhabilitations par millions.

Pourquoi Staline avait-il pratiquement disparu et était-il resté aussi étrangement silencieux durant ces quelques jours de la mi-octobre où Moscou semblait sur le point de tomber et où les émeutiers hantaient les rues de la capitale ? Que faisait-il et que pensait-il ?

Le 14 octobre, Staline eut une entrevue avec Gueorgui Dimitrov, qui, en tant que responsable du Kominterm, maintenait des relations avec les mouvements communistes du monde entier. En arrivant au Kremlin, Dimitrov fut frappé par le fait que tout le monde semblait partir du principe que l'évacuation de Moscou était inévitable. « Moscou même devenant le front, écrivit-il dans son journal, des préparatifs doivent être effectués pour le pire scénario possible. » Molotov lui avait donné des instructions fort claires : « L'évacuation est nécessaire, lui avait-il dit. Je vous conseille de partir avant la fin de la journée. » Selon Dimitrov, le propos de Staline avait été également simple : « Moscou ne peut être défendu comme Leningrad. »

Puis le dictateur soviétique s'était subitement lancé dans une véritable diatribe contre Ernst Thälmann, le chef du parti communiste allemand, alors détenu au camp de Buchenwald, dont il mettait en cause l'engagement politique et affirmait que, ses écrits étant teintés d'idéologie fasciste, les nazis se garderaient bien de le tuer. En fait, Thälmann devait être exécuté deux ans plus tard à Buchenwald. Mais le plus remarquable était l'acharnement de Staline à rechercher trahison et hérésie parmi ses partisans au moment même où tout semblait sur le point de s'effondrer autour de lui.

Dimitrov et Molotov prirent le même train pour Kouïbychev le 17 octobre. Après avoir pris le thé avec plusieurs autres personnalités gouvernementales à bord de ce train, Dimitrov devait noter dans son journal : « Tout le monde a bon moral, malgré l'inquiétude qui règne. Tout le monde envisage la prise imminente de Moscou par les Allemands. » Il lança ensuite, en tant que responsable du Kominterm, un appel aux communistes de tous les pays, les adjurant de « ne pas se laisser aller au découragement devant les succès temporaires de la bande fasciste »[11].

Longtemps après la guerre, Molotov nia carrément que le pessimisme ait régné parmi les dirigeants soviétiques ou que Staline ait jamais envisagé la possibilité de quitter Moscou. « C'est absurde, affirma-t-il. Il n'avait aucun doute. Il n'allait pas quitter Moscou. Je suis allé deux ou trois jours à Kouïbychev et y ai laissé en place Voznessenski. Staline m'avait dit : "Voyez comment tout se passe là-bas, et revenez aussitôt"[12]. »

Mais il ne faut pas oublier que Molotov fut, jusqu'à la fin, un staliniste convaincu, incapable d'avouer la moindre faiblesse ou le moindre doute chez son idole. En revanche, Dimitri Volkogonov, ancien général de l'Armée rouge et biographe de Staline, nous affirme que celui-ci avait été si profondément ébranlé par la menace pesant sur Moscou qu'il « nourrissait d'alarmants pressentiments »[13].

Tout, en fait, était prêt pour l'évacuation de Staline : un train spécial entièrement équipé en attente à la gare, et – au cas où la situation se ferait plus pressante encore – le Douglas DC 3 personnel du dictateur, ainsi que trois autres avions[14]. Le soir du 15 octobre, Staline décida soudain d'aller dans sa datcha, mais on lui fit savoir qu'elle était déjà minée en préparation de l'arrivée des Allemands et que la chose était donc impossible. Furieux, Staline ordonna alors qu'on se débarrasse des charges explosives, maintenant sa décision d'aller passer la nuit dans sa résidence campagnarde[15]. Cette décision était probablement due à sa volonté d'affirmer, en toutes circonstances, son pouvoir plutôt qu'à une résolution bien arrêtée de ne pas quitter Moscou ou sa région.

Le lendemain, Staline regagna le Kremlin[16] par la route et fut accueilli, selon l'un de ses gardes du corps, par le spectacle de « gens portant des sacs emplis de farine, de chapelets de saucisses, de jambons, de paquets de nouilles et de macaronis » – en bref, de tout ce qu'ils avaient pillé dans les magasins. Ordonnant à son chauffeur d'arrêter la voiture, il fut immédiatement entouré par la foule. Certains se mirent à applaudir, et quelqu'un demanda : « Camarade Staline, quand allons-nous arrêter l'ennemi ? » « Il y a un temps pour tout », répondit-il.

Il est à remarquer qu'il n'adressa aucun reproche aux pillards. Arrivé au Kremlin, il déclara à son entourage que non seulement les ambassades étrangères mais aussi les services gouvernementaux devaient être évacués vers Kouïbychev. Quelques ministères seraient répartis dans d'autres villes, mais Kouïbychev serait la capitale de rechange. Staline précisa que les membres du Politburo seraient également appelés à quitter Moscou. Et, en ce qui le concernait, il déclara : « Je partirai demain matin. »

Mikoyan souleva des objections. « Pourquoi devons-nous partir aujourd'hui, demanda-t-il, si vous ne partez que demain ? Nous pouvons fort bien partir demain, nous aussi. » Il souligna ensuite que le secrétaire du Parti pour Moscou, Chtcherbakov, et Beria, le patron du NKVD, ne pourraient, de toute manière, quitter la ville que lorsqu'ils auraient achevé les ultimes préparatifs en vue de la constitution de groupes de résistance dans la capitale occupée. « Je reste, finit-il par affirmer, et je ne partirai que demain avec vous » [17].

Staline ne protesta pas et tourna son attention vers les dispositions à prendre en vue d'une occupation de Moscou par les Allemands, précisant les usines et autres installations qu'on devrait faire sauter et la façon dont l'Armée rouge devait battre progressivement en retraite autour de la capitale.

Mais, finalement, Mikoyan dut se rendre à Kouïbychev. Staline insistant pour que Molotov y aille vérifier la mise en place de l'administration, le ministre des Affaires étrangères demanda instamment que Mikoyan l'accompagne [18], et, bien que celui-ci continuât à protester, Staline finit par lui dire : « Pourquoi n'allez-vous pas avec Molotov ? » Mikoyan comprit qu'il ne s'agissait pas vraiment d'une question mais bel et bien d'un ordre. Comme Molotov, il ne devait passer que quelques jours à Kouïbychev avant de regagner Moscou.

Pendant tout ce temps, Staline consacrait tous ses moments de répit à la lecture d'une nouvelle biographie du maréchal Koutouzov, le vainqueur de Napoléon en 1812. Il avait souligné cette phrase : « Jusqu'à la dernière minute, nul ne sut ce que Koutouzov entendait faire » [19].

Autour de Moscou, le danger devenait presque palpable. Mikoyan rapporta que des éclaireurs motocyclistes de la Wehrmacht avaient été vus à moins de 25 kilomètres de sa datcha, elle-même située à une quinzaine de kilomètres au sud-ouest de Moscou. D'autres informations plaçaient les unités de reconnaissance allemandes encore plus près, bien qu'il fût difficile de distinguer entre la réalité et la simple rumeur.

Du haut des airs, les Allemands faisaient sentir leur présence par des bombardements pratiquement quotidiens de la capitale soviétique. Staline était souvent contraint d'aller chercher refuge à la station de métro Kirovskaïa [20], où il pouvait travailler et dormir dans le compartiment spécialement équipé à cet effet d'un train dissimulé à la vue des usagers par des panneaux de contreplaqué.

Mais, en une occasion au moins, le dictateur soviétique eut à subir un bombardement alors qu'il se trouvait à la surface [21]. Revenant de sa datcha à l'aube, il quitta sa voiture pour voir des bombardiers allemands, éclairés par les projecteurs des batteries antiaériennes, attaquer la capitale. Il refusa de bouger, même lorsqu'un éclat d'obus tomba tout près de lui. Son garde du corps le ramassa et le lui tendit, encore chaud.

Qu'il ait eu peur ou non, Staline n'était nullement sûr, le 16 octobre, de la ligne de conduite à adopter. Le maréchal de l'air Golovanov le surprit ce jour-là, assis à son bureau, et répétant : « Que faut-il faire ? Que faut-il faire ? »[22].

Dans le livre qu'il a consacré à son père, Sergo Beria affirme que le chef du NKVD avait insisté pour que Staline reste. « Si vous partez, lui aurait-il dit, Moscou sera perdu. Pour assurer votre sécurité, nous pouvons transformer la Place rouge en aérodrome. L'armée et le peuple doivent savoir que vous êtes à Moscou[23]. »

Et, Chtcherbakov et quelques autres ayant pris la position inverse, Staline se serait tourné vers eux en leur disant : « Votre attitude ne peut s'expliquer que de deux façons. Soit vous êtes des bons à rien et des traîtres, soit vous êtes des idiots. Je préfère vous considérer comme des idiots[24]. »

La version fournie par Sergo Beria peut être discutée dans la mesure où il s'efforçait de donner à son père le meilleur rôle possible. Rétrospectivement, tous les dirigeants soviétiques voulaient se dépeindre comme ayant toujours vu la nécessité, pour Staline, de rester à Moscou. Mais il faut considérer que, sur le moment, ils n'avaient nulle assurance que Moscou pourrait tenir, et que la dernière chose qu'ils souhaitaient était certainement d'être associés à une décision ayant entraîné la capture ou la mort de Staline.

En fin de course, bien sûr, la décision revenait au dictateur soviétique lui-même, et il n'avait nulle hâte de la prendre. Le 18 octobre, il se rendit à la gare où son train spécial attendait. Selon certains récits, il s'agissait de la gare Kalantchevskaïa[25], selon d'autres, de la gare de Koursk[26]. Mais il ne monta même pas à bord du train, se bornant, selon Pavel Saprykine qui travaillait à la gare de Koursk, à arpenter le quai le long du convoi.

Ayant finalement décidé de ne pas quitter la capitale, Staline reprit les choses en main à sa manière habituelle – c'est-à-dire par la force brute. Le 19 octobre, décrétant la loi martiale, il envoya les troupes du NKVD dans les rues de Moscou ; avec ordre d'abattre quiconque paraîtrait suspect. Des tribunaux spéciaux furent mis en place pour s'occuper des pillards et autres fauteurs de troubles, ce qui entraînait d'autres exécutions sommaires. D'anciens membres de ces unités du NKVD comme Evgueni Anoufrïev se montraient, encore des années plus tard, réticents sur leurs propres actions, mais n'hésitaient pas à évoquer les instructions qu'ils avaient reçues : « Nous avions ordre d'abattre sur place les espions et les déserteurs, mais nous ne savions pas comment reconnaître un espion. L'ordre n'avait donc pratiquement aucun sens. » Mais Anoufrïev finissait par confesser : « Des tas de choses stupides ont été faites alors. Que puis-je dire de plus ? »

Nul ne peut dire exactement combien de Moscovites périrent dans l'affaire, mais le message était clair : Staline avait de nouveau pris les choses en main, et presque tout le monde savait ce que cela signifiait. Les pillages cessèrent brusquement, et les Moscovites restés sur place commencèrent à se sentir déterminés à empêcher les Allemands de s'emparer de la ville.

Même des gens comme Valeria Prokhorova, qui avaient toutes les raisons de détester le régime, se félicitèrent de ce changement. « Nous commencions, devait-elle déclarer, à sentir que nous étions défendus, que le régime défendait notre terre. Personne n'aimait Staline, mais le peuple combattait pour notre pays. »

Il n'empêche que la panique avait fait beaucoup plus que menacer l'ordre établi ; elle avait mis en cause la volonté même de défendre la capitale contre les Allemands. Longtemps après, bien des Russes ont beaucoup de mal à évoquer cette réalité si différente des versions officielles de l'histoire.

Dans ses Mémoires, le maréchal Joukov s'efforce pieusement d'entretenir le mythe. « Mais, reconnaît-il, il y a, comme on dit, des indésirables dans toutes les familles, et, dans ce cas précis, des lâches, des défaitistes et des profiteurs commencèrent à fuir la capitale dans toutes les directions, répandant la rumeur d'une reddition inévitable. » Selon lui, la proclamation de la loi martiale était nécessaire pour « mobiliser soldats et civils de Moscou afin de repousser l'ennemi et… de prévenir une répétition de la panique déclenchée par des éléments provocateurs le 16 octobre »[27].

Mais la peinture la plus honnête des sentiments pénibles et souvent contradictoires suscités par ce qui s'était passé le 16 octobre se trouve peut-être dans le roman de Konstantin Simonov, *Les Vivants et les morts*, devenu un classique de la littérature soviétique d'après-guerre. Son personnage principal trouve, des années plus tard, « intolérable de se rappeler Moscou tel que la ville avait été ce jour-là, comme il est intolérable de voir le visage d'une personne aimée déformé par la terreur ». Tout en louant l'héroïsme de ceux qui poursuivirent le combat contre les troupes allemandes, il reconnaît que, la guerre ayant pris un tour désastreux, « il y avait d'autres gens, ce jour-là, prêts, dans leur désespoir, à croire que les Allemands allaient entrer dans Moscou le lendemain ». Mais il ajoute : « Pour être juste, quelques milliers seulement de ces dizaines de milliers de personnes pouvaient être rétrospectivement condamnées par l'histoire »[28]. En d'autres termes, s'il n'avait rien de glorieux, le sentiment de panique était parfaitement compréhensible.

Dans une lettre à sa compagne laissée au pays, Heinrich Lansen, l'un des soldats allemands avançant vers Moscou, écrivait, à la date du 8 octobre : « La victoire sur l'Armée rouge doit être et sera à nous. Notre puissant Führer a promis de terminer victorieusement la campagne la plus difficile de l'Histoire avant le début des grands froids… Ma chérie, ton vœu d'une fin glorieuse de la guerre sera bientôt exaucé. Moscou, le bastion du bolchevisme mondial, tombera dans quelques jours et ce qui reste de l'Armée rouge sera anéanti avec la capitale ennemie… Tu peux t'attendre à une fin rapide de la guerre et à de joyeuses retrouvailles… Quand tu liras ces lignes, la guerre à l'est sera peut-être finie[29]. »

En fait, la lettre de Lansen n'arriva jamais en Allemagne, mais finit entre les mains du NKVD, certainement après que son auteur eut été tué au combat. Mais lorsqu'il avait écrit ses lignes, leur contenu, bien qu'évidemment influencé par la propagande nazie, n'avait rien d'extravagant. Pour empêcher ces prévisions de devenir réalité, les autorités soviétiques durent procéder, dans Moscou, à une mobilisation générale.

La plupart des hommes étant déjà sous les drapeaux, ce furent des équipes de femmes et d'adolescents encore trop jeunes pour être mobilisés qui entreprirent de creuser d'immenses réseaux de tranchées, des pièges antichars, et d'ériger des barrages faits de troncs d'arbres reliés par des rouleaux de barbelés. Ces barrages ne tardèrent pas à encercler la capitale sur des milliers de kilomètres. Travaillant jour et nuit, les mêmes équipes creusèrent également des milliers d'emplacements d'artillerie. Dans la ville elle-même, elles dressèrent des barricades pour le cas où les Allemands perceraient les premiers réseaux de fortifications.

Irina Bogolioubskaïa, alors adolescente, vit arriver des soldats dans l'appartement qu'elle occupait avec ses parents et crut, un moment, que la famille allait être expulsée. Mais les soldats se bornèrent à installer une mitrailleuse à l'une des fenêtres.

« Les Moscovites ont fait de leur ville une forteresse inexpugnable, clamait un communiqué officiel. Chaque immeuble est devenu un bastion, chaque rue une zone fortifiée. Moscou s'est hérissé de barricades, de pièges antichars et de fils de fer barbelés [30]. » Selon Joukov, plus d'un demi-million d'habitants de Moscou et de sa banlieue, des femmes pour la plupart, participèrent à ce gigantesque effort, et leur exemple vint rehausser de façon spectaculaire le moral des troupes, « accroissant leur force et leur volonté de combattre » [31].

Il est certain que l'histoire officielle soviétique a eu soin d'embellir encore ce tableau et de nous présenter une population plus unie et plus résolue qu'elle ne l'était en fait. Néanmoins, nombre de Moscovites étaient déterminés à faire tout ce qui était possible pour la défense de leur ville, si ébranlés qu'ils aient pu être par l'exode massif de leurs concitoyens, par le bref mais dramatique effondrement de l'autorité publique et par les privations que leur imposait une pénurie prolongée de denrées alimentaires, en particulier de pain.

Les autres épreuves qu'ils devaient subir étaient les bombardements aériens allemands. Depuis le premier raid, le 22 juillet, ceux-ci s'étaient faits réguliers. Selon un rapport du NKVD remis à Beria le 24 novembre 1941, il y eut 90 bombardements de Moscou durant les cinq premiers mois de la guerre. « Les avions ennemis, précisait ce rapport, ont déversé 1 521 bombes explosives et 56 620 bombes incendiaires sur la ville » [32].

À la suite de ces bombardements, 1 327 personnes furent tuées, 1 931 grièvement blessées et 3 122 légèrement blessées. Bien que, lors des alertes, des jeunes gens – et particulièrement des jeunes femmes – courussent sur les toits des immeubles pour rejeter les petites bombes incendiaires avant qu'elles n'aient le temps de faire trop de dégâts, ces engins n'allumèrent pas moins de 1 539 incendies. Au total, les bombes des deux types détruisirent 402 immeubles d'habitation et en endommagèrent 852 autres. 22 usines furent également anéanties et 102 gravement atteintes. Des bilans ultérieurs [33] portèrent le total des pertes humaines à 7 708, dont 2 196 morts, et celui des pertes matérielles à 577 immeubles d'habitation détruits et 5 007 endommagés, 71 usines détruites et 88 endommagées.

Mais ces bilans officiels doivent peut-être être révisés à la hausse. Dans ses Mémoires, le commandant de la zone aérienne de Moscou, Nikolaï Sbytov[34], établit le bilan d'une seule journée, celle du 10 octobre. Selon lui, 70 avions allemands participaient au raid, et 10 d'entre eux furent abattus. « Les bombes, écrit-il, frappèrent le théâtre Bolchoï, la gare de Koursk et le Central télégraphique. 50 immeubles d'habitation furent détruits, 150 Moscovites furent tués, 278 furent légèrement blessés et 248 grièvement. » Soulignant qu'il s'agissait là d'un seul bombardement sur un total de 122 enregistrés jusqu'au printemps 1943, Sbytov soutient que le bilan total des pertes fut, de toute évidence, beaucoup plus élevé que celui généralement avancé. « La simple arithmétique, affirme-t-il, montre que Moscou devint un cimetière non seulement pour l'aviation allemande, mais aussi pour des milliers et des milliers de civils. »

Tous les Moscovites vivaient dans la terreur de ces raids, se précipitant dans les stations de métro muées en abris, dès que retentissaient les sirènes d'alerte. Mais lesdites alertes survenaient parfois trop tard. Irina Bogolioubskaïa était entrée au siège du Central télégraphique le jour du raid évoqué par Sbytov. Elle comptait, après avoir envoyé un télégramme, aller se joindre à la file d'attente qui s'était formée devant un magasin d'alimentation de l'autre côté de la rue. Brusquement, une énorme explosion fit voler en éclats les vitres du Central. « Un avion avait lâché une bombe entre le magasin et le Central, racontait Irina Bogolioubskaïa. C'était horrible. » Se précipitant hors de l'immeuble, elle s'aperçut que la plupart des personnes faisant queue devant le magasin d'alimentation avaient été tuées et que les autres étaient grièvement blessées.

Les avions allemands prenaient également pour cible les civils travaillant à fortifier les alentours de la capitale. Olga Sapojnikova et d'autres ouvrières de la filature de coton Trekhgorka avaient reçu ordre d'aller creuser des tranchées à quelques kilomètres du centre de la ville. « Ce furent des moments épouvantables, raconta-t-elle au journaliste britannique Alexander Werth. Dès le premier jour, nous fûmes mitraillées par un " Fritz " qui piqua droit sur nous. Onze des filles furent tuées et 4 blessées[35]. »

Vera Stepanova, qui avait 16 ans à l'époque et habitait le centre de Moscou, déclarait que, la première fois qu'elle s'étant trouvée prise sous un bombardement, elle avait été figée de terreur, incapable de courir pour tenter de s'échapper. Un avion allemand était passé si bas au-dessus d'elle qu'elle avait eu « l'impression de voir les yeux du pilote ».

Le Kremlin ne fut pas non plus épargné par les avions de la Luftwaffe. Selon Mikoyan [36], des bombes tombèrent à six reprises dans l'enceinte gouvernementale. L'une atteignit le palais du Kremlin lui-même mais n'explosa pas. En une occasion, Mikoyan et son garde du corps furent jetés au sol par le souffle d'une explosion qui tua deux personnes près de la Porte Spassky. Quand l'arsenal fut atteint à son tour, trente soldats y périrent. Le 28 octobre, ayant été convoqué par Staline au Kremlin, Malenkov apprit que l'immeuble du Comité central venait d'être frappé de plein fouet. « Je vous ai sauvé la vie », lui dit alors Staline [37].

Cependant, les bombardements de Moscou ne purent se comparer, tant par l'étendue des dégâts matériels que par l'ampleur des pertes humaines, au *Blitz* qui ravagea Londres et y fit plus de 20 000 morts [38].

Les Allemands ne se trouvaient pas en mesure de lancer contre la capitale soviétique une offensive aérienne de la même importance. De plus, les pilotes de la Luftwaffe ne tardèrent pas à découvrir combien il était difficile de percer les défenses antiaériennes protégeant Moscou et ses environs. Le lieutenant Richard Wernicke, pilote d'un bombardier en piqué Stuka Ju-87, se rappelait combien il avait été, avec ses camarades, surpris par l'intensité des tirs de DCA qu'il avait eu à essuyer. « C'était terrible, déclarait-il. L'air était plein de plomb. Nous n'avions rien vu de tel auparavant. »

Ce n'était pas là un effet du hasard. Le haut commandement soviétique avait, en fait, concentré près de 40 % de ses batteries de DCA dans la capitale ou autour d'elle. Il y en avait jusque sur le toit de l'hôtel Moskva, près de la Place rouge, ou à la datcha de Staline. Des projecteurs géants avaient également été installés. Des équipes de femmes en service de quatre heures en quatre heures, sept jours par semaine, s'en occupaient. « Elles portaient des vêtements d'homme et avaient les cheveux coupés à ras, pour éviter les poux et les maladies qu'ils pouvaient transmettre, déclarait Tatiana Petrova, dont la mère avait fait partie de ces équipes. Il était très important de prendre vite les avions allemands dans les faisceaux des projecteurs afin de déterminer leur altitude, leur vitesse et la direction dans laquelle ils allaient. » Ces informations étaient ensuite transmises aux canonniers des batteries de DCA. Les filets tendus entre les ballons captifs arrêtèrent également quelques avions volant à basse altitude. Les Soviétiques affirmèrent avoir, en tout, abattu 1 392 avions allemands au-dessus de Moscou[39].

Toutes sortes de dangers menaçaient les aviateurs de la Luftwaffe avant même qu'ils atteignent la capitale. Des canons bien dissimulés ouvraient le feu sur eux, et de nouveaux avions de chasse soviétiques, comme le Yak-7, avaient fait leur apparition dans les cieux. « Ils étaient très dangereux, soulignait Wernicke. Ils piquaient même directement derrière nous. »

De plus, tout comme les soldats au sol, les aviateurs allemands commençaient à prendre conscience de l'épouvantable rudesse du climat russe. Eux non plus n'avaient pas touché de vêtements d'hiver. Cela voulait dire qu'au sol déjà, ils avaient froid, mais qu'à 5 000 mètres, ils étaient littéralement gelés. « On ne pouvait supporter un tel froid », déclarait Wernicke. Au cours des mois de novembre et décembre 1941, près de la moitié des 100 avions de son groupe, stationné sur un terrain proche de Kalinine, au nord de Moscou, ne revinrent pas de leurs missions.

Mais, pour Moscou, la véritable menace était sur terre, et non dans les airs. C'étaient les troupes au sol qui allaient déterminer, d'une façon ou d'une autre, le sort de la capitale soviétique, et le Kremlin tentait de mobiliser tout ce qu'il pouvait. Le 16 octobre, au milieu de la panique qui régnait dans la ville, le commandement de la région de Moscou annonça qu'il avait recruté 11 500 volontaires pour les « Brigades communistes »[40], nom donné à la milice d'autodéfense nouvellement créée. Toutefois, ces volontaires comprenant des hommes qui n'avaient pas été mobilisés auparavant pour des raisons de santé, leurs effectifs se réduisirent à 10 000 environ vers la fin du mois.

Ils étaient, de plus, sérieusement démunis. On les avait armés à hâte de ce qu'on avait pu trouver, généralement des fusils polonais, français ou d'autres origines, dont certains dataient de la Première Guerre mondiale et beaucoup manquaient des munitions appropriées. Abram Gordon, qui venait d'être diplômé de l'Institut pédagogique d'État et s'était aussitôt porté volontaire, se retrouva dans une unité équipée de fusils polonais sans aucune cartouche. Les uniformes ne valaient pas mieux. Ainsi, Gordon dut venir au secours de l'un de ses camarades, un nommé Petrovsky, qu'une foule voulait lyncher. « Notre camarade, expliquait-il, portait un uniforme noir, un fusil polonais, une barbe et une moustache, et les gens l'avaient pris pour un parachutiste allemand. »

Même lorsque, plus tard, les volontaires reçurent des fusils russes plus modernes, ils n'eurent l'occasion de s'en servir qu'une ou deux fois avant d'être envoyés au combat. Ils furent souvent appelés à entrer en action contre des chars allemands avec seulement des grenades à main et des cocktails Molotov, ce qui revenait à des missions-suicides.

Et la mort pouvait aussi venir de l'arrière. Boris Kagan, un jeune ingénieur qui s'était porté volontaire le 15 octobre, participa à un combat dans un village, à une quarantaine de kilomètres de Moscou. En arrivant dans le village, il vit des soldats soviétiques qui s'enfuyaient devant les troupes allemandes. « Soudain, dit-il, un officier [soviétique] de haute taille sortit d'une maison, pistolet au poing, et commença à tirer sur les fuyards. » Il tua ainsi quatre d'entre eux.

Durant les combats de la deuxième quinzaine d'octobre, l'état-major de Joukov publia un communiqué exhortant les soldats de montrer tout leur courage « en cette heure de grave danger pour notre État ». « La patrie, déclarait notamment ce texte, vous appelle à former un mur indestructible barrant aux hordes fascistes la route de notre Moscou bien-aimé. Ce qui est exigé de nous maintenant, comme jamais auparavant, ce sont la vigilance, une discipline de fer, l'organisation, une action résolue, la volonté inaltérable de remporter la victoire et l'acceptation du sacrifice de soi »[41].

Pour les dirigeants soviétiques, il s'agissait surtout du sacrifice des autres. Le Kremlin ne voyait aucune raison de revenir sur sa politique de terreur, qu'elle soit liée ou non à la guerre en cours. Bien au contraire, il semblait souvent l'intensifier. Quelques jours seulement après l'appel de Joukov, nombre de personnes ayant survécu de justesse aux purges militaires de l'avant-guerre se retrouvaient face à des pelotons d'exécution. Parmi elles, les veuves du maréchal Toukhatchevski et de plusieurs officiers supérieurs, ainsi que les pilotes de la guerre d'Espagne Pavel Ritchagov et Yakov Smouchkevitch.

Avec l'arrivée des premiers trains spéciaux d'évacuation officielle, à la mi-octobre, Kouïbychev[42] commença à s'adapter à son nouveau rôle de capitale secondaire, rôle qui devait se maintenir jusqu'à l'été 1943.

Brutalement augmentée de hauts dignitaires communistes et de diplomates étrangers, de fonctionnaires et de musiciens et d'acteurs des grands théâtres de Moscou, la population de la ville passa de 300 000 à 900 000 personnes. Beaucoup des habitants ordinaires se virent allouer vingt-quatre heures pour évacuer leurs logements au profit des nouveaux arrivants. Aucune solution de rechange n'avait été envisagée pour eux, et ils durent se faire héberger par des voisins ou des amis lorsque cela leur était possible.

L'une des premières tâches entreprises fut, comme il était prévisible, de préparer un abri des plus sûrs pour Staline au cas où il serait, lui aussi, contraint de quitter Moscou. Des plans furent aussitôt établis pour la construction d'un impressionnant bunker souterrain, dont l'existence fut tenue secrète, non seulement pendant la guerre mais durant la cinquantaine d'années qui suivirent – jusqu'à la chute, en fait, du régime soviétique.

La construction de ce bunker[43] ne fut entreprise qu'en février 1942 par 597 travailleurs hautement spécialisés, habituellement affectés au métro de Moscou. Travaillant seize à dix-huit heures par jour, ils remuèrent plus de 300 000 mètres cubes de terre pour réaliser un immense abri situé à 37 mètres de profondeur – l'équivalent de douze étages sous la surface du sol. Ce bunker était le plus profond du monde. En comparaison, celui d'Hitler en Prusse-Orientale n'avait que 13 mètres 50 de profondeur. Aujourd'hui, ce bunker, terminé en novembre 1942, sert de musée et d'abri éventuel pour 600 personnes.

Mais, s'il n'excluait pas, comme en témoignent les travaux que nous venons d'évoquer, la possibilité d'avoir à quitter Moscou, son instinct dictait à Staline de rester dans cette ville aussi longtemps qu'il le pourrait. Il mesurait parfaitement l'importance psychologique de sa présence pour tous les Moscovites – même pour ceux qui désapprouvaient le régime.

Et, comme approchait le 7 novembre – date anniversaire de la révolution bolchevique, habituellement marquée par une grandiose parade militaire –, Staline surprit fort Molotov et Beria en leur demandant : « Comment allons-nous faire pour la parade militaire ? Peut-être l'avancer de deux ou trois heures ? »[44].

Ni Molotov ni Beria, ni le général Artemiev[45], gouverneur militaire de Moscou, n'avaient envisagé, compte tenu des circonstances, de la proximité des troupes allemandes et des bombardements quasi quotidiens, la possibilité d'une parade. Artemiev la déclara même impossible.

Mais Staline avait pris sa décision. « Les défenses anti-aériennes autour de Moscou seront renforcées, décréta-t-il. Les principaux chefs militaires sont sur le front, mais Boudienny prendra en main l'organisation de la parade, et Artemiev la commandera. S'il y a un raid aérien à ce moment-là, avec des morts et des blessés, ceux-ci devront être rapidement évacués pour que la parade puisse continuer. On en fera un film d'actualités qui sera distribué dans tout le pays, et les journaux devront donner une grande place à l'événement. »

Il ajouta qu'il saisirait cette occasion pour faire un discours, puis demanda : « Qu'en pensez-vous ? »

Ce fut Molotov qui souleva l'objection majeure, évidente. « Mais le risque ? fit-il. Il y aurait un risque, même si je dois reconnaître que l'effet politique, ici et à l'étranger, serait énorme.

— Alors, c'est décidé ! déclara Staline. Prenez toutes les dispositions appropriées »[46].

8

SABOTEURS, JONGLEUSES ET ESPIONS

Au cours de l'été 2005, en plein milieu de l'expansion immobilière d'un Moscou devenu capitaliste, les habitants se virent brusquement rappeler le combat qui s'était déroulé soixante-quatre ans plus tôt pour la conquête de la capitale. Comme on commençait à démolir l'hôtel Moskva [1], relique de l'ère stalinienne près de la Place rouge, on découvrit plus d'une tonne d'explosifs dans le soubassement de l'immeuble. Heureusement, le TNT s'était neutralisé avec le temps, et il n'y avait pas de détonateurs. Cela suggérait soit que l'hôtel avait simplement servi de dépôt pour les explosifs, soit que les préparatifs de sabotage de l'immeuble n'avaient pu se conclure. Mais, de toute façon, la chose s'inscrivait dans le cadre d'un plan général visant à accueillir les Allemands entrant dans Moscou par toute une série d'explosions spectaculaires.

Dès le début d'octobre, les chefs du NKVD partaient du principe que les forces ennemies allaient sous peu occuper la ville, et que les seules actions de résistance dans l'agglomération devraient être celles de cellules et unités clandestines formées par leurs soins. Dans les trois imprimeries secrètes [2] devant continuer à fonctionner au nez et à la barbe de l'occupant, le premier de ce qui devait être toute une série de tracts existait déjà à l'état d'épreuves. Il proclamait :

> *Camarades ! Nous avons quitté Moscou en raison des attaques continuelles des Allemands. Mais l'heure n'est pas aux pleurs. Nous savons qu'il y a eu des moments où les Russes ont dû quitter Moscou pour le libérer ensuite de l'ennemi. Mort aux occupants allemands !*
>
> *Le Comité clandestin du Parti* [3].

Les chefs du NKVD travaillaient donc frénétiquement à la mise en place du dispositif nécessaire, plaçant des charges explosives aux points clés de la ville, mais, en même temps, entraînant des agents qui resteraient en place, installant des réseaux de communication avec radios clandestines et boîtes aux lettres. L'objectif était de recueillir et transmettre le maximum de renseignements possible tout en harcelant les Allemands, tuant leurs chefs et sabotant leurs installations.

De façon peu surprenante, c'étaient les assassinats prévus par ce programme qui séduisaient le plus les hommes de la Loubianka, exécutants habituels de la terreur stalinienne. Mais ils savaient aussi que ces opérations allaient exiger autant de courage que d'imagination, car ils avaient affaire, cette fois, à des hommes aussi impitoyables et dépourvus de scrupules qu'eux.

Mikhaïl Makliarsky, l'un des hauts responsables du NKVD chargés de cette sorte de préparatifs, mit au point le plan le plus audacieux et le plus original de tous. Il recruta quatre artistes de music-hall, appelés, selon lui, à donner, dans Moscou occupé, la représentation de leur vie. L'un d'eux était un fantaisiste de 19 ans, Nikolaï Khokhlov[4], dont la spécialité était de siffler des airs à la mode. « La situation à Moscou n'est pas très bonne, lui expliqua Makliarsky. Apparemment, nous allons devoir abandonner la ville. Pour une courte période, bien sûr. Mais, de toute manière, si les Allemands entrent à Moscou, ils doivent avoir l'impression d'être entrés dans un nid de frelons. »

Les frelons devaient être, en l'occurrence, Khokhlov et ses partenaires : Sergueï Panilov, un auteur de sketches, Tassia Ignatova, une chanteuse, et une jeune femme qu'on appelait simplement Nina la jongleuse.

La petite troupe devait proposer aux occupants ses services pour les distraire. « Les Allemands, affirma Makliarsky, aiment le spectacle, surtout s'il n'est pas trop sérieux. » Khokhlov et ses camarades devaient donc s'efforcer d'obtenir l'organisation d'un grand spectacle, auquel assisteraient les plus hauts représentants du commandement allemand afin de célébrer leur victoire. « Peut-être même qu'Hitler honorera la soirée de sa présence, poursuivit Makliarsky. Imaginez une grande représentation pour le commandement nazi ! Des généraux allemands, de hauts fonctionnaires, toutes sortes de ministres... et, soudain, une explosion... une grenade, deux grenades... »

En vue de cette spectaculaire démonstration de la volonté de résistance russe, les quatre artistes subirent un entraînement intensif dans un appartement de Moscou – où, de son propre aveu, Khokhlov connut « la première idylle de sa vie » avec la chanteuse Tassia Ignatova. Leurs agents traitants du NKVD leur apportaient quantité d'armes, d'explosifs, d'argent, de cartes d'alimentation et de vivres. Ils leur apprenaient, en même temps, à se servir de leur nouvel arsenal, qui comprenait des charges de TNT ayant la forme et l'apparence de savonnettes, des détonateurs de toutes sortes et des grenades. Lors de la représentation, c'était Nina, la jongleuse, qui devait tenir le centre de la scène, et, au moment crucial, lancer sur l'assistance les massues avec lesquelles elle avait jonglé, et qui avaient été préalablement bourrées d'explosifs.

Le 15 octobre, alors que les services gouvernementaux s'apprêtaient à abandonner Moscou, Makliarsky convoqua au siège du NKVD les deux hommes du groupe, Khokhlov et Panilov. Tous deux arrivèrent à la Loubianka, où l'on détruisait frénétiquement des documents divers, et gagnèrent le bureau de leur chef. Celui-ci était au téléphone, donnant un ordre significatif : « Arrêtez-la immédiatement et exécutez-la à l'aube. » Puis il se tourna vers les deux jeunes gens et leur déclara : « Que puis-je vous dire, mes enfants ? Rien de bon. Nous quittons Moscou. Les chars allemands sont déjà aux abords de la ville. Tenez bon – et souvenez-vous de ce que vous défendez. Restez calmes. Attendez les instructions. »

Mais en définitive, quand les Allemands furent repoussés des faubourgs de Moscou, le supérieur immédiat de Makliarsky, Pavel Soudoplatov, se rendit à l'appartement où le petit groupe continuait à s'entraîner et à répéter pour dire aux quatre jeunes artistes que l'opération était annulée. Pas de public allemand en vue, et donc pas de représentation [5]. À la grande surprise de Soudoplatov, les jeunes gens furent visiblement déçus. Khokhlov devait déclarer plus tard qu'ils avaient été, en même temps, soulagés, mais l'idée de donner la plus extraordinaire et la plus périlleuse représentation de leur vie avait exercé sur eux un singulier attrait.

Cette tentative avortée ne mit toutefois pas un terme à la carrière d'agent spécial du jeune Khokhlov [6], qui, devait, selon ses supérieurs, faire preuve « d'une bravoure et d'un sang-froid remarquables ». Ayant appris à parler couramment allemand, il fut parachuté derrière les lignes ennemies et réussit à se faire passer pour un officier de la Wehrmacht pour préparer l'assassinat de Wilhelm Kube, commissaire général du Reich en Biélorussie et connu comme « le boucher » de cette région.

Après la guerre, Khokhlov tenta à maintes reprises de se dégager des services secrets, mais ceux-ci se refusèrent à le laisser partir. Il fut, au contraire, entraîné au travail à l'étranger, en vue de missions comprenant le sabotage et « la liquidation physique de nos ennemis ». Selon ses propres termes, on lui commanda « de devenir un assassin – un assassin servant les intérêts de l'État soviétique ».

Mais Khokhlov nourrissait de moins en moins d'illusions sur le régime qu'il était contraint de servir. Vers la fin de la guerre, il avait appris la véritable histoire de son père, homme qu'il ne connaissait pas très bien personnellement, ses parents ayant divorcé alors qu'il était encore très jeune. Son père, qui servait comme commissaire aux armées dans un bataillon durant la bataille de Moscou, avait commis l'erreur de dire à un soldat que Staline était responsable du désordre qui avait régné dans l'Armée rouge lors de l'attaque allemande. Il avait ajouté qu'il était difficile de décider qui, entre Hitler et Staline, était le plus néfaste. Craignant qu'on lui tende tout simplement un piège, le soldat avait immédiatement rapporté ces propos, à la suite de quoi le père de Khokhlov avait été affecté à l'un de ces bataillons disciplinaires où l'on ne survivait habituellement que fort peu de temps. De fait, il y avait rapidement péri.

Le beau-père de Khokhlov – « un excellent homme de loi qui ne savait probablement pas tenir un fusil » – s'était porté volontaire pour défendre Moscou et avait été, lui aussi, presque immédiatement tué. « L'armée avait besoin de chair à canon, déclarait amèrement Khokhlov. Joukov a remporté toutes ses victoires en faisant massacrer des millions d'hommes. Cette boucherie était sans précédent. »

En 1954, en pleine guerre froide, les supérieurs de Khokhlov à la Loubianka l'envoyèrent préparer l'assassinat d'un important dissident russe en Allemagne fédérale. Cette fois, il se rebella, prévint sa victime présumée de ce qui se préparait, collabora avec des agents de la CIA pour faire intercepter les autres membres de son équipe de tueurs et passa à l'Ouest. Il écrivit plus tard un livre de mémoires relatant ses expériences d'agent secret soviétique et enseigna la psychologie à l'université d'État de Californie à San Bernardino jusqu'en 1992, année où il prit sa retraite. Cette même année, Boris Eltsine, devenu président, l'amnistia, ce qui lui permit de revenir en visite à Moscou pour la première fois depuis trente-huit ans et même d'aller faire un tour dans les locaux de la Loubianka.

Lorsqu'on l'interrogeait sur les chances de succès de l'opération imaginée par Makliarsky en cas d'occupation de Moscou, il répondait sans hésitation : « Aucune. Les Allemands nous auraient immédiatement repérés, et nous aurions tous été pendus. » Il soulignait que, dans le petit monde du spectacle, les commérages étaient rois et il était impossible de garder un secret. De plus, les dépenses qu'ils faisaient libéralement n'auraient pas manqué d'attirer l'attention. « C'était, en fait, un montage voué à l'échec », déclarait-il avec le recul du temps.

Mais il reconnaissait qu'à l'époque, ses camarades et lui avaient cru à leurs chances de succès. « Le trait principal du citoyen soviétique, soulignait-il, était la naïveté. Nous vivions dans un brouillard créé non seulement par le climat mais aussi par la propagande soviétique. À cette époque, on ne parlait pas du danger. »

En plus du petit groupe très spécial de Khokhlov, le NKVD avait mis sur pied tout un réseau très complexe chargé d'entreprendre des actions clandestines dans Moscou occupé. Une note manuscrite ultrasecrète adressée le 14 octobre à Beria par Naum Eitingon, l'un des hauts responsables de la Loubianka, en donne un aperçu intéressant [7]. Ainsi, le premier « groupe de diversion et de terrorisme », seulement désigné par les initiales Z.R., se divisait en trois sous-groupes comprenant chacun deux combattants et un artificier. « Il y a, précisait la note, divers dépôts d'armes et d'explosifs. En plus, des explosifs sont stockés hors de Moscou, au centre d'essais du Commissariat national à l'agriculture. Le chef du groupe dispose de deux postes de radio, dont un gardé en réserve pour le cas où le premier ne fonctionnerait pas. Les opérateurs radios ont déjà été sélectionnés et entraînés. Tous les membres du groupe ont de fausses identités en règle et des logements secrets. Les membres du groupe sont en liaison avec le chef par des agents spéciaux. »

C'étaient ces unités qui étaient censées, entre autres choses, mettre en application la directive de Staline commandant de faire sauter toutes les installations industrielles qui ne pouvaient être évacuées. D'autres groupes mentionnés dans la note d'Eitingon se voyaient attribuer des noms tels que « les Pêcheurs », « les Vieux », « les Fidèles », « les Sauvages » et « la Petite Famille ».

Certains agents étaient spécialement cités par leurs noms de code, avec indication de leurs caractéristiques et de leurs missions. Par exemple, l'agent Markov, responsable des « Sauvages », était un ancien cambrioleur devant exécuter, avec son groupe, « des actes de terrorisme contre les officiers allemands ». L'agent Étau, membre de la « Petite Famille », était présenté comme « un ingénieur et un sportif d'origine noble ». La note précisait que sa mère avait été condamnée à huit années de Goulag pour avoir eu des liaisons amoureuses avec des membres de l'ambassade d'Allemagne, mais que « l'Étau » n'en était pas moins « un agent loyal ». Sa mission consistait à « adhérer à des organisations sportives fascistes et à y accéder à un poste de direction afin d'accomplir un acte terroriste important ». L'agent Poète devait, à la tête d'un groupe d'anciens officiers de l'Armée rouge ayant l'expérience du combat, « opérer des actions de diversion sur le réseau ferroviaire ».

En plus des explosifs, des allocations spéciales étaient faites à certains agents. Gerassimova, membre féminin des « Vieux », recevait mission « de publier des tracts antifascistes et avait reçu une machine à écrire à cette fin ». L'agent Minerai de fer, ingénieur et ancien officier de l'armée tsariste, devait également publier des tracts et « effectuer des opérations de renseignement ». Il s'était vu attribuer une machine à écrire et un appareil photographique. L'agent Kako, restaurateur de son état, préposé à « des opérations de renseignement et de terrorisme », devait, en même temps, utiliser son établissement pour « des rencontres secrètes et le stockage d'armes ». Pour lui faciliter le travail, on lui avait « alloué de l'alcool ». Parmi d'autres locaux choisis pour abriter les clandestins, figuraient un atelier de sculpteur, l'étude d'un notaire, une clinique et un théâtre.

Comme à son habitude, le NKVD était fort soucieux d'identifier les citoyens soviétiques n'étant pas ou peu fidèles au régime. L'agent Entrepreneur, présenté dans la note comme un ingénieur des chemins de fer et un homme d'affaires d'origine aristocratique, avait, toujours selon la note, « de multiples relations parmi les émigrés blancs, anciens généraux de l'armée tsariste et grands-ducs ». Sa mission consistait à rassembler des membres de l'intelligentsia « ne croyant pas à notre victoire » et à les préparer à « accueillir les Allemands à bras ouverts ». L'agent devait ensuite fonder une société de construction ayant accès aux couches supérieures du régime d'occupation, pour « recueillir des renseignements et exécuter des tâches plus actives ». La nature de ces « tâches plus actives » n'était pas précisée dans la note.

Un autre rapport[8] concernait la façon dont les agents devaient être avisés d'évacuer les locaux du NKVD et d'y mettre le feu au moment précis où les Allemands seraient sur le point de s'emparer de Moscou. L'une des solutions proposées était de faire exécuter simultanément par dix clairons une sonnerie spéciale. Mais on craignait à la fois que certains ne comprennent pas la signification du signal et que les Allemands aient préalablement vent de ces dispositions. L'autre solution, qui avait, de toute évidence, la préférence des auteurs du rapport, consistait à équiper de postes de radio les bâtiments appropriés, de façon à ce que des messages sans équivoque puissent être expédiés au moment voulu.

À mesure que les Allemands se rapprochaient de Moscou, le NKVD intensifiait ses préparatifs de sabotage. Dans ses souvenirs, rendus publics en 1994, Sergueï Fedoseïev[9], responsable de la section de contre-espionnage du NKVD pour la région de Moscou, explique que l'objectif principal de ces opérations était les usines se trouvant encore en mesure de produire de l'armement. Le NKVD s'efforçait aussi de réunir vingt tonnes d'explosifs pour faire sauter douze ponts.

De plus, Fedoseïev et ses collègues avaient été informés que le célèbre spécialiste allemand des opérations spéciales, Otto Skorzeny, l'homme qui devait ultérieurement organiser l'audacieux enlèvement de Mussolini, avait pris la tête de la « section technique » des forces allemandes avançant vers Moscou. Sa mission était de s'emparer des immeubles du parti communiste, du siège du NKVD, du Central télégraphique et d'autres bâtiments clés de la capitale soviétique avant qu'ils puissent être détruits. Cette information fit redoubler de zèle les agents du NKVD.

Igor et Natalia Chtchors étaient, au moment où ces lignes étaient écrites, parmi les derniers survivants des équipes désignées pour entreprendre des actions subversives dans

Moscou occupé. Ils étaient également un authentique couple « signé NKVD » puisqu'ils avaient reçu ordre en 1941 de jouer – alors qu'ils ne se connaissaient pas la veille – le rôle de jeunes époux, et que, par évolution progressive des choses le mythe était devenu réalité. Ils s'étaient officiellement mariés en 1944 et avaient eu leur premier enfant un an plus tard. Des années après, dans leur petit appartement du centre de Moscou, ils semblaient encore un peu gênés d'évoquer la comédie qu'ils avaient dû jouer initialement. « Au début, c'était difficile, déclarait Natalia. Mais depuis, nous avons toujours été ensemble. »

Igor était né en 1913 dans une famille de six enfants et avait grandi en Ukraine, où la campagne stalinienne de collectivisation forcée avait entraîné une famine faisant des millions de morts. « Les gens, racontait-il, attaquaient les boulangeries pour avoir du pain, et nous le mangions tout de suite, sur place, pour que personne n'ait le temps de nous le prendre. Il y a même eu des cas de cannibalisme. »

Cependant, doué pour les mathématiques, il avait réussi à faire de bonnes études et avait été admis à une école d'ingénieurs de Leningrad, où il avait pu avoir « un peu plus de pain ». En tant qu'ingénieur spécialisé dans les travaux en montagne, il avait tout appris sur les explosifs et fait un stage d'artillerie de deux ans lui ayant valu les galons d'officier. Finalement, en mars 1940, il fut affecté au NKVD et convoqué à la Loubianka, à Moscou. De là, il fut envoyé à une école spéciale installée dans les bois, non loin de la capitale, une construction en bois entourée de barbelés, que les élèves ne pouvaient quitter sans autorisation de leurs supérieurs, qu'ils devaient informer exactement des lieux auxquels ils se rendaient et des personnes qu'ils allaient rencontrer.

La mission de cette école était non seulement d'enseigner les langues étrangères aux futurs agents, mais aussi de les familiariser avec les us et coutumes des pays dans lesquels ils pourraient être appelés à se rendre, de façon à ce qu'ils puissent s'y fondre dans la masse. On leur apprenait en même temps les techniques de base de l'espionnage ; ils devaient être capables, à la fin de leur stage, de devenir des agents illégaux dans un pays étranger.

Parmi les techniques en question figuraient l'art de forcer un coffre-fort et celui de procéder à une filature – ou d'y échapper. Tous les élèves portaient des faux noms, et il leur était interdit d'interroger leurs condisciples sur leur passé ou leurs origines.

Igor se vit attribuer le nom de Chlegov mais fut autorisé à conserver son véritable prénom.

Il appartenait à un groupe de douze élèves se familiarisant avec le français. Des groupes similaires étudiaient l'anglais, l'allemand et l'italien, ce qui portait l'effectif total de l'école à quarante-huit élèves, hommes et femmes. Igor avait, parmi ses instructeurs, « un criminel de talent libéré à cette fin ». À une époque où les denrées alimentaires étaient sévèrement rationnées, Igor se trouva gavé d'huîtres et de foie gras. « Nous devions, précisait-il, apprendre à déguster ce genre de choses pour le cas où nous serions invités à des dîners d'apparat en France. » Originaires d'un pays où la vodka était reine, les élèves devaient également acquérir la connaissance des vins. En même temps, l'un des instructeurs leur enseignait l'argot français le plus crapuleux, car ils devaient pouvoir évoluer dans n'importe quel milieu et adopter n'importe quelle « couverture » en sol français.

Entré à cette école en août 1940, Igor en sortit le 21 juin 1941 avec le grade de lieutenant du NKVD. Le lendemain, alors qu'avec l'un de ses camarades, il allait acheter boissons et vivres pour fêter l'événement, il apprit que la guerre avait commencé. Une semaine plus tard, il était affecté à l'OMSBON, l'unité regroupant les forces spéciales du NKVD.

Là, il dut subir un nouvel entraînement militaire, mais, impatient d'aller combattre et ayant entendu l'appel lancé par Staline le 3 juillet, il envoya directement un télégramme à Pavel Soudoplatov, le responsable des « opérations spéciales » au NKVD, qui répondit en le convoquant à la Loubianka, où il invita le jeune et fougueux lieutenant à la patience, lui assurant qu'on n'allait pas tarder à l'employer. « La guerre va durer longtemps », ajouta Soudoplatov.

Peu après, Igor reçut, avec quelques autres, des ordres de mission devant les amener directement dans la zone des combats. Deux hommes furent ainsi envoyés à Smolensk, mais l'un d'eux marcha sur une mine et fut tué instantanément, tandis que l'autre perdait une jambe. Igor devait également aller vers l'ouest, mais la rapide avance des forces allemandes amena ses supérieurs à modifier leurs ordres. Il fut rappelé à Moscou – où son chemin devait se croiser avec celui de Natalia.

Née en 1919 dans le village de Pavelkovo, à quelque 240 kilomètres au sud de Moscou, Natalia avait également su très tôt ce qu'était la vie dure. Elle était le douzième enfant de sa famille, et sa mère était morte alors qu'elle n'avait que deux ans. Élevée par sa sœur aînée, elle s'était révélée très douée pour le sport, et avait été admise à étudier, de 1937 à 1941, à l'Institut Joseph Staline d'éducation physique, où, en plus de pratiquer de nombreuses activités sportives, de la gymnastique au hockey sur glace, elle avait suivi des cours de physiologie, d'anatomie, de kinésithérapie, de mathématiques, de physique et de médecine du sport. En 1940, elle avait participé à la grande parade sportive annuelle sur la Place rouge, présentant des fleurs, debout sur une motocyclette, devant la tribune où siégeaient Staline et les autres potentats du régime soviétique. Était-elle nerveuse ? « Je n'avais jamais eu peur de rien », affirmait-elle des années plus tard. Un an après, comme les Allemands commençaient à larguer de petites bombes incendiaires sur Moscou, Natalia fit partie de ces jeunes gens qui couraient sur les toits en rejetant les engins avant qu'ils puissent mettre le feu aux immeubles.

Ayant terminé ses études durant l'été 1941, elle voulut s'engager immédiatement dans l'armée, mais le directeur de l'Institut d'éducation physique lui fit savoir qu'elle était convoquée au siège des Komsomols, dans le centre de Moscou. Là, elle se retrouva, ainsi que quatre autres jeunes femmes, en présence d'un officier du NKVD, qui leur demanda d'emblée : « Vous n'avez pas peur d'aller à la guerre ? » Elles répondirent toutes que c'était leur vœu le plus cher et remplirent leurs formulaires d'engagement au NKVD.

Dès le lendemain, Mikhaïl Makliarsky affectait Natalia à une unité de l'OMSBON. Ayant appris les rudiments du métier à l'Institut d'éducation physique, elle devait prendre un poste d'infirmière à Stroitel, dans la région de Moscou. Dans le cadre de l'OMSBON, elle apprit également à tirer et à manier les explosifs.

Au début d'octobre, l'un des responsables de l'hôpital annonça aux infirmières qu'un officier supérieur du NKVD venait les voir. Cet officier s'avéra être Makliarsky, qui gratifia Natalia d'un grand sourire et lui dit : « Nous aimerions que vous exécutiez un ordre spécial de Staline. »

Le lendemain même, Natalia et deux autres jeunes filles se retrouvaient dans la chambre 1212 de l'hôtel Moskva, non loin du Kremlin, où on leur donna des uniformes tout neufs. Les bottes de Natalia, toutefois, étaient de quatre pointures trop grandes pour elle. C'est donc d'une démarche un peu incertaine qu'elle gagna, en compagnie de Makliarsky, la Loubianka, où elle fut reçue par le bras droit de Beria, Bogdan Koboulov. Celui-ci siégeait derrière un vaste bureau, entouré de plusieurs officiers.

« Que savez-vous faire ? demanda Koboulov à Natalia. Savez-vous conduire ? » Elle lui répondit qu'elle savait en fait conduire mais qu'elle n'avait qu'un permis moto. « Je pratique également le hockey sur glace et d'autres sports », ajouta-t-elle.

Mais Koboulov avait d'autres idées en tête. « Et si nous faisions de vous une fausse épouse ? » dit-il. On estimait en effet, au NKVD, que, pour des opérations clandestines, un couple marié – ou paraissant l'être – risquait moins d'attirer l'attention qu'un agent isolé.

C'est en souriant que Natalia racontait cette histoire des années plus tard, mais elle avouait que, sur le moment, elle avait trouvé la chose beaucoup moins amusante. « J'ai senti mon cœur chavirer et je suis devenue toute rouge, déclarait-elle. Mais je me disais que si je devais le faire pour mon pays, je le ferais. »

Son manque d'enthousiasme était d'autant plus compréhensible qu'elle était pratiquement fiancée à un garçon nommé Dimitri. Il avait été appelé sous les drapeaux en 1939, mais ils continuaient à s'écrire régulièrement. Néanmoins, elle se plia aux ordres de Koboulov.

Elle regagna donc la chambre 1212 de l'hôtel Moskva, où le NKVD lui fit porter des robes et des souliers élégants. Puis elle reçut par téléphone l'ordre de se rendre à la chambre 525, où on lui présenta Igor. Une voiture devait les conduire à l'appartement qui leur avait été affecté dans le quartier Roublevo, dans la proche banlieue de Moscou. Comme le chauffeur de la voiture n'était pas censé savoir qu'ils n'étaient pas vraiment mariés, Igor passa son bras autour des épaules de Natalia, et elle se raidit instinctivement.

L'arrivée dans le minuscule appartement ne fit rien pour dissiper le malaise. Officiellement, Igor était employé à la gare locale et membre d'une brigade de pompiers volontaires. Il avait, de plus, ses activités clandestines, dont la principale était de constituer des dépôts d'armes et d'explosifs. Ce qui faisait qu'il était assez rarement dans l'appartement. Ce premier jour, il ne tarda pas à laisser Natalia seule ; le malaise créé par leur situation ne l'avait pas laissé insensible, lui non plus.

Après son départ, Natalia commença à inventorier l'unique pièce de l'appartement, qui comportait un lit, une table et une chaise, et où, remarqua-t-elle, des mégots jonchaient le plancher. Elle balaya, refit le lit, et, à la tombée de la nuit, tenta de dormir. Mais elle était trop nerveuse, et, à 5 heures du matin, elle se releva pour aller faire un tour dans les bois voisins et se calmer un peu. À ce moment, Igor revint et il fut pris de panique en constatant l'absence de son épouse fictive. Il alerta immédiatement Makliarsky et Soudoplatov, qui, ultérieurement, réprimandèrent Natalia pour n'avoir pas tenu Igor au courant de ses faits et gestes.

Le travail officiel de Natalia était le contrôle du contenu chimique de l'eau potable dans le secteur, mais l'essentiel de son activité consistait à aider Igor dans ses activités clandestines. Celles-ci étaient considérées comme si importantes par le Kremlin qu'alors que la plupart des installations de Moscou et de sa banlieue étaient minées, Igor détenait une note signée de Molotov interdisant aux troupes soviétiques de faire sauter ou de brûler la gare de Roublevo, prévue comme centre d'activités de résistance.

Autre marque de son importance : Igor s'était vu allouer une automobile M-I, voiture normalement réservée aux hauts fonctionnaires. Afin de lui permettre d'envoyer des messages par radio de n'importe quel endroit, une batterie électrique de cinq kilowatts était astucieusement dissimulée à l'intérieur du siège avant du véhicule.

Le NKVD avait fourni à Igor et à Natalia de faux papiers sous un nouveau nom : Chevtchenko. Igor procédait à ses préparatifs de résistance et de sabotage seul ou assisté par Natalia. Il se souvenait ainsi avoir enterré 110 bidons à lait contenant un total de 4 400 litres d'essence destinés, entre autres, à la préparation de cocktails Molotov. Il avait également enterré dynamite, armes à feu et grenades. Il inventoriait, de plus, conduites d'eau et égouts afin de déterminer les voies d'accès clandestines utilisables.

Ce fut à ce titre qu'il fut soudain convoqué à la datcha de Staline. Une bombe allemande égarée avait provoqué une fuite dans le système d'alimentation en eau de la résidence. « Vous devez réparer immédiatement la conduite », avait déclaré à Igor le chef de la garde personnelle du dictateur. Igor, gardant tout son sang-froid, mobilisa alors les gardes et les fit creuser pendant trois heures dans les jardins de la datcha afin de localiser la fuite. La réparation ayant été effectuée, il reçut l'Ordre du drapeau rouge. Il était rare qu'un contact, même aussi lointain, avec Staline ait une aussi heureuse conclusion.

Dimitri, l'ami de Natalia, continuait à lui écrire chaque jour, et sa situation de fausse épouse tracassait encore suffisamment celle-ci pour l'amener à demander à Makliarsky sa mutation dans une unité de partisans. Elle se heurta à un refus total et formel.

Cependant, Igor, qui avait insisté pour que Natalia l'appelle simplement par son prénom, comme il était d'usage entre époux, au lieu de continuer à utiliser le cérémonieux « Igor Alexandrovitch », s'efforçait de la faire se détendre. Il finit par y réussir totalement. En 1943, Moscou n'étant plus menacé, Natalia fut envoyée par le NKVD faire un stage de transmissions de quatre mois. Les élèves n'étant pas autorisés à quitter les locaux de l'école, Igor vint l'y rejoindre chaque soir. Ils se marièrent véritablement en 1944, et lorsque Dimitri revint de la guerre en 1945, ils avaient déjà un fils de cinq mois.

Ils eurent quatre enfants, dont l'un mourut, trois petits-enfants et trois arrière-petits-enfants. Lorsque je leur rendis visite à Moscou, en mai 2004, ils vivaient avec une fille, un gendre et un petit-fils dans un appartement de trois pièces dans un immeuble assez sinistre de l'ère stalinienne. Ils avaient multiplié en vain les demandes pour obtenir un appartement séparé pour leur fille et sa famille. Malade et fatigué, Igor semblait avoir renoncé, mais Natalia se montrait toujours combative. « Nous avons écrit à Poutine », me dit-elle.

Mais, parmi ceux qui s'étaient portés volontaires pour le combat pour Moscou, d'autres connurent un destin beaucoup plus tragique. Ce fut notamment le cas de Zoïa Kosmodemianskaïa, qui, à 18 ans, s'était, en même temps que Natalia Chtchors, portée volontaire pour une activité clandestine.

Natalia se souvenait d'elle comme « grande et jolie, avec les cheveux coupés court comme ceux d'un garçon » et ajoutait qu'elle paraissait « très gentille ».

Elle sut également se montrer très brave et paya, de ce fait, le prix ultime. Envoyée à la fin de novembre 1941 incendier le village de Petrichtchevo, à quelque 90 kilomètres de Moscou, elle fut capturée, torturée et exécutée. De cela au moins, on peut être certain. Mais, quant aux détails de l'affaire, on doit se reporter à des versions « officielles », dont l'une au moins a été manifestement truquée.

Le seul document que l'on possède, au départ, est le procès-verbal de l'interrogatoire par le NKVD de Vassili Kloubkov[10], l'un des deux soldats de l'Armée rouge qui accompagnaient Zoïa dans sa mission, document qui paraît, dans ses grandes lignes, à peu près conforme à la vérité. L'interrogatoire en question, sans aucun doute mené avec de très peu tendres méthodes, commença le 11 mars 1942 à 22 heures pour se conclure le 12 mars à 5 heures du matin. Kloubkov avait été pris par les Allemands avant Zoïa et ce serait lui qui aurait trahi celle-ci. Certaines rumeurs avaient circulé selon lesquelles la jeune fille avait été dénoncée par des villageois, mais rien de cela n'apparaît dans les documents du NKVD, à commencer par le procès-verbal d'interrogatoire de Kloubkov.

Comme Zoïa, Kloubkov avait 18 ans. Employé des postes, il s'était engagé dans l'Armée rouge un mois seulement avant cette catastrophique première mission. Avec Zoïa et un autre soldat nommé Boris Kraïnov, équipés, comme lui, de cocktails Molotov, il avait mis quatre jours à gagner le village. Arrivés au milieu de la nuit, les trois membres du groupe avaient décidé de se séparer pour pouvoir allumer des incendies en diverses parties du village.

Selon le texte de son interrogatoire, Kloubkov, en approchant de son objectif, vit que Zoïa et Boris avaient déjà commencé à incendier les maisons. Il aurait alors lancé, lui aussi, un cocktail Molotov qui « pour une raison quelconque, ne prit pas feu ». Il aurait vu, à ce moment, des soldats allemands et aurait couru vers les bois voisins, distants de 300 mètres.

« Comme j'arrivais à la forêt, devait-il déclarer à ses interrogateurs du NKVD, deux soldats allemands ont sauté sur moi et m'ont pris mon arme, deux sacs contenant cinq bouteilles d'essence et une musette de vivres. » Il précisa que celle-ci contenait également une bouteille de vodka.

Les Allemands conduisirent ensuite leur prisonnier à un officier, qui pointa un pistolet sur lui et lui demanda qui d'autre participait à l'attaque contre le village. Selon le procès-verbal d'interrogatoire, Kloubkov avouait avoir cédé. « J'ai été un lâche, déclara-t-il. J'avais peur qu'il m'abatte. »

Kloubkov aurait également avoué à l'officier allemand qu'il faisait partie d'une unité de 400 hommes installée à Kountsevo, dans la banlieue sud-ouest de Moscou, et envoyant de petites équipes de sabotage, habituellement de cinq à dix membres, derrière les lignes ennemies.

Quelques minutes plus tard, des soldats amenèrent Zoïa. Kloubkov ignorait si Boris avait été également pris. Les Allemands entreprirent d'interroger Zoïa, lui demandant comment elle avait procédé. Elle nia d'abord avoir mis le feu. « L'officier, raconta Kloubkov, commença à frapper Zoïa, mais elle se refusa à rien dire. »

Quand les Allemands interrogèrent Kloubkov sur Zoïa, il livra son identité et confirma qu'elle avait allumé des incendies. Cependant, la jeune fille s'obstinait dans son silence. Les Allemands la mirent alors nue et la battirent pendant deux ou trois heures avec des matraques en caoutchouc. « Tuez-moi si vous voulez, aurait répété Zoïa, mais je ne vous dirai rien. » Et Kloubkov ajoutait : « Après cela, ils l'ont emmenée hors de la pièce et je n'ai rien vu de plus. »

Le détail de ce qui s'est passé ensuite est difficile à déterminer. L'histoire a fait l'objet d'une pièce de théâtre, d'un film et de nombreuses œuvres de propagande, difficiles, donc, à prendre au pied de la lettre. Selon les récits les plus plausibles, les Allemands ont fait traverser le village à la jeune fille avec une pancarte accrochée au cou, avant de recommencer à la torturer, de lui couper le sein gauche et de la pendre. Quand elles reprirent finalement le village, les troupes soviétiques auraient trouvé son cadavre mutilé et gelé encore pendu.

La version cinématographie de l'histoire de Zoïa Kosmodemianskaïa s'efforce de tout rendre hautement symbolique [11]. Le film, ainsi, fait naître Zoïa le 21 janvier 1924, le jour même de la mort de Lénine. On y voit, juxtaposées, des vues de celui-ci sur son lit de mort et des photos de Zoïa dans son berceau, comme si celle-ci avait été préposée à perpétuer l'esprit du grand homme. On voit ensuite ses parents lui enseignant, dans le cadre d'un foyer aimant, toutes les vertus communistes. Puis le film la montre se portant volontaire pour les missions les plus dangereuses, capturée, torturée et conduite à la potence pieds nus dans la neige. Devant les villageois atterrés, elle s'écrie au dernier moment : « Staline va venir ! »

Les manipulations de l'histoire par les auteurs de ce film

commencent, en fait, avec la naissance même de Zoïa. Les registres d'état-civil sont en effet formels : elle était née le 13 septembre 1923, et non le jour de la mort de Lénine. Et Nina Toumarkine, qui, dans son livre *Les Vivants et les morts : l'ascension et la chute du culte de la Deuxième Guerre mondiale en Russie*, examine la façon dont furent créés les mythes héroïques en URSS, présente de façon fort différente la situation de famille de Zoïa.

Celle-ci, selon Nina Toumarkine [12], « avait eu une vie familiale tragique qui l'avait poussée au suicide ». Alors que le film montre son père partant pour le front lorsque la guerre éclate, la vérité était qu'il était déjà mort à ce moment – fusillé, ainsi que le grand-père de Zoïa, lors des grandes purges des années trente. Sous l'influence d'un oncle, communiste convaincu, et également poussée par le désir de réhabilitation de sa mère, Zoïa se porta volontaire pour le groupe de partisans formé par le Komsomol local, initiative qui la mettait en un danger mortel, compte tenu de la configuration du terrain. « La forêt était clairsemée, explique Nina Toumarkine, et la campagne était plate. Elle n'offrait aucune couverture aux partisans, qui ne pouvaient rien y accomplir si ce n'est fournir des exemples d'héroïsme en se faisant tuer. »

Après la mort de Zoïa, sa mère multiplia les efforts pour en faire une héroïne nationale [13]. En 1944, elle poussa son fils encore adolescent – le jeune frère de Zoïa [14] – à s'engager. Il fut tué lui aussi, victime du zèle de sa mère.

Quant à Vassili Kloubkov, le procès-verbal de son interrogatoire par le NKVD raconte la suite de son histoire. Après que Zoïa eut été emmenée, l'officier allemand lui dit : « Maintenant, tu vas travailler pour nos services de renseignement. De toute manière, tu as déjà trahi ta patrie. Nous allons te donner un peu d'entraînement et te renvoyer dans les lignes soviétiques. »

« J'ai accepté la proposition de l'officier allemand », devait-il avouer à ses interrogateurs du NKVD. Il expliqua ensuite comment il avait été envoyé à l'entraînement à Krasny Bor, une ville proche de Smolensk, où il s'était retrouvé avec d'autres prisonniers soviétiques ayant été, comme lui, « retournés ». Des officiers allemands leur expliquèrent qu'ils devaient retourner à leurs unités de l'Armée rouge, prétendre qu'ils s'étaient évadés et fournir ensuite des renseignements sur les activités de leurs troupes.

Mais, après son « évasion » et son retour à son unité, Kloubkov fut promptement arrêté et se retrouva entre les mains du NKVD. À lire le procès-verbal de son interrogatoire dans la nuit du 11 au 12 mars, il est clair qu'il a déjà été brisé et est prêt à confesser tout ce que veulent les hommes du NKVD. Selon les conceptions imposées par Staline, tout soldat soviétique se laissant faire prisonnier était *a priori* un traître et, s'il s'évadait, il était doublement suspect. Les interrogateurs du NKVD partaient toujours de ce principe.

Il est toutefois possible que Kloubkov ait simplement dit la vérité ; son histoire est, après tout, très plausible. Ce qui est certain, en tout cas, c'est ce que fut son destin. Les archives centrales du FSB, qui remplaça le KGB après la chute du régime soviétique, contiennent encore la transcription de son procès, en date du 3 avril 1942[15]. Kloubkov confirma simplement qu'il avait trahi Zoïa et sa patrie « par lâcheté ». La sentence fut : « Exécution par fusillade, sans confiscation de biens, ceux-ci étant inexistants. »

Alors que les Allemands se rapprochaient de plus en plus de Moscou, c'était d'un tout autre agent que Staline se préoccupait, un agent qui travaillait secrètement à Tokyo pour le GRU, le service de renseignement militaire soviétique. Il s'agissait de ce même Richard Sorge qui avait tant irrité le maître du Kremlin avant le 22 juin 1941 en le bombardant d'avertissements quant à l'imminence d'une attaque allemande. Mais, à la fin de l'été et au début de l'automne 1941, ce que voulait désespérément savoir Staline, c'était si les forces japonaises se préparaient à attaquer de l'est une Union soviétique affaiblie, comme les Allemands pressaient le gouvernement nippon de le décider. Tant que la chose demeurait probable ou même possible, les Soviétiques devaient conserver des forces importantes déployées en Sibérie au lieu de les utiliser pour la défense de Moscou. Des informations précises en provenance de Tokyo devenaient donc vitales. Et nul n'était plus à même de les fournir que Sorge.

Né d'une mère russe et d'un père allemand, Richard Sorge faisait plus que flirter avec le danger, il le courtisait littéralement. Officiellement correspondant de la *Frankfurter Zeitung* à Tokyo, il recueillait, tant auprès de l'ambassade d'Allemagne que des milieux gouvernementaux japonais, de très précieuses informations qu'il transmettait à Moscou. Il arrivait à dissimuler remarquablement son double jeu malgré les abus de boisson dont il était coutumier. Sa vie amoureuse était également agitée – et utile à sa tâche. Il entretenait de multiples liaisons avec des Japonaises de la haute société et poursuivait même une idylle avec la femme de l'ambassadeur d'Allemagne, Eugen Ott. Selon un rapport établi après la guerre par les services de renseignement américains, il avait été « intime avec une trentaine de femmes à Tokyo durant ses années de service, y compris l'épouse de son grand ami, l'ambassadeur d'Allemagne, celle de son assistant et la maîtresse de ce même assistant [16] ».

Mais le plus grand risque qu'il prit fut de contester les prévisions allemandes selon lesquelles Moscou serait vite pris et la guerre ainsi conclue. Il se posait en patriote allemand assez sûr de lui pour oser exprimer ses réserves. « Cette guerre est criminelle ! déclara-t-il ainsi à l'ambassadeur d'Allemagne. Nous n'avons aucune chance de gagner. Les Japonais rient de nous quand nous affirmons que nous serons dans Moscou à la fin août ! [17]. » Dans ses contacts avec les personnalités officielles japonaises, il faisait de son mieux pour compromettre les efforts d'Eugen Ott et des autres diplomates allemands pour convaincre les Nippons de s'associer aux forces du Reich contre l'Union soviétique. Il y avait en fait beaucoup d'astuce dans l'apparente folie de Sorge. Ses véhémentes critiques, par exemple, convainquaient Ott qu'il avait la brutale franchise d'un homme n'ayant rien à cacher. L'ambassadeur, de plus, aimait beaucoup Sorge et n'avait lui-même rien d'un nazi fanatique.

En fait, Sorge craignait fort de voir les Japonais céder aux demandes des Allemands et attaquer l'URSS. Ott se confiant régulièrement à lui, il savait que l'ambassadeur enregistrait des réactions très diverses lorsqu'il sondait ses interlocuteurs japonais et essayait de déterminer leurs intentions exactes. À certains moments, ils laissaient entendre que leur pays se comporterait en bon allié de l'Allemagne et entrerait en guerre contre l'Union soviétique, mais à d'autres, ils se montraient extrêmement hésitants. Les Japonais se souvenaient de la défaite que Joukov avait infligée à leurs forces en 1939 en Mongolie, ce qui rendait certains d'entre eux sceptiques quand ils entendaient les Allemands parler d'une victoire facile contre ce même général. Mais certains chefs militaires n'en étaient pas moins prêts à entrer en action. « L'occasion d'anéantir l'URSS est maintenant arrivée », proclamait ainsi le général Sadao Araki [18].

En juillet, les Japonais opérèrent de nouvelles concentrations de troupes en Mandchourie. Ott voulait en conclure que Tokyo s'apprêtait à attaquer enfin la Russie. Sorge lui-même devait reconnaître ultérieurement que cela lui avait donné « un motif d'inquiétude [19] ». Mais le Japon voulait avant tout étendre son empire vers le sud, en dépit de la tension que cela provoquait avec la Grande-Bretagne et les États-Unis. Lc 28 juillet, ses troupes s'emparèrent de bases françaises en Indochine. La question était de savoir si Tokyo était prêt à frapper dans deux directions, vers le nord en même temps que vers le sud.

Pressé par ses supérieurs à Moscou, Sorge ne pouvait pas encore répondre clairement à cette question. Le 30 juillet, il rapporta : « Le Japon sera en mesure d'entrer en guerre à partir de la deuxième quinzaine d'août ; mais il ne le fera que si l'Armée rouge est effectivement battue par les Allemands, cette défaite entraînant un affaiblissement des défenses en Extrême-Orient [20]. » Il ajoutait qu'un de ses informateurs clés dans les milieux officiels japonais était « convaincu que si l'Armée rouge arrêtait les Allemands devant Moscou, le Japon ne bougerait pas ». Autrement dit, la bataille serait le facteur le plus crucial de la décision japonaise.

Cela plaçait le Kremlin dans une véritable impasse. S'il retirait d'importants effectifs militaires du secteur d'Extrême-Orient pour les envoyer défendre Moscou, cela apporterait des renforts infiniment précieux et pouvant fort bien décider de l'issue de la bataille. En même temps, si ce mouvement de troupes incitait les Japonais à attaquer, il pourrait représenter une erreur fatale, capable de porter le coup de grâce au régime soviétique. Le problème, en revanche, pourrait disparaître si Sorge apportait au Kremlin l'assurance formelle que les Japonais n'attaqueraient pas.

Sorge était parfaitement conscient de l'importance de sa mission, et il ne cessait de presser ses informateurs japonais de lui apporter tous les renseignements qu'ils pourraient recueillir. Il discutait sans relâche les indications souvent contradictoires qui lui parvenaient avec Hotsumi Ozaki [21], un journaliste de gauche japonais avec lequel il s'était lié d'amitié et qu'il avait fini par recruter comme agent. Au début du mois d'août, Ozaki avait recueilli des informations selon lesquelles le Japon allait attaquer l'Union soviétique le 15 du mois. Sorge lui avait alors dit qu'Eugen Ott avait reçu les mêmes renseignements et y ajoutait foi. Mais Ozaki souligna que les Japonais étaient bien conscients du fait que l'offensive allemande se heurtait à une résistance plus importante qu'on ne s'y était attendu en certains endroits, ce qui plaidait en faveur de la prudence. Et si les Japonais devaient attaquer, ils savaient qu'il leur était nécessaire de passer à l'offensive très vite pour ne pas s'exposer à une guerre d'hiver en Sibérie.

Le 11 août, Sorge adressa une nouvelle note à Moscou mettant en relief toutes ces considérations [22]. Il y soulignait que les Japonais suivaient de très près l'évolution des combats en Union soviétique et étaient conscients des pertes subies par les Allemands bien que leur offensive se poursuivît. Il faisait également état des tensions croissantes entre Tokyo et Washington. « Dans les deux ou trois semaines qui viennent, avançait-il, la décision japonaise sera arrêtée. » Mais, bien que le ton général de son rapport laissât entendre que le Japon était peu susceptible d'attaquer, il avait soin d'ajouter : « Il est possible de l'État-major général prenne la décision d'intervenir sans consultation préalable. »

Une quinzaine de jours plus tard, toutefois, Sorge et Ozaki recueillaient des informations d'une nature plus encourageante. L'attaché naval allemand, Paul Wenneker, avait dit à Sorge [23] que la marine japonaise souhaitait porter son action vers le sud et excluait une offensive contre l'Union soviétique, au moins pour l'année en cours. De plus, tout en soulignant la présence militaire japonaise en Mandchourie, Sorge précisait que nombre de soldats nippons avaient été munis de shorts, ce qui suggérait une action au sud. Il faisait particulièrement état d'intentions japonaises d'occupation du Siam et de Bornéo. Dans une autre dépêche, il rapportait des informations recueillies par Ozaki auprès de hautes personnalités du gouvernement de Tokyo, affirmant : « Ils ont décidé de ne pas, je répète, de ne pas déclencher la guerre cette année » [24].

Staline allait-il le croire ? Le dictateur soviétique se montrait aussi suspicieux que par le passé à l'égard d'un espion se fondant aussi complètement à la communauté allemande de Tokyo et connu, de plus, pour sa vie privée agitée. L'exactitude même de ses prévisions quant à l'offensive allemande contre l'URSS avait paradoxalement amené les responsables soviétiques du renseignement[25] à le soupçonner d'être un agent double. Au cours des purges militaires, certains officiers faussement accusés d'espionnage au profit de l'Allemagne ou du Japon avaient mentionné le nom de Sorge et il n'en avait pas fallu plus pour mettre celui-ci sur la liste des suspects.

Mais, cette fois, Sorge apportait des informations que le Kremlin souhaitait entendre. Vers la mi-septembre, Ott et d'autres diplomates allemands reconnaissaient qu'ils n'avaient aucune chance de voir les Japonais répondre de façon positive à leurs demandes d'intervention militaire. Les aspirations de Tokyo se portaient bel et bien vers le Sud-Est asiatique, et le Japon considérait les États-Unis comme le principal obstacle à leurs ambitions. À Moscou, le général Panfilov, chef intérimaire du service de renseignement militaire soviétique, rendait à Sorge un hommage sans précédent en écrivant : « Compte tenu des grandes possibilités d'action de son auteur et de l'authenticité d'un nombre important des informations fournies par lui auparavant, ce rapport apparaît comme digne de confiance »[26].

Comme Sorge lui-même devait le reconnaître, ce ne fut qu'en ce mois de septembre que le Kremlin commença à ajouter totalement foi à ses informations[27] selon lesquelles l'intervention japonaise n'était plus à redouter. En conséquence, Staline estima qu'il pouvait envoyer une bonne partie de ses troupes d'Orient en renfort des défenseurs de Moscou. Le mouvement des « Sibériens », comme on les appelait, vers le secteur de la capitale commença en octobre. Durant la période s'étendant de la fin 1941 au début 1942, près de 400 000 hommes furent ainsi expédiés vers l'ouest à bord de trains spéciaux mettant une à deux semaines pour arriver à destination. Sur ce total, 250 000 environ furent assignés à la défense de Moscou, les autres étant envoyés à Leningrad ou dans d'autres secteurs menacés[28]. L'arrivée de ces troupes fraîches, généralement munies d'équipements d'hiver convenables, allait radicalement changer la situation aux abords de la capitale soviétique.

Vers la mi-octobre, Sorge rédigea un ultime rapport[29]. Il y montrait une fois de plus la grande valeur de ses sources d'information japonaises en annonçant « la guerre avec les États-Unis dans un très proche avenir ». Mais ce rapport ne fut jamais envoyé à Moscou. Ayant finalement compris son rôle, les Japonais arrêtèrent, le 18 octobre, le maître-espion soviétique, ainsi qu'Ozaki et d'autres membres de son réseau. Ayant avoué son activité au terme d'interrogatoires longs et intensifs, Sorge fut condamné à mort. Mais les Japonais ne se pressèrent nullement de l'exécuter. Ils ne le firent, en fait, qu'à la fin de 1944.

Entre-temps, des émissaires japonais avaient fait savoir à plusieurs reprises que leur gouvernement était disposé à échanger Sorge contre un Japonais détenu en URSS. À chaque fois, ils s'étaient heurtés à une fin de non-recevoir. Staline lui-même aurait déclaré à l'une de ces occasions : « Richard Sorge ? Je ne connais personne de ce nom [30]. »

Le dictateur soviétique ne se montrait nullement soucieux de sauver un homme connaissant aussi bien la manière dont ses avertissements quant à l'imminence d'une attaque allemande contre l'URSS avaient été ignorés. Et le fait qu'il avait sans doute contribué à sauver Moscou en confirmant au Kremlin que le Japon n'allait pas intervenir en 1941 ne fut aucunement pris en considération.

Le 7 novembre 1944, vingt-septième anniversaire de la révolution bolchevique, Sorge fut pendu à Tokyo.

9

« O MEIN GOTT ! OH, MEIN GOTT ! »

Les combats du mois d'octobre dans le secteur de Moscou ne s'étaient révélés décisifs pour aucun des deux camps. Certaines unités allemandes étaient arrivées à moins de 65 kilomètres de la capitale soviétique et, bien que fatiguées et malmenées, elles menaçaient toujours de prendre puis d'anéantir celle-ci, conformément au vœu d'Hitler. Dans la ville elle-même, la panique s'était calmée, mais Staline et son entourage étaient loin d'être convaincus que le pire était passé. Même l'arrivée des troupes fraîches venues de Sibérie ne garantissait nullement le succès.

Ce fut à ce moment que Staline décida de lancer un grand défi au sort sous la forme d'une célébration en grande pompe du vingt-quatrième anniversaire de la révolution bolchevique, le 7 novembre. Alors même que le sort de Moscou demeurait incertain, l'opération était périlleuse, mais le dictateur soviétique entendait ainsi redonner courage aux défenseurs de la ville tout en manifestant sa résolution aux yeux du monde extérieur.

Le 6 novembre, une première réunion eut lieu à l'intérieur de la station de métro Maïakovski[1]. Installés sur des sièges empruntés pour l'occasion au théâtre Bolchoï, les membres du Soviet de Moscou et d'autres dignitaires civils et militaires assistèrent là à l'arrivée de Staline, de Molotov, de Mikoyan et divers représentants du Kremlin à bord d'une rame venue de la station voisine. Puis Staline prononça un discours radiodiffusé dans le pays tout entier.

Entendue à la radio avec accompagnement de chants patriotiques, cette allocution dut faire grand effet, mais, sur place, les impressions furent parfois plus mitigées. Ainsi, le journaliste britannique Alexander Werth souligna que le lieu de cette réunion avait été choisi en raison de la menace persistante que faisaient peser sur la capitale les bombardiers allemands. « Comme beaucoup de ceux qui avaient assisté à la réunion me le dirent ensuite, écrivit-il, le cadre souterrain de celle-ci était étrange, déprimant et humiliant. » Quant au discours même de Staline, c'était, selon lui, « un curieux mélange de noir pessimisme et de totale confiance en soi »[2].

De fait, le dictateur soviétique y déclarait notamment[3] : « Aujourd'hui, après quatre mois de guerre, je dois souligner que le danger, loin de diminuer, s'est au contraire accru. L'ennemi s'est emparé de la majeure partie de l'Ukraine, de la Biélorussie, de la Moldavie, de l'Estonie et d'un certain nombre d'autres régions, a pénétré dans le bassin du Don, pèse comme un nuage noir au-dessus de Leningrad et menace notre glorieuse capitale, Moscou. »

Mais, en même temps, il affirmait que les troupes soviétiques avaient « contraint l'ennemi à verser des flots de sang » et que la *Blitzkrieg* lancée par la Wehrmacht avait d'ores et déjà échoué. Il s'efforçait ensuite de démontrer par les chiffres l'étendue des pertes allemandes, alors même qu'il avait reconnu, quelques instants plus tôt, que c'étaient ses armées qui avaient subi toute une série de défaites dévastatrices. « En quatre mois de guerre, déclarait-il, nous avons perdu 350 000 tués, 378 000 disparus et 1 020 000 blessés. Durant la même période, l'ennemi a perdu plus de 4 500 000 tués, blessés et prisonniers. »

En fait, comme n'ont pas manqué de le souligner les historiens occidentaux, l'Armée rouge n'a cessé d'endurer plus de pertes journalières que la Wehrmacht, même quand, ultérieurement, elle a pris l'avantage sur les forces allemandes et a commencé à aller de victoire en victoire. Pendant l'ensemble du conflit, les Soviétiques ont perdu en moyenne trois fois plus d'hommes que les Allemands[4]. « Il est extrêmement douteux, écrivait Alexander Werth, que quiconque en Russie ait pu croire à ces chiffres [avancés par Staline][5]. » Mais ce que voulait avant tout le dictateur soviétique, comme le soulignait le journaliste britannique, c'était démontrer que la *Blitzkrieg* ayant permis à la Wehrmacht de balayer d'un seul mouvement la Pologne, et l'Europe occidentale avait avorté en URSS.

Pour justifier « les revers militaires temporaires » de l'Armée rouge, Staline avançait nombre d'excuses. Tout en soulignant avec force que la Grande-Bretagne et les États-Unis étaient dorénavant alliés à l'Union soviétique, il affirmait que c'était « l'absence d'un second front en Europe » qui permettait aux Allemands d'attaquer avec une telle puissance à l'est. « La situation actuelle, déclara-t-il, est telle que notre pays livre une guerre de libération seul et sans l'aide militaire de quiconque. » Il omettait pudiquement, bien sûr, de mentionner que c'était grâce à leur accord avec l'URSS que les Allemands avaient été en mesure d'envahir la Pologne et qu'avant l'Opération Barberousse, la Grande-Bretagne avait tenu tête seule aux forces du Reich.

Il expliquait également les revers de son armée par « le manque de chars et aussi, en partie, d'avions », sans évoquer un instant, pour l'impréparation militaire soviétique, son propre refus de croire à l'imminence d'une attaque allemande. Il annonçait en même temps que l'industrie soviétique allait mettre les bouchées doubles pour accroître sa production d'armement, et notamment de blindés – ce qui allait d'ailleurs se produire et finir, plus tard, par réduire à zéro la supériorité allemande en matière de puissance de feu.

Mais, avant tout, Staline invoquait solennellement le devoir patriotique de résistance face à des envahisseurs « qui avaient déjà sombré au niveau de bêtes sauvages ». Présentant le conflit en cours comme partie d'une longue série d'agressions contre la Mère Patrie russe, il évoquait les figures de Pouchkine et de Tolstoï aussi bien que celles de chefs militaires tels que Souvorov et Koutouzov – le général qui avait vaincu les armées napoléoniennes. « Le sort de Napoléon ne doit pas être oublié », proclamait-il. Le nom de Lénine était également mentionné, mais l'accent était incontestablement mis sur l'aspect patriotique, plus qu'idéologique, de la lutte.

Une terrible menace était aussi lancée. « Les envahisseurs allemands, déclara Staline, veulent une guerre d'extermination contre les peuples de l'URSS. Eh bien, si les Allemands veulent une guerre d'extermination, ils vont l'avoir. »

La parade militaire traditionnelle sur la Place rouge [6] – la partie la plus périlleuse des célébrations – était prévue pour 8 heures le lendemain matin, mais seules les personnalités directement impliquées – et auxquelles on avait fait jurer le secret – connaissaient les détails du programme. La plupart des chefs des unités militaires devant participer à cette parade ne furent avisés de ses dispositions exactes qu'à 2 heures du matin, quelques heures seulement avant le rassemblement des troupes. Quand celui-ci s'opéra, dans la froidure du petit matin, les craintes d'un raid aérien allemand s'étaient partiellement dissipées. Alors que des avions soviétiques continuaient à patrouiller dans le ciel gris de la capitale, la neige avait commencé à tomber à gros flocons, rendant de plus en plus improbable une attaque de la Luftwaffe. Le maréchal Boudienny émergea des portes du Kremlin, sabre au clair sur un cheval blanc, pour aller rejoindre au Mausolée de Lénine Staline et les autres dirigeants soviétiques.

Durant la nuit, on avait eu soin de répandre du sable sur le sol de la Place rouge et celui des rues voisines, mais, au matin, le vent et la neige l'avaient fait disparaître. Cela rendait beaucoup plus difficile la tâche des unités d'artillerie et de chars, qui devaient opérer sur une surface extrêmement glissante. Sous l'œil de Staline et de son entourage, certains artilleurs devaient pousser à la force des bras des canons récalcitrants. Deux chars lourds s'arrêtèrent sur la place et repartirent dans la mauvaise direction, suscitant un moment de grande inquiétude. Celle-ci se dissipa lorsqu'il devint visible qu'il s'agissait d'une erreur de transmission des ordres. Toutefois, la plupart des soldats défilèrent sans incident, avant d'être réexpédiés de toute urgence vers le front.

Des vents violents balayant la place, la voix de Staline ne fut que faiblement entendue. La plupart des assistants, ce jour-là, notèrent sa présence sans pouvoir entendre son message. « En défilant devant le Mausolée, nous le vîmes, racontait Alexandre Zevelev, membre de l'OMSBON, l'unité spéciale du NKVD. Il saluait de la main. »

Mais c'était précisément la présence de Staline qui importait, à ce moment. À la veille de la parade, Leonid Chevelev, alors jeune recrue, n'arrivait pas à comprendre pourquoi ses instructeurs perdaient leur temps à lui apprendre à défiler. « Pour nous, devait-il déclarer, c'était incroyable : l'ennemi était près de Moscou, et nous apprenions l'ordre serré ! » Mais, le matin du 7 novembre, Chevelev et ses camarades découvrirent la raison de cet entraînement intensif, et leur participation à la parade porta leur moral au zénith. « Nous avions entendu dire, expliquait Chevelev, que Staline avait quitté la capitale. Il était très important pour nous de voir que notre chef avait choisi de rester avec nous à Moscou. Cela nous fit avancer avec une telle détermination que nous avions l'impression d'aller clouer le cercueil des nazis. »

Pour un autre volontaire de l'OMSBON présent ce jour-là, Evgueni Telegouïev, la première importance de cette parade était tout simplement qu'elle ait eu lieu. Quand son unité retourna au front après le défilé, les autres soldats avaient déjà appris ce qui s'était passé. « C'est vrai qu'il y a eu une parade à Moscou ? » demandaient-ils. Et Telegouïev et ses camarades leur répondaient : « C'est vrai, et nous y avons même participé. » Ce qui laissait les soldats pantois.

Mais Staline, lui, voulait faire beaucoup plus qu'afficher sa présence dans la capitale. Les techniciens du son présents sur la Place rouge ayant été incapables d'obtenir un enregistrement convenable de son discours et les cameramen ayant rencontré des difficultés analogues pour le filmer, il accepta de renouveler son allocution le lendemain dans de meilleures conditions. Ce fut cette version que le public soviétique entendit le 8 novembre et qui figura sur les bandes d'actualités cinématographiques [7].

Comme il l'avait fait dans le discours de la station de métro Maïakovski, le dictateur soviétique reconnaissait que d'importants territoires avaient été « temporairement perdus [8] » et que l'ennemi était « aux portes de Leningrad et de Moscou ». Mais, de nouveau, il affirmait que l'Armée rouge infligeait de lourdes pertes aux troupes d'invasion et que les Allemands devaient « mobiliser leurs dernières forces ». « L'ennemi, proclamait-il, n'est pas aussi fort que certains soi-disant intellectuels terrorisés le prétendent... Encore quelques mois, un semestre, un an peut-être, et l'Allemagne hitlérienne s'effondrera sous le poids de ses propres crimes. »

Qu'il crût ou non à ses propres paroles, Staline savait qu'il devait rallier et galvaniser son peuple. L'un des moyens qu'il utilisait à cette fin était de souligner sa volonté de mobiliser autant de troupes qu'il le faudrait pour repousser l'envahisseur. « Nos réserves humaines sont inépuisables », affirmait-il. L'autre était de reprendre et de développer sa litanie des héros de la vieille Russie, commençant avec Alexandre Nevski et Dimitri Donskoï pour aller jusqu'au maréchal Koutouzov. « Que l'image virile de nos grands ancêtres... vous inspire dans cette guerre ! » s'exclamait-il. C'était là un appel direct à un patriotisme ne faisant plus aucune distinction entre l'ancien et le nouveau régime. Et la reconnaissance implicite du fait que le pays était dans une situation si dangereuse qu'il ne pouvait plus compter sur le seul parti communiste pour y faire face.

Et, alors même qu'il multipliait ce genre de déclarations, Staline cherchait à se rassurer. Le 19 novembre, il téléphona [9] au général Joukov pour lui demander : « Êtes-vous sûr que nous allons être en mesure de tenir Moscou ? Je vous le demande le cœur serré. Répondez-moi honnêtement, comme membre du Parti.

— Il ne fait pas de doute que nous tiendrons Moscou », répondit Joukov. Mais il profita de l'occasion pour demander que deux nouvelles armées et 200 chars de plus soient affectés à la défense de la capitale.

« Je suis heureux que vous soyez si sûr », dit alors Staline. Il promit à Joukov les deux armées demandées pour la fin du mois de novembre, mais se déclara incapable de fournir les blindés. « Nous n'avons pas de chars pour le moment », précisa-t-il.

Joukov, toutefois, n'était pas aussi confiant dans l'avenir qu'il s'était cru tenu de le dire à Staline. Elena Rjevskaïa, ayant rencontré Joukov en 1964, alors que, se trouvant en disgrâce, il travaillait à ses Mémoires, déclarait : « Le maréchal Joukov considérait novembre 1941 comme le mois le plus sombre et le plus critique pour Moscou [10]. »

Quoi qu'ils aient pu dire à ce moment, Staline et ses généraux savaient que le combat pour le contrôle de la capitale soviétique – et de l'ensemble du pays – pouvait aller dans un sens comme dans l'autre.

Hitler, lui, continuait à montrer la plus grande confiance en une victoire rapide, et il faisait le maximum pour communiquer ce sentiment à ses troupes. Une proclamation [11] adressée en octobre aux soldats de la Wehrmacht déclarait :

> *Soldats, Moscou est devant vous ! Au cours de deux années de guerre, toutes les capitales du continent se sont inclinées devant vous, vous avez défilé dans les rues des plus grandes villes. Reste Moscou. Forcez cette ville à s'incliner à son tour, montrez-lui la force de vos armes, parcourez ses places. Moscou signifie la fin de la guerre !*
>
> *Le Haut Commandement de la Wehrmacht.*

Mais les officiers et soldats se trouvant en première ligne commençaient à nourrir quelques doutes. Après une série de victoires initiales semblant leur confirmer que l'Armée rouge ne pourrait résister longtemps à leur assaut, il apparaissait qu'un ennemi qu'on leur avait appris à mépriser serait, en fin de compte, difficile à écraser, si terrifiantes que soient les pertes qu'il subissait.

Le général Ewald von Kleist, commandant la Première Armée blindée, était stupéfait de voir certaines unités de l'Armée rouge refuser de se rendre quelles que soient les circonstances. « Les Russes, devait-il déclarer à la fin de la guerre, alors qu'il était détenu à Nuremberg, sont si primitifs qu'ils se refusent à renoncer, même lorsqu'ils sont entourés par une douzaine de mitrailleuses. Je dirais qu'il y a une différence entre la bravoure allemande et la bravoure russe : la première est raisonnée et la deuxième brute [12]. »

Un soldat allemand envoyé sur le front de l'Est en août 1941 évoquait sa stupéfaction en découvrant que l'Armée rouge employait les tactiques d'assaut par vagues entières utilisées lors de la Première Guerre mondiale. « Ils étaient menés, écrivait-il [13], par des masses d'hommes qui ne faisaient aucune tentative véritable pour se dérober aux tirs, mais comptaient sur le simple poids de leur nombre pour venir à bout de nous. Les lignes d'hommes s'étiraient de la gauche à la droite de notre front régimentaire, l'enveloppant complètement, et la masse entière des troupes russes marchait sur nous d'un seul bloc, sans relâche. »

C'était, selon lui, « une vision incroyable, la cible rêvée d'un mitrailleur ». « On disait, ajoutait-il, que les commissaires notaient le nombre de mitrailleuses dont nous disposions, multipliait le total par le nombre de coups que nous pouvions tirer par minute, calculaient combien de minutes il faudrait à un corps de troupe pour traverser la zone de tir et ajoutaient quelque 2 000 hommes à ce total. Ainsi, quelques hommes devaient atteindre notre ligne. »

Ce soldat allemand était convaincu d'avoir essuyé une attaque calculée et préparée de cette façon. « À 600 mètres, nous ouvrîmes le feu, racontait-il, et des sections entières de la première vague d'assaut disparurent tout simplement, laissant, çà et là, un survivant isolé qui continuait à avancer obstinément. C'était insolite, incroyable, inhumain. Aucun de nos soldats n'aurait continué à avancer ainsi, seul. » Tandis que les mitrailleuses allemandes, dont les canons devenaient brûlants, continuaient à tirer sans relâche, les Soviétiques envoyaient vague sur vague de soldats. Il en fut ainsi pendant trois jours, et, à aucun moment, le soldat allemand n'aperçut un brancardier à l'œuvre du côté soviétique.

« Le nombre, la durée et la fureur de ces attaques, reconnaissait-il, nous avaient laissés complètement épuisés et abasourdis. Pour ne pas dissimuler la vérité, ils nous avaient fait peur... Nous ne doutions pas de gagner finalement, mais nous savions que nous étions engagés dans une guerre longue, dure et chaudement disputée. »

Sans avoir, pour autant, à subir ce genre d'assauts, bien des unités de la Wehrmacht commençaient à trouver la guerre en Russie sans comparaison avec ce qu'elles avaient connu ailleurs. Dans son journal, à la date du 17 novembre 1941, le lieutenant Kurt Gruman, de la 185e Division d'infanterie en marche vers Moscou, exprimait sa nostalgie de la France et des plaisirs qu'il y avait connus [14].

Dès le début de l'Opération Barberousse, la vie de Gruman avait changé. Les premiers combats s'étaient déroulés sans difficultés majeures, mais, à partir de Smolensk, la situation était devenue différente. « Je me souviendrai toujours, écrivit-il, de la férocité des combats et des lourdes pertes subies de part et d'autre. » Son moral s'était considérablement amélioré avec « la grande offensive d'octobre ». « Le grand encerclement auquel nous avons participé, affirmait-il, entrera dans l'Histoire sous le nom de " bataille de Briansk et de Vyazma ". Rien ne pouvait nous arrêter, ni les champs de mines ni les ponts dynamités. »

Tout en évoquant les difficultés posées par « un marécage de boue » qui l'avait contraint à apprendre à monter à cheval, Gruman notait avec fierté qu'il avait « traversé le champ de bataille de Borodino, où Napoléon avait combattu » et amorcé « la charge vers Moscou ».

Mais, bien que toujours loyal et optimiste, il s'appesantissait de plus en plus, dans son journal, sur la dureté des conditions de vie que ses hommes et lui connaissaient. Le 16 novembre, il notait que son unité avait « finalement reçu quelques paires de bottes d'hiver », impliquant que nombre d'hommes en étaient encore démunis. Il soulignait aussi que le froid de « ce merveilleux temps hivernal » pouvait être supporté dans la journée mais devenait « une torture la nuit ». Le lendemain matin, le thermomètre était descendu à - 9 degrés, et, tout en parlant d'un paysage « de conte de fées », Gruman s'inquiétait non seulement pour ses hommes mais aussi pour les chevaux affectés à son unité. « Les pauvres chevaux sont épuisés, écrivait-il. Le manque de fourrage et le froid se font sentir. Tous restent en plein air. »

En dépit de sa réputation de force extrêmement moderne et hautement mécanisée, l'armée allemande opérant en Russie dépendait dans une immense mesure des chevaux. Il y avait encore quelques unités de cavalerie traditionnelles où ils servaient de montures, mais ils étaient principalement utilisés pour tirer les pièces d'artillerie et les véhicules d'intendance. Et lorsque la boue traîtresse de Russie bloquait tout véhicule à moteur, leur rôle devenait essentiel [15].

On estime que les Allemands ont utilisé environ 750 000 chevaux [16] dans les premiers stades de l'Opération Barberousse et près de 2,5 millions durant toute la campagne de Russie. Un millier de chevaux en moyenne ont péri chaque jour durant ces combats.

Si la plupart de ces animaux tombèrent sous les balles et les obus, beaucoup aussi succombèrent à des défaillances cardiaques dues à l'épuisement, surtout pendant la saison des boues. D'autres furent tout simplement victimes de la maladie ou du froid. Les Russes avaient des chevaux qui pouvaient mieux supporter les basses températures que ceux raflés en masse par les Allemands dans les territoires occupés. Ces chevaux-là, en fait, résistaient moins au froid que les humains.

Son unité ayant reçu ordre d'avancer, Gruman releva d'autres difficultés. « Les cartes, nota-t-il, étaient si inexactes qu'il était pratiquement impossible de les utiliser... Congestion et encombrements tout au long du chemin. J'aurais bien eu envie d'assommer quelques conducteurs et quelques chefs de convoi. » La canonnade rendait le ciel « rouge vif », et des fusées venaient « exploser au milieu des arbres ». Il s'agissait de fusées Katioucha, tirées par les fameuses « orgues de Staline » et particulièrement redoutées des soldats allemands. « L'effet des fusées sur le moral, notait Gruman, est beaucoup plus grand que leur puissance de destruction. »

Mais, même sans les fusées, le moral des soldats de Gruman semblait avoir été ébranlé. À la date du 24 novembre, le lieutenant notait : « Chaque jour, le potentiel combatif des hommes s'affaiblit. » La compagnie, qui, deux semaines plus tôt, comptait

70 soldats, était réduite à 40 hommes. Gruman rapportait aussi que certains des meilleurs officiers de son régiment – le 185e Régiment d'infanterie – avaient été tués en tentant de donner l'exemple de la bravoure à leurs hommes, et que leurs remplaçants « ne connaissaient guère leur affaire » et recherchaient toutes les occasions de rester à l'arrière alors que d'autres risquaient leur vie.

Gruman évoquait également l'état d'épuisement dans lequel se trouvaient les soldats, écrivant : « Nos hommes, qui avaient combattu depuis le début du mois d'août, étaient fatigués. Le poids qui pesait sur leur moral était extrême. Le cri de " Infirmier ! " parcourait soudain les rangs, alors qu'on n'entendait plus celui de " En avant ! " Cela ne se produisait pas auparavant dans notre régiment. »

Entre le 25 et le 29 novembre, il écrivit : « Nous avons été incapables de briser la résistance ennemie. » En ajoutant qu'il avait dû encore enterrer un certain nombre de ses hommes. Tout en soulignant que d'autres unités de la Wehrmacht continuaient à avancer vers la capitale soviétique, il ne pensait plus que lui et ses hommes se trouveraient parmi ceux qui connaîtraient « la gloire d'atteindre Moscou les premiers ». Ses espoirs se portaient dorénavant sur *Schneller Heinz*, à savoir Heinz Guderian, dont les blindés attaquaient par le sud-ouest.

Guderian, naguère fermement convaincu d'atteindre ce but, était devenu plus dubitatif. Peu après qu'il se fut emparé d'Orel, le 3 octobre, ses chars avaient dû affronter d'autres T-34 soviétiques et avaient subi de lourdes pertes. « Jusqu'à ce moment, devait-il dire ultérieurement, nous avions joui d'une supériorité en fait de chars, mais la situation s'était renversée. En conséquence, la perspective de victoires rapides et décisives s'éloignait. » Aux yeux des Soviétiques, ce jugement pouvait sembler prématuré, car ils étaient encore loin d'avoir le nombre de chars nécessaire [17]. Mais il était hors de doute que la présence du T-34, même en quantité limitée, se faisait nettement sentir.

Un autre facteur de première importance était le temps. La boue d'octobre s'avérait, pour la Wehrmacht, un adversaire d'un grand poids. Le maréchal von Bock, commandant le Groupe d'armées du Centre, le soulignait dans son journal de guerre, à la date du 21 octobre. « Les Russes, écrivait-il, nous gênent beaucoup moins que l'humidité et la boue [18]. » Et, le 30 octobre, rendant compte de la progression de Guderian en direction de Toula, au sud de Moscou, il précisait : « La faible avant-garde de Guderian a atteint les faubourgs sud de Toula, ville qui est bien défendue par l'ennemi. Tout le reste se traîne encore loin derrière sur les routes boueuses [19]. »

Le lendemain, Bock notait : « Nos pertes sont devenues tout à fait considérables. » Et il ajoutait qu'Hitler avait exigé des explications pour cet arrêt de la progression des troupes. « Il s'est probablement refusé, écrivait-il, à croire les rapports écrits, ce qui n'est pas surprenant, car quiconque n'a pas vu toute cette fange ne pense pas la chose possible » [20].

Guderian était aussi exaspéré par les ordres émanant d'Hitler que par les conditions dans lesquelles il devait opérer. Quand ses unités blindées avaient amorcé leur progression d'Orel vers Toula, sur l'unique route reliant les deux villes, elles avaient découvert que les Soviétiques avaient fait sauter les ponts et installé de vastes champs de mine de part et d'autre de la voie. S'ajoutant aux conditions climatiques et aux contre-attaques russes, cela avait pour effet de contrarier gravement le ravitaillement des unités de pointe. En conséquence, la pénurie de carburant commença à limiter sérieusement la vitesse de la progression. Quand, le 28 octobre, Guderian reçut l'ordre d'Hitler d'envoyer « des unités au déplacement rapide » s'assurer les ponts, il explosa de fureur. Notant que la vitesse maximum atteinte par ses chars sur la route Orel-Toula était d'une vingtaine de kilomètres à l'heure, il écrivit [21] : « Il n'y avait plus d' " unités à déplacement rapide ". Hitler vivait dans un monde de fiction. »

Dans la nuit du 3 au 4 novembre, un gel brusque vint durcir la boue sur les routes, rendant plus facile l'avance des troupes de Guderian. Mais le soulagement que celui-ci put en éprouver se trouvait contrebalancé par ses craintes quant aux effets qu'allait avoir sur ses hommes la baisse des températures. Cela vint raviver la colère qu'avaient suscitée chez lui les décisions antérieures d'Hitler retardant l'offensive en direction de Moscou. « Il est lamentable pour nos troupes et déplorable pour notre cause, écrivit-il dans une lettre en date du 6 novembre, que l'ennemi puisse ainsi gagner du temps tandis que nos opérations sont ajournées jusqu'à un moment où l'hiver est de plus en plus avancé. Tout cela me rend très triste. Avec la meilleure volonté du monde, il n'y a rien que l'on puisse faire à propos des éléments. La chance unique de frapper un coup définitif s'éloigne de plus en plus, et je ne sais pas si elle reviendra jamais. Dieu seul sait comment les choses vont tourner. »

Les 12 et 13 novembre, les températures baissèrent encore plus nettement, et Guderian fut convoqué à une réunion des commandants d'armée du Groupe d'armées du Centre qui ne fit que le rendre plus furieux encore. Dans les « Ordres pour l'offensive d'automne 1941 », qui lui furent communiqués à cette occasion, le plan d'action prévu pour la Deuxième Armée blindée se révélait quasi surréaliste. Sa mission consistait à s'emparer de Gorki – l'ancien Nijni-Novgorod – qui, comme le fit remarquer Guderian, se trouvait à près de 650 kilomètres d'Orel et à quelque 400 kilomètres *à l'est* de Moscou. L'idée était de couper de l'arrière les lignes de communication de la capitale soviétique. « Ce n'était pas le mois de mai, et nous ne combattions pas en France ! » devait écrire Guderian. Son supérieur immédiat l'appuyant, il rédigea un rapport soulignant que « l'Armée blindée n'était plus en mesure d'exécuter les ordres qui avaient été donnés ».

Retrouvant ses unités sur le terrain, Guderian fut encore plus découragé. Le 14 novembre, il alla inspecter la 167ᵉ Division d'infanterie. « Du point de vue de l'équipement, devait-il noter, la situation était mauvaise. On manquait de chemises épaisses, de graisse pour les bottes, de sous-vêtements et surtout de pantalons de laine. Une forte proportion des hommes portaient toujours des treillis de toile, alors que la température était de 22 au-dessous de zéro ! » Quelques heures plus tard, il se rendit auprès de la 112ᵉ Division d'infanterie, où la situation était similaire. Si certains des soldats parvenaient à résister au froid, c'était seulement grâce à ce qu'ils avaient pris à l'ennemi. « Nos hommes, précisait Guderian, avaient mis la main sur des capotes et des bonnets de fourrure russes et seul l'emblème national indiquait qu'ils étaient allemands. » Quant aux équipements d'hiver péniblement fournis par la Wehrmacht, ils ne représentaient, à ses yeux, qu'une « simple goutte dans l'océan ».

Quelques jours plus tard, les soldats déjà épuisés de cette 112ᵉ Division connurent une terrifiante surprise. Des troupes sibériennes, fraîchement débarquées des trains venus de l'est et totalement équipées pour l'hiver, lancèrent une violente offensive qui vint durement ébranler les Allemands. Guderian, sans dissimuler le moins du monde l'étendue du désastre, expliquait ainsi la réaction de ses hommes : « Avant de juger de leur comportement, on doit avoir à l'esprit le fait que chaque régiment avait déjà perdu quelque 500 hommes victimes des effets du froid, qu'en raison du gel les mitrailleuses ne pouvaient plus tirer et que nos canons antichars de 37 mm s'étaient révélés inefficaces contre les T-34. Le résultat de tout cela fut une panique… C'était la première fois qu'une telle chose arrivait durant la campagne de Russie, et cela nous avertissait que les capacités de combat de notre infanterie touchaient à leur fin et que l'on ne devait plus attendre d'elle l'accomplissement de tâches difficiles. »

Le général s'alarmait de plus en plus du contraste entre ses hommes « insuffisamment habillés et à demi affamés » et « les Sibériens tout frais, bien nourris et chaudement vêtus, complètement équipés pour les combats d'hiver ». En novembre, alors qu'il tentait vainement d'atteindre Toula, il écrivait : « Seul un homme qui sait tout cela peut vraiment juger des événements qui se déroulent en ce moment. »

Guderian et les autres généraux se trouvant sur le terrain commençaient aussi à se rendre compte que ce n'étaient pas seulement les Sibériens nouvellement arrivés qui se battaient avec détermination. Il existait dorénavant, chez les combattants soviétiques dans leur ensemble, le sentiment qu'il s'agissait d'un combat national, patriotique, chose qui n'avait pas été évidente dans les premières phases du conflit.

À Orel, Guderian rencontra un vieux général tsariste qui lui dit : « Si seulement vous étiez venus il y a vingt ans, nous vous aurions accueillis à bras ouverts. Mais, maintenant, c'est trop tard. Nous commencions juste à nous remettre sur pied, et voilà que vous arrivez et que vous nous rejetez vingt ans en arrière, de sorte que nous avons à tout reprendre depuis le début. Maintenant, nous combattons pour la Russie, et, pour cette cause, nous sommes tous unis. »

Ce genre de sentiments n'était pas le fait du hasard. Il naissait en partie de la politique de brutalité adoptée par les Allemands dans les territoires qu'ils avaient déjà occupés, politique qui avait rapidement dissipé les illusions des populations locales, comme celles des soldats se rendant à l'envahisseur et s'attendant à être traités avec clémence. Mais l'on pouvait aussi voir là le résultat direct du changement de ton au Kremlin. Comme le général de Waffen SS Max Simon devait le souligner ultérieurement : « Un concept *national* n'avait pas encore, en cette période (l'été et l'automne 1941), pénétré l'esprit des soldats russes de première ligne ; il ne leur fut pas inculqué par Staline avant la fin de l'automne [22]. »

La décision de Staline d'utiliser les cérémonies du 7 novembre pour donner à la lutte une fin patriotique – et non idéologique – n'avait pas tardé à porter ses fruits.

Réfléchissant sur les différences existant entre les soldats des deux camps luttant dans la boue puis dans le froid glacial, Vassili Grossman écrivait dans son journal : « Les Allemands sont moins bien préparés aux difficultés physiques, où un homme " nu " doit affronter la nature. Un Russe est élevé dans des conditions difficiles, et ses victoires sont durement acquises. Les Allemands, en revanche, s'attendent à des victoires faciles, fondées sur la supériorité technologique, et ils cèdent facilement aux difficultés causées par la nature. Le général Boue et le général Froid combattent du côté russe. (Mais il est vrai que seuls ceux qui sont forts peuvent amener la nature à travailler pour eux, tandis que les faibles sont à la merci de la nature) [23]. »

Mais, quelle qu'ait été la part de vérité dans les généralisations de Grossman, le soldat de l'Armée rouge n'était pas un surhomme, ni physiquement ni psychologiquement. Beaucoup des combattants préposés à la défense de Moscou se sentaient aussi épuisés que leurs adversaires. Eux aussi devaient lutter contre les éléments, contre la faim et le froid. Et c'était avec nervosité que leurs supérieurs surveillaient leur moral.

Dans une note interne, le bureau de censure militaire de la région de Moscou déclarait avoir contrôlé 2 505 867 lettres écrites entre le 15 novembre et le 1er décembre 1941 [24]. Tout en affirmant que la plupart de ces lettres témoignaient d'un bon moral, il rapportait la confiscation de 3 698 d'entre elles et la suppression de certains passages dans 26 276 autres. La plupart des soldats sachant certainement que leurs lettres seraient contrôlées, le fait qu'une partie de la correspondance indiquait « un mauvais moral lié à des problèmes de vivres et de vêtements chauds » et que d'autres comportaient « de la propagande anti-soviétique » montre que les autorités avaient d'assez sérieuses raisons de s'inquiéter.

« La nourriture est vraiment réduite, écrivait un soldat nommé

Ptachnikov. Bientôt, la faim m'empêchera de bouger. » Semyon Leskov entrait plus avant dans les détails : « Vous savez le froid qu'il fait, et nous restons dans les tranchées avec de minces bottes. Nous sommes là à grelotter, et les Allemands continuent à nous bombarder jour et nuit. Ils veulent arriver à Moscou par tous les moyens, mais nous ne les laisserons pas passer. Parfois nous avons assez à manger, mais habituellement ce n'est pas le cas, car nous ne cessons de changer de position pour combattre. »

Les plaintes concernant le froid et la nourriture étaient très répandues. « Vous savez qu'il fait très froid en hiver, écrivait N.I. Folimonov à sa famille, et que nous n'avons pas assez de pain. Nous n'avons pas pris un bain depuis deux mois déjà, et tout le monde est couvert de vermine. » Un autre soldat racontait : « On nous donne juste assez de nourriture pour nous maintenir en vie. Et notre existence est vraiment très dure – seuls des prisonniers vivent comme cela, et des soldats ne devraient pas à avoir à endurer de telles conditions… Nous n'avons que des choux et des pommes de terre à manger. » V. Sorokine affirmait que, dans son unité, on recevait seulement « cinq cuillerées de soupe » le matin, et l'on devait tenir ainsi jusqu'au soir.

Mais les lettres les plus inquiétantes étaient celles qui exprimaient du défaitisme. « Partout où nous allons, écrivait E.S. Sousline, les Allemands nous encerclent et nous poursuivent comme des chiens de chasse traquent des lapins. Ne croyez ni les journaux ni la radio – ils disent des mensonges ! Nous avons tout subi et j'ai vu comment les Allemands poursuivent nos soldats. Nous ne savons plus où fuir. Nous n'avons pas assez d'armes ni de véhicules. Nous manquons de carburant, et nos hommes doivent abandonner chars et voitures. » Un certain Dronov affirmait carrément : « Les Allemands vont prendre Moscou dans quelques jours – ne croyez pas les journaux. » Toutes ces lettres furent confisquées.

Mais, alors que certains des soldats sur le terrain étaient ainsi découragés, d'autres hommes se portaient volontaires pour la défense de Moscou. À la fin du mois de novembre, les effectifs des « brigades communistes », les unités de milice mêlant volontaires et mobilisés, avaient atteint les 48 000 hommes, soit cinq fois le nombre initial. Les formations civiles étaient rapidement transformées en unités militaires régulières. Certaines étaient organisées en sections antichars, tandis que d'autres étaient entraînées au combat de rue, pour le cas où les Allemands parviendraient à entrer dans la ville. D'autres encore étaient vivement expédiées à des positions défensives aux abords de la capitale.

Leurs rangs étaient minces et clairsemés, et les hommes qui les constituaient en avaient bien conscience. Même avec les renforts leur parvenant, ces unités avancées ne représentaient pas une force très impressionnante face à la menace allemande. Albert Tsessarsky, l'infirmier qui était retourné le 16 octobre à Moscou pour chercher médicaments et fournitures avait rejoint son unité de milice près de Mojaïsk, à une centaine de kilomètres à l'ouest de Moscou [25]. Celle-ci alignait 33 hommes face à 400 à 500 Allemands installés de l'autre côté du fleuve. Ne disposant que d'une mitrailleuse ses soldats ne se faisaient guère d'illusions sur leurs chances en cas d'attaque ennemie.

Mais ils eurent recours, à partir du début de novembre, à une astuce pour abuser l'adversaire sur leur force réelle. Ils se mirent à patrouiller le long du fleuve par groupes de dix hommes – soit un tiers de leur effectif. Des patrouilles de cette importance étant habituellement le fait d'unités beaucoup plus puissantes, les Allemands étaient ainsi amenés à penser qu'ils avaient affaire à forte partie. Bien qu'ils fussent équipés d'épaisses capotes et de *valenki* – les bottes de feutre russes –, les hommes de patrouille ne sortaient que pendant deux heures d'affilée. « On ne pouvait pas supporter le froid plus longtemps », devait souligner Tsessarsky.

Sur l'autre rive, les Allemands, qui ne disposaient pas d'équipements d'hiver, restaient recroquevillés dans leurs retranchements et ne semblaient guère disposés à bouger. Même lorsqu'au début de novembre, le fleuve gela, ils ne tentèrent pas la traversée, ce qui laissa à la fois soulagés et perplexes leurs vis-à-vis russes.

En revanche, quelques-uns des habitants bloqués sur la rive allemande s'engagèrent, une nuit, sur la glace pour essayer de fuir. Les Allemands se réveillèrent alors, braquèrent un projecteur sur les fugitifs et se mirent à tirer. « Il y eut des scènes terribles, raconta Tsessarsky. Je me rappelle une mère qui traversait avec son enfant sur un petit traîneau. Quand elle arriva à nous, elle nous tendit le bébé, mais il avait été tué. Au petit matin, nous vîmes beaucoup de cadavres sur la glace, qui était rouge de sang. »

Tsessarsky soigna les blessés du mieux qu'il put. « Ma première véritable expérience médicale se situa là », devait-il remarquer. Certains des villageois apportaient leurs morts avec eux. Comme il était impossible de les enterrer dans le sol durci par le gel, Tsessarsky et ses camarades attachaient aux vêtements des trépassés des étiquettes portant leurs noms, dans le vague espoir que les corps pourraient être inhumés décemment lorsque viendrait le printemps. « Maintenant encore, disait Tsessarsky soixante-cinq ans plus tard, je ne sais pas ce qu'il est advenu de ces corps. »

Staline et Joukov savaient qu'ils ne pouvaient compter sur ces défenseurs improvisés pour tenir en échec ou abuser les Allemands très longtemps. C'étaient les divisions sibériennes qui leur offraient le plus d'espoir d'empêcher Hitler d'atteindre son but en s'emparant de Moscou. Bien qu'on les appelât collectivement « sibériennes », les unités venues de l'est ne comportaient pas que des soldats originaires de Sibérie. Certains avaient déjà combattu dans cette guerre et fait partie d'unités qui avaient été pratiquement anéanties. Affectés ensuite à des divisions d'Orient, ils retournaient au combat pour la défense de Moscou.

Boris Godov avait appartenu, au début de la guerre, à une brigade aéroportée stationnée près de Kiev, et il avait été blessé à l'estomac en échappant à l'encerclement de la capitale ukrainienne. Après avoir été traité dans un hôpital de la région de Moscou, il avait été affecté à la 413e Division sibérienne, envoyée, à la fin d'octobre, défendre Toula. « Toula était sur la route de Moscou, soulignait-il avec fierté des années plus tard, et qui sait si Moscou aurait survécu si nous n'y avions pas battu les Allemands. »

Mais Godov et ses camarades n'en avaient pas moins découvert qu'ils étaient mal préparés à l'intensité des combats les attendant, et, dans certains cas, mal équipés pour eux. Ils avaient, il est vrai, de confortables vêtements d'hiver : bottes de feutre, vestes matelassées, pelisses et survêtements de camouflage blancs. La nourriture fournie par les cuisines roulantes était plus substantielle que dans beaucoup d'autres unités, avec de la soupe chaude et du *casha* matin et soir, et même cent grammes de vodka lorsque le temps devenait vraiment très froid. Mais les Sibériens s'étaient retrouvés sous les bombes des avions allemands dès leur arrivée sur le front, et ils ne disposaient pas toujours, d'autre part, des armes nécessaires à repousser l'ennemi sur le terrain.

Ainsi, les hommes d'une unité d'artillerie s'aperçurent qu'on leur avait livré des obus d'un calibre inférieur à celui de leurs canons, ce qui les laissait à la merci des chars allemands. « La totalité du régiment périt sans pouvoir rien faire », précisait Boris Godov. Nombre de soldats furent tués en tentant de faire sauter des chars à l'aide de grenades à main, car ils ne disposaient de rien d'autre. Sur les 15 400 hommes que comptait initialement la division de Godov, 500 seulement survécurent. Mais Guderian fut tenu en échec devant Toula et ne put ainsi donner vers Moscou la poussée finale qu'il escomptait.

Dans d'autres secteurs du front, les troupes allemandes avaient déjà pénétré dans la région du Grand Moscou, qui comprenait 80 districts[26]. Au mois de novembre et décembre, les soldats du Reich contrôlaient 17 de ces districts et en occupaient partiellement 10 autres. Les habitants de la région n'étaient jamais sûrs de la nationalité des militaires qu'ils allaient voir apparaître à leur porte.

Natalia Kravchenko[27], fille d'un peintre moscovite mort un an auparavant, habitait alors dans la datcha familiale, dans le village de Nikolina Gora, à une cinquantaine de kilomètres à l'ouest de Moscou. Il y avait 17 postes de contrôle de l'Armée rouge sur la route menant du village à la capitale, mais ceux-ci furent brusquement abandonnés, tandis que cessait tout aussi brusquement l'intense canonnade qui s'était prolongée jusque-là. « Ce fut un moment très difficile, racontait Natalia Kravchenko. Durant la guerre, les silences étaient parmi les choses les plus effrayantes. »

Elle se trouvait dans la maison avec sa sœur et sa grand-mère lorsque ce silence fut rompu par un bruit étrange. Elles sortirent et virent tout un contingent de soldats sibériens dormant le long de la route en émettant des ronflements sonores. « Il est difficile, déclarait Natalia, d'imaginer la vitesse à laquelle les Sibériens avançaient. Ils ne dormaient habituellement que deux à trois heures par jour. »

Quand les soldats s'éveillèrent, ils demandèrent de l'eau, qu'ils recueillirent dans leurs casques. Puis ils retournèrent au combat. La datcha des Kravchenko fut transformée en infirmerie, et rideaux, draps et couvertures furent sacrifiés au profit des blessés. Une grande table à dessin se trouvant dans l'ancien bureau du père de Natalia servit de table d'opération improvisée. Mais l'intensité des combats qui se déroulaient alentour convainquit assez rapidement les Kravchenko de retourner à Moscou, où l'on se trouvait, au moins provisoirement, plus en sécurité.

Cette solution, toutefois, ne s'offrait pas aux Sibériens. Vladimir Edelman venait d'arriver de l'est. Comme Godov, il n'était pas personnellement originaire de Sibérie. Juif ukrainien, il avait pris part à la bataille de Kiev en septembre. À la différence de beaucoup de membres de sa famille massacrés à Babi Yar, il avait pu s'échapper et s'était retrouvé, à Omsk, dans une unité d'infanterie comprenant surtout des élèves officiers sibériens.

Lieutenant ayant l'expérience du combat, Edelman fut placé à la tête d'une section de 25 hommes. Quand des officiers supérieurs vinrent assister aux exercices de tir exécutés par ses soldats, ils commencèrent par s'indigner des positions décontractées que ceux-ci adoptaient, au mépris de toutes les normes militaires. Mais quand ils virent les résultats, ils se calmèrent aussitôt. « Les Sibériens étaient d'excellents tireurs, car ils étaient chasseurs », expliquait Edelman. La plupart de ses hommes avaient réalisé des scores sur cibles de 9 ou 10 sur 10.

Avant leur départ de Sibérie, Edelman et ses soldats avaient été munis de sous-vêtements longs, de chandails, de pantalons épais, de pelisses de fourrure, de gants ou de moufles, de capotes d'hiver et de bonnets de fourrure. Ils avaient appris à garder leurs armes de poing au chaud sous leurs vêtements et à envelopper d'étoffe leurs postes de radio pour les empêcher de geler. Edelman s'était avisé que les Allemands disposaient de meilleures armes collectives, mitrailleuses et mortiers, et d'un matériel radio supérieur, et ses camarades et lui s'efforçaient de s'en emparer à la moindre occasion. Mais ils avaient vite compris, en même temps, que le grand avantage dont ils disposaient était leur équipement d'hiver. Quand les températures s'effondrèrent vraiment, en novembre et en décembre, ce furent les Allemands qui en souffrirent le plus.

Du côté de la Wehrmacht, il n'y avait pas que les soldats qui gelaient. Les lubrifiants des chars et des autres véhicules en faisaient autant. Ni antigel ni chaînes n'avaient été prévus. Dans certains cas, des avions de la Luftwaffe larguèrent des cordes aux hommes sur le terrain pour leur permettre de remorquer leur matériel[28]. L'imprévoyance commençait à coûter cher aux troupes allemandes.

Il était manifeste, d'autre part, que les Sibériens authentiques pouvaient résister au froid mieux que la plupart des Russes, et, à coup sûr, beaucoup mieux que les Allemands. « Nous étions remarquablement enthousiastes et nous montrâmes à l'ennemi que nous pouvions bien nous battre, déclarait Edelman. Mais le rigoureux hiver russe nous fut d'une aide considérable. » Durant le mois de novembre et la plus grande partie du mois de décembre, ses hommes et lui ne purent se laver. Ils arrivèrent finalement dans un village où se trouvait un sauna rudimentaire. Un puits à proximité fournissait de l'eau froide. « Les Sibériens, racontait Edelman, prenaient leur bain de vapeur et allaient se rouler dans la neige. » Incapable d'en faire autant, il se savonna entièrement le corps dans le sauna, courut jusqu'au puits, s'aspergea d'eau froide, puis courut de nouveau vers le sauna. Là, les Sibériens l'aidèrent à se rincer puis à se sécher.

Une vision restait tout particulièrement gravée dans la mémoire d'Edelman : celle d'un groupe de prisonniers allemands debout à un carrefour dans un froid glacial. Ils portaient des uniformes d'été avec de minces capotes et étaient tête nue. On les entendait gémir : « *O mein Gott ! O mein Gott !* » De temps à autre, l'un d'eux s'effondrait, mort…

À un autre moment, traversant avec ses hommes un champ recouvert de neige près de Volokolamsk, Edelman s'aperçut qu'il marchait littéralement sur des cadavres. Ceux-ci étaient si serrés les uns contre les autres, sous une mince couche de neige, qu'il était impossible de les éviter. « Les champs autour de Moscou, précisait-il, étaient couverts de centaines de milliers de corps. Il est difficile de décrire ce qui s'est produit là. » Beaucoup de ces hommes avaient été victimes des mines posées d'abord par les Russes pour retarder l'avance allemande, puis par les Allemands pour contrarier la contre-offensive russe.

Tout en s'efforçant de mettre en avant l'enthousiasme de ses hommes, Edelman devait reconnaître, avec quelque réticence, qu'ils étaient soumis à une brutale discipline. « J'ai vu fusiller des déserteurs, avouait-il. Je l'ai vu dans mon bataillon. » Il évoquait aussi les terreurs éprouvées au combat. « La première fois qu'il vous faut sortir d'une tranchée et courir droit vers les mitrailleuses ennemies, déclarait-il, vous avez le cœur qui bat à tout rompre et vous êtes baigné de sueur froide. Vous courez, et les hommes à votre droite et votre gauche s'effondrent, et vous savez qu'à tout moment, la même chose peut vous arriver. En tant qu'officier, vous devez charger et croire que vos soldats vont vous suivre. »

Les Sibériens contribuèrent à la reconquête de plusieurs villes et villages au nord-ouest de Moscou, mais ils payèrent leurs victoires d'un très lourd prix. Des 25 hommes constituant la section d'Edelman à la fin octobre 1941, 3 seulement étaient encore avec lui en janvier 1942. « Tous les autres, précisait-il, avaient été tués, blessés ou victimes de gelures. J'ai eu également les mains et les pieds gelés, mais j'ai continué à combattre. » Edelman fut blessé cinq fois au cours de la guerre, et décoré pour bravoure après la bataille de Moscou. Sa mère, qui avait également fui Kiev, fut informée à deux reprises de sa mort.

Malgré son patriotisme évident, Edelman tenait à faire la mise au point suivante : « Il est faux que les hommes aient crié : " Pour la patrie ! Pour Staline ! " Je n'ai jamais entendu personne le faire. Il y a énormément de mythes, et on ne peut découvrir la vérité que pièce à pièce. »

Ayant grandi à Toropovo, un village du district sibérien de Kemerovo, Semyon Timokhine n'avait que 7 ans au plus fort de la bataille de Moscou. Son père était l'un des conscrits expédiés vers la capitale. Mais, comme son train approchait de sa destination, des bombardiers allemands frappèrent et il fut grièvement blessé. « Son bras fut déchiqueté, précisait son fils, et ce fut, pour lui, la fin de la guerre. »

Mais Semyon avait eu l'occasion de recueillir nombre de témoignages sur les épreuves connues par les Sibériens, notamment de la bouche de son oncle, Vladimir Timokhine, envoyé lui aussi combattre dans le secteur de Moscou à l'automne 1941.

Ayant, après la guerre, choisi la carrière militaire, Semyon Timokhine atteignit le grade de général d'aviation. Quand il prit sa retraite, en 1989, il se vit allouer un lopin de terre non loin de Snegeri, un village au nord-ouest de Moscou, où les troupes sibériennes avaient livré de durs combats. « J'entrepris de cultiver ce terrain, racontait-il, et je découvris partout des ossements. » Il s'avéra que les habitants du village avaient tenté, lorsque la venue du printemps avait permis le dégel des corps, d'enterrer les morts de l'hiver 1941-1942. « Plus de 200 jardins de l'endroit, précisait Timokhine, se révélèrent n'être qu'une gigantesque fosse commune. »

Un lopin de terre si près de Moscou pouvait paraître une possession précieuse, mais, conscient du prix payé par les Sibériens à cet endroit, Timokhine renonça une fois pour toutes à y cultiver légumes et arbres fruitiers. « Je ne pouvais rester là », déclarait-il. Les fantômes de ses compatriotes sibériens sacrifiés seraient venus le hanter.

10

« NE FAITES PAS DE SENTIMENT »

Vers la fin du mois de novembre, Staline et ses généraux commençaient à prendre conscience du fait qu'en ce qui concernait la menace pesant sur Moscou, le plus dur était passé. Ils savaient que les Allemands avaient des lignes de communication étendues à l'excès, étaient mal ravitaillés et en butte aux constantes atteintes du froid. Ils savaient aussi qu'Hitler ne disposait plus de vastes réserves de troupes à lancer dans la bataille, comme eux-mêmes l'avaient fait avec les divisions sibériennes. Et ils avaient pu constater que les hommes qu'ils avaient mobilisés pour la défense de leur capitale avaient, dans leur grande majorité, combattu aussi dur qu'ils le pouvaient. « Nos soldats, devait écrire ultérieurement le maréchal Joukov, étaient pleinement conscients de leur responsabilité personnelle en ce qui concernait le sort de Moscou, le sort de la patrie, et étaient résolus à mourir plutôt que de laisser l'ennemi parvenir jusqu'à la capitale [1]. » En dépit de son caractère ampoulé, cette affirmation correspondait en majeure partie à la vérité.

Mais cette situation ne changeait rien aux exigences et aux accès d'humeur de Staline vis-à-vis de ses hommes et ses généraux. Joukov en eut personnellement la démonstration lorsque le dictateur soviétique l'appela en faisant état d'une information selon laquelle Dedovsk [2] – une ville située au nord-ouest de Moscou, à une trentaine de kilomètres seulement du Kremlin – avait été abandonnée par les troupes russes et prise par les Allemands.

« Savez-vous qu'ils ont occupé Dedovsk ? demanda Staline.

— Non, camarade Staline, dit Joukov. Je ne le savais pas.

— Un chef militaire devrait savoir ce qui se passe sur le front ! » lança alors Staline, qui ordonna à Joukov de se rendre immédiatement dans le secteur en question et « d'organiser personnellement une contre-attaque destinée à reprendre la ville ».

Quand Joukov tenta de lui expliquer qu'il ne pouvait quitter son poste de commandement à un moment aussi crucial, le maître du Kremlin ne voulut rien entendre et déclara que le général pouvait se faire remplacer par son chef d'état-major pendant qu'il accomplissait la mission exigée.

Joukov ne tarda pas à découvrir la vérité. Le général Rokossovski, dont la 6e Armée tenait le secteur, lui expliqua que Dedovsk n'était aucunement aux mains des Allemands. En fait, des unités de la 6e Armée combattaient à ce moment le long de la route de Volokolamsk, plus au nord, pour empêcher, précisément, les Allemands de percer en direction de Dedovsk et de Nakhabino. Au cours de ces combats, les troupes du Reich avaient pris un petit village appelé Dedovo [3]. La source de la confusion était évidente.

Mais lorsque Joukov appela le Kremlin pour expliquer le malentendu, Staline entra dans une violente colère et exigea qu'on reprenne le village de Dedovo. Peu importait que celui-ci n'ait aucun intérêt tactique ou stratégique et qu'à l'origine, le dictateur soviétique l'ait confondu avec une autre localité, Joukov ne devait pas s'en tirer à si bon compte.

Il dut donc retourner sur place et commander à Rokossovski de monter une opération pour reprendre le village aux Allemands, ce qui revenait à détourner de leur tâche des troupes qui auraient été plus utiles ailleurs pour s'emparer de quelques maisons. Rokossovski et son adjoint commencèrent par protester, mais, plutôt que de discuter, Joukov les informa qu'il s'agissait d'un ordre de Staline. Cela mit fin à toute controverse.

Quand Joukov vint rendre compte, le 1er décembre, de l'accomplissement de cette opération dépourvue de sens, on lui dit que Staline l'avait appelé à trois reprises, demandant : « Où est Joukov ? Pourquoi est-il absent ? » Il avait manifestement oublié la mission qu'il avait confiée à son général.

Le même jour, les Allemands avaient lancé une attaque dans un secteur du front relativement calme jusque-là. Revenu à son quartier général, Joukov appela Staline pour l'en informer. Il venait de terminer son rapport lorsque le dictateur lui demanda brusquement : « Et Dedovsk ? »

Joukov, prudent, se garda bien de lui répéter que la ville

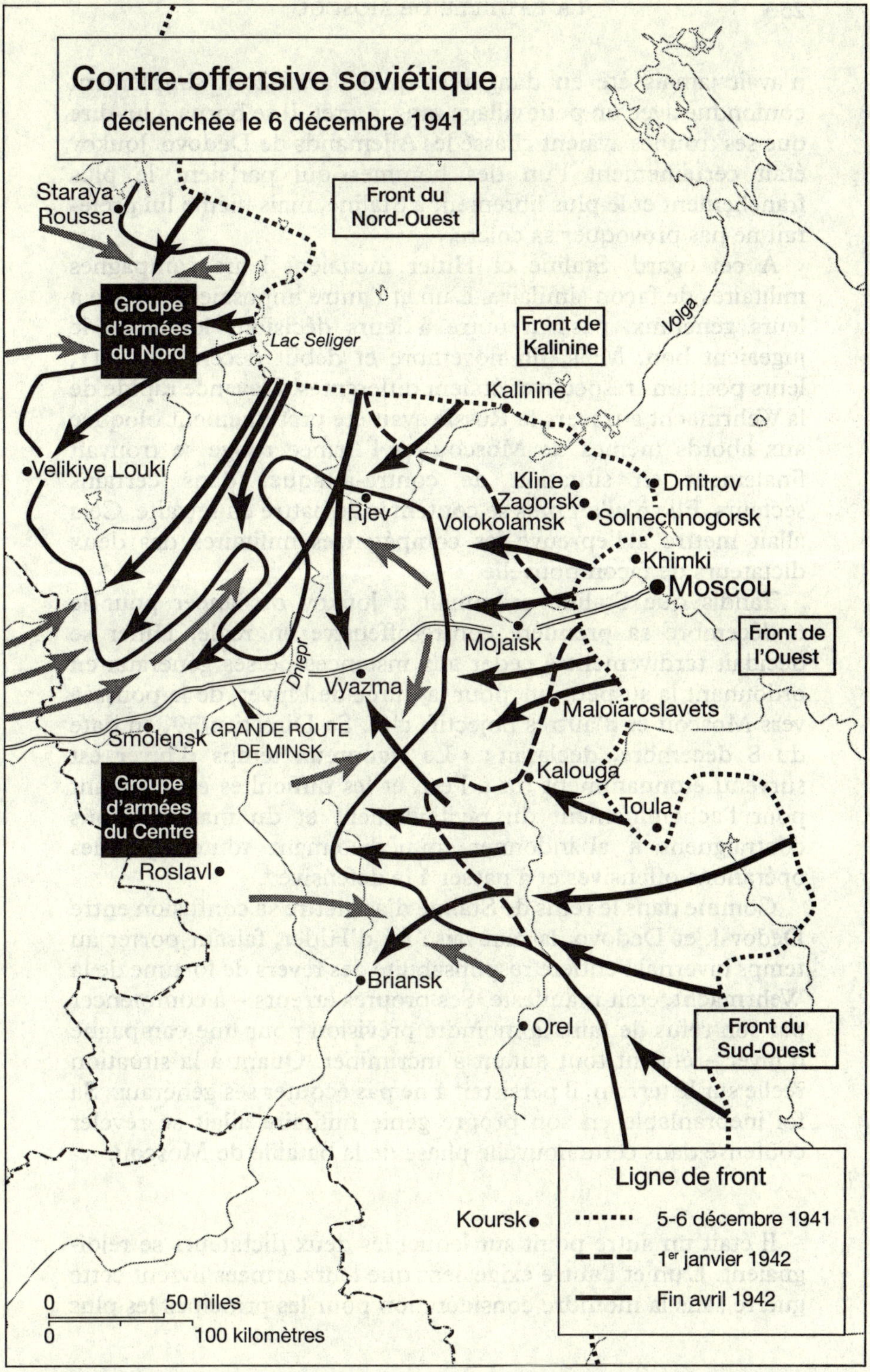
Contre-offensive soviétique
déclenchée le 6 décembre 1941
Staraya Roussa
Front du Nord-Ouest
Groupe d'armées du Nord
Lac Seliger
Front de Kalinine
Volga
Kalinine
Velikiye Louki
Kline
Dmitrov
Zagorsk
Solnechnogorsk
Volokolamsk
Rjev
Khimki
Moscou
Mojaïsk
Front de l'Ouest
Dniepr
Vyazma
Maloïaroslavets
Smolensk
GRANDE ROUTE DE MINSK
Groupe d'armées du Centre
Kalouga
Toula
Roslavl
Briansk
Orel
Front du Sud-Ouest
Ligne de front
Koursk
5-6 décembre 1941
1er janvier 1942
Fin avril 1942
0 50 miles
0 100 kilomètres

n'avait jamais été en danger et qu'il l'avait tout simplement confondue avec un petit village sans intérêt. Il se borna à lui dire que ses troupes avaient chassé les Allemands de Dedovo. Joukov était certainement l'un des hommes qui parlaient le plus franchement et le plus librement à Staline, mais même lui préférait ne pas provoquer sa colère.

À cet égard, Staline et Hitler menaient leurs campagnes militaires de façon similaire. L'un et l'autre imposaient silence à leurs généraux, passant outre à leurs décisions lorsqu'ils le jugeaient bon. Mais, fin novembre et début décembre 1941, leurs positions respectives étaient différentes. L'avance rapide de la Wehrmacht à travers la Russie avait été pratiquement bloquée aux abords mêmes de Moscou, et l'Armée rouge se trouvait finalement en situation de contre-attaquer dans certains secteurs. Elle n'allait plus se contenter de battre en retraite. Cela allait mettre à l'épreuve les compétences militaires des deux dictateurs de façon nouvelle.

Tandis que Staline ordonnait à Joukov de lancer pour le 6 décembre sa première contre-offensive en règle, Hitler se décidait tardivement à céder aux instances de ses généraux en ordonnant la suspension, pour la durée de l'hiver, de la poussée vers Moscou et d'autres objectifs clés. Sa Directive 39, en date du 8 décembre, déclarait : « Le rigoureux temps d'hiver est survenu étonnamment tôt à l'est, et les difficultés en résultant pour l'acheminement du ravitaillement et du matériel nous contraignent à abandonner immédiatement toutes grandes opérations offensives et à passer à la défensive [4]. »

Comme dans le refus de Staline d'admettre sa confusion entre Dedovsk et Dedovo, la mauvaise foi d'Hitler, faisant porter au temps hivernal l'entière responsabilité des revers de fortune de la Wehrmacht, était manifeste. Ses propres erreurs – à commencer par son refus de faire la moindre prévision pour une campagne d'hiver – étaient tout autant à incriminer. Quant à la situation réelle sur le terrain, il persistait à ne pas écouter ses généraux. Sa foi inébranlable en son propre génie militaire allait se révéler coûteuse dans cette nouvelle phase de la bataille de Moscou.

Il était un autre point sur lequel les deux dictateurs se rejoignaient. L'un et l'autre exigeaient que leurs armées livrent cette guerre sans la moindre considération pour les principes les plus élémentaires d'humanité. La brutalité et même la sauvagerie n'étaient pas seulement tolérées ; elles étaient encouragées, et même exigées. Du côté allemand, la propagande nazie s'appliquait à convaincre chaque jour les troupes que leurs ennemis étaient des *Untermenschen* – des sous-hommes. Du côté soviétique, bien que le racisme ne fît, en principe, pas partie de l'idéologie communiste, on peignait les Allemands comme des monstres devant être exterminés.

L'écrivain Ilya Ehrenbourg, qui, comme Konstantin Simonov, était devenu correspondant de guerre de *Krasnaïa Zvezda*, le journal de l'armée soviétique, écrivit en août 1942 ces phrases restées tristement fameuses : « Maintenant, nous le savons. Les Allemands ne sont pas des humains. Maintenant, le mot " Allemand " est devenu le terme le plus ordurier qui soit. Ne parlons pas. Ne nous indignons pas. Tuons. Si vous ne tuez pas l'Allemand, il vous tuera... Si vous avez tué un Allemand, tuez-en un autre. Il n'est rien de plus réjouissant que des cadavres allemands [5]. »

Cet article parut alors que la bataille de Moscou était terminée, mais de semblables sentiments avaient été exprimés par Ehrenbourg et d'autres de ses confrères durant les combats pour la capitale. Et cela n'avait rien d'étonnant. En fait, c'était Staline qui avait donné le ton en déclarant dans son discours du 6 novembre à la station de métro Maïakovski : « Eh bien, si les Allemands veulent une guerre d'extermination, ils vont l'avoir. »

Dès le début de la guerre, le dictateur soviétique avait montré qu'il ne se souciait pas du nombre de ses propres compatriotes appelés à périr dans ce conflit. En septembre 1941, déjà, on lui avait rapporté que certaines des forces allemandes attaquant Leningrad avaient poussé devant elles des femmes et des enfants comme boucliers humains. Il avait alors dénoncé les « pourceaux allemands », mais tout en faisant savoir sans ambiguïté à ses généraux qu'ils n'avaient pas à se préoccuper des pertes civiles. « Ma consigne, avait-il déclaré, est : ne faites pas de sentiment ; frappez l'ennemi et ses complices volontaires ou involontaires en plein dans les dents. Frappez les Allemands et leurs auxiliaires, quels qu'ils puissent être, de toutes vos forces, abattez les ennemis sans vous préoccuper de savoir s'ils sont consentants ou non » [6].

Abram Gordon, qui s'était engagé volontairement immédiatement après avoir reçu son diplôme de l'Institut pédagogique d'État de Moscou, put constater très vite qu'il ne s'agissait pas là de propos en l'air. Il avait été affecté à une unité ayant pour mission d'arrêter l'avance allemande sur la route de Varsovie, au début d'octobre. Les 2 000 hommes que comportait cette formation se retrouvèrent encerclés par des ennemis à la puissance de feu bien supérieure. En une journée de combats acharnés, ils tentèrent, jusqu'à épuisement de leurs maigres ressources, d'arrêter les chars ennemis à l'aide de grenades et de cocktails Molotov. Ils ne restèrent que 300 à 350 à peu près valides à l'issue de cette journée. La seule issue pour eux était de se replier, sous le couvert de l'obscurité, dans la forêt, en abandonnant leurs morts et les blessés trop grièvement atteints. « On ne peut qu'imaginer, soulignait Gordon, ce qui leur est arrivé le lendemain, quand les Allemands ont occupé l'endroit. »

Dans les dernières phases du combat, Gordon et ses camarades étaient tombés sur un groupe de 10 Allemands qui s'étaient perdus et se rendirent aussitôt. « Il nous fallait décider quoi faire d'eux, déclarait Gordon avec une certaine gêne. Le fait est que nous devions nous replier dans la forêt le plus vite possible. Nous ne pouvions les emmener avec nous, et nous ne pouvions les libérer. »

Les anciens combattants soviétiques répugnant à évoquer ce genre de choses, il fallut insister auprès de Gordon pour qu'il continue. « Nous dûmes les fusiller, finit-il par dire, reconnaissant qu'il avait lui-même participé à l'exécution. On m'avait ordonné de les tuer, insistait-il. Pendant longtemps, ce souvenir m'a tourmenté, mais maintenant, je comprends clairement que ces choses étaient nécessaires. Nous étions des soldats dans une guerre où l'on devait tuer ou être tué. »

La situation se renversa lorsqu'il fut, à son tour, fait prisonnier par les Allemands. Emmené dans un vaste champ, il se retrouva derrière une clôture de barbelés avec quelques milliers d'autres soldats soviétiques. Au bout d'un moment, les Allemands les firent se mettre en marche vers l'ouest, en direction, sans doute d'un camp de prisonniers à quelque distance des lignes.

Mais Gordon ne tarda pas à se trouver en grand danger. Le regardant attentivement, l'un de ses gardiens allemands lui lança : « Tu es juif ? » Ses traits et son teint brun avaient attiré l'attention. Trop apeuré pour répondre, il entendit alors quelqu'un crier à côté de lui : « Non, il est du Caucase ! » Il était persuadé que cette réplique lui avait sauvé la vie.

Les prisonniers furent contraints de marcher une bonne cinquantaine de kilomètres avant d'être autorisés à se reposer auprès de la route. Ce fut à cette occasion que Gordon rencontra le lieutenant Nikolaï Smirnov, qui cherchait déjà un moyen de s'évader. Il estimait que les chances de survie dans un camp de prisonniers allemand étaient pratiquement nulles.

Il proposa à Gordon de tenter d'aller se dissimuler dans l'une des imposantes meules de foin qui se dressaient à proximité. Pendant près de deux heures, les deux hommes rampèrent lentement et prudemment vers l'une de ces meules, qu'ils finirent par atteindre sans être repérés par les gardiens allemands. Ils s'y enfouirent profondément et y restèrent trois ou quatre heures. Entre-temps, quelques autres prisonniers soviétiques avaient remarqué leur absence et deviné ce qu'ils avaient fait. Ils tentèrent de les imiter, mais les gardiens les aperçurent au moment où ils arrivaient aux meules de foin et se précipitèrent, sondant le foin à la baïonnette et abattant les évadés. Tapis à l'autre extrémité de leur meule, Gordon et Smirnov échappèrent aux explorations des Allemands.

Lorsque le cortège des prisonniers fut reparti et qu'il fit complètement nuit, les deux hommes émergèrent du foin et prirent la direction du territoire tenu par les Soviétiques. Avec l'aide de villageois, qui les nourrirent et leur indiquèrent leur chemin, ils y parvinrent. Mais leurs épreuves n'étaient pas terminées pour autant.

Avec plusieurs autres soldats s'étant évadés ou ayant été simplement séparés de leur unité, ils furent expédiés à Moscou pour y être livrés à des interrogateurs militaires. Smirnov et Gordon décidèrent qu'ils pouvaient raconter franchement toute leur histoire, sans omettre leur bref séjour entre les mains des Allemands. Ils estimaient que, compte tenu de la rapidité avec laquelle ils s'étaient évadés, ils pouvaient difficilement être tenus pour des prisonniers de guerre – et donc des traîtres aux yeux du régime stalinien.

Mais les hommes de la sécurité militaire considéraient comme également suspect un retour aussi rapide dans les lignes soviétiques. Pour eux, ces évadés pouvaient bien être des espions à la solde des Allemands. Gordon découvrit à cette occasion que son ancienne école avait été transformée en centre d'interrogatoires, et le hasard fit qu'il se trouva convoqué à la salle 13, qui avait été naguère son dortoir.

Il n'eut, toutefois, guère le loisir de s'abandonner à la nostalgie. Son interrogateur le considérait, de toute évidence, comme un possible espion. « Mais je suis juif ! » finit-il par clamer. Miraculeusement, cela convainquit son tourmenteur, qui l'autorisa à reprendre ses activités militaires. « C'est la seule fois de ma vie, remarquait Gordon, que mes origines m'ont rendu service. »

Smirnov n'eut pas autant de chance. Il fut expédié dans un camp de concentration à Mordovia, au sud-est de Moscou, où périrent nombre de détenus. Quand plus tard Gordon s'efforça de se renseigner sur le sort du courageux officier qui avait permis son évasion, il apprit que Smirnov était mort au bout de quatre mois de détention. La cause avancée pour son décès était la tuberculose.

Elena Rjevskaïa, future femme de lettres, qui, connaissant l'allemand, servait d'interprète pour l'interrogatoire des prisonniers, fut, de son propre aveu, très surprise de découvrir qu'en ce qui concernait ceux-ci, la Wehrmacht avait des règles et des principes fort différents de ceux qu'avait édictés Staline pour l'Armée rouge. Interrogeant un lieutenant allemand qui s'était rendu avec ses hommes après s'être trouvé encerclé, elle lui demanda si cet acte n'était pas considéré comme une trahison. Le lieutenant répondit par la négative, en ajoutant que ses hommes ne combattaient que mieux en sachant qu'ils pouvaient se rendre s'ils y étaient contraints. « Contrairement aux soldats soviétiques, soulignait Elena Rjevskaïa, les soldats allemands n'étaient pas punis [par les leurs] pour avoir été faits prisonniers. Ceux qui survivaient étaient même promus. »

Mais la plupart des militaires allemands se trouvaient en fort mauvais état lorsqu'ils tombaient aux mains de l'Armée rouge, et beaucoup n'allaient d'ailleurs pas survivre aux épreuves consécutives à leur capture. Nombre d'entre eux arboraient, dans leurs efforts désespérés pour lutter contre le froid, les accoutrements les plus bizarres, comprenant souvent des vêtements saisis sur les populations locales, qui comprenaient alors une majorité de femmes, les hommes ayant été mobilisés.

Elena Rjevskaïa se souvenait tout particulièrement d'un soldat allemand venant d'être capturé. « Il était gelé et avait de la glace sur tout le visage ainsi que sur ses vêtements, disait-elle. Il était drapé dans un épais châle de femme, qui surmontait son calot militaire. Le châle était assez grand pour lui couvrir tout le corps. Il portait également des bottes en paille, du genre de celles que les Allemands se faisaient fabriquer par les paysans du lieu. » La bizarrerie même de son apparence joua un court moment en sa faveur, amenant les interrogateurs soviétiques à sourire au lieu de commencer directement à le rudoyer. Il le comprit et leva les mains pour montrer qu'il ne portait pas de moufles mais des chaussettes enfilées jusqu'à l'avant-bras.

Mais le climat changea, selon Elena Rjevskaïa, quand on amena le prisonnier dans un baraquement pour poursuivre l'interrogatoire. « Comme il faisait chaud dans le baraquement, la glace commença à fondre sur son visage, et il sentit qu'il perdait son maquillage comique. Il eut l'air affolé et commença à se palper le visage comme s'il tentait de retenir son armure protectrice. »

Albert Tsessarsky put constater lui aussi, lors de la contre-offensive soviétique du début du mois de décembre, la détresse vestimentaire des soldats allemands en découvrant leurs cadavres gelés sur sa route. L'un d'eux s'était enroulé un soutien-gorge autour de la tête pour se protéger les oreilles. D'autres avaient ajouté à leurs uniformes les pièces de vêtements les plus diverses, prises à la population. « Je dois dire que, sur le moment, avouait Tsessarsky, j'ai ressenti une vive joie, une vive satisfaction à voir qu'ils avaient eu ce qu'ils méritaient. » Mais, plus tard, ce genre de sentiments devait céder la place à l'horreur devant « le spectacle affreux » de ces hommes étant allés « aveuglément à leur mort ».

Selon une autre interprète, Zoïa Zaroubina, au début, les Allemands faits prisonniers adoptaient une attitude pleine de défi, et elle-même avait été choquée de leur « arrogance ». Mais elle les avait vus ensuite « malades, effrayés, n'étant plus que l'ombre de l'armée d'invasion ». Certains étaient encore fermement convaincus qu'Hitler finirait par l'emporter, mais beaucoup, usés par des mois de combats et des conditions climatiques atroces, étaient simplement terrifiés de ce qui pouvait leur arriver encore.

Du côté soviétique, la reddition n'était, on l'a vu, pas une solution. Ancien étudiant en architecture, Evgueni Anoufrïev avait été affecté à une unité NKVD de 80 hommes opérant à skis, en tenue de camouflage blanche. Ses camarades et lui ne devaient pas tarder à découvrir les failles du système. « On ne devrait pas combattre à skis dans les villages, soulignait-il. Il y a des jardins, des clôtures et des portes et l'on peut s'y retrouver immobilisé. » De plus, durant l'une de leurs premières opérations, leurs mitrailleuses se révélèrent hors d'état de tirer. « Les hommes, déclarait-il, doivent payer de leur sang les erreurs des chefs. On ne nous avait pas prévenus que le lubrifiant des armes pouvait geler en hiver. Nos mitrailleuses ne fonctionnaient pas convenablement car le froid les avait gelés. »

Le combat qui suivit devait coûter la vie à une bonne partie des hommes de l'unité, mais, même au pire moment, personne n'envisagea de capituler. « On ne nous permettait pas de nous rendre », soulignait Anoufrïev. À ce moment, presque tous les soldats savaient ce qui les attendait de leur propre côté si, par hasard, ils arrivaient à survivre à la captivité dans les camps allemands. Tapi dans un hangar et découvrant qu'il ne lui restait plus que trois cartouches, Anoufrïev porta son pistolet à sa tempe, prêt à presser la queue de détente. À ce moment, un autre soldat, qui s'efforçait de porter leur chef d'unité, grièvement blessé, lui cria : « Viens m'aider ! » Unissant leurs efforts, les deux hommes parvinrent à rejoindre, en transportant l'officier blessé, plusieurs de leurs camarades, avec lesquels ils purent s'échapper du village.

L'héroïsme des unités de skieurs fut ensuite célébré par la presse soviétique, qui insista sur le fait que, malgré des pertes énormes, aucun de leurs soldats ne se rendit. « Nous étions prêts à nous tuer plutôt que d'être capturés », confirmait Anoufrïev. Mais, dans le cas contraire, Staline aurait été prêt, quant à lui, à presser la queue de détente.

Hitler n'était pas moins résolu à envoyer ses hommes au combat à tout prix, entrant en conflit ouvert, sur ce point, avec Guderian et d'autres généraux osant mettre en question ses décisions. Face à la contre-offensive déclenchée par les Soviétiques le 6 décembre, le Führer donna de nouveau les signes de ce refus d'admettre les réalités qui allait finalement causer sa perte. En considérant les choses rétrospectivement, on peut estimer que la bataille de Moscou fournit le premier exemple de ses lacunes sur le plan militaire.

Bien qu'ayant donné, avec réticence, le 8 décembre, l'ordre d'arrêter les opérations offensives, Hitler refusa constamment de tenir compte de l'avis des chefs militaires se trouvant sur le terrain quant aux moyens d'organiser la défense de leurs troupes et de préserver leur potentiel face au terrible hiver russe. Si les

Allemands voulaient avoir une chance de reprendre leur progression en direction de Moscou au printemps, il leur fallait avant tout limiter leurs pertes. Mais Hitler considérait toute politique de ménagement des vies humaines comme un signe de faiblesse, bien qu'il fût manifeste qu'à ce jeu, Staline disposait de beaucoup plus d'hommes à sacrifier que son adversaire.

Guderian avait installé son poste de commandement avancé à Iasnaïa Polyana, l'ancienne propriété de Tolstoï au sud de Moscou. Évoquant la visite qu'il y avait faite le 2 décembre, il devait écrire que le contenu de la maison avait été scrupuleusement respecté. « Aucun meuble, affirmait-il, n'a été brûlé, aucun livre ou manuscrit n'a été touché[7]. » Ce ne fut pas ce que dirent les soldats soviétiques qui occupèrent la propriété deux semaines plus tard, non plus que les paysans du cru. Selon eux, les Allemands, avant de se replier, avaient fait du feu avec tout ce qu'ils avaient trouvé – y compris, selon certains, des manuscrits prélevés dans la bibliothèque de Tolstoï[8]. Et, près de la tombe de l'écrivain, ils avaient enterré quelque 70 de leurs morts[9], avec un grand panneau de bois portant l'inscription : « Tombés pour la Plus Grande Allemagne[10] ».

Maria Chtchegoleva, sœur du conservateur du musée Tolstoï, devait affirmer en janvier 1942 à la journaliste française Ève Curie, que les Allemands avaient aussi tenté, avant de fuir, d'incendier[11] les bâtiments et essayé d'empêcher les habitants d'intervenir en prétendant qu'ils avaient tout miné. Malgré ces avertissements, l'incendie put être combattu avec deux extincteurs restés sur place et l'eau d'un puits à la surface duquel on dut briser la glace. Le musée Tolstoï fut en mesure de rouvrir à la fin du mois de mai.

Mais Ève Curie précisait qu'elle avait appris pire encore : les corps de deux Russes avaient été laissés pendus quatre jours par les occupants sur la place du village. « Il ne pouvait y avoir, écrivit-elle, plus grave offense à la mémoire de Tolstoï »[12].

Il est concevable que ces déprédations eurent lieu après le séjour de Guderian à Iasnaïa Polyana, mais, en tout cas, honorer la mémoire de l'auteur de *Guerre et paix* ne devait pas être la préoccupation majeure du général. Il savait que ses hommes gelaient littéralement et que les conséquences du froid faisaient des ravages de plus en plus grands parmi eux. « L'ennemi, la taille du pays et la rigueur du climat, écrivit-il à sa femme, ont été sous-estimés, et nous en souffrons maintenant[13]. »

Avant même l'ordre d'Hitler de suspension des opérations offensives, Guderian avait compris que Moscou ne pourrait être pris cet hiver-là. Bien que d'autres unités blindées venues du nord-ouest fussent arrivées à une trentaine de kilomètres du Kremlin, nota-t-il, elles avaient été « forcées de renoncer à leur attaque car elles manquaient de la force nécessaire à s'emparer de la superbe prise maintenant si proche ». Guderian était convaincu que le seul moyen de préserver le potentiel allemand était de replier les troupes en arrière de la ligne de front, et, si possible, dans des secteurs où des retranchements avaient pu être creusés avant que le sol ne gèle. « Mais c'était exactement ce qu'Hitler se refusait à permettre », ajoutait-il [14].

Les supérieurs immédiats de Guderian se montraient réceptifs aux idées de celui-ci. Le maréchal von Bock notait dans son journal, à la date du 1er décembre – c'est-à-dire dès avant la contre-offensive de Joukov : « Les combats de ces quatorze derniers jours ont montré que l'idée que l'ennemi faisant face à notre groupe d'armées s'était " effondré " était une illusion. S'arrêter aux portes de Moscou, où converge le réseau routier et ferroviaire de presque toute la Russie de l'Est, revient à engager une très importante action défensive contre un ennemi bien supérieur en nombre. Les forces du groupe d'armées ne le permettent pas, même pour un temps limité [15]. »

Le maréchal von Brauchitsch autorisa Guderian à effectuer quelques replis limités. Mais Hitler eut tôt fait de préciser que ce serait là l'exception et non la règle. Il joignit Guderian par téléphone le soir du 16 décembre, et, bien que la communication fût mauvaise, le message était clair : le général devait rester sur ses positions et nul autre repli ne serait toléré. Et le Führer répéta cet ordre vers minuit à son état-major. Résumant la séance dans son journal, le général Halder, le chef d'état-major, écrivit : « Un repli général est hors de question. L'ennemi n'a opéré de pénétration substantielle qu'en quelques endroits. L'idée de préparer des positions en retrait n'est qu'aberration [16]. »

Le maréchal von Manstein devait tracer un parallèle direct entre le comportement d'Hitler quand il commença à essuyer ses premiers revers et celui de Staline au début du conflit. « La réaction d'Hitler quand se produisit la première crise devant Moscou, écrivit-il après la guerre, fut d'adopter le principe de Staline de s'accrocher obstinément à chaque position. C'était la politique qui avait conduit les dirigeants soviétiques au bord de l'abîme en 1941 [17]. »

Le temps que Guderian, convoqué au quartier général d'Hitler, y arrive, le 20 décembre, le Führer avait démis de ses fonctions de commandant en chef de l'armée Brauchitsch, qui avait accepté les replis partiels, pour prendre lui-même ce commandement. Cette décision balayait les derniers doutes qu'on pouvait avoir quant au fait qu'Hitler se croyait des capacités militaires supérieures et tenait ses généraux pour quantité négligeable. « Cette petite besogne de commandement opérationnel est quelque chose que n'importe qui peut faire, avait-il déclaré à Halder. La tâche du commandant en chef de l'armée consiste à entraîner celle-ci aux méthodes nationales-socialistes. Je ne connais aucun général qui pourrait le faire comme je l'entends, aussi ai-je décidé de prendre moi-même le commandement de l'armée [18]. »

Hitler s'était également débarrassé de Bock, le commandant du Groupe d'armées du Centre, qui avait contesté en vain ses ordres de tenir à tout prix les positions avancées aux abords de Moscou. Guderian savait que tout cela n'augurait pas bien de sa rencontre avec le Führer, tout en espérant que celui-ci conservait un peu de la haute estime qu'il lui avait portée précédemment.

Il fut rapidement détrompé lorsqu'il pénétra dans la pièce faiblement éclairée où Hitler et son état-major l'attendaient. « Quand Hitler s'avança vers moi, devait-il écrire ensuite, je fus surpris de voir, pour la première fois, une expression dure et inamicale dans son regard » [19].

Sommé de faire son rapport, Guderian signala son intention de poursuivre le repli vers des positions plus sûres autorisé par Brauchitsch.

« Non, je l'interdis ! » clama alors Hitler.

Guderian expliqua que c'était la seule façon de prévenir des pertes humaines inutiles. Mais Hitler avait déjà arrêté sa décision, et il proclama que les soldats devaient « s'enterrer là où ils étaient et tenir chaque mètre carré de terrain ».

« S'enterrer n'est plus possible en la plupart des endroits, répondit Guderian, car la terre est gelée jusqu'à un mètre cinquante de profondeur et nos malheureux outils ne peuvent aller aussi loin.

— En ce cas, rétorqua Hitler, on doit creuser des trous avec des mortiers lourds. Nous avons dû le faire dans les Flandres durant la Première Guerre mondiale.

— Dans les Flandres, fit alors remarquer Guderian, il n'y a jamais eu le froid que nous connaissons actuellement. Et, en dehors de cela, j'ai besoin de toutes mes munitions pour tirer sur les Russes. »

Et il mit de nouveau Hitler en garde contre les conséquences d'une défense à tout prix du terrain acquis, déclarant notamment : « Si une telle tactique est adoptée, nous devrons, au cours de l'hiver qui vient, sacrifier les vies de nos officiers, de nos sous-officiers et des hommes capables de les remplacer, et ce sacrifice n'aura pas seulement été inutile, il aura aussi été irréparable.

— Pensez-vous, lança Hitler, que les grenadiers de Frédéric le Grand souhaitaient mourir ? Ils voulaient vivre, eux aussi, mais le roi avait raison de leur demander de se sacrifier. »

Quand Guderian lui rappela que la plupart de ses soldats étaient toujours en uniforme d'été, Hitler refusa de le croire. « Ce n'est pas vrai, déclara-t-il. L'intendant général m'a informé que les vêtements d'hiver avaient été fournis. » Guderian lui répondit que, si tel était le cas, ils n'étaient pas parvenus à ses hommes. Il dit avoir découvert qu'un convoi de vêtements était resté longtemps bloqué en gare de Varsovie et ne pourrait vraisemblablement pas arriver à destination à temps.

Mais Hitler persista dans son attitude, déclarant à Guderian : « Vous vous êtes laissé trop profondément impressionner par les souffrances des soldats. Vous ressentez trop de pitié à leur égard. »

Ce qui revenait, dans la bouche du dictateur allemand, à une accusation de faiblesse et parut sceller le sort du général. Limogé et transféré dans la réserve, il adressait, le 26 décembre, un message d'adieu à ses hommes : « Je sais que vous continuerez à combattre aussi bravement que toujours et que, malgré les souffrances de l'hiver et la supériorité numérique de l'ennemi, vous triompherez. »

Mais, selon toute vraisemblance, le virtuose de l'arme blindée avait d'ores et déjà cessé de le croire.

La contre-offensive soviétique ayant été lancée, le Kremlin fut prompt à crier victoire. Le 13 décembre, la *Pravda* paraissait avec, en manchette : ÉCHEC DU PLAN DU COMMANDEMENT

ALLEMAND POUR ENCERCLER ET PRENDRE MOSCOU. LES TROUPES ALLEMANDES VAINCUES PRÈS DE LA CAPITALE. Le journal affirmait que, durant les quatre premiers jours de la contre-offensive, du 6 au 10 décembre, l'Armée rouge avait repris 400 localités et les Allemands perdu près de 30 000 hommes. La *Pravda* annonçait également la prise de 386 chars, 4 317 véhicules divers, 101 mortiers et 515 mitrailleuses, ainsi que la destruction de 271 chars, 565 véhicules, 119 mortiers et 131 mitrailleuses, ajoutant : « Cette information est incomplète mais nous n'avons pas actuellement la possibilité de répertorier toutes nos prises. » L'information était aussi incomplète en un autre sens, car elle ne mentionnait pas l'étendue des pertes soviétiques.

Au même moment, Vassili Grossman notait dans son journal : « Tout est très différent de ce qui se produisait durant l'été. Il y a des quantités de véhicules allemands détruits sur les routes et dans la steppe, des quantités de canons abandonnés, des centaines de cadavres allemands, des casques et des armes gisant partout. Nous avançons ! »[20].

Le pilote de Stuka Richard Wernicke notait les propos plus qu'inquiétants de ses camarades ayant participé à des raids au sud de Moscou et parlait du « spectacle inoubliable » de centaines de chars allemands brûlant au sol. Les aviateurs pouvaient constater que c'étaient les équipages des chars qui avaient mis le feu à ceux-ci après être tombés en panne ou s'être trouvés à court de carburant.

Le lieutenant d'infanterie Kurt Gruman[21] écrivait dans son journal le 15 décembre : « Tout ce que nous ne pouvons emporter avec nous et qui ne doit pas tomber aux mains des bolcheviks doit être détruit. Durant cette retraite, de rudes coups ont été portés au moral et à la discipline. Combien de matériel de valeur a été perdu en vain ! Les hommes ne se donnent même pas la peine de tout détruire. Je crains que les munitions abandonnées nous retombent sur la tête. »

Déjà étirées à l'extrême, les lignes de communication s'étaient complètement rompues en de nombreux points. Le temps empêchant les avions de décoller, Gruman notait, le 21 décembre : « Maintenant, nous ne pouvons plus compter être ravitaillés. Quel en sera l'effet pour nous ? Il règne, chez les hommes, le sentiment qu'on les a envoyés faire leur devoir, puis que quelqu'un a oublié de les faire relever. N'avons-nous pas été abandonnés ? On en aurait envie de hurler. »

Et, comme toujours, le froid venait ajouter encore au désespoir. Gruman, qui s'efforçait vainement de se tenir au chaud avec deux capotes et une couverture, rapportait qu'un hôpital improvisé était plein d'hommes souffrant de gelures au deuxième ou au troisième degré. « Les jambes enflées sont couvertes de plaies, écrivait-il, de sorte que ce ne sont plus même des jambes mais plutôt des masses informes. Dans certains cas, la gangrène s'était déjà installée. Ceux qui avaient réussi à survivre au déluge de feu sont devenus invalides ici. » Dans certaines unités, les effets du froid avaient mis hors de combat beaucoup plus de soldats que les blessures par balle [22].

Tout en tentant toujours de se persuader que les Allemands auraient le dernier mot – « Il ne fait pas de doute que, durant l'été, les bolcheviks vont sentir de nouveau notre puissance » – Gruman laissait percer dans son journal un désespoir de plus en plus grand. Il faisait de plus en plus état d'incursions soviétiques dans les positions allemandes à mesure que la retraite se poursuivait. Au mois de janvier, ses notes s'étaient faites plus brèves. La dernière portait la date du 17 février. Puis plus rien. Nul n'a moyen de savoir si le lieutenant Gruman a été tué au combat ou s'il a succombé au froid.

Compte tenu du nombre de soldats grièvement blessés ou victimes de gelures évacués en Allemagne, il était devenu de plus en plus difficile au gouvernement nazi de maintenir la fiction selon laquelle tout allait pour le mieux sur le front russe. « L'anxiété du peuple allemand à l'égard du front de l'Est s'accroît, écrivait Goebbels dans son journal [23], à la date du 22 janvier 1942. Les morts dues au froid constituent un facteur important. » Goebbels déplorait amèrement, à ce sujet, « les effets dévastateurs » des lettres envoyées par les soldats à leurs familles. « Les mots, ajoutait-il, ne peuvent décrire ce que les soldats écrivent du front. » Apparemment, la censure militaire allemande était moins efficace que sa rivale soviétique.

Même dans son journal personnel, Goebbels se refusait à admettre la réalité, accusant les soldats de dramatiser leur situation. « La passion de l'effet théâtral joue ici un rôle considérable, affirmait-il. Quand un soldat écrit et exagère, il ne pense pas au souci qu'il peut causer à sa famille. » Tout en recommandant que les soldats soient mieux endoctrinés, il montrait peu d'espoir que la chose porte ses fruits. « Il s'agit là, concluait-il, d'une faiblesse humaine contre laquelle on est impuissant. »

Tout comme Hitler, Goebbels rejetait tout sur les officiers et les soldats, sans prendre la responsabilité des décisions qui avaient amené ceux-ci dans la situation désespérée où ils se trouvaient, affrontant l'hiver russe sans même les vêtements adéquats.

Cela revenait à laisser péremptoirement de côté deux facteurs clés. Le premier avait été la croyance d'Hitler en une victoire avant l'hiver – croyance démentie par les faits, et ce en raison d'erreurs tactiques dues au Führer lui-même. Le deuxième était l'ordre de priorité dans les transports établi, encore une fois, par Hitler[24].

Celui-ci avait dû en effet, dans les premiers mois de l'invasion, choisir entre l'acheminement par voie ferrée de vêtements d'hiver, de vivres ou de munitions. Il importait de décider entre les trois, la capacité ferroviaire allemande étant limitée et les voies ferrées soviétiques étant d'une plus grande largeur que celles utilisées dans le reste de l'Europe, ce qui occasionnait une difficulté supplémentaire. Hitler, tout en laissant s'opérer quelques transports de vivres essentiels, exigea qu'on donne la priorité absolue aux munitions. Même s'ils étaient prêts à être embarqués, les vêtements d'hiver devaient attendre. Il n'y avait pas place pour eux dans les trains se dirigeant vers l'est. Le cas, relevé par Guderian, du convoi bloqué en gare de Varsovie était typique.

Le 21 décembre, dans une allocution radiodiffusée, Goebbels lança un appel au peuple allemand, lui demandant de donner des vêtements chauds pour les soldats combattant à l'est[25]. Guderian était convaincu que cet appel résultait directement des plaintes qu'il avait formulées au cours de sa rencontre avec Hitler, la veille[26]. Mais, compte tenu des problèmes de transport, cette campagne venait trop tard pour nombre de soldats tentant de survivre à ce terrible hiver. La plupart des vêtements recueillis n'arrivèrent pas à temps.

Dans son journal, à la date du 6 mars 1942, Goebbels faisait le compte des pertes allemandes sur le front de l'Est depuis le début de l'Opération Barberousse. Il évaluait le nombre des morts à 200 000 environ et le total des hommes hors de combat, tués, blessés ou disparus, à près d'un million. Il soulignait tout spécialement les effets du froid hivernal. « À la date du 20 février, écrivait-il, on a signalé 112 627 cas de gelures, dont 14 357 au troisième degré et 62 000 au deuxième degré... Le nombre de ceux qui en ont souffert est considérablement plus élevé que nous ne l'avions d'abord imaginé. » Mais il se hâtait d'ajouter : « Même ainsi, le chiffre final ne représente qu'une petite partie de ce que les rumeurs ont répandu dans la population »[27].

On impliquait ainsi, une fois de plus, que les soldats n'avaient pas supporté leurs épreuves avec le stoïcisme qui était attendu et même exigé d'eux.

Joukov était satisfait des progrès réalisés par son armée aux alentours de Moscou, mais il était bien conscient du fait que les Allemands disposaient encore d'une puissance de feu considérable. Il était également conscient des limites de ses propres troupes, qui continuaient à essuyer des pertes humaines beaucoup plus importantes que celles des Allemands, les survivants étant souvent amoindris et épuisés. C'est donc avec une appréhension bien compréhensible qu'il répondit, le 5 janvier, à une convocation de la « Stavka », l'organe suprême de commandement politico-militaire de l'armée soviétique.

Au début de la réunion, le maréchal Boris Chapochnikov, l'ancien officier de l'armée tsariste ayant survécu aux purges pour prendre les fonctions de chef d'état-major général, donna une vue d'ensemble de la situation militaire. Puis, au grand effarement de Joukov, il exposa un plan d'offensive généralisée, visant non seulement à repousser plus avant les Allemands dans la région de Moscou mais aussi à briser le blocus de Leningrad et à vaincre la Wehrmacht en Ukraine et au Caucase. En d'autres termes, l'Armée rouge était censée attaquer sur tous les fronts.

Chapochnikov n'avait certainement pas rêvé tout cela de sa propre initiative ; il savait précisément qui allait appuyer ce plan. « Les Allemands, déclara en effet Staline, semblent déconcertés par leur échec devant Moscou et ils sont médiocrement préparés pour l'hiver. Le moment est venu de passer à une offensive généralisée[28]. »

Joukov protesta que ce serait là une dangereuse stratégie. Tout en préconisant une poursuite de l'offensive sur le front occidental afin d'écarter encore plus de Moscou les troupes allemandes, il souligna la nécessité de renforcer en hommes et en matériel, surtout en chars, les divisions placées sous son commandement. « Quant aux offensives près de Leningrad et dans le Sud-Ouest, ajouta-t-il, nos forces dans ces secteurs doivent faire face à de formidables défenses ennemies. Sans un puissant soutien d'artillerie, nos troupes seraient incapables de percer, et elles connaîtraient des pertes lourdes et totalement injustifiées [29]. » Venant d'un chef militaire qui n'hésitait jamais à sacrifier ses hommes si le jeu en valait la chandelle, le message était clair : une offensive généralisée échouerait inévitablement, avec toutes les conséquences funestes qu'on pouvait imaginer.

Nikolaï Voznessenski, responsable de la planification de l'économie de guerre, vint appuyer le point de vue de Joukov, soulignant qu'il ne pouvait fournir le matériel militaire nécessaire à une entreprise aussi ambitieuse. Mais Malenkov et Beria écartèrent péremptoirement ses objections, affirmant qu'il exagérait toujours les difficultés. (Voznessenski devait être arrêté et fusillé en 1950 au cours d'une nouvelle vague épuratoire.)

Mais, comme Joukov l'avait vite craint, la décision de Staline était bel et bien arrêtée, et rien de ce que lui-même ou Voznessenski avaient pu dire n'y changerait rien. « J'en ai parlé avec Timochenko, déclara le dictateur soviétique, et il est en faveur de cette offensive. Nous devons rapidement anéantir les Allemands, de façon à ce qu'ils ne puissent attaquer quand le printemps viendra. Voilà qui met fin, semble-t-il, à la discussion [30]. »

À la sortie de la réunion, Chapochnikov se tourna vers Joukov et lui dit : « C'était stupide de discuter. Le Chef avait déjà décidé [31]. »

Joukov lui demanda alors pourquoi Staline avait pris la peine de s'enquérir de son opinion. « Je n'en sais rien, mon vieux, soupira Chapochnikov. Je n'en sais vraiment rien. »

De toute évidence, les pertes humaines « lourdes et totalement injustifiées » annoncées par Joukov ne préoccupaient pas le moins du monde Staline. Ainsi, le 7 février, les Allemands interceptèrent un message adressé aux chefs militaires soviétiques sur le terrain leur commandant, en substance, de tout faire pour économiser les munitions mais non les vies humaines [32].

Mais un homme comme Mikhaïl Geykhman, alors lieutenant d'artillerie dans l'une des divisions sibériennes défendant Moscou, devait souligner : « Nous n'avions pas été préparés à livrer une guerre avec des pertes moindres. » Selon lui, le moral restait élevé car les hommes avaient le sentiment d'avancer. En même temps, il précisait que les unités sibériennes étaient, en fait, beaucoup moins bien équipées que ne le croyaient les Allemands.

En ce premier hiver de guerre, beaucoup de ces hommes portaient encore de courtes bottes avec des bandes molletières et une coiffure de toile en forme de casque appelée *boudionovka*, que l'on devait rembourrer de laine pour tenir la tête et les oreilles au chaud. Ce ne fut qu'à la fin de l'hiver que les soldats reçurent des bottes de feutre, ou *valenki*, et des *ouchanki*, les bonnets de fourrure à rabats qui allaient devenir une coiffure d'hiver classique dans l'Armée rouge. Comme Goebbels l'avait fait en Allemagne, les autorités soviétiques lancèrent un appel à la population civile pour que des vêtements, et même des sous-vêtements d'hiver, soient envoyés aux troupes se battant sur le front.

Pour ce qui était de l'armement, le problème était encore plus grave. Certains des canons utilisés dans la division de Geykhman dataient de la guerre contre les Blancs. Ils avaient des roues en bois et étaient tirés par des chevaux. Les mitrailleuses et les armes antichars étaient en nombre insuffisant, et les officiers considéraient que même leurs armes de poing étaient inférieures à celles dont disposaient les Allemands. Geykhman et son unité s'étaient soudain trouvés en face de chars allemands près de Mojaïsk, au début de février. « Nous comprîmes alors, racontait Geykhman, que nous avions affaire à un ennemi très puissant et qui savait se battre. »

Car il y avait aussi, chez les Soviétiques, pénurie d'officiers expérimentés. Geykhman s'était porté volontaire au sortir du lycée, à 17 ans, et il avait été nommé lieutenant après une instruction de trois semaines, avant son dix-huitième anniversaire. Si fier qu'il fût de son rôle durant la bataille de Moscou, il reconnaissait que nombre des meilleurs officiers de l'Armée rouge avait péri durant les purges ayant précédé la guerre, et que les effets s'en étaient fait sentir. « Nos officiers n'étaient pas prêts pour cette guerre, déclarait-il. Nous n'avons vraiment appris à nous battre qu'en 1943. »

De plus, les Allemands n'étaient pas seuls à souffrir d'une pénurie de vivres. Un strict rationnement des denrées alimentaires[33] avait été instauré dans les grandes villes telles que Moscou et Leningrad dès le début de l'invasion, et il s'était étendu au pays tout entier à mesure que les combats s'intensifiaient. Avec une étrange précision, les autorités soviétiques avaient décidé que les travailleurs ordinaires devaient bénéficier de 1 387 calories par jour, et les travailleurs de force de

1 913 calories. Les membres de leurs familles ne se voyaient allouer que 750 calories, et rien n'était prévu pour quiconque ne travaillait pas.

Les soldats recevaient au moins les rations minimales lorsque la chose était possible, mais il leur fallait les compléter comme ils le pouvaient. Evgueni Telegouïev racontait qu'un jour, son unité de skieurs de l'OMSBON avait trouvé dans une forêt un cheval, alors que ses rations étaient épuisées. Ses camarades et lui avaient tué l'animal, mais s'étaient demandé ensuite comment le dépecer et le faire cuire. « Nous étions des citadins, expliquait-il, et nous ne savions pas faire ce genre de choses. » N'ayant pas de hache pour couper les sabots du cheval, ils avaient fini par faire cuire les membres entiers, fers à cheval compris.

D'autres se rendaient malades en mangeant des bêtes mortes depuis longtemps et déjà en voie de décomposition [34]. Il était difficile aux officiers d'empêcher des hommes mourant littéralement de faim de prendre ce genre de risques. Quand ils avaient de la chance, les soldats tombaient sur des caches où les paysans avaient stocké leurs pommes de terre pour l'hiver. Comme les Allemands, les soldats soviétiques faisaient main basse sur tout ce qui se présentait.

Les combats étaient devenus, à tous les échelons, une véritable lutte pour la survie. Vera Kataïeva, alors infirmière affectée aux unités combattant le long de la route de Mojaïsk, racontait qu'après que l'Armée rouge eut repris cette ville, des affrontements tournant à la véritable tuerie s'étaient situés dans un étroit corridor bientôt surnommé « la Vallée de la Mort ». « Soldats soviétiques et allemands y ont passé trois mois – janvier, février et mars – en s'entre-tuant, déclarait-elle. Le sol était couvert de cadavres d'hommes et de chevaux. »

Vers la fin janvier, les hommes de la Wehrmacht ne se contentaient plus de tenir, conformément aux ordres d'Hitler, leur terrain. Ils commençaient à lancer quelques modestes contre-attaques. Le 26 janvier, Goebbels signalait dans son journal [35] un rapport « extraordinairement favorable » d'un général qu'il ne nommait pas, affirmant que, sur le front nord, les forces soviétiques étaient « saignées à blanc ». Et Goebbels d'ajouter : « Il pense que l'Union soviétique va s'effondrer au printemps, pourvu que nous soyons en position de lui porter quelques coups décisifs. Bien que je ne me sente pas capable de partager cet optimisme, je pense qu'il y a du vrai dans ce qu'il dit… Peut-être est-il vrai que les bolcheviks sont en train d'utiliser leurs dernières ressources et s'effondreront sous un coup d'importance. Mais ne nous accrochons pas trop à des espoirs de ce genre. Nos préparatifs pour le printemps et l'été qui viennent doivent être effectués en présumant que les bolcheviks disposent encore de grandes réserves. Cela nous mettra à l'abri de surprises et nous n'enregistrerons pas les revers déprimants de l'été et de l'automne derniers. »

Ces revers, et tout particulièrement l'incapacité dans laquelle s'étaient trouvées les troupes allemandes de s'emparer de Moscou en 1941, avaient visiblement entamé la confiance du ministre de la Propagande. Les prédictions optimistes étaient toujours bien accueillies mais point nécessairement crues.

L'offensive soviétique généralisée du début 1942 n'atteignit aucun de ses objectifs grandioses. De nouvelles tentatives pour briser le blocus de Leningrad et reprendre le contrôle des régions clés d'Ukraine se soldèrent par des échecs coûteux, le plus coûteux de tous étant celui de l'entreprise visant à encercler et anéantir les troupes du Groupe d'armées du Centre, qui continuaient à menacer Moscou de l'ouest. Comme lors des stades précédents de la bataille pour la capitale, tout semblait se conjuguer pour causer le maximum de souffrances et de pertes, directement occasionnées, dans la plupart des cas, par les décisions venues du sommet.

L'une de ces décisions entraînait purement et simplement une politique de la terre brûlée. Le 17 novembre 1941, en effet, Staline dicta l'Ordre 0428 [36], qui proclamait : « Toutes les localités habitées jusqu'à une distance de 40 à 60 kilomètres à l'arrière des troupes allemandes et de 20 à 30 kilomètres de part et d'autre des routes doivent être détruites et réduites en cendres. »

Ces destructions devaient être effectuées par toutes sortes de moyens : bombardements aériens, tirs d'artillerie, intervention de patrouilles et de groupes de partisans armés de cocktails Molotov. L'ordre stipulait, de plus : « Chaque régiment devra disposer d'une équipe de volontaires de 20 à 30 hommes pour faire sauter et brûler les localités habitées. » Il était précisé que les soldats qui se distingueraient dans ce genre d'exercice recevraient des récompenses spéciales.

La conséquence en était une véritable tragédie pour des

masses de civils, ainsi privés de leur toit en plein hiver. « La question reste posée de savoir si la décision avait été prise pour des raisons de nécessité militaire ou par une cruauté démente, écrit l'un des biographes de Staline, Dimitri Volkogonov. Dans un cas comme dans l'autre, c'était un acte infâme typiquement stalinien [37]. »

Ce genre de politique donnait une raison de plus à la population civile de se méfier de toutes les parties en présence, et y compris des partisans qui commençaient à opérer derrière les lignes ennemies. Les habitants comprirent vite que lesdits partisans risquaient de prendre pour première cible leurs propres foyers, et, même si tel n'était pas le cas, de les exposer, par leur action, à des brutales représailles des occupants allemands. Dans un rapport ultrasecret en date du 8 novembre 1941 [38], un secrétaire du Komsomol nommé Krasavchenko, qui s'était retrouvé derrière les lignes ennemies après la victoire allemande de Vyazma, signalait, après avoir réussi à regagner Moscou, l'attitude « antisoviétique » de certains habitants.

Il avait rencontré, ainsi, un partisan qui lui avait dit qu'il était contraint d'opérer seul, car il ne pouvait faire confiance à personne. « La plupart des gens, avait-il déclaré à Krasavchenko, ne m'aiment pas car ils redoutent la vengeance allemande et menacent de me livrer. » Des paysans lui avaient dit : « Dieu merci, il n'y a pas de partisans ici. S'il y en avait, nous les livrerions aux Allemands. » Et d'expliquer que, s'ils ne le faisaient pas, ils risquaient fort d'avoir leurs maisons brûlées et d'être eux-mêmes exécutés par l'occupant.

Ces atrocités allemandes allaient, bien sûr, entraîner une autre réaction, dissipant les illusions de la population sur ses possibilités de vivre en paix en se montrant simplement docile. Lorsque les troupes soviétiques commencèrent à reprendre villes et villages dans la région de Moscou, le spectacle de partisans ou de simples paysans pendus à des potences improvisées ne devint que trop fréquent. Pour quiconque se trouvait pris dans ce conflit sauvage, il était difficile de s'échapper.

La chose était doublement vraie pour les soldats, contraints de porter les conséquences des plus dangereuses décisions de leurs chefs. Du côté soviétique, on pouvait citer tout particulièrement le plan de Staline et de Joukov visant à encercler et anéantir le Groupe d'armées du Centre, la principale formation militaire allemande à l'ouest de Moscou. L'idée directrice était d'envelopper les forces allemandes près de Vyazma, dans le secteur même où les troupes soviétiques avaient été pratiquement anéanties au mois d'octobre. Mais, en poussant une Armée rouge épuisée de plus en plus avant en territoire ennemi, on accroissait le risque d'étirer ses lignes de communication sans lui laisser les moyens de protéger ses flancs, donnant aux Allemands l'occasion de renverser la situation.

Pour l'éviter, Staline et ses généraux auraient dû collaborer de façon étroite afin d'avoir toujours la concentration de forces adéquate aux endroits clés. Mais, dès le début de l'offensive, le dictateur soviétique montra qu'il se sentait parfaitement libre d'ignorer les avis et les requêtes des chefs militaires, même dans le cas de Joukov, généralement tenu pour le plus influent de tous.

Le 19 janvier, alors que ses troupes venaient de remporter des succès convaincants près de Volokolamsk, au nord-ouest de Moscou, Joukov reçut l'ordre de retirer des lignes la partie essentielle des forces en question, la 1re Armée de choc, pour la faire se joindre aux réserves. Il téléphona aussitôt à Staline pour souligner qu'il avait besoin de cette formation pour poursuivre sa progression dans ce secteur clé. « Ne discutez pas, coupa sèchement Staline. Envoyez cette armée. » Joukov continuant à protester contre cet affaiblissement de son dispositif, le maître du Kremlin lui répondit : « Vous avez tout votre plein de soldats. Donnez-vous la peine de les compter. » Puis, le général insistant quand même, Staline lui raccrocha au nez [39].

Quant à la poussée vers Vyazma, Joukov devait reconnaître ultérieurement que tant Staline que lui-même avaient commis de graves erreurs. « Nous avons surestimé, écrivit-il, les capacités de nos forces et sous-estimé celles de l'ennemi, et la noix se révéla plus difficile à craquer que nous ne nous y étions attendu [40]. »

Mais pour ce qui était de l'idée de base d'une offensive généralisée, il rejetait l'essentiel des torts sur Staline. Il soulignait aussi que les Allemands s'étaient finalement repliés sur les positions préparées à l'avance, comme leurs généraux l'avaient demandé précédemment, et qu'ils avaient commencé à renforcer leurs positions avec des troupes de réserve venues de France. Cela leur permettait à la fois de tenir leur terrain et de monter des contre-attaques.

Joukov avait également averti Staline que ses unités d'artillerie étaient tragiquement à court de munitions, ce qui obligeait l'infanterie à attaquer sans le soutien nécessaire. Le dictateur soviétique n'en tint aucun compte et continua à exiger de plus en plus d'actions offensives, dont beaucoup occasionnèrent, du côté de l'Armée rouge, des pertes hors de proportion. « Si vous n'obtenez pas de résultats aujourd'hui, déclara allègrement Staline à Joukov, vous les obtiendrez demain. Si vous attaquez, cela a au moins l'avantage de fixer l'ennemi, et cela se fera sentir sur d'autres parties du front[41]. »

C'était là une maigre consolation pour les généraux et les soldats qu'on envoyait livrer ces combats sans la préparation ni le soutien nécessaires à s'assurer la victoire. Sous le commandement du général Mikhaïl Efremov, la 33e Armée était parvenue jusqu'aux abords de Vyazma. Elle était censée être rejointe par des troupes venues de la région de Kalinine, dans le nord. Réunies, ces forces devaient porter un coup décisif au Groupe d'armées du Centre, non seulement à Vyazma mais aussi à Rjev, plus au nord.

La mission des forces soviétiques était, comme nous l'avons vu, d'encercler et d'anéantir les forces allemandes, mais, souvent, elles se retrouvaient elles-mêmes encerclées en fin de compte. Ainsi, le général Efremov et sa 33e Armée, ainsi que le 1er Corps de cavalerie du général Belov, furent coupés de leurs bases derrière les lignes ennemies près de Vyazma. La même chose arriva à d'autres forces soviétiques ayant tenté de déloger les Allemands de Rjev. Les engagements étaient si serrés qu'il était difficile pour le commandement soviétique de ravitailler par parachutage les troupes isolées ; c'était souvent l'ennemi qui mettait la main sur les vivres et les munitions. Quand cela se produisait, les Allemands narguaient leurs adversaires par haut-parleurs : « Hé, Ivan ! *Danke schön* ! Nous mangeons votre porc aux haricots. C'est délicieux[42]. » Pour des soldats qui étaient souvent presque affamés, c'était particulièrement démoralisant.

Contraints de reconnaître la situation des troupes d'Efremov et de Belov, Staline et Joukov finirent par permettre aux deux généraux de tenter de se replier pour éviter un encerclement total. Belov réussit finalement à sauver ainsi une partie de ses troupes, mais ce qui restait de la 33e Armée fut pratiquement balayé lors d'une ultime tentative de percée en avril. Efremov lui-même était au nombre des tués. Selon la plupart des témoignages recueillis, il avait été blessé et s'était tiré une balle dans la tête pour éviter d'être fait prisonnier.

La contre-offensive soviétique repoussa finalement les Allemands de 70 à 100 kilomètres sur le front central, mais elle fut loin d'atteindre ses objectifs initiaux. « Les événements montrèrent l'erreur que constituait la décision de Staline de lancer une offensive généralisée [43] », concluait Joukov. Mais bien qu'il eût exprimé son opposition à cette entreprise, Joukov devait partager avec l'homme du Kremlin la responsabilité des énormes pertes subies. Les Allemands étant aussi éprouvés et épuisés que leurs adversaires, nul n'avait de raisons de se sentir triomphant.

En fait, Moscou pouvait se sentir beaucoup plus en sécurité, les événements ultérieurs devant montrer que les Allemands n'étaient plus en mesure de lancer une offensive sérieuse en direction de la capitale. Mais ils occupaient encore les villes clés de Vyazma et de Rjev. Pour Staline, qui avait tout particulièrement insisté pour qu'on reprenne Rjev, c'était là une source majeure de frustration. Cela signifiait également que, même après la fin avril, alors que le dégel allait interdire toute action d'envergure à une armée comme à l'autre, les combats du secteur de Moscou allaient se prolonger. Rjev, en fait, allait rester un véritable lieu de mort pendant près d'un an. Même si la menace pesant sur Moscou s'était, dans une large mesure, dissipée, nul ne pavoisait.

11

« LE PIRE DE TOUS LES MONDES »

En décembre 1941, alors que les troupes soviétiques amorçaient leurs contre-attaques, Anthony Eden entreprenait vers Moscou le voyage long et compliqué qu'exigeait la situation de guerre. Affaibli par la grippe, le ministre britannique des Affaires étrangères passa quatre jours dans sa couchette à bord d'un destroyer ayant mis le cap sur Mourmansk. Ce port étant assailli par le brouillard lorsque la délégation britannique y arriva le 12 décembre, il fut exclu qu'elle prenne l'avion. Elle avait devant elle la perspective d'un voyage de deux ou trois jours en train jusqu'à la capitale soviétique. Mais, alors qu'il se trouvait encore sur le destroyer, une surprise attendait Eden.

Le ministre avait entrepris ce voyage parce que les relations entre Staline et ses alliés occidentaux demeuraient tendues, en dépit des protestations réciproques d'amitié. Depuis la visite de Lord Beaverbrook et d'Averell Harriman à Moscou, au mois de septembre, le dictateur soviétique n'avait cessé de multiplier les requêtes en vue d'une accélération des livraisons opérées au titre de l'accord prêt-bail et d'une intervention militaire contraignant les Allemands à relâcher leur pression sur les troupes soviétiques, et cela bien que Churchill eût maintes fois souligné que la Grande-Bretagne n'était pas en mesure d'engager une action sur le continent, et encore moins d'envoyer des hommes en Russie.

Mais ce n'était pas tout. À la grande stupeur de Churchill comme de Roosevelt, Staline insistait pour un accord sur les frontières de l'après-guerre. Ses armées venaient à peine d'enrayer l'offensive allemande en direction de Moscou qu'il entendait définir un nouvel ordre européen lui permettant de satisfaire ses ambitions territoriales.

Eden avait proposé d'entreprendre sa mission en Russie pour

tenter de modérer les exigences du dictateur soviétique et d'asseoir sur des bases à peu près stables les difficiles relations entre des alliés si différents. Ni lui ni Churchill ne savait quel accueil Staline allait réserver à la délégation britannique, le maître du Kremlin ayant souvent fait la preuve de ses sautes d'humeur. Ivan Maïsky, l'ambassadeur d'URSS à Londres, accompagnait Eden dans son voyage, et ce fut lui qui fournit le premier indice de l'état d'esprit de Staline.

Après l'arrivée à Mourmansk, Eden resta à bord du destroyer tandis que Maïsky se rendait en ville pour organiser le voyage en train vers Moscou. Revenant sur le navire, l'ambassadeur soviétique demanda à voir le ministre britannique en privé dans sa cabine. Là, il plaça sur la table une serviette noire qu'accompagnait un insolite message de Staline [1]. Celui-ci, déclara Maïsky, ne voulait pas que les membres de la délégation britannique soient « gênés », durant leur séjour, par la controverse entre la Grande-Bretagne et l'URSS sur le taux de change du rouble. Comme les Américains, en effet, les Britanniques avaient à maintes reprises protesté contre un taux de change arbitraire qui venait sérieusement enfler toutes les dépenses qu'ils pouvaient faire en Russie. Tout en ne cédant pas un pouce de terrain sur cette question, Maïsky expliqua à Eden que Staline mettait à sa disposition assez de roubles pour qu'il n'ait aucun problème durant sa visite. Puis, sous l'œil effaré du ministre, l'ambassadeur ouvrit la serviette et en sortit d'épaisses liasses de billets qu'il se mit à aligner sur la table.

« J'étais sans voix devant une telle fortune », devait déclarer ensuite Eden. Sur quoi, il demanda à Maïsky de remercier Staline de ce geste généreux, mais de l'assurer que la délégation britannique était en mesure de faire face à ses dépenses et n'avait pas besoin des billets entassés sur la table.

Maïsky fut visiblement troublé par le refus poli du ministre britannique, mais, voyant que celui-ci n'entendait pas revenir sur sa décision, il entreprit de remettre les liasses de billets dans la serviette.

Le lendemain matin, 13 décembre, Maïsky revint à bord du destroyer pour informer Eden que la *Pravda* annonçait en manchette la victoire soviétique dans la bataille de Moscou. Bien que le ministre britannique sût que les combats étaient loin d'être terminés, il manifesta sa joie. « C'est merveilleux ! dit-il à Maïsky. Pour la première fois, les Allemands ont subi une défaite [2]. »

Durant le voyage en train vers Moscou, qui commença en fin d'après-midi ce même jour, Eden fut très impressionné par la résistance que les Russes montraient à des températures qui, en particulier la nuit, descendaient de façon vertigineuse. Entre les voitures de voyageurs que comportait le train se trouvaient des wagons découverts sur lesquels étaient installés des canons antiaériens, servis par des équipes se relayant toutes les deux heures[3].

« Comment vos gens peuvent-ils supporter un tel froid ? » demanda le ministre britannique à Maïsky. Quand l'ambassadeur lui assura que les servants des pièces de DCA étaient vêtus de façon appropriée et qu'ils étaient habitués à ce genre de températures, Eden remarqua : « Eh bien, les Allemands, eux, n'y sont pas habitués »[4].

Quand le train arriva à Moscou, dans la soirée du 15 décembre[5], de la glace s'était formée sur les wagons, et la gare était plongée dans l'obscurité. Elle fut violemment éclairée pendant quatorze minutes exactement, comme Molotov accueillait son homologue britannique, auquel il rapporta aussitôt que les troupes soviétiques venaient de chasser les Allemands de Kline, à 80 kilomètres au nord de Moscou. Puis les lumières s'éteignirent et le black-out qui régnait à Moscou fut de nouveau total. La capitale soviétique conservait, en dépit des proclamations triomphalistes des autorités, son aspect de ville en état de siège.

Si Anthony Eden pouvait avoir des doutes sur l'effet produit sur Staline par l'amélioration de la situation militaire, ils ne tardèrent pas à s'évanouir. Dès le début de la première rencontre entre les deux hommes, le lendemain soir, le maître du Kremlin concentra son propos sur ses ambitions territoriales et ses propositions pour l'après-guerre, se refusant à limiter, comme l'aurait souhaité Eden, la conversation à la situation militaire présente. Les premiers succès de son armée l'incitaient visiblement à presser plus encore ses alliés d'adhérer à ses revendications d'avenir.

En fait, même dans les premiers temps de l'Opération Barberousse, alors que l'Armée rouge était en pleine retraite et que la catastrophe pouvait sembler inévitable, Staline et ses représentations avaient déjà affirmé leurs ambitions. En juillet 1941, sous la pression du gouvernement britannique, Maïsky était entré en négociations à Londres avec le général Sikorski, chef du gouvernement polonais en exil, afin d'essayer d'établir des relations diplomatiques entre des voisins traditionnellement hostiles et d'instaurer une coopération contre l'ennemi allemand.

Les Polonais étaient, bien sûr, ceux qui avaient, en cette affaire, de légitimes griefs, puisque Staline n'avait pas hésité à s'unir avec Hitler, à la suite du pacte Molotov-Ribbentrop, pour dépecer leur pays. En septembre 1939, l'Union soviétique avec ainsi annexé une large part des régions orientales de la Pologne et déporté 2 millions de Polonais, dont l'équivalent de plusieurs divisions de soldats faits prisonniers lors de l'invasion. Plusieurs milliers d'officiers polonais avaient alors disparu sans laisser de traces. Plus de 4 000 de leurs cadavres devaient être découverts en 1943 dans la forêt de Katyn, près de Smolensk. Les victimes avaient les mains liées derrière le dos et avaient été tuées d'une balle dans la tête.

Le gouvernement du général Sikorski voulait que deux engagements précis soient pris par Moscou. Tout d'abord, l'URSS devait reconnaître que la partition germano-soviétique de la Pologne était nulle et non avenue et que, par conséquent, la nation polonaise devait retrouver, à la fin de la guerre, ses frontières d'avant 1939. Ensuite, le gouvernement soviétique devait s'engager à libérer tous les Polonais, civils et militaires, déportés et emprisonnés sur son territoire. Cela permettrait la formation, en URSS, d'unités de l'armée polonaise participant à la lutte contre les Allemands.

Mais, au cours des entretiens qui se déroulèrent en juillet 1941, Maïsky indiqua que les exigences polonaises ne correspondaient pas aux conceptions du Kremlin. « J'expliquai, devait-il raconter ultérieurement, que, selon nous, le futur État polonais ne devrait comprendre que des Polonais, et ne comporter que les territoires habités par des Polonais [6]. »

Comme le comprirent immédiatement les membres du gouvernement Sikorski, cette formule signifiait tout bonnement que les Soviétiques entendaient conserver une vaste part des territoires qu'ils avaient annexés en 1939, car ils les considéraient comme ukrainiens ou biélorusses et y avaient déjà procédé à une véritable épuration des populations fondée sur l'origine raciale. Si les frontières futures de la Pologne devaient être déterminées selon de tels critères, la renonciation officielle par l'URSS à l'accord germano-soviétique de 1939 devenait parfaitement dérisoire.

Néanmoins, malgré toutes ses réserves, Sikorski se sentit contraint de conclure un accord. Comme le souligna Jan Ciechanowski, l'ambassadeur polonais à Washington : « Le gouvernement britannique pressait fortement le général Sikorski d'accélérer les négociations avec les Soviétiques, au lieu de presser les Soviétiques d'accepter les légitimes conditions de la Pologne[7]. » Et Churchill le reconnaît dans ses Mémoires. Bien qu'étant entrée en guerre pour la Pologne, la Grande-Bretagne voulait avant tout, à ce moment, maintenir ses nouveaux alliés soviétiques dans la guerre, et, selon certains, Churchill redoutait toujours de voir Staline conclure un nouvel arrangement avec Hitler sous la pression des circonstances[8]. « La question de l'avenir territorial de la Pologne, écrivit-il, devait être reportée jusqu'à des temps plus faciles. Nous avions la peu enviable responsabilité de recommander au général Sikorski de tabler sur la bonne foi soviétique pour le futur règlement des relations russo-polonaises et de ne pas insister pour le moment pour la moindre garantie écrite quant à l'avenir[9]. »

L'accord conclu le 30 juillet comportait des clauses prévoyant la formation d'unités de l'armée polonaise sur le sol soviétique et l'amnistie pour les Polonais emprisonnés en URSS. Il rétablissait aussi des relations diplomatiques entre les deux pays. Mais, si les traités germano-soviétiques de 1939 étaient déclarés nuls, la question territoriale demeurait en suspens. À Washington, le sous-secrétaire d'État Sumner Welles proclama qu'à son avis, l'accord « était dans la ligne de la politique américaine de non-reconnaissance des territoires saisis par conquête[10] ». À la Chambre des Communes, Anthony Eden réaffirma que son gouvernement ne reconnaissait pas les modifications territoriales de 1939, mais il ajouta que cela n'impliquait « aucune garantie de frontières par le gouvernement de Sa Majesté »[11]. Pour les Polonais, c'était, comme le précisa Ciechanowski, le premier avant-goût « d'une nouvelle politique d'apaisement britannique[12] ».

Moins de deux semaines avant la visite d'Anthony Eden à Moscou, Sikorski avait lui aussi gagné la capitale soviétique en passant par Le Caire, Téhéran et Kouïbychev. Rencontrant Staline les 3 et 4 décembre, il s'enquit du sort des officiers polonais disparus ainsi que de la mise en application de l'amnistie promise à tous les militaires prisonniers. Sur le premier point, il se heurta à des dénégations et des protestations d'ignorance. « Ils ont dû s'échapper quelque part », déclara Staline[13]. Mais Sikorski finit par obtenir l'accord du dictateur soviétique pour que les Polonais libérés par l'amnistie passent en Iran, où les Britanniques avaient promis de les équiper. Ils formèrent ainsi une armée, qui, sous le commandement du général Anders, allait s'illustrer en Afrique du Nord puis en Italie, où elle devait notamment s'emparer, en 1944, du monastère de Monte Cassino.

En retour, Staline tenta d'entraîner Sikorski dans une discussion sur les futures frontières entre la Pologne et l'Union soviétique. « Je pense qu'il serait utile que nous en parlions, déclara le maître du Kremlin. Après tout, les modifications que je veux suggérer sont très minimes[14]. » Le général polonais souligna alors qu'il n'avait aucunement le droit de discuter des frontières « inviolables » de son pays, et Staline changea de sujet.

Le 16 décembre, Eden espérait bien pouvoir éviter, lui aussi, ce thème délicat et ne pas donner l'impression que son gouvernement cédait trop aux demandes soviétiques. À Washington, Roosevelt avait tenté d'assurer les Polonais qu'il était sensible à leurs inquiétudes et qu'il restait fidèle aux engagements pris par Churchill et lui dans la Charte de l'Atlantique, engagements selon lesquels il n'y aurait pas de changements territoriaux « qui ne soient pas conformes aux vœux librement exprimés des peuples intéressés ». Pour Eden, moins on en dirait à ce sujet à Moscou, mieux cela vaudrait.

Mais Staline ne l'entendait pas de cette oreille. Il remit immédiatement à Eden le texte de deux projets de traité, l'un concernant l'alliance militaire entre leurs deux pays pour la durée des hostilités et l'autre des arrangements de l'après-guerre. Puis il provoqua la surprise de son interlocuteur en proposant qu'un protocole d'accord secret soit ajouté au deuxième texte, précisant les futures frontières européennes. Il existait un précédent récent pour ce genre de protocole secret : le pacte Molotov-Ribbentrop. « Les idées des Russes étaient déjà bien arrêtées, devait noter amèrement Eden. Elles changèrent peu durant les trois années qui suivirent, car leur objectif était de s'assurer les garanties physiques les plus tangibles pour la sécurité future de l'URSS[15]. »

Cette fois, contrairement à ce qu'avait prévu le pacte Molotov-Ribbentrop, Staline ne proposait pas d'annihiler purement et simplement la nation polonaise, mais, de nouveau, la Pologne et les États baltes faisaient largement les frais de l'accord. Staline insistait en effet pour que la frontière orientale de la Pologne soit définie par la ligne Curzon, la ligne d'armistice proposée par Lord Curzon, le ministre britannique des Affaires étrangères, lors de la guerre russo-polonaise de 1919-1920. Les victoires polonaises durant cette guerre avaient finalement repoussé la frontière beaucoup plus loin à l'est, de sorte que, jusqu'en 1939, la Pologne avait contrôlé d'importants territoires convoités par le Kremlin – et dont Staline revendiquait la possession permanente.

Le dictateur soviétique proposait que, pour compenser cette perte de territoire, la Pologne se voie attribuer une part considérable de l'Allemagne orientale. Il préconisait également le rétablissement d'un État autrichien indépendant, privant l'Allemagne de la Rhénanie et peut-être de la Bavière, et la création d'un conseil des vainqueurs, qui déciderait du sort de la nation allemande après la guerre. Et il voulait savoir aussi ce qu'Eden pensait de la possibilité de faire payer par l'Allemagne des réparations. Quant aux Pays baltes, ils devaient, de nouveau, être absorbés dans l'Union soviétique, tandis que les frontières de l'URSS avec la Finlande et avec la Roumanie revenaient à ce qu'elles avaient été avant l'invasion allemande. En bref, il avançait beaucoup des propositions qu'il allait reprendre lors des conférences au sommet de Téhéran en 1943 et de Yalta en 1945.

Eden savait ce qu'il devait répondre, et il s'efforça de le faire avec tout le tact possible. Il déclara que son gouvernement était disposé à étudier des problèmes tels que celui de l'organisation du contrôle militaire d'une Allemagne vaincue, et qu'il était certainement favorable à la remise sur pied d'une Autriche indépendante. Mais, étant donné les conséquences désastreuses qu'avait eues la politique des réparations après la Première Guerre mondiale, il était hostile à toute tentative pour exiger des indemnisations de l'Allemagne cette fois. Quant à la question des frontières, il expliqua qu'il avait les mains liées. « Avant même que la Russie soit attaquée, dit-il à Staline, Mr Roosevelt nous a fait parvenir un message nous demandant de ne souscrire à aucun arrangement secret sur la réorganisation de l'Europe d'après-guerre sans l'avoir d'abord consulté »[16].

En fait, l'ambassadeur des États-Unis à Londres John Winant n'avait fait délivrer un message du secrétaire d'État américain Cordell Hull à l'adresse d'Anthony Eden que peu avant le départ de celui-ci pour Moscou. Daté du 5 décembre, ce télégramme[17] soulignait que les politiques des deux pays et de l'Union soviétique étaient déterminées par la Charte de l'Atlantique, et qu'il serait « malheureux » pour n'importe lequel de ces gouvernements de « souscrire des engagements concernant des conditions précises de l'organisation de l'après-guerre ». Et le texte ajoutait : « Avant tout, il ne doit pas y avoir d'accords secrets. »

Eden déclara donc qu'il devait y avoir accord d'ensemble entre l'URSS, la Grande-Bretagne et les États-Unis sur les problèmes essentiels, et que lui-même ne pouvait prendre aucun engagement.

« Et le protocole secret ? » demanda alors Staline, qui se refusait à abandonner la partie [18].

Eden réaffirma que cela exigerait des consultations préalables entre Londres et Washington. Staline parut, sur le moment, s'incliner, et la discussion s'orienta vers la situation militaire. Eden pensa qu'il avait réussi à s'en sortir.

La rencontre suivante lui montra qu'il se trompait. « Staline commença à sortir ses griffes », devait-il noter [19]. Semblant tout oublier des explications préalables du ministre britannique, le dictateur soviétique demanda péremptoirement que la Grande-Bretagne reconnaisse les frontières soviétiques de 1941 – c'est-à-dire celles qui étaient nées du pacte Molotov-Ribbentrop.

On était revenu à la case départ, et, dans un climat qu'Eden devait qualifier de « glacial », il dut de nouveau expliquer que son pays ne pouvait rien faire de tel. Il souligna que, comme Churchill l'avait précédemment déclaré, la Grande-Bretagne ne reconnaîtrait pas les modifications de frontières occasionnées par la guerre – et que cette déclaration avait été faite à un moment où les Allemands avançaient et où, donc, une telle reconnaissance aurait gravement lésé l'URSS.

« Si vous dites cela, intervint Staline, vous pourriez aussi bien dire demain que vous ne reconnaissez pas l'Ukraine comme faisant partie de l'Union soviétique.

— C'est une interprétation complètement erronée de notre position, répondit Eden. Ce sont seulement les changements intervenus dans les frontières d'avant-guerre que nous ne reconnaissons pas. »

Staline se refusa une fois de plus à abandonner le sujet, affirmant que le refus britannique revenait à placer son pays en position d'humble quémandeur. « On dirait qu'il me faut venir la casquette à la main », déclara-t-il.

Eden se trouvait devant un Staline aux multiples accès d'humeur, s'indignant chaque fois que ses requêtes, si extravagantes qu'elles fussent, n'étaient pas immédiatement acceptées, ne cessant de pousser pour voir jusqu'où il pouvait aller. Cela annonçait le Staline auquel les dirigeants britanniques et américains auraient de plus en plus souvent affaire au fil de la guerre. Un Staline qui savait aussi se calmer subitement s'il sentait que sa tactique agressive n'allait pas porter ses fruits et risquait de se retourner contre lui. Il comprenait instinctivement qu'après une phase belliqueuse, il pouvait marquer des points supplémentaires en se montrant soudain plus raisonnable.

Ce fut le jeu qu'il joua avec Eden. Mais le ministre britannique comprit que lui aussi devait adopter une politique de ce genre, et feindre de prendre la mouche s'il voulait voir Staline se modérer. Regagnant son hôtel après cette difficile rencontre, il se dit que la voiture était sans doute le seul endroit où il pouvait parler librement à ses collaborateurs et prévint ceux-ci qu'une fois dans son appartement, il exprimerait brutalement son mécontentement à l'intention des systèmes d'écoute qui y avaient été sans nul doute installés. C'est ce qu'il fit, dénonçant violemment l'attitude soviétique et clamant qu'il avait perdu son temps en venant à Moscou. « Ma conclusion, devait-il raconter plus tard, était qu'avec la meilleure volonté du monde, il était impossible de travailler avec ces gens, même dans la situation d'associés contre un ennemi commun. Les autres ont fait chorus »[20].

Quelques heures plus tard, Eden enregistra le premier indice du succès de sa méthode. Auparavant, il avait exprimé le désir de se rendre sur le front pour se faire une meilleure idée de la situation militaire, mais sa requête avait été ignorée. Et soudain, Maïsky téléphonait pour l'informer qu'il serait autorisé à se rendre dès le lendemain à Kline, localité qui venait juste d'être reprise aux Allemands. Sur place, il put voir les villages brûlés, les carcasses calcinées de chars allemands et soviétiques et les morts des deux camps jonchant le sol de part et d'autre de la route. « Les cadavres, racontait Maïsky, étaient déjà raidis par le gel, souvent dans les postures les plus étranges et les plus incompréhensibles, certains avec les bras tout grand écartés, d'autres à quatre pattes, d'autres debout dans la neige jusqu'à la taille[21]. »

Eden, quant à lui, fut profondément ému à la vue de six jeunes prisonniers allemands[22], « presque des enfants », tremblant de froid et de peur. « Ils étaient, précisa-t-il, misérablement vêtus de minces capotes, avec juste un pauvre chandail et pas de gants. Dieu sait ce que sera leur sort, mais je peux le deviner. Ce sont des victimes d'Hitler. »

Durant le trajet de retour vers Moscou, Eden s'appliqua à renforcer l'impression qu'avait donnée la petite comédie qu'il avait jouée dans sa chambre à destination des micros. Il dit à Maïsky que si, comme il semblait probable, son voyage à Moscou se traduisait par un échec en raison de l'insistance des Soviétiques, seuls les Allemands auraient des raisons de se réjouir[23].

Convaincu de ne pouvoir aboutir à un accord, Eden se rendit, le 20 décembre, à sa dernière entrevue avec Staline avec, en poche, le texte d'un bref communiqué[24]. Mais, à sa grande surprise, le dictateur soviétique se révéla beaucoup plus accommodant qu'il ne s'y était attendu. Tout en persistant à demander la reconnaissance des frontières souhaitées par lui, il déclara qu'il comprenait que la Grande-Bretagne devait d'abord consulter les États-Unis, et que tout traité pouvait attendre. Il proposa un texte de communiqué dont Eden devait préciser qu'il était « plus long et plus positif » que le sien. Le ministre britannique eut une impression de soulagement – ce qui était précisément ce que voulait Staline.

Pour couronner le tout, Staline invita à dîner au Kremlin Eden et les membres de sa délégation[25]. Le ministre britannique nota ensuite que ce repas était « somptueux au point d'en être gênant ». Il y avait là du bortsch, de l'esturgeon, du cochon de lait, toute une variété de viandes et, bien sûr, du vin, du champagne et de la vodka. Eden remarqua que le maréchal Timochenko « semblait avoir déjà beaucoup bu avant la rencontre ». S'en apercevant, Staline demanda : « Vos généraux sont-ils parfois ivres ? » Eden répondit qu'ils en avaient rarement l'occasion.

Selon Maïsky, Eden connut lui-même un moment difficile. Il eut le malheur d'interroger Staline sur une bouteille pleine d'un liquide jaunâtre qui était posée sur la table. C'était de l'eau-de-vie au poivre[26], mais Staline se borna à dire en souriant : « C'est notre whisky russe. » Sur quoi Eden déclara qu'il y goûterait volontiers, et le dictateur soviétique lui en versa un grand verre. En ayant avalé une confortable lampée, Eden devint écarlate et s'étrangla, « les yeux jaillissant presque de leurs orbites ». « Seuls les hommes forts peuvent boire de cela, proclama alors Staline. Hitler commence à s'en apercevoir. »

Eden ne devait pas mentionner cet incident dans ses Mémoires, se bornant à souligner que sa mission s'était terminée [27] « sur une note amicale ». Mais il ajoutait que ce somptueux banquet lui avait laissé « un sentiment d'irréalité, qui n'était pas dû à la faim, ni même à la misère, alentour, ou à la proximité des armées allemandes, dont on pouvait presque entendre les canons », mais à quelque chose de plus profond. « Dans ces salles au lambris doré, écrivit-il, l'atmosphère était malsaine, car quand un homme gouverne tout, d'autres vivent dans la peur. »

Il se rendait compte aussi que, s'il avait réussi à éviter de prendre les engagements sur lesquels insistait Staline, sa visite ne représentait que le premier acte d'une pièce qui allait se prolonger. Le dictateur soviétique n'allait pas renoncer pour autant à ses revendications territoriales. « Nous devons nous attendre, écrivit-il à Churchill, à une poursuite du harcèlement sur ce point. »

Durant cet hiver 1941-1942, comme les Allemands commençaient à être repoussés aux alentours de Moscou, Churchill décida d'oublier quelque peu l'irritation qu'avait suscitée chez lui le ton arrogant des exigences staliniennes et de ne pas laisser celles-ci aigrir les relations anglo-soviétiques. Ce changement de climat ne passa pas inaperçu à Berlin. « On a dévoilé un buste de Staline à la Bourse de Londres, écrivit Goebbels dans son journal à la date du 28 janvier 1942. C'est bien sa place. La collaboration entre le bolchevisme et le super-capitalisme est ainsi publiquement symbolisée. L'Angleterre est tombée bien bas. Elle connaît des temps difficiles. Elle peut remercier Churchill [28]. »

Le 6 mars, Goebbels évoquait les rumeurs, circulant à Londres, selon lesquelles l'Union soviétique pourrait encore conclure une paix séparée avec l'Allemagne nazie. « Cette crainte est toutefois sans fondement, écrivait-il. L'Union soviétique doit être et sera écrasée, quel que soit le temps que cela prendra. La situation est mûre pour une suppression du bolchevisme dans toute l'Europe, et, compte tenu de notre position, nous ne pouvons renoncer à ce but [29]. »

En fait, il est peu probable que cette idée d'une paix séparée ait sérieusement inquiété Churchill à ce stade. Si cette possibilité avait existé – et rien ne venait l'indiquer – cela aurait plutôt été dans les premiers temps de l'invasion allemande, alors que l'Union soviétique semblait sur le point de s'effondrer sous les coups de la Wehrmacht. Mais après l'arrêt de la poussée allemande en direction de Moscou, Staline n'avait plus guère de raisons d'envisager cette éventualité. Et, tout comme Hitler, il visait non seulement à la victoire mais aussi à l'anéantissement de l'adversaire.

Comme Hitler aussi, il tendait à faire des prédictions exagérément optimistes. Dans un message adressé à Churchill le 14 mars[30], il proclamait ainsi : « Les efforts combinés de nos troupes, en dépit de revers occasionnels, vont aboutir à écraser l'ennemi commun et à faire que l'année 1942 sera celle d'un tournant décisif sur le front anti-hitlérien. » Quand Maïsky remit ce télégramme au Premier ministre britannique, celui-ci se borna à déclarer. « Je ne vois pas comment 1942 peut devenir une année décisive. »

Durant ses entretiens avec Anthony Eden, au mois de décembre 1941[31], Staline avait semblé plus réaliste. Tout en laissant entendre que des troupes soviétiques pourraient être amenées à se joindre à celles de la Grande-Bretagne et des États-Unis dans la lutte contre le Japon au printemps, il avait souligné qu'il vaudrait mieux, dans l'absolu, que ce soit le Japon qui attaque son pays plutôt que l'inverse. « Cette guerre serait impopulaire auprès de notre peuple si le gouvernement soviétique devait faire le premier pas », avait-il ajouté.

Il n'échappa pas à Eden que cette déclaration était à multiples sens. Il était déjà assez curieux de voir Staline faire mine de se préoccuper de l'opinion publique en URSS, mais, surtout, il était assez clairement impliqué que, tout comme les Occidentaux se refusaient à ouvrir sur-le-champ un deuxième front en Europe ainsi que le demandait le Kremlin, celui-ci n'envisageait pas d'engager la lutte contre le Japon dans un proche avenir.

Churchill et Roosevelt, cependant, étaient en parfait accord sur un autre point : la nécessité d'accélérer les livraisons de matériel à l'Union soviétique au titre de l'accord prêt-bail afin de renforcer de façon urgente son potentiel militaire[32]. Les premiers résultats de cette gigantesque entreprise avaient été décevants, mais, en fin de compte, on allait livrer à l'URSS 409 500 véhicules, pour la plupart des camions Studebaker, 1 900 locomotives, 43 % de l'ensemble des pneumatiques utilisés par les Soviétiques, 56 % des rails de leur réseau ferroviaire et un tiers de leurs explosifs, ainsi que d'énormes quantités de vivres, de cuivre, d'aluminium et de carburant pour avions. En dépit de son insistance à exiger ces fournitures, Staline se refusa toujours à reconnaître devant son propre peuple l'importance de cette aide étrangère ; il tenait à ce que tout succès militaire soit attribué à son génie personnel et à l'héroïsme de l'Armée rouge, et ce sans restrictions.

Roosevelt et Churchill étaient d'accord pour ignorer ce détail, tant ils considéraient comme vitale l'aide militaire à l'URSS. Mais ils divergeaient, au moins pour l'attitude à adopter dans l'immédiat, quant aux revendications territoriales exprimées par Staline lors de la visite d'Eden à Moscou. Malgré sa propension à accorder sa confiance au dictateur soviétique, Roosevelt apparut initialement comme plus catégorique dans le refus de ses demandes.

À son retour à Londres, Eden [33] avait demandé à Churchill, avec l'approbation de plusieurs hautes personnalités, d'envisager un compromis aux termes duquel on accéderait aux revendications soviétiques sur les Pays baltes tout en refusant de céder sur la Pologne. En mars, le Premier ministre en était venu à accepter cette idée. « La gravité croissante de la guerre, déclara-t-il à Roosevelt, m'a amené à penser que les principes de la Charte de l'Atlantique ne devaient pas être appliqués de façon à nier à la Russie les frontières qui étaient siennes lorsque l'Allemagne l'a attaquée [34]. » Cela revenait à accepter l'annexion de fait des États baltes résultant du pacte germano-soviétique d'août 1939.

Roosevelt se refusa à approuver cette position. Le sous-secrétaire d'État Welles déclara que céder sur les États baltes était « non seulement indéfendable de tout point de vue moral, mais aussi extraordinairement stupide [35] », car cela ne pouvait conduire qu'à d'autres revendications soviétiques, y compris sur l'annexion de territoires polonais. Sur quoi Eden nota ironiquement : « La politique soviétique est amorale ; la politique des États-Unis est exagérément morale, au moins quand des intérêts américains ne sont pas en cause [36]. »

Mais les choses se révélèrent vite plus complexes qu'il pouvait l'apparaître de prime abord. Si la politique de Churchill était alors marquée d'un cynisme pragmatique qui allait gravement compromettre ses efforts pour s'opposer aux ambitions de Staline à la fin de la guerre, Roosevelt allait s'avérer à la fois naïf et inconstant. Il voulait véritablement éviter tout protocole secret ou autre accord écrit sur des problèmes territoriaux qui, à son avis, devaient être réglés plus tard – ce qui l'aida, chose non négligeable pour lui, à maintenir de bonnes relations avec les représentants du gouvernement polonais en exil et à garder, donc, un grand prestige auprès des électeurs américains d'origine polonaise. Mais, en même temps, il adoptait, en privé, d'autres positions et persistait à prêter de bonnes intentions à Staline.

Tout cela contribua à la création de tensions entre Britanniques et Américains face à l'URSS, tensions qui se perpétuèrent jusqu'à la décisive conférence de Yalta, en 1945. Ces tensions furent clairement visibles durant la dernière phase de la bataille de Moscou, alors que persistaient certains doutes sur la victoire soviétique. Ce fut alors que Roosevelt fit connaître son intention de négocier directement avec Staline, en court-circuitant les Britanniques [37]. Le sous-secrétaire d'État Welles en informa Lord Halifax, l'ambassadeur de Grande-Bretagne à Washington.

Les Britanniques furent atterrés. « Ce fut, devait écrire Anthony Eden, la première de plusieurs occasions où le président américain, à tort à ce que je crois, se mit en discordance avec nous, influencé par la conviction qu'il pourrait obtenir de meilleurs résultats en traitant directement avec Staline plutôt qu'en laissant les trois pays négocier ensemble. C'était une illusion [38]. »

Le 18 mars, Roosevelt adressait à Churchill le message suivant : « Je sais que vous ne m'en voudrez pas d'être d'une franchise brutale en vous disant que je pense que je puis manier personnellement Staline mieux que votre Foreign Office ou que mon Département d'État. Staline déteste toutes vos hautes personnalités. Il pense mieux m'aimer, et j'espère qu'il continuera à le faire [39]. »

Roosevelt n'avait encore, à ce moment, jamais rencontré Staline, ce qui rendait encore plus stupéfiante sa conviction de pouvoir « manier » le dictateur soviétique. Mais en même qu'il se persuadait qu'une relation personnelle éveillerait la bonne volonté de Staline, Roosevelt manifestait une forme très personnelle de cynisme politique qui avait le don d'alarmer les diplomates les plus endurcis.

Dans ses conversations avec Maxime Litvinov, alors ambassadeur d'URSS à Washington, le président américain laissa à peu près entendre que s'il ne pouvait encore accepter les revendications soviétiques concernant les États baltes et les frontières de

Roumanie, il le ferait ultérieurement. Comme Litvinov le rapporta à Moscou, Roosevelt affirmait à ce propos que Staline et lui-même étaient « des réalistes »[40].

Harry Hopkins, qui avait toujours préconisé une politique d'apaisement à l'égard de Staline, était aux côtés du Président lorsque celui-ci rencontra Lord Halifax le 9 mars[41]. Roosevelt informa l'ambassadeur britannique qu'il entendait dire à Staline qu'il reconnaissait la nécessité, pour son pays, de fermes garanties territoriales de sécurité pour l'après-guerre, mais qu'il serait dangereux de mettre quoi que ce soit par écrit pour le moment. Il ajouterait que Staline n'avait pas à se faire de souci au sujet des Pays baltes, car, lorsque l'Armée rouge les aurait reconquis, les États-Unis et la Grande-Bretagne ne feraient rien pour l'en déloger.

Quand Halifax lui rapporta ces propos, Eden fut atterré. « Je n'ai pas aimé le contenu de ces déclarations, écrivit-il, car j'étais sûr que cette entreprise n'allait pas parvenir à satisfaire Staline et parce qu'elle me semblait nous promettre le pire de tous les mondes. Nous allions nous rendre complices de l'inévitable sans rien recevoir en retour[42]. »

Le premier bénéficiaire de ces tensions anglo-américaines fut Staline, qui, selon Eden, était « en tant que négociateur, le plus coriace de tous[43] ». Or, tant chez les Britanniques que chez les Américains, peu de voix s'élevaient pour demander qu'on se montre réellement ferme vis-à-vis des Soviétiques. Quelqu'un comme Ivan Yeaton, l'attaché militaire américain à Moscou qui considérait comme une énorme erreur l'aide inconditionnelle à l'Union soviétique, se retrouvait automatiquement dans le camp des perdants. Après son conflit avec Hopkins lors de la visite de celui-ci dans la capitale soviétique en juillet 1941, il s'aperçut que ses avertissements quant à la nature du régime en URSS étaient, dans l'ensemble, ignorés, et il fut renvoyé, un peu plus tard, au ministère de la Guerre, à Washington. Roosevelt et les siens persistaient à estimer que l'aide fournie dans le cadre de l'accord prêt-bail ne devait comporter aucune condition.

On pense généralement que le sort de l'Europe orientale a été déterminé à la conférence de Yalta, en 1945. Mais celle-ci ne représentait que la dernière phase d'un long processus. Staline avait clairement dévoilé ses projets durant la bataille de Moscou. Et Molotov devait écrire ultérieurement : « Ma tâche, en tant que ministre des Affaires étrangères, était d'étendre les frontières de notre patrie. Et il semble que nous l'ayons, Staline et moi, tout à fait bien accomplie [44]. »

Quelles qu'aient été leurs divergences tactiques, Roosevelt et Churchill ont réagi d'une façon qui n'a fait que renforcer Staline dans sa conviction qu'il allait finalement avoir gain de cause. Le 1er décembre 1941, juste avant ses rencontres avec Sikorski puis avec Eden, Staline fit organiser une réunion secrète avec des communistes polonais à Saratov [45]. C'était un premier pas vers la création d'un gouvernement fantoche devant assurer, après la guerre, la mainmise de l'URSS sur la Pologne. Le dictateur soviétique devait encore, à ce moment, faire face à la terrible menace militaire représentée par l'Allemagne, mais une bonne part de la résistance occidentale à ses ambitions politiques s'était déjà effondrée. Le reste allait progressivement faire de même alors que la guerre se poursuivait.

Pour les journalistes occidentaux en place en Union soviétique, essayer de rendre compte de la bataille de Moscou ou de toute autre action militaire n'était le plus souvent qu'une source de frustration. Quentin Reynolds, le correspondant du *Collier's Weekly* arrivé à Moscou comme porte-parole de la mission Beaverbrook-Harriman, au mois de septembre et ayant choisi de rester sur place, en était venu rapidement à se demander si cela en avait vraiment valu la peine. Évoquant les conférences de presse bihebdomadaires du vice-ministre soviétique des Affaires étrangères Salomon Lozovsky, Reynolds écrivait : « Nous demandant toujours très gracieusement de lui poser toutes les questions que nous souhaitions, il réussissait à ne répondre à aucune. En fait, la plupart des informations dont nous disposions sur ce qui se passait venaient des ambassades américaine ou britannique ou de la radio allemande [46]. »

Quand, en même temps que les diplomates, les journalistes furent évacués à Kouïbychev, vers la mi-octobre, leur humeur tourna plus encore à l'aigre. Larry Lesueur, un radio-reporter de la CBS, qui, arrivé trop tard en Russie pour pouvoir gagner Moscou, dut aller directement à Kouïbychev, trouva les autres journalistes « extrêmement déprimés [47] » par leur situation. Lesueur avait été si avide d'effectuer ce reportage en URSS qu'il était arrivé, par un convoi maritime britannique apportant du matériel militaire, à Arkhangelsk, sur la Mer blanche, d'où il avait dû rejoindre Kouïbychev au terme d'un voyage en train de 3 200 kilomètres accompli en la bagatelle de dix-sept jours. D'abord enthousiaste, il n'avait pas tardé à être gagné par l'humeur sombre de ses confrères. « L'une des plus grandes batailles du monde, écrivit-il, faisait rage à moins d'un millier de kilomètres de nous, et les seules nouvelles que nous pouvions obtenir étaient celles que diffusait la radio russe. »

Passant la plupart de leur temps au Grand Hôtel de Kouïbychev, qui était interdit à la majorité des Russes, les étrangers avaient toutes les raisons de se sentir isolés. Selon Lesueur, les journaux de Moscou arrivaient très irrégulièrement, et même quand cela se produisait, ils étaient vieux de trois jours. De plus, les combats pour la capitale soviétique venant compromettre les communications télégraphiques[48], il lui arrivait souvent de ne pas obtenir les instructions concernant les horaires d'émission des reportages radiophoniques. En ce cas, il lui fallait traverser toute la ville dans la soirée pour déposer le texte de son reportage au bureau de censure, revenir à son hôtel pour un moment de repos, puis retraverser les rues gelées de Kouïbychev au milieu de la nuit pour se rendre à la station de radio et y faire son émission – en apprenant plus tard qu'elle n'était pas nécessairement parvenue à ses auditeurs.

Même lorsque les journalistes étrangers parvenaient à sortir de Kouïbychev pour un brin d'exploration personnelle, ils avaient ensuite du mal à sortir du cadre de l'information officielle. Cherchant un prétexte acceptable pour se déplacer, Reynolds et Arch Steele, du *Chicago Daily News*, demandèrent à visiter une usine de munitions. À leur grande surprise, leur requête fut agréée. Accompagnés d'un officier soviétique qui leur servait de guide, ils passèrent en voiture devant un groupe de baraquements en bois d'apparence sinistre, entourés de barbelés. Il ne faisait pas de doute qu'il s'agissait d'un camp de concentration. « Quelques soldats armés de fusils gardaient ce camp de façon très nonchalante, devait raconter Reynolds[49]. Il était évident que les prisonniers n'avaient pas le moindre endroit où se sauver et se cacher. » À un peu plus d'un kilomètre du camp, les deux journalistes américains virent un important contingent de prisonnières travaillant sur la route avec des pelles et des pioches. « Vêtues de tenues grises informes, écrivit ultérieurement Reynolds, elles se tenaient au bord de la chaussée et nous regardaient passer, le visage sans expression. »

Sachant que les censeurs ne laisseraient en aucun cas les deux Américains rapporter ce qu'ils venaient de voir, l'officier-guide ne fit aucune difficulté pour admettre qu'il s'agissait de détenus politiques. Lorsque Reynolds tenta, au milieu d'un vibrant article sur l'excellent moral des ouvriers de l'usine de munitions, de mentionner discrètement les prisonnières aperçues sur la route, les censeurs soviétiques coupèrent non seulement ce passage mais, en même temps, une bonne part du texte, pourtant très laudateur, sur l'usine. Reynolds en conçut une telle fureur qu'il télégraphia à son rédacteur en chef pour exiger son transfert, ainsi que celui de sa collègue Alice-Leon Moats. Dans son télégramme, il ne mâcha pas ses mots : « Moats et moi aimerions rester pour écrire des articles sur l'héroïque peuple russe et la grande Armée rouge, mais une censure stupide nous en empêche. Moats voudrait aller en Inde et moi à Londres. Qu'en pensez-vous ? [50]. »

Le rédacteur en chef répondit douze heures plus tard qu'ils pouvaient aller « là où ils trouveraient des sujets ». Alice-Leon Moats alla donc en Inde, et Reynolds se retrouva au Caire, à rendre compte de la guerre en Afrique du Nord. Tous deux avaient été heureux de quitter la Russie.

Quand les journalistes américains restés à Kouïbychev apprirent, dans la nuit du 7 au 8 décembre, que les Japonais avaient attaqué Pearl Harbor, ils enfilèrent leurs pelisses sur leurs pyjamas et se réunirent dans la chambre d'Henry Cassidy, le chef de bureau de l'Associated Press. Cassidy décida de produire une bouteille de scotch qu'il avait mise de côté pour Noël, et une discussion générale s'engagea. « Tout le monde parlait à la fois, raconta Larry Lesueur, l'homme de la CBS. Nous projetions tous de quitter immédiatement la Russie pour nous rendre en Extrême-Orient. Nous savions, certes, que les Russes continueraient à combattre même si Moscou était pris, mais leurs armées seraient alors divisées » [51]. De plus, pour les Américains, comme le souligna Cassidy, « le centre d'intérêt semblait s'être déplacé de la Russie au Pacifique [52] ».

Mais, coupés de tout comme ils l'étaient, les journalistes ne savaient encore rien de la contre-offensive que venaient de lancer les troupes soviétiques. Quand ils virent le bulletin de victoire du 12 décembre, ils furent sidérés. « Ce soir-là, devait écrire Lesueur, je me suis demandé si les Japonais auraient osé frapper à Pearl Harbor s'ils avaient su que leurs partenaires de l'Axe à l'autre bout du monde se trouvaient mis en échec à moins de 40 kilomètres de Moscou[53]. »

Dès le lendemain, les autorités soviétiques commencèrent à inviter les correspondants de presse étrangers à regagner Moscou. Ravis, ceux-ci renoncèrent, au moins provisoirement, à leurs projets de départ de Russie. « L'Armée rouge n'a pas seulement sauvé Moscou des Allemands, déclarait Cassidy. Elle a également sauvé les journalistes de Kouïbychev[54]. »

Ce ne fut qu'un répit temporaire, car la presse étrangère fut réexpédiée à Kouïbychev à la fin du mois de décembre, mais les journalistes avaient eu au moins le sentiment de bouger. Et ils allaient se voir proposer plus de visites au front au cours du mois de janvier, lorsque la contre-offensive soviétique eut fait reculer encore plus les Allemands. Mais en ces occasions, ils ne pouvaient avoir, comme à l'habitude, qu'un bref aperçu de la situation, et ils pouvaient être aisément dupés par l'habile appareil de propagande soviétique. Henry Cassidy rapporta ainsi que la bataille de Moscou avait été remportée « grâce au piège le plus habile et le plus réussi qui ait jamais été tendu à un adversaire ne soupçonnant rien ». C'était ce que lui avait expliqué un officier soviétique, qui lui avait affirmé : « Nous aurions pu les arrêter [les Allemands] plus tôt, mais nous attendions le moment où cela nous coûterait moins cher – et où cela leur coûterait plus cher »[55]. Autrement dit, les Soviétiques n'avaient jamais été pris de court, mais ils avaient attiré progressivement les forces allemandes dans un piège diabolique. C'était la version très imaginative des événements mijotée par le Kremlin, et elle s'était révélée efficace auprès de nombre de journalistes.

Ceux-ci, néanmoins, ne tardèrent pas à en voir assez pour se faire une idée un peu plus exacte de la situation. Empruntant la route Kline-Volokolamsk, au nord de Moscou, à la fin du mois de décembre, Cassidy put s'apercevoir que l'armée allemande avait encore du ressort, et que les proclamations de victoire soviétiques étaient un peu prématurées. « Ce n'était pas une armée allemande brisée qui se repliait vers l'ouest, écrivit-il. C'était une machine encore puissante qui s'était bloquée et reculait pour prendre un nouveau départ. Je pouvais voir en même temps que ce n'était pas une Armée rouge affaiblie qui se traînait derrière un ennemi battu. C'était une force en constante croissance, qui commençait juste à sentir sa puissance offensive et précipitait activement la retraite de son ennemi[56]. »

Arrivant dans Moscou, Lesueur et d'autres journalistes étrangers furent frappés du petit nombre d'édifices atteints par l'aviation allemande et de la vitesse avec laquelle les cratères de bombe avaient été comblés. « Comparée à Londres, la capitale soviétique était intacte », constata Lesueur [57]. Mais, dès qu'ils sortaient de la ville, ces mêmes journalistes pouvaient voir que la guerre était arrivée très près de celle-ci. Ayant parcouru une quarantaine de kilomètres sur la route menant à Leningrad, le correspondant de la CBS vit des villages brûlés, des carcasses de chars allemands et soviétiques jonchant un champ, une forêt « dévastée comme par un ouragan ». « Le spectacle des ruines noircies des villages était épouvantable », raconta-t-il [58].

Partout, aussi, les journalistes voyaient les morts des deux camps. Les Allemands avaient réussi à enterrer quelques-uns de leurs camarades tués au combat, érigeant même des croix portant leurs noms et leurs âges, mais beaucoup des corps étaient restés sur place, comme ceux que Cassidy découvrit au cours de l'un de ses déplacements. « Ici, écrivit-il [59], les corps, en groupes d'une douzaine à une cinquantaine, gelés en d'étranges positions, beaucoup avec les bras encore levés, comme pour éloigner l'inévitable, ressemblaient plus à des statues qu'à des hommes. La neige et la glace habillaient leur trépas avec une impitoyable netteté. »

Dans bien des cas, le froid permettait de voir encore quel sort avait été réservé à ces hommes. Lesueur avait emprunté une route jonchée de cadavres raidis de soldats de l'Armée rouge [60]. Ils étaient pieds nus et avaient été tués d'une balle dans la tête. « Des prisonniers, expliqua un officier soviétique. Les Allemands les ont abattus quand ils n'ont pu les suivre dans leur retraite. »

« La guerre était rude pour les chevaux, constata également Lesueur. Tout le long de la route, leurs corps gelés gisaient, comme des masses sombres dans la neige [61]. »

Ève Curie, fille du prix Nobel Marie Curie, était particulièrement touchée par les souffrances du peuple russe. En raison du prestige de sa mère, on lui accordait plus de liberté qu'aux autres journalistes. Au sortir de Moscou, elle remarqua : « La Russie se trouve être le seul endroit d'Europe où, aujourd'hui, on peut voir des villes, des villages et des gens libérés des Allemands. » Elle ajoutait qu'en rencontrant les habitants de ces villes et de ces villages, elle se sentait un lien personnel avec eux. « Peut-être, disait-elle, parce que je suis française et parce que ma mère venait de Pologne »[62].

Ève Curie était passionnée par ce que ces gens lui disaient de l'occupation allemande[63]. Une femme lui raconta que, dans son village, près d'Istra, à l'ouest de Moscou, les officiers allemands parlaient communément de « prendre Moscou, puis de rentrer chez eux en Allemagne ». Ils répétaient : « Moscou est fini, *kaput*, l'Union soviétique est *kaput*. » Et, quand l'ordre de repli leur était arrivé, un officier, gêné, avait affirmé à la femme : « Ce n'est pas une retraite. Nos chars et nos camions ont simplement besoin de réparations. Il nous faut partir, mais nous serons bientôt de retour. » Il n'empêchait qu'en partant, les soldats allemands avaient lancé des grenades incendiaires dans les maisons, laissant le village en flammes.

Presque partout où elle se rendait, Ève Curie entendait parler d'atrocités allemandes[64]. Les occupants chassaient les villageois jusque dans la forêt, abattant certains d'entre eux, comme une mère de cinq enfants qui avait refusé de donner le bois de chauffage qu'elle transportait, égorgeaient les vaches et volaient tous les vivres qu'ils pouvaient trouver. Ils laissaient les cadavres de leurs victimes pendus dans les villages, des prisonniers soviétiques avaient été brûlés vifs et des enfants mitraillés pour s'être moqués des occupants. « Ces crimes, écrivait Ève Curie, semblaient si épouvantables et si insensés qu'à certains moments, j'hésitais à y croire. » Mais elle s'aperçut que ces témoignages, émanant de différentes personnes, se recoupaient remarquablement.

Mais Ève Curie et, de son côté, Larry Lesueur allaient être confrontés à un sujet encore plus révélateur, à un tout autre égard, que les récits d'atrocités allemandes, qui n'allaient bientôt être, malheureusement, que trop répandus. Il s'agissait d'une histoire dont ni l'un ni l'autre ne pouvaient mesurer l'importance sur le moment, une histoire que les autorités soviétiques allaient bientôt évacuer de tous les récits de la bataille de Moscou – ce qui ne fait que donner plus de valeur au témoignage des deux journalistes.

Dans son triomphant article du 13 décembre 1941 annonçant avec fracas l'échec de l'offensive allemande en direction de Moscou, la *Pravda* citait tout particulièrement plusieurs généraux s'étant distingués dans les combats pour la capitale. L'un d'eux était Andreï Vlassov, dont les troupes avaient pris Solnechnogorsk, au nord-ouest de la ville. Mais son nom même n'allait pas tarder à disparaître purement et simplement de toutes les histoires officielles soviétiques.

Treizième enfant d'une famille de paysans, Vlassov était né en 1900 [65]. En 1919, il avait été mobilisé pour combattre dans les rangs de l'Armée rouge, durant la guerre civile contre les Blancs. Ayant adhéré au parti communiste en 1930, il n'avait pas tardé à s'élever dans la hiérarchie militaire, et était devenu conseiller militaire en Chine vers la fin des années trente. En 1940, il avait reçu l'Ordre de Lénine. Lors de l'invasion allemande, l'été suivant, il avait combattu sur le front d'Ukraine et s'était distingué en perçant, avec ses troupes, les lignes allemandes lors de l'encerclement de Kiev. En novembre, Staline l'avait placé à la tête de la 20e Armée, avec mission d'empêcher les Allemands d'atteindre Moscou par le nord. Lors d'une entrevue personnelle au Kremlin, le 10 novembre, le dictateur soviétique avait néanmoins refusé à Vlassov les renforts qu'il demandait, et ne lui avait octroyé que 15 chars. Il ne l'en considérait pas moins, apparemment, comme l'un de ses meilleurs officiers généraux.

Le 16 décembre, trois jours après la parution de l'article de la *Pravda*, Lesueur, accompagné d'un censeur et de deux officiers de l'Armée rouge, se rendit au nord de Moscou pour interviewer Vlassov [66]. Comme ils approchaient du lieu de rendez-vous présumé, les quatre hommes virent des pancartes indiquant la présence de mines. L'un des officiers expliqua à Lesueur qu'en se repliant, les Allemands avaient posé des milliers de ces engins, que la neige aidait à dissimuler mieux encore. Ils finirent par arriver devant une petite maison portant encore un panneau avec les mots « Quartier général divisionnaire de l'armée allemande ». Mais Vlassov n'était plus là. Il s'était déjà porté plus en avant avec ses troupes.

Atteignant finalement le nouveau quartier général provisoire de Vlassov, Lesueur vit arriver le général, accompagné d'un officier supérieur. « Avec un sourire, ils s'approchèrent de nous, raconta le journaliste américain, et, automatiquement, nous allâmes vers eux, suivis par un groupe de soldats de l'Armée rouge visiblement admiratifs. Les soldats ne manifestaient aucune crainte devant leurs chefs ; ils semblaient plutôt attirés vers eux comme un étudiant admiratif est attiré vers un professeur respecté [67]. »

Après avoir échangé quelques mots avec les soldats, Vlassov serra la main de Lesueur. Le correspondant de la CBS fut visiblement impressionné par le général, qu'il décrivit ainsi : « Il avait plus l'air d'un professeur que d'un soldat, si grand que son bonnet d'astrakan gris, avec la couronne rouge et or, faisait de lui un géant. Il portait des lunettes à monture dorée sur le bout du nez [68]. » Vlassov déclara à ses visiteurs que ses troupes s'apprêtaient à reprendre Volokolamsk le soir même, et qu'il avait déjà envoyé son bataillon de skieurs cerner la ville. « Ses yeux brillaient de plaisir » à cette perspective, ajoutait Lesueur.

Quand le journaliste américain lui demanda s'il comptait voir les Allemands s'enterrer sur leurs positions pour l'hiver, Vlassov lui fit l'une de ces réponses que Staline aimait à entendre dans la bouche de ses généraux : « Je ne prépare pas mon offensive en me disant que les Allemands vont tenir où que ce soit. J'entends les repousser aussi loin que je le pourrai.

— Pensez-vous qu'ils tenteront de tenir à Smolensk ? » demanda alors Lesueur.

Vlassov détourna la tête et lui dit : « Smolensk, c'est une autre affaire » [69].

Un mois plus tard, alors que les troupes de Vlassov contrôlaient Volokolamsk et avaient réussi à repousser plusieurs contre-attaques allemandes dans ce secteur, Ève Curie vint à son tour rendre visite au général, soucieuse de rencontrer « l'un des jeunes chefs militaires dont la renommée croissait rapidement » [70]. Et elle aussi fut impressionnée par l'allure de l'homme qui l'accueillait. « Vlassov, écrivit-elle, était un homme de la quarantaine, grand et fort, avec des traits accentués et un visage tanné par la neige et le soleil. Il portait un simple uniforme vert olive : de hautes bottes de cuir, une culotte de cheval et une veste de style russe, taillée comme une blouse de paysan. Il n'avait pas d'insignes d'aucune sorte, pas d'étoiles, pas de médailles. »

Devant du thé et des zakouskis, Vlassov décrivit à la journaliste française ses récents combats et la façon dont ses troupes avaient, le 10 janvier, lancé leur dernière offensive, avançant d'une trentaine de kilomètres en une semaine et repoussant trois divisions allemandes. Il déversa devant sa visiteuse le contenu d'un sac en toile imperméable : divers trophées pris à l'ennemi, dont des emblèmes régimentaires et plusieurs Croix de fer 1939, sans doute gagnées durant la campagne de Pologne. « C'était, écrivit Ève Curie, quelque chose de très stimulant que de parler avec cet homme énergique, complètement obsédé par son dur métier… jugeant tout d'un point de vue purement militaire. »

Vlassov aimait notamment à évoquer les grands capitaines du passé. Il parla un moment de Pierre le Grand, puis il exprima son admiration pour Napoléon. « Quelle complète sottise, déclara-t-il, que de comparer constamment Hitler à Napoléon. Napoléon était un authentique génie militaire, un grand capitaine ! » Il interrogea Ève Curie sur le général de Gaulle et manifesta une grande curiosité à l'égard de Guderian.

Mais sa préoccupation première restait de frapper l'ennemi aussi durement qu'il était possible. « Ce n'est pas tant le nombre de kilomètres repris qui compte, dit-il à la journaliste, que le volume des pertes infligées à l'ennemi. Notre but est d'affaiblir Hitler. C'est pourquoi les ordres de Staline ne sont pas seulement de repousser les Allemands partout où nous le pouvons, mais d'encercler leurs unités et de les anéantir. L'ennemi est maintenant une bête blessée – mais encore très forte. »

Ève Curie eut l'impression de se trouver devant un homme totalement voué à sa cause, obsédé, même, par sa mission. De plus, Vlassov citait fréquemment le nom de Staline, et il disait de lui-même : « Mon sang appartient à ma patrie [71]. »

Six mois plus tard, pourtant, l'impensable se produisait. Le 12 juillet 1942, alors qu'il commandait la 2e Armée de choc sur le front de Volkhov, au sud de Leningrad, Vlassov fut fait prisonnier par les Allemands. Ce n'était pas là le fait exceptionnel ; nombre d'officiers généraux soviétiques avaient déjà été dans ce cas. Ce qui fut véritablement stupéfiant, c'est que Vlassov, apparemment l'un des plus zélés des généraux de l'Armée rouge, proposa aux Allemands de former un « Mouvement de libération russe » dont l'objectif serait le renversement du régime stalinien. En un mot, il avait décidé de changer de camp.

Staline fut sidéré. Quand Beria lui montra des copies des déclarations de Vlassov annonçant ses intentions, il lui demanda s'il ne s'agissait pas de faux confectionnés par les Allemands à des fins d'intoxication. Beria répondit qu'il était hors de doute que Vlassov travaillait dorénavant pour le Reich. « Comment l'avons-nous raté avant la guerre ? » demanda alors Molotov [72].

Cherchant un bouc émissaire, Staline convoqua au Kremlin Khrouchtchev [73] auquel il déclara « d'un ton menaçant » qu'il avait été responsable de l'attribution à Vlassov du commandement de la 37e Armée durant la bataille de Kiev. Décidé à ne pas se laisser faire, Khrouchtchev rappela à Staline que c'était lui-même qui avait décidé de confier à Vlassov la responsabilité de la contre-offensive devant Moscou. Cela suffit à amener le maître du Kremlin à abandonner le sujet. Mais ces joutes verbales n'apportaient aucune réponse à la question essentielle. « Il était difficile, écrivit ultérieurement Khrouchtchev, de comprendre comment un homme qui avait montré un tel dévouement, une telle bravoure et un tel talent, et qui s'était acquis un tel respect, avait pu trahir son pays [74]. »

En décembre 1942, Vlassov rendit publique la « Déclaration de Smolensk [75] » définissant ses objectifs et expliquant en partie son revirement. « Le bolchevisme, affirmait-il, est l'ennemi du peuple russe. Il a apporté au pays d'innombrables catastrophes et a finalement entraîné le peuple russe dans une guerre sanglante menée pour les intérêts d'autres parties. » Selon la déclaration, ces « autres parties » étaient les capitalistes britanniques et américains, tandis que l'Allemagne était représentée comme luttant contre le bolchevisme et non contre le peuple russe. Vlassov et son groupement annonçaient qu'ils allaient s'efforcer d'abattre Staline et son régime et de conclure « une paix honorable avec l'Allemagne ». Ils promettaient également de mettre fin à la terreur en Russie, de libérer tous les prisonniers politiques et de dissoudre les fermes collectives.

Malgré son ascension rapide au sein de l'appareil militaire soviétique, Vlassov avait probablement eu, depuis le début, des doutes sur le régime politique qu'il servait. Selon certains témoignages, l'un de ses frères aurait été exécuté par les Rouges sous l'accusation de trahison pendant la guerre civile, et ses parents traités de « riches paysans » après qu'il leur eut donné une vache [76]. Mais, quel qu'ait été son rôle ultérieur, il restait fier de son action durant la bataille de Moscou. « J'ai fait tout ce que j'ai pu, devait-il écrire dans une lettre ouverte, pour défendre la capitale de mon pays. » Mais il dénonçait en même temps un « commandement indécis et chaotique, corrompu par le contrôle des commissaires », comme responsable des « lourdes défaites » subies par l'Armée rouge. Il rappelait aussi avec colère les millions de victimes faites par la collectivisation forcée et la terreur politique [77].

Comme beaucoup des prisonniers de guerre soviétiques qui

rejoignirent ensuite son mouvement, Vlassov a peut-être également pensé qu'il avait plus d'espoir de rester en vie en reprenant les armes. Tous savaient que les prisonniers russes avaient peu de chances de survie dans les camps, et que, de plus, ceux qui en réchappaient étaient tenus pour des traîtres par Staline. Mais il se trouvait qu'Hitler était également très suspicieux à l'égard de Vlassov et des autres officiers soviétiques désireux de combattre aux côtés des Allemands. Ce qu'il voulait, c'était une Russie totalement subjuguée, et non une Russie libérée.

Ce ne fut que très tard dans la guerre, au moment où la perspective de la défaite devint évidente pour les Allemands, qu'Hitler accorda sa sanction officielle au mouvement de Vlassov. Celui-ci eut finalement la possibilité de faire entrer en action ses divisions en mars et avril 1945, alors que les troupes allemandes livraient des combats d'arrière-garde à Prague [78]. Mais quand les SS commencèrent à fusiller aveuglément la population, les troupes de Vlassov changèrent de nouveau de côté, combattant les Allemands pour défendre les Tchèques.

Cela ne leur valut aucune indulgence. Faits prisonniers par l'Armée rouge, certains des hommes de Vlassov furent immédiatement fusillés. Le général et les officiers supérieurs furent ramenés en Union soviétique, torturés puis pendus. Et, bien sûr, le nom de Vlassov fut éliminé de tous les récits officiels de la bataille de Moscou. Ce fut l'une des nombreuses omissions délibérées de l'histoire de ces combats telle qu'elle fut présentée en URSS. Seul le témoignage de journalistes occidentaux comme Larry Lesueur et Ève Curie continuait à rappeler le rôle joué par Vlassov dans la défense victorieuse de la capitale soviétique.

12

LA PLUS MEURTRIÈRE DES VICTOIRES

Le 11 janvier 1942, Staline adressa au général commandant le front de Kalinine un ordre au ton très péremptoire concernant la ville de Rjev, que les Allemands occupaient depuis le 14 octobre 1941. Ville de 54 000 habitants située à 210 kilomètres au nord-ouest de Moscou, Rjev était considérée par les deux commandements adverses comme un point de départ essentiel pour une offensive en direction de la capitale. « Le 11 janvier et pas plus tard, en tout cas, que le 12, la ville de Rjev doit avoir été reprise, déclarait Staline. L'état-major général recommande qu'à cette fin, toute l'artillerie et toute l'aviation disponibles soient utilisées pour écraser la ville entière, que vous ne devez pas craindre de détruire [1]. »

Les historiens russes soutiennent généralement que la bataille de Moscou a pris fin le 20 avril 1942, au moment où la contre-offensive soviétique a dû s'arrêter et où les armées, épuisées, ont eu à affronter un océan de boue, rendant impossible le déclenchement de nouvelles attaques. Mais la bataille pour Rjev, qui n'était en fait qu'un prolongement de celle de Moscou, se poursuivit pendant près d'un an encore. En dépit des ordres constamment réitérés de Staline, les généraux essuyèrent échec sur échec dans leurs attaques contre les positions allemandes, subissant en même temps des pertes effarantes, même si on les replace dans le contexte de l'époque. Maintenant encore, les survivants ne parlent qu'à voix basse du « hachoir à viande de Rjev », qui broya des centaines de milliers de victimes avant que les Allemands décident de se retirer sans plus combattre de la ville, et que les Soviétiques y fassent leur entrée, le 3 mars 1943.

Et maintenant encore, les habitants de Rjev se plaignent du fait que la tragédie dont leur ville fut le cadre ne soit pas reconnue comme elle le mériterait. Au modeste musée local, l'historienne Olga Doudkina soulignait que les troupes soviétiques n'avaient pas lancé moins de quatre opérations de grande envergure pour tenter de reprendre Rjev et que toutes avaient échoué, parfois dans les faubourgs mêmes de la ville. Aux alentours de celle-ci s'était même déroulée l'une des plus grandes batailles de chars de toute la guerre. Les Allemands avaient, eux aussi, subi des pertes terribles, mais le fait qu'ils aient tenu si longtemps avait longtemps rendu furieux Staline. « Pendant bien des années, déclarait Olga Doudkina, la bataille de Rjev fut oubliée, probablement parce qu'on ne voulait pas que son évocation vienne rappeler les échecs subis. De l'histoire de la Grande Guerre patriotique, ce fut le plus grand échec militaire. »

Les troupes soviétiques qui étaient censées encercler puis détruire l'ennemi se trouvaient souvent elles-mêmes encerclées et détruites par lui. C'est ce qui arriva à la 33ᵉ Armée du général Efremov et au 1ᵉʳ Corps de cavalerie du général Belov près de Vyazma au mois d'avril et devait arriver à maintes reprises à d'autres unités plus près de Rjev. Ainsi, selon un rapport de la Wehrmacht en date du 13 juillet 1942 [2], les forces allemandes encerclèrent et anéantirent une brigade de chars et plusieurs divisions d'infanterie et de cavalerie soviétiques. Elles firent ensuite 30 000 prisonniers, détruisirent 218 chars, 591 pièces d'artillerie et 1 300 mitrailleuses.

Alors que les Allemands préparaient leur offensive vers le sud [3] – que devait marquer, durant l'été 1942, le début de la bataille de Stalingrad – les forces soviétiques se trouvaient trop largement déployées et donc extrêmement vulnérables. Et pour faire face à la menace allemande, les généraux de l'Armée rouge durent envoyer vers le sud des troupes qui avaient été censées participer aux combats dans les secteurs de Vyazma et de Rjev.

De part et d'autre, autour de Rjev, les lignes se trouvaient étirées et à court de vivres comme de munitions. Dès que les soldats, qu'ils soient allemands ou soviétiques, entendaient un avion, ils envoyaient des équipes s'efforçant de récolter ce qui avait été parachuté avant l'adversaire [4].

Quand une escadrille d'avions soviétiques tenta de larguer des vivres à l'intention des hommes du général Maslennikov, qui étaient encerclés par la Wehrmacht, ceux-ci virent avec désespoir les parachutes dériver en territoire allemand [5]. « Nous crevons de faim et vous nourrissez les Boches ! » télégraphia, furieux, le général Maslennikov au général Jigarev, chargé de l'opération de ravitaillement aérien. Informé de ce message, Staline convoqua Jigarev. Selon le général Vassilevski, qui assistait à l'entrevue, le dictateur soviétique était « si furieux que je pensai qu'il allait tuer Jigarev de ses propres mains dans le bureau ». Heureusement pour le général d'aviation, la colère de Staline retomba assez vite, car bien d'autres problèmes l'assaillaient.

Pendant ce temps, un flot toujours constant de blessés venait submerger des hôpitaux de campagne au personnel surmené. Faina Sobolevskaïa, infirmière alors affectée à une unité médicale s'occupant des troupes chargées de reprendre Rjev, durant l'été 1942, travaillait avec ses camarades – deux chirurgiens et six autres infirmières – dans des tentes installées dans la forêt. « Nous ne savions que faire pour nous occuper de tant de blessés, racontait-elle. Nos tentes étaient toujours pleines. »

Comme il n'y avait aucun moyen de se laver ni de changer de vêtements, tout le monde grouillait de vermine – ce qui était également le cas chez les Allemands, en face. Au son obsédant de l'artillerie, médecins et infirmières travaillaient pratiquement sans relâche, ne s'interrompant de loin en loin que pour un bref moment de sommeil. « Nous étions jeunes, et nous tenions tant bien que mal », déclarait Faina Sobolevskaïa. Quand l'une des infirmières fut tuée, la masse de travail s'accrut encore pour les autres. Mais ce qui les aidait à continuer était la gratitude manifestée par les blessés qu'ils soignaient. « Les soldats nous aimaient », soulignait Faina Sobolevskaïa.

L'intensité des combats faisait que, bien souvent, on n'avait pas le temps d'enterrer les morts ou de prêter attention aux mourants. Au cours de l'hiver 1942, le lieutenant Mirzakhan Galeïev[6], de la 174e Division d'infanterie soviétique, fut très grièvement blessé à la tête près de Rjev. Les combats suspendus, les cadavres des hommes tués furent entassés dans une fosse commune, et Galeïev y fut mis avec eux. Comme on s'apprêtait à recouvrir la fosse, des soldats remarquèrent que son corps était agité de convulsions ; il était inconscient mais bien vivant. Traité dans un hôpital voisin, il se remit et vécut jusqu'à l'âge de 86 ans. Mais la pierre tombale placée sur la fosse commune où il faillit périr porte encore son nom, avec ceux de ses camarades qui y furent enterrés.

Dans Rjev même, les habitants n'ayant pas réussi à fuir avant l'arrivée des Allemands, connaissaient un régime de terreur. Chaque jour, les occupants distribuaient des tracts faisant savoir que quiconque cacherait, aiderait ou nourrirait des soldats de l'Armée rouge serait pendu, et, pour bien appuyer cette menace, des potences avaient été dressées au centre de la ville. Les Allemands étant arrivés à la mi-octobre, alors que le temps était déjà exceptionnellement froid, ils prenaient aux populations locales tous les vêtements chauds qu'ils pouvaient trouver. Nikolaï Yakovlev, qui avait, à l'époque, 16 ans et avait été trop jeune pour s'engager dans l'Armée rouge, déclarait avoir vu des soldats allemands déchausser des passants pour s'emparer sur-le-champ de leurs bottes de feutre. « Ils prenaient vos *valenki*, disait-il, et ils vous donnaient leurs bottes d'été – ou vous laissaient pieds nus. »

Les Allemands faisaient également main basse sur tous les vivres disponibles. Et, tout comme les habitants, ils dépeçaient et mangeaient les chevaux morts qu'ils trouvaient, sans prendre garde aux risques que leur faisait courir cette viande déjà partiellement décomposée.

Faisant traverser de force aux habitants le pont qui, enjambant la Volga, séparait une partie de la ville de l'autre, les soldats allemands abattaient impitoyablement ceux qui traînaient en route, et ils lançaient des grenades partout où ils pensaient que des gens pouvaient se cacher. « Il y avait nombre de cadavres partout », affirmait Yakovlev. Les Allemands avaient également entrepris de sélectionner les plus jeunes et les plus robustes comme travailleurs forcés, les entassant dans des trains qui partaient vers l'ouest, et n'hésitant pas à séparer de jeunes mères de leurs enfants.

À l'automne 1942, Joukov mit sur pied l'Opération Mars, la plus ambitieuse, jusque-là, des offensives visant à déloger les forces allemandes de la région de Rjev, et d'éliminer ainsi la menace qu'elles faisaient encore peser sur Moscou. La « Stavka [7] » avait défini le 10 octobre le programme de l'opération : « Les forces de l'aile droite du front occidental et de l'aile gauche du front de Kalinine encercleront la concentration ennemie de Rjev, s'empareront de Rjev et dégageront la ligne de chemin de fer de Moscou à Velikiye Louki. »

Au cours des trois semaines de cette opération, qui fut déclenchée à la fin novembre, les troupes de Joukov, lancées à maintes reprises contre des positions retranchées allemandes, payèrent un terrible prix. Les pertes soviétiques furent d'environ 100 000 morts ou disparus et 235 000 blessés [8]. Pour n'aboutir à aucun résultat.

Joukov et ses apologistes devaient affirmer plus tard que ces sacrifices avaient permis d'immobiliser des troupes allemandes qui, autrement, auraient pu se porter en renfort de la Sixième Armée du maréchal Paulus à Stalingrad. Là, mettant en œuvre l'Opération Uranus, l'Armée rouge réussit à encercler les troupes de Paulus en novembre. Si Joukov fut incontestablement l'un des artisans de cette victoire, l'historien militaire David M. Glantz souligne que les tentatives visant à représenter les offensives avortées de Rjev comme d'astucieuses diversions sont « au mieux trompeuses et au pire des mensonges flagrants [9] ». Dans son livre *La Plus grande défaite de Joukov*, il soutient que l'offensive au nord, l'Opération Mars, a représenté un énorme échec pour le principal des généraux de Staline. Elle était censée porter aux Allemands un aussi grand coup que l'Opération Uranus au sud, totalement couronnée de succès quant à elle. Mais si les Allemands durent capituler à Stalingrad en janvier 1943, ils continuèrent à occuper Rjev jusqu'au mois de mars de la même année.

Dans Rjev, les troupes du Reich continuèrent à faire régner la terreur jusqu'au moment de leur départ, deux jours avant l'arrivée des soldats soviétiques. Au moment où ceux-ci entrèrent dans la ville, le 3 mars, la majeure partie de celle-ci avait été rasée – d'abord par les bombardiers et les canons allemands quand la Wehrmacht attaquait, puis par les bombardements successifs des Soviétiques [10] lorsque ceux-ci cherchaient à reprendre l'agglomération. Seuls 297 des 5 434 édifices que comptait Rjev étaient encore debout au début mars, et seuls quelques centaines d'habitants restaient, généralement dissimulés dans des tranchées ou d'autres abris improvisés. Les autres avaient fui, avaient péri ou avaient été déportés.

Une patrouille soviétique découvrit 362 personnes enfermées dans une église. Les Allemands y avaient posé des explosifs, mais avaient oublié de les mettre à feu en partant. Les personnes enfermées à l'intérieur l'ignoraient et ne pouvaient que supposer le pire. Elles n'avaient rien à manger et le froid intense qui régnait les contraignit à brûler missels et catéchismes pour se réchauffer. Mais tous parvinrent à survivre.

Nikolaï Yakovlev se considérait comme relativement chanceux. Quelques mois après l'arrivée des Allemands dans Rjev, sa mère et lui avaient été appréhendés et expédiés pour deux ou trois jours dans le camp de concentration improvisé de la ville. Là, sa mère avait réussi à faire, avec un chat mort, une soupe qui leur avait permis de se nourrir. Puis ils furent envoyés dans un autre camp, à Vyazma, où rien ne leur fut donné à manger. Les prisonniers qui tentaient de s'évader étaient abattus sur place. Quelques jours plus tard, ceux qui restaient furent de nouveau embarqués dans des trains, qui les menèrent à Brest, où on les débarrassa de la vermine qui les couvrait. L'arrêt suivant fut Königsberg, en Prusse. De là, Yakovlev et sa mère furent envoyés dans une ferme, où ils travaillèrent jusqu'à l'approche de l'Armée rouge, vers la fin de la guerre.

À ce moment, les Allemands expédièrent tous les travailleurs forcés dans un camp de concentration, où ils les abandonnèrent purement et simplement. Contrairement à ce qui se passa dans d'autres camps, il n'y eut pas de massacre final. Les forces soviétiques arrivèrent et le SMERSH commença à faire la chasse à ceux qui étaient considérés comme des traîtres selon les règles édictées par Staline. « Je n'étais pas un prisonnier de guerre, soulignait Yakovlev. Je fus donc épargné. » Il avait pu prouver qu'il était trop jeune pour avoir été soldat. « Les anciens prisonniers de guerre, précisait-il, furent repérés et conduits ailleurs. »

Cependant, l'auteur de ces règles impitoyables s'aventurait lui-même rarement hors de Moscou, négligeant les tournées de propagande et les visites aux soldats du front. Toutefois, dans la nuit du 4 au 5 août 1943, Staline séjourna à Rjev, dans une petite maison en bois. Nul ne connaît vraiment les motifs de cette décision, mais les habitants de la ville aiment à penser qu'elle visait à honorer la mémoire des nombreuses personnes ayant trouvé la mort en ces lieux.

Transformée en une modeste bibliothèque, la maison porte une plaque commémorant la visite du maître du Kremlin. Lors de la campagne de déstalinisation lancée en 1956 par Khrouchtchev, cette plaque fut retirée. Elle reprit sa place dans les années quatre-vingt et la conserve encore aujourd'hui.

Comme l'ensemble de la bataille de Moscou, dont ils firent partie, les combats de Rjev montrent dans toute sa mesure l'horreur du conflit germano-soviétique et mettent en lumière les forces et les faiblesses d'un camp comme de l'autre. Ils montrent avec quelle ténacité l'armée allemande a pu s'accrocher à une

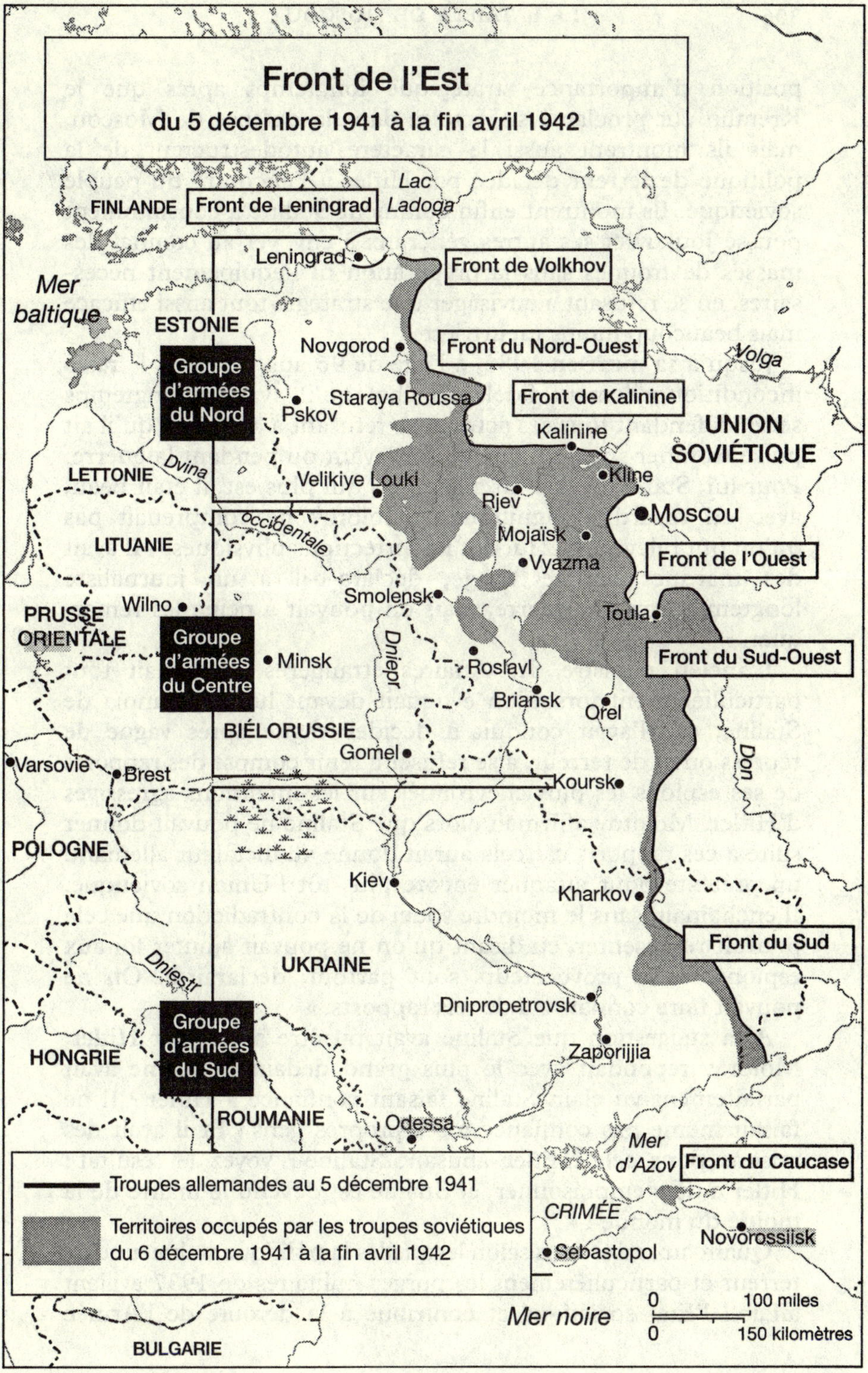
Front de l'Est
du 5 décembre 1941 à la fin avril 1942
FINLANDE
Front de Leningrad
Lac
Ladoga
Leningrad
Front de Volkhov
Mer
baltique
ESTONIE
Novgorod
Front du Nord-Ouest
Volga
Groupe
d'armées
du Nord
Pskov
Staraya Roussa
Front de Kalinine
Kalinine
UNION
SOVIÉTIQUE
LETTONIE
Dvina
Velikiye Louki
Kline
Rjev
Moscou
LITUANIE
occidentale
Mojaïsk
Vyazma
Front de l'Ouest
Smolensk
Wilno
PRUSSE
ORIENTALE
Toula
Groupe
d'armées
du Centre
Minsk
Dniepr
Roslavl
Front du Sud-Ouest
Briansk
Orel
BIÉLORUSSIE
Gomel
Don
Varsovie
Brest
Koursk
POLOGNE
Kiev
Kharkov
Front du Sud
Dniestr
UKRAINE
Dnipropetrovsk
Groupe
d'armées
du Sud
HONGRIE
Zaporijjia
ROUMANIE
Odessa
Mer
d'Azov
Front du Caucase
Troupes allemandes au 5 décembre 1941
CRIMÉE
Territoires occupés par les troupes soviétiques
du 6 décembre 1941 à la fin avril 1942
Novorossiisk
Sébastopol
0
100 miles
Mer noire
0
150 kilomètres
BULGARIE

position d'importance stratégique longtemps après que le Kremlin eut proclamé sa victoire dans la défense de Moscou, mais ils montrent aussi le caractère autodestructeur de la politique de terreur décidée par Hitler à l'encontre du peuple soviétique. Ils montrent enfin comment Staline a constamment poussé Joukov et ses autres généraux à envoyer au combat des masses de troupes sans la préparation ni l'équipement nécessaires, en se refusant à envisager une stratégie tout aussi efficace mais beaucoup moins meurtrière.

Jusqu'à sa mort en 1986, à l'âge de 96 ans, Molotov [11] resta inconditionnellement fidèle au chef qu'il avait si longtemps servi, défendant tous ses actes et se refusant à admettre qu'il ait pu se tromper sur quoi que ce soit avant ou pendant la guerre. Pour lui, Staline était « un génie » et, qui plus est, il était beau, avec un regard « magnifique ». Molotov ne comprenait pas qu'on pût relever chez lui des imperfections physiques. « Il avait des marques sur le visage, déclara-t-il à un journaliste longtemps après la guerre, mais on pouvait à peine les remarquer. »

L'ancien ministre des Affaires étrangères s'indignait tout particulièrement lorsqu'on évoquait devant lui la paranoïa de Staline, qui l'avait conduit à décider vague après vague de répression et de terreur, à se refuser à tenir compte des rapports de ses espions les plus chevronnés sur les intentions agressives d'Hitler. Molotov affirmait alors que Staline ne pouvait donner suite à ces rapports car cela aurait donné au dictateur allemand un prétexte pour attaquer encore plus tôt l'Union soviétique. Il enchaînait, sans le moindre souci de la contradiction que cela pouvait représenter, en disant qu'on ne pouvait ajouter foi aux espions. « Les provocateurs sont partout, déclarait-il. On ne pouvait faire confiance à de tels rapports. »

À la suggestion que Staline avait pu être abusé par Hitler, Molotov répondait avec le plus grand dédain : « Staline avait parfaitement vu clair. Staline faisant confiance à Hitler ? Il ne faisait même pas confiance à ses propres gens ! Et il avait des raisons pour cela. Hitler abusant Staline ? Voyez le résultat : Hitler a dû s'empoisonner, et Staline est devenu le maître de la moitié du monde ! »

Quant aux assertions selon lesquelles la politique stalinienne de terreur et particulièrement les purges militaires de 1937 avaient affaibli l'État soviétique et contribué à la déroute de l'Armée rouge aux premiers stades de l'Opération Barberousse, Molotov soutenait qu'elles représentaient une interprétation totalement erronée de l'histoire. Selon lui, les victimes des purges étaient, sans l'ombre d'un doute, des « ennemis », et si elles n'avaient pas été éliminées, le conflit n'en aurait été que plus sanglant. « Il y aurait eu plus de victimes, affirmait-il. Nous l'aurions emporté de toute façon. Mais cela aurait exigé des millions de victimes de plus. Nous aurions dû repousser l'invasion allemande et combattre l'ennemi de l'intérieur en même temps. »

En laissant même de côté le caractère spécieux de cette logique, il est difficile d'imaginer encore plus de victimes dans cette guerre impitoyable. À l'heure actuelle, les historiens russes évaluent à 27 millions environ le nombre de citoyens soviétiques ayant trouvé la mort au cours de ce conflit, dont 8,6 millions de militaires [12]. Même durant la dernière période de la guerre, alors que la Wehrmacht battait en retraite, les pertes soviétiques demeuraient supérieures à celles subies par les Allemands. Pour l'ensemble du conflit, elles furent en moyenne triples [13]. Le général en retraite Viatcheslav Dolgov, qui venait de sortir de l'école militaire en juin 1941 et servit comme officier politique au début de la guerre, déclarait : « Je suppose qu'il est très bien de claironner nos victoires à la jeune génération d'aujourd'hui. Cependant, notre succès n'a pas seulement été l'aboutissement de batailles remportées par nous ; il a été surtout été le produit de défaites brutales. »

Et, comme nous l'avons, la responsabilité de ces défaites sanglantes est à imputer en bonne part à Staline.

« Il serait difficile, écrit le général Volkogonov, biographe de Staline, de trouver pire début à une guerre que ce mois de juin 1941. Toutes les autorités politiques et militaires majeures ont pensé que l'URSS ne pourrait pas survivre plus de trois mois. Mais le peuple soviétique leur a finalement donné tort. Pourtant, le mérite de cette incroyable capacité de résistance allait être attribué à la " sage direction " de Staline, la personne même la plus directement responsable de la catastrophe [14]. » Et Stepan Mikoyan de préciser : « Toutes choses considérées, je crois – contrairement à l'opinion de certains anciens combattants qui persistent à dire " Nous avons gagné la guerre grâce à Staline " – qu'il serait correct de dire que nous avons gagné la guerre *en dépit* de la dictature de Staline [15]. »

De même, l'Union soviétique a finalement remporté la

victoire malgré la politique de terreur poursuivie par Staline durant toute la guerre. Les exécutions arbitraires de soldats soviétiques pour de prétendus actes de trahison, les massacres de militaires et de civils tentant de se replier devant l'assaut des Allemands, les « unités de blocage » installées derrière les lignes de l'Armée rouge pour mitrailler tous ceux qui essayaient de battre en retraite, tout cela contribua à un nombre de défections sans précédent. Il n'y eut pas que le général Vlassov qui changea de camp. Dès le début du conflit, il y avait eu des *Hiwis* – abréviation de *Hilfswillige* ou auxiliaires volontaires – accompagnant la Wehrmacht. Beaucoup étaient des prisonniers de guerre soviétiques cherchant désespérément un moyen de survivre, mais il y avait aussi nombre de dissidents qui pensaient avoir pris la bonne décision. Parmi eux figuraient des représentants de nationalités particulièrement persécutées par le régime stalinien : Ukrainiens, Baltes, Cosaques, Géorgiens et autres.

Mais il se peut que Staline ait été sauvé des conséquences de sa politique par celle que, de son côté, mena Hitler. Si certains des habitants de l'Ukraine et de divers autres territoires soviétiques avaient, initialement, accueilli les soldats allemands en libérateurs, leurs illusions n'avaient pas tardé à être dissipées par les mesures draconiennes prises par les occupants. Suivirent des atrocités se prolongeant de ville en ville et de village en village, de la frontière à la région de Moscou. L'idée d'une libération par les troupes allemandes fut rapidement abandonnée par la plupart. Du côté soviétique, le nombre des défections, qui avait culminé dans la première période de la guerre, diminua de façon spectaculaire à mesure que les combats se poursuivaient. C'était dû en partie au fait que la résistance de l'Armée rouge s'était affirmée, mais c'était aussi, dans bien des cas, le résultat direct de la politique adoptée par les envahisseurs allemands. Le régime de terreur imposé par Hitler était le plus beau cadeau que le dictateur allemand pouvait faire à son homologue soviétique.

Staline y fit indirectement allusion dans un discours prononcé le 24 mai 1945, immédiatement après la fin de la guerre en Europe. « Notre gouvernement a fait de nombreuses erreurs, déclara-t-il. Nous avons connu quelques moments désespérés en 1941-1942, quand notre armée battait en retraite, forcée d'abandonner nos villages et nos villes… de les abandonner parce qu'il n'y avait pas d'autre issue. Certains autres peuples auraient peut-être dit à leurs dirigeants : vous n'avez pas répondu à nos espoirs, allez-vous-en, nous allons mettre en place un autre gouvernement, qui va conclure la paix avec l'Allemagne et assurer notre tranquillité[16]. »

C'était un rare aveu de la part de Staline, encore qu'il ait eu soin de ne pas prendre la responsabilité personnelle des « erreurs » commises, rejetant celle-ci sur le gouvernement, comme si lui-même ne le contrôlait pas. Mais, chose plus importante, ces déclarations constituaient une reconnaissance implicite du fait qu'il aurait pu faire face à des défections en plus grand nombre et même à une révolte générale si les Allemands s'étaient comportés différemment. Staline gouvernait par la terreur, et si son peuple avait pu avoir la perspective d'une vie différente, nul ne sait ce qui se serait produit. Mais, compte tenu des ordres donnés par Hitler à son armée, il était vite apparu que cette perspective n'existait pas.

Si les méthodes de terreur de part et d'autre ont clairement marqué le conflit, elles n'expliquent pas l'issue de la bataille de Moscou, qui apparaît comme l'affrontement le plus massif et le plus meurtrier de toute la Deuxième Guerre mondiale. Elles n'expliquent pas pourquoi la puissante machine de guerre d'Hitler s'est trouvée bloquée dans son élan, pourquoi la *Blitzkrieg* qui avait si bien réussi à l'ouest n'a pu atteindre les mêmes résultats en URSS, pourquoi la capitale soviétique a réussi à tenir.

Les généraux allemands ont souvent rejeté la responsabilité de leur échec sur le climat russe – la boue suivie d'un hiver exceptionnellement froid. Certaines personnalités politiques du Reich adoptaient la même attitude. « Quand cet hiver va-t-il finir ? écrivait Goebbels dans son journal à la date du 20 mars 1942. Est-ce une nouvelle ère glaciaire qui s'annonce ? On serait certainement enclin à le soupçonner quand on assiste aux agressions constantes, répétées du froid[17]. » Goebbels ajoutait qu'Hitler n'avait jamais aimé l'hiver, mais qu'il n'avait jamais imaginé non plus qu'il pourrait « infliger de telles souffrances aux soldats allemands ». Dans ses Mémoires, Churchill devait faire la comparaison classique avec Napoléon. « Comme le suprême génie militaire qui avait parcouru cette route un siècle auparavant, écrivit-il, Hitler découvrait ce que signifiait l'hiver russe[18]. »

Ce type d'explications avait le don de mettre en fureur Joukov.

Il y voyait une tentative pour convaincre la terre entière que « les troupes allemandes avaient été battues devant Moscou, non par la ténacité et l'héroïsme des soldats soviétiques, mais par la boue, le froid et l'épaisseur de la neige ». « Ceux qui formulent ces excuses, ajoutait-il, semblent oublier que les forces soviétiques devaient opérer dans les mêmes conditions »[19]. C'était, bien sûr, exact, mais elles y étaient beaucoup mieux préparées, la responsabilité principale en incombant à Hitler pour avoir refusé de fournir à ses troupes les équipements d'hiver nécessaires.

Évoquant le mois de décembre 1941, Walter Kerr, qui avait été correspondant du *New York Herald Tribune* en URSS à cette époque, écrivait, de façon apparemment équitable : « Il faisait froid, certes, mais le temps ne peut expliquer en aucun cas ce qui est arrivé à l'armée allemande au cours des deux mois qui suivirent. Cependant, il a eu son rôle[20]. »

En plus de son refus d'équiper ses troupes pour une campagne d'hiver, la colossale erreur d'Hitler a été de ne pas écouter Guderian et les autres généraux voulant, au mois d'août, continuer leur poussée vers l'est à partir de Smolensk, faisant de Moscou leur objectif immédiat. Le Führer, au contraire, choisit ce moment pour détourner ses armées vers l'Ukraine, retardant l'offensive vers Moscou de deux mois cruciaux.

Staline devait gratifier Averell Harriman d'une analyse détaillée de cette mauvaise décision d'Hitler. « Staline, racontait Harriman après la guerre, me dit que les Allemands avaient fait une énorme erreur. Ils avaient tenté une offensive en trois directions, l'une vers Leningrad, une autre vers Moscou et une, enfin, vers le sud. Staline déclarait que s'ils s'étaient concentrés sur l'offensive en direction de Moscou, ils auraient pris la capitale, et, celle-ci étant le centre nerveux de l'Union soviétique, il lui aurait été très difficile d'engager une opération de grande envergure ensuite. Il ajoutait que les Allemands avaient commis la même erreur au cours de la Première Guerre mondiale – en ne fonçant pas directement sur Paris »[21].

Apparemment, Hitler changeait constamment d'avis quant à l'importance de la prise de Moscou. Il avait commencé par prédire qu'une victoire rapide dans ce secteur entraînerait l'effondrement de l'Union soviétique, mais, ayant rencontré plus de résistance que prévu, il s'était comporté comme si la chose n'était pas en tête de la liste de ses priorités. Le 20 mars 1942, Goebbels écrivait dans son journal : « Le Führer n'a pas la moindre intention d'aller à Moscou. » Mais, quelques lignes plus loin, le ministre de la Propagande déclarait que les projets d'Hitler pour le printemps et l'été à venir concernaient « le Caucase, Leningrad et Moscou »[22].

La seule ferme décision que prit alors Hitler – qui consista, en décembre 1941, à limoger plusieurs de ses principaux généraux pour assumer lui-même la direction des opérations militaires – impliquait que la conclusion qu'il tirait de l'échec devant Moscou était qu'il ne devait plus faire confiance qu'à sa propre personne. « Il voulait être un autre Napoléon, écrivit plus tard le maréchal von Manstein. Malheureusement, il n'avait ni la formation militaire ni le génie de Napoléon[23]. »

La bataille de Moscou mit en relief un autre trait du comportement d'Hitler. Quand les choses tournaient mal, comme cela se produisit aux environs de la capitale soviétique, c'étaient toujours ses subordonnés qui étaient à blâmer, jamais lui. En cela, comme en leur total dédain des sacrifices qu'ils imposaient à leurs soldats, Hitler et Staline étaient très semblables. Néanmoins, ce fut la décision d'Hitler de retarder la poussée vers Moscou malgré les objections de beaucoup de ses généraux qui permit à l'hiver russe de jouer son rôle meurtrier. Une offensive immédiate aurait donné aux forces allemandes une occasion de s'emparer de la capitale soviétique avant l'arrivée des pluies d'automne, qui les bloquèrent dans leur élan, et d'un hiver qui se révéla souvent aussi dangereux que le feu ennemi.

Ce retard eut aussi un autre effet : il donna à Staline le temps de s'assurer que les Japonais n'allaient pas l'attaquer dans l'immédiat sur sa frontière orientale. Cela permit au dictateur soviétique de prendre la décision cruciale d'envoyer les troupes sibériennes défendre Moscou. Lors de la visite d'Anthony Eden, en décembre 1941, Staline dit au ministre britannique : « L'envoi de renforts frais a été la raison de nos récents succès[24]. »

Bien que ce soit, dans une large mesure, Hitler qui lui ait sauvé la mise par ses énormes erreurs, Staline sortit de la bataille de Moscou convaincu d'avoir été l'artisan de la première victoire soviétique de la guerre, ce qui eut un effet immédiat sur son comportement. Convoqué au Kremlin à ce moment, Khrouchtchev fut stupéfait de la transformation qui s'était opérée. « Je me trouvai en présence d'un homme nouveau, devait-il écrire. Il avait beaucoup changé par rapport à ce qu'il avait été au tout début de la guerre. Il s'était repris, redressé, et il se comportait comme un vrai soldat. Il s'était mis à se considérer comme un grand stratège militaire, ce qui rendait plus difficile que jamais de discuter avec lui. Il affichait toute la résolution d'un chef héroïque.

« Mais je savais, ajoutait malignement Khrouchtchev, quelle sorte de héros il était. Je l'avais vu quand il était paralysé par sa peur d'Hitler, comme un lapin devant un boa. Et mon opinion de lui n'avait pas changé entre-temps [25]. » Néanmoins, une grande victoire rehausse toujours le prestige d'un chef, et il est hors de doute que l'issue de la bataille de Moscou avait eu grand effet sur la population soviétique comme sur les alliés de l'URSS.

Churchill devait traduire ce sentiment en écrivant : « Toutes les nations antinazies, grandes et petites, se réjouirent d'assister au premier échec d'une *Blitzkrieg* allemande. La menace d'invasion de notre île était écartée dans la mesure où les armées allemandes étaient engagées dans une lutte à mort à l'est. » Mais il avait soin d'ajouter prudemment : « Combien pourrait durer cette lutte, nul ne pouvait le dire [26]. »

Que se serait-il produit si l'issue de la bataille de Moscou avait été inverse ? La thèse officielle soviétique est que la guerre se serait poursuivie et qu'avec le temps, les Allemands auraient été repoussés de toute façon. Autrement dit, que l'issue du conflit n'avait jamais été mise en doute. Mais, comme Staline l'avait reconnu devant Harriman, Moscou était le centre nerveux de l'Union soviétique, et si les Allemands s'en étaient emparés, cela aurait porté un énorme coup à ses efforts pour mobiliser le pays contre les envahisseurs allemands. Pour ceux-ci, cette victoire à Moscou eût représenté un immense succès psychologique, la preuve qu'Hitler avait eu de nouveau raison lorsqu'il avait décidé d'envahir l'URSS.

Pour R.H.S. Stolfi, professeur d'histoire moderne européenne à l'École navale supérieure de Monterey, en Californie, la décision du Führer de détourner ses forces vers l'Ukraine en août 1941 a carrément coûté la guerre à l'Allemagne. Stolfi estime, en effet, que si Hitler s'était conformé aux avis donnés par Guderian et les généraux pensant comme lui, ses troupes auraient pris Moscou vers la fin du mois d'août.

« L'arrivée du Groupe d'armées du Centre à Moscou et au-delà, en plein centre de communications de la Russie d'Europe, vers le 28 août, écrit-il dans son livre *Les Panzers d'Hitler à l'est : la Deuxième Guerre mondiale réinterprétée*, aurait eu pour effet de désintégrer les fronts de Leningrad et d'Ukraine, qui se seraient ainsi retrouvés isolés [27]. » Et il ajoute que tout cela aurait entraîné la défaite de l'Union soviétique dès octobre 1941, événement dont les répercussions auraient été gigantesques. « Par l'ampleur de cette victoire et le moment où elle survenait, conclut Stolfi, les Allemands auraient également gagné la guerre en Europe [28]. »

Il est, bien sûr, impossible de confirmer ou de démentir cette thèse. De nombreux historiens sont plus enclins à ajouter foi aux assertions soviétiques selon lesquelles, même repoussé beaucoup plus loin à l'est, le régime stalinien aurait continué le combat et finalement mobilisé les ressources humaines et matérielles nécessaires à tenir tête aux Allemands. Après tout, il avait réussi à évacuer une bonne partie de ses usines d'armement. Mais, même si tel avait été le cas, la campagne de Russie aurait duré beaucoup plus longtemps – ainsi que la Deuxième Guerre mondiale elle-même.

La prise de conscience de leur défaite par les Allemands les frappa durement. Elle frappa plus durement encore ceux qui avaient presque réussi à atteindre la capitale soviétique. Évoquant son parcours sur la route menant de Moscou à Leningrad, en décembre 1941, Larry Lesueur, le correspondant de CBS, écrivit : « Nous étions à la limite de l'avance allemande, à environ 40 kilomètres des limites de Moscou. L'échec doit avoir représenté la plus grande déception ressentie par une armée d'invasion dans toute l'histoire [29]. »

Richard Wernicke, le pilote de Stuka ayant participé aux bombardements de la capitale soviétique, déclarait : « Après Moscou, nous n'avions plus aucun espoir, et nous sentions que c'était une grande catastrophe. »

Mais si c'était incontestablement une terrible défaite pour les Allemands, reste à savoir quelle victoire cela représentait pour les Soviétiques. « La bataille de Moscou, soutient l'historien britannique Richard Overy, a permis à Staline de continuer le combat, mais elle n'a pas été le tournant de la guerre, comme on l'a si souvent affirmé. Moscou a représenté un premier pas hésitant, un bref succès, presque gâché par l'incertitude militaire de Staline [30]. »

La perte, durant ces combats, de près de 2 millions de soldats de l'Armée rouge représentait, dans une large mesure, le prix de cette inaptitude. Et il est certain que les grandes batailles suivantes, comme Stalingrad et Kourak, allaient s'avérer des victoires plus nettes et plus spectaculaires. Mais Moscou a représenté le premier tournant, même si Overy a raison de souligner la précarité de cette victoire. En considérant les choses rétrospectivement, cet échec d'Hitler dans sa tentative pour s'emparer de la capitale soviétique a signalé pour lui le commencement de la fin, mais seulement une première amorce de cette fin.

Et, malgré toutes ses erreurs et ses atrocités, il faut reconnaître à Staline un mérite : celui d'avoir décidé de rester à Moscou au cœur même de la tourmente. Magomed-Ganifa Chaïdaïev, qui était à l'époque officier politique dans une unité combattant au nord de la capitale, exprimait le point de vue de tous ceux, civils ou militaires, qui avaient vécu ces heures dramatiques lorsqu'il disait : « Si Staline avait décidé de quitter Moscou durant la panique, si le chef du pays avait abandonné la capitale, cela aurait pu conduire à la destruction de la ville. Le fait qu'il soit resté à Moscou avec son peuple nous a inspirés et a sauvé la capitale. »

Mais Staline et ses successeurs n'ont pas tenu à insister sur ce point, non plus que sur tout ce qui concernait la bataille de Moscou, préférant parler des autres grands combats, et évitant ainsi d'évoquer toutes les erreurs commises au début de la guerre. Ils n'ont pas voulu non plus s'appesantir sur le montant effarant des pertes soviétiques. Le fait demeure, en effet, que ce fut Staline qui fut responsable de la plupart de ces erreurs et des pertes qu'elles entraînèrent. Moscou fut la première victoire soviétique de la Deuxième Guerre mondiale, mais, outre qu'elle a été remportée de justesse, elle a aussi été, de loin, la plus meurtrière.

La bataille de Moscou a montré que le peuple soviétique était, dans la première période de la guerre, beaucoup moins uni et résolu que le proclamait la propagande officielle. Et si ce n'était pas très surprenant dans des régions telles que l'Ukraine et les Pays baltes, à Moscou, c'était une autre affaire. Expliquer même la décision la plus estimable prise à ce moment par Staline, celle de ne pas quitter Moscou, requérait une honnête évocation de la situation qui régnait dans la capitale – la panique, le pillage, les grèves, le bref mais complet désordre. Tout cela vient totalement contredire l'image imposée par le régime stalinien d'unité et d'héroïsme aux heures les plus sombres. Les livres d'histoire soviétiques ont donc soigneusement épuré cette période pour passer rapidement aux victoires ultérieures, qui ne requéraient pas un tel jeu de cache-cache avec la vérité.

L'ironie de la chose est que cette manipulation de l'histoire a eu pour effet de rejeter dans l'ombre les authentiques héros d'une confrontation cruciale et a contribué à la création d'une version de la guerre où la bataille de Moscou ne joue qu'un rôle mineur, beaucoup de ses éléments étant enveloppés d'un brouillard artificiel. Mais, aujourd'hui, la bataille devrait prendre sa place véritable, au centre même de tous les récits de ce conflit entre deux systèmes politiques monstrueux. Les défenseurs de Moscou ont payé un prix horrifique mais ils ont changé le cours de l'Histoire, pas seulement pour leur propre pays mais aussi pour ceux tous qui, à ce moment, luttaient contre l'Allemagne hitlérienne. Ils méritaient mieux de leurs propres chefs, et ils méritent mieux de tous ceux qui sont maintenant amenés à relater ce conflit.

NOTES

INTRODUCTION

1 Fabian von Schlabrendorff, *The Secret War Against Hitler*, p. 131.
2 Statistiques de la bataille de Moscou : *Moskovskaya bitva v khronike faktov i sobytii*, p. 474.
3 *Ibid.*, p. 468.
4 La plupart des sources donnent un chiffre d'environ 500 000 ou légèrement supérieur. Un reportage de la BBC du 28 février 2002 (« The Battle for Gallipoli: February 1915-January 1916 ») donne, par exemple, 300 000 pour les pertes turques et 214 000 pour celles des Alliés.
5 R.R. Palmer et Joel Colton, *A History of the Modern World*, p. 681.
6 *Moskovskaya bitva v khronike faktov i sobytii*, p. 468.
7 H.R. Trevor-Roper, éd., *Hitler's War Directives: 1939-1945*, p. 150.
8 Heinz Guderian, *Panzer Leader*, p. 195.
9 Alan Bullock, *Hitler and Stalin: Parallel Lives*, p. 799.
10 Alexander Werth, *Russia at War: 1941-1945*, p. 221.
11 Simon Sebag Montefiore, *Stalin: The Court of the Red Tsar*, p. 609.
12 Richard Overy, *The Dictators: Hitler's Germany, Stalin's Russia*, p. 493.

1. « HITLER NE NOUS ATTAQUERA PAS EN 1941 »

1 Bullock, p. 4. Pour les autres détails biographiques, p. 1-4.
2 Dmitri Volkogonov, *Stalin: Triumph and Tragedy*, p. 155.
3 *Ibid.*, p. 156.
4 Isaac Deutscher, *Stalin*, p. 40-41.
5 *Ibid.*, p. 97.
6 Montefiore, p. 29.
7 *Ibid.*, p. 86-87.
8 Le cas Nadejda : Volkogonov, p. 154. (Dans Montefiore, p. 101, le pistolet est un Mauser.) Le cas Geli : Ronald Hayman, *Hitler + Geli*, p. 160.
9 Lars T. Lih, Oleg V. Naumov et Oleg V. Khlevniuk, éd., *Stalin's Letters to Molotov 1925-1936*, Appendice, p. 241-242.
10 Otto Strasser, *Hitler and I*, p. 62.
11 Robert Service, *Stalin*, p. 361.

12 Valentin M. Berezhkov, *At Stalin's Side*, p. 117.
13 Pour ce qui concerne Mekhlis, voir Volkogonov, p. 241.
14 Hans von Herwarth et S. Frederick Starr, *Against Two Evils*, p. 54.
15 Overy, *The Dictators*, p. 53.
16 Berezhkov, p. 57.
17 Schlabrendorff, p. 318.
18 Deutscher, p. 379.
19 Adolf Hitler, *Mein Kampf*, p. 660-661.
20 Volkogonov, p. 352.
21 Bullock, p. 676.
22 Ronald Seth, *Operation Barbarossa*, p. 9-10.
23 Voklogonov, p. 385.
24 Jerrold L. Schecter et Vyacheslav V. Luchkov, éd., *Khrushchev Remembers: The Glasnost Tapes*, p. 46.
25 Werth, p. 81.
26 *Ibid.*, p. 84.
27 Anastas Mikoyan, *Tak bylo*, p. 385.
28 Schecter, p. 55.
29 Montefiore, p. 330.
30 Schecter, p. 55.
31 Montefiore, p. 330.
32 Schecter, p. 54.
33 Strobe Talbott, éd., *Khrushchev Remembers*, p. 166.
34 Bullock, p. 697.
35 Ainsi que les deux citations qui suivent : Charles Burdick et Hans-Adolf Jacobsen, éd., *The Halder War Diary*, p. 244-245.
36 Albert Axell, *Marshal Zhukov*, p. 76.
37 Schlabrendorff, p. 134-135.
38 Alexander Dallin, *German Rule in Russia 1941-1945*, p. 17.
39 Leon Goldensohn, *Nuremberg Interviews*, p. 445.
40 Dallin, p. 15.
41 Trevor-Roper, p. 93-94.
42 *Ibid.*, p. 96-97.
43 Hitler, p. 196.
44 Overy, *The Dictators*, p. 490.
45 Bullock, p. 774.
46 *Ibid.*, p. 759.
47 Axell, p. 63.
48 Overy, *The Dictators*, p. 490.
49 William L. Shirer, *The Rise and Fall of the Third Reich*, p. 1070.
50 *Ibid.*, p. 1071.
51 *Ibid.*, p. 1081.
52 *Ibid.*
53 Dallin, p. 9.
54 Sergo Beria, *Beria, My Father*, p. 49.
55 *Ibid.*, p. 51.
56 Goldensohn, p. 186.
57 *Ibid.*, p. 448.
58 Deutscher, p. 441.
59 Montefiore, p. 340.
60 Schecter, p. 55.

61 David E. Murphy, *What Stalin Knew*, p. 63.
62 *Ibid.*, p. 64-66.
63 *Ibid.*
64 *Ibid.*, p. 73-75
65 *Ibid.*, p. 79.
66 Donald Rayfield, *Stalin and his Hangmen*, p. 394.
67 Murphy, p. 81.
68 *Ibid.*, p. 84-87.
69 *Ibid.*
70 *Ibid.*
71 Stepan Mikoyan, *Memoirs of Military Test-Flying and Life with the Kremlin's Elite*, p. 102.
72 Murphy, p. 262.
73 Montefiore, p. 349.
74 Berezhkov, p. 150.
75 *Ibid.*, p. 181.
76 Murphy, p. 165-166.
77 *Ibid.*, p. 167-170.
78 *Ibid.*
79 Montefiore, p. 352.
80 Deutscher, p. 453.
81 Adam B. Ulam, *Expansion and Coexistence*, p. 306.
82 Seth, p. 36.
83 Louis P. Lochner, éd., *The Goebbels Diaries: 1942-1943*, p. 87.
84 Ulam, p. 311.
85 Schecter, p. 49.
86 Petro G. Grigorenko, *Memoirs*, p. 46-47.
87 Deutscher, p. 439.
88 Volkogonov, p. 391.
89 Ivo Banac, éd., *The Diary of Georgi Dimitrov*, p. 159-160.
90 Montefiore, p. 352.
91 Volkogonov, p. 375-376.
92 Murphy, p. 24-27.
93 *Ibid.*
94 *Ibid.*
95 Montefiore, p. 356.
96 *Ibid.*, p. 357-358.

2. « Vois comme nous sommes débrouillards en ce moment ! »

1 V. Ananko, A. Domank et N. Romanichev, *Za kazhduiu piad*, p. 15-34. Romanichev et Boris Nevzorov ont apporté des précisions sur l'expérience de Mikouchev lors des interviews réalisées pour ce livre.
2 Murphy, p. 214.
3 Hans von Herwarth, en coll. avec S. Frederick Starr, *Against Two Evils*, p. 197-198.
4 Werth, p. 164.
5 Volkogonov, p. 408.
6 Constantine Pleshakov, *Stalin's Folly*, p. 126-127.
7 Deutscher, p. 465.

8 *Biulleten' Assotsiatsii istorikov vtoroy mirovoi voyny*, numéro 8, 2003, p. 21-25.
9 Iouri Droujnikov, qui enseigne la littérature russe à l'université de Davis en Californie, a raconté l'histoire de sa famille lors d'une interview. Il a aussi transposé quelques-unes de ses expériences, légèrement transformées, dans son roman *Passport to Yesterday*.
10 Anastas Mikoyan, p. 378.
11 Service, p. 410.
12 M. M. Gorinov et alii, éd., *Moskva Voennaia, 1941-1945: Memuary i arkhivnye dokumenty*, p. 26.
13 Service, p. 411.
14 Georgii Kumanev, *Riadom so Stalinym: Otkrovennyye svidetel'stva*, p. 24.
15 Bullock, p. 790.
16 Overy, *Russia's War*, p. 84-85.
17 Werth, p. 155.
18 *Ibid.*, p. 159-160.
19 *Ibid.*
20 *Ibid.*, p. 165-166.
21 Anastas Mikoyan, p. 388-389.
22 Montefiore, p. 368.
23 Werth, p. 167-168, et Montefiore, p. 368.
24 Volkogonov, p. 410.
25 Montefiore, p. 374.
26 Volkogonov, p. 411.
27 Montefiore, p. 376.
28 *Ibid.*, p. 376-377.
29 Volkogonov, p. 411.
30 Overy, *The Dictators*, p. 500
31 Schecter, p. 65.
32 Talbott, p. 168.
33 *Ibid.*
34 Joseph Stalin, *The War of National Liberation*, p. 9-17. J'ai rectifié quelques termes de la traduction.
35 L'histoire du voyage du corps de Lénine et de son traitement repose sur des interviews d'Ilya Zbarsky. Quelques détails proviennent du livre d'Ilya Zbarsky et Samuel Hutchinson, *Lenin's Embalmers*.
36 Dallin, p. 3.
37 Burdick, p. 446-447.
38 *Ibid.*, p. 458.
39 Bullock, p. 764-765.
40 Pleshakov, p. 245.
41 Fedor von Bock, *The War Diary*, p. 225.
42 Berezhkov, p. 184.
43 Fred Taylor, éd., *The Goebbels Diaries: 1939-1941*, p. 426-433.
44 Overy, *Russia's War*. p 80.
45 Taylor, p. 446.
46 Bullock, p. 798

3. Le prix de la terreur

1 Ce récit est fondé sur des interviews de Vinitsky et ses notes personnelles qui se sont révélées très utiles pour la rédaction de ce livre.
2 *Moskva Voennaia*, p. 52.
3 Herwarth, p. 201.
4 Beria, p. 69.
5 Pleshakov, p. 255.
6 Bullock, p. 813.
7 *Ibid.*
8 Volkogonov, p. 427.
9 Montefiore, p. 379-380.
10 *Ibid.*, p. 445-446.
11 Steven Merritt Miner, *Stalin's Holy War*, p. 56.
12 Interview de Pisarev. Voir aussi mon article dans *Newsweek*, 16 janvier 1995, « The POW ».
13 Volkogonov, p. 416.
14 Beria,p. 70.
15 Miner, p. 57.
16 David M. Glantz, *Colossus Reborn*, p. 567.
17 Antony Beevor et Luba Vinogradova, éd., *A Writer at War*, p. 19.
18 Robert Conquest, *The Dragons of Expectations*, p. 128.
19 Pleshakov, p. 270, dit qu'entre juillet et décembre 1941, 1 339 702 personnes furent jugées et 67,4 % d'entre elles envoyées au Goulag.
20 Volkogonov, p. 421-422, et Bullock, p. 795.
21 Stepan Mikoyan, p. 49.
22 Overy, *The Dictators*, p. 535.
23 *Ibid.*, p. 517.
24 Pechenkin, p. 21.
25 Service, p. 356.
26 *Ibid.*, p. 352-353.
27 *Ibid.*, p. 353.
28 Pechenkin, p. 15.
29 Rayfield, p. 322.
30 Overy, *The Dictators*, p. 475.
31 Rayfield, p. 324.
32 Pechenkin, p. 96.
33 *Ibid.*, p. 95.
34 *Ibid.*, p. 47-48.
35 Rayfield,p. 323, et Robert Conquest, *The Great Terror*, p. 198-199.
36 Pechenkin, p. 84.
37 Rayfield, p. 324.
38 Conquest, *The Dragons of Expectation*, p. 115.
39 Pechenkin, p. 118-119.
40 Overy, *Russia's War*, p. 30.
41 Conquest, *The Great Terror*, p. 450.
42 Schecter, p. 52.
43 Stepan Mikoyan, p. 106.
44 Herwarth, p. 115.
45 Volkogonov, p. 324.
46 Deutscher, p. 377.

47 *Ibid.*, p. 379.
48 Norman Davies, *Heart of Europe*, p. 66-67.
49 Bullock, p. 718.
50 Andrew Nagorski, « At Last, a Victory for Truth », dans *Newsweek*, 26 octobre 1992.
51 Ronald J. Misiunas et Rein Taagepera, *The Baltic States*, p. 38-39.
52 *Ibid.*, p. 40.
53 *Ibid.*, p. 41.
54 Anne Applebaum, *Gulag*, p. 416.
55 *Ibid.*, p. 418.
56 Rayfield, p. 392.
57 *Ibid.*, p. 401.
58 *Ibid.*, p. 400.
59 Aleksei Toptygin, *Lavrentii Beriia*, p. 250.
60 Montefiore, p. 382.
61 Rayfield, p. 401.
62 Montefiore, p. 331.
63 Overy, *The Dictators*, p. 217.
64 Albert Resis, éd., *Molotov Remembers*, p. 26.
65 Beria, p. 33.
66 Service, p. 423.

4. Hitler et ses généraux

1 Overy, *The Dictators*, p. 516.
2 Herwarth, p. 201.
3 *Ibid.*, p. 202-203.
4 Ben Shepherd, *War in the Wild East*, p. 79-80.
5 Erich von Manstein, *Lost Victories*, p. 180-187.
6 Miner, p. 53.
7 *Ibid.*, p. 54.
8 Burdick, p. 346.
9 Miner, p. 54.
10 Dallin, p. 30-31.
11 Shepherd, p. 72.
12 *Ibid.*, p. 74.
13 Dallin, p. 66.
14 *Ibid.*, p. 39.
15 *Ibid.*, p. 69.
16 Manstein, p. 183.
17 Dallin, p. 31.
18 Seth, p. 38.
19 Overy, *The Dictators*, p. 520-521.
20 Dallin, p. 71.
21 Herwarth, p. 208.
22 Overy, *The Dictators*, p. 537.
23 Shepherd, p. 89.
24 Christopher R. Browning, *Ordinary Men*, p. 10-11.
25 *Ibid.*, p. 11-12.
26 *Ibid.*, p. 13-14.

27 *Ibid.*, p. 17.
28 Goldensohn, p. 389-390.
29 Browning, p. 18.
30 Goldensohn, p. 356-357.
31 Manstein, p. 180.
32 Guderian, p. 152.
33 Manstein, p. 180.
34 Overy, *The Dictators*, p. 513.
35 Manstein, p. 77.
36 Schlabrendorff, p. 80.
37 *Ibid.*, p. 81.
38 Shirer, p. 556. Sur le complot de Halder, voir p. 547-559.
39 Manstein, p. 23-24.
40 *Ibid.*, p. 77.
41 *Ibid.*, p. 61.
42 *Ibid.*, p. 150.
43 Schlabrendorff, p. 146.
44 Manstein, p. 274-275.
45 *Ibid.*, p. 74.
46 *Ibid.*, p. 274-275.
47 *Ibid.*, p. 74.
48 Schlabrendorff, p. 127.
49 Dallin, p. 15.
50 *Ibid.*, p. 16.
51 Goldensohn, p. 102.
52 Manstein, p. 175.
53 Schlabrendorff, p. 125.
54 Goldensohn, p. 160.
55 Bock, p. 247.
56 Trevor-Roper, p. 146.
57 Bock, p. 265-266.
58 *Ibid.*, p. 289.
59 Trevor-Roper, p. 150.
60 *Ibid.*
61 *Ibid.*, p. 151.
62 Manstein, p. 261-262.
63 *Ibid.*, p. 275.
64 Trevor-Roper, p. 153.
65 Geoffrey Jukes, *The Defense of Moscow*, p. 77.
66 Toutes les citations et les renseignements concernant la carrière de Guderian et ses relations avec Hitler proviennent de Heinz Guderian, *Panzer Leader* (ses Mémoires), sauf indication contraire.
67 Bock, p. 285.
68 Beevor, *A Writer at War*, p. 56.

5. « Moscou est en danger »

1 Service, p. 421.
2 Boris Oreshkin, « Viaz'ma », recueil *Podwig*, numéro 38, Moscou, *Molodaia Gvardiia*, 1991, p. 102-114.

3 *Moskva Prifontovaia 1941-1942*, p. 180, 185.
4 Phyllis Penn Kohler, éd., *Journey for Our Time*, p. 128, 146.
5 Georgi K. Zhukov, *Marshal Zhukov's Greatest Battles*, introduction d'Harrison Salisbury, p. 5.
6 Pleshakov, p. 165.
7 Zhukov, *Marshal Zhukov's Greatest Battles*, introduction d'Harrison Salisbury, p. 8.
8 Axell, p. 5.
9 Zhukov, *Marshal Zhukov's Greatest Battles*, introduction d'Harrison Salisbury, p. 12.
10 Pleshakov, p. 164-165.
11 Axell, p. 15.
12 *Ibid.*, p. 21-36.
13 Interviews de sa fille Ella ; Axell, p. 213-222 ; interview de son chauffeur Alexandre Bouchine.
14 Lettre aimablement communiquée par Ella Joukova.
15 Overy, *Russia's War*, p. 69.
16 G.K. Zhukov, *Vospominaniia i razmyshleniia*, tome I, p. 228-246.
17 Andrei Gromyko, *Memoirs*, p. 168.
18 Zhukov, *Vospominaniia i razmyshleniia*, p. 221-249.
19 Axell, p. 55-56.
20 Zhukov, *Vospominanniia i razmyshleniia*, p. 287.
21 *Ibid.*, p. 368.
22 *Ibid.*, p. 378, 380.
23 Montefiore, p. 387.
24 Overy, *Russia's War*, p. 112.
25 Zhukov, *Marshal Zhukov's Greatest Battles*, introduction d'Harrison Salisbury, p. 22-23.
26 Beevor, *A Writer at War*, p. 48.
27 Stepan Mikoyan, p. 68.
28 Montefiore, p. 391.
29 Zhukov, *Marshal Zhukov's Greatest Battles*, p. 30.
30 *Ibid.*, p. 30-31.
31 Eberle, *The Hitler Book*, p. 77.
32 David Irving, *Hitler's War*, p. 424-425.
33 Burdick, p. 546.
34 Guderian, p. 232-240.
35 Zhukov, *Marshal Zhukov's Greatest Battles*, p. 26-27.
36 *Ibid.*, p. 32.
37 *Ibid.*, p. 33.
38 Brochure sur les Cadets de Podolsk du Musée de la Défense de Moscou.
39 Montefiore, p. 393.
40 Zhukov, *Marshal Zhukov's Greatest Battles*, p. 42-43.
41 Werth, p. 231.
42 Zhukov, *Marshal Zhukov's Greatest Battles*, p. 44.
43 Werth, p. 232.
44 *Ibid.*, p. 233.
45 *Ibid.*, p. 232-233.
46 David M. Glantz et Jonathan M. House, *When Titans Clashed*, p. 81.

6. « La fraternité humaine »

1 *Life*, 4 août 1941.
2 Anthony Eden. *he Reckoning*, p. 312.
3 *Ibid.*
4 Ivan Maisky, *Memoirs of a Soviet Ambassador*, p. 161.
5 Eden, p. 312.
6 Dennis J. Dunn, *Caught Between Roosevelt & Stalin*, p. 13-34.
7 Dunn, p. 34.
8 George F. Kennan, *Memoirs*, p. 79.
9 Dunn, p. 23, 28.
10 *Ibid.*, p. 18-19.
11 *Ibid.*, p. 40-41.
12 Charles E. Bohlen, *Witness to History*, p. 26.
13 Kennan, p. 81-82.
14 Bohlen, p. 32.
15 *Ibid.*, p. 21.
16 Dunn, p. 41.
17 *Ibid.*, p. 42.
18 *Ibid.*, p. 47.
19 *Ibid.*, p. 49.
20 *Ibid.*, p. 58.
21 Bohlen, p. 47.
22 Dunn, p. 58.
23 *Ibid.*, p. 70.
24 Kennan, p. 83.
25 Dunn, p. 71.
26 Joseph E. Davies, *Mission to Moscow*, p. 112.
27 *Ibid.*, p. 357.
28 *Ibid.*, p. 272.
29 *Ibid.*, p. 201.
30 *Ibid.*, p. 202-203.
31 Herwarth, p. 110.
32 Bohlen, p. 55.
33 *Ibid.*, p. 57.
34 Davies, p. 352.
35 *Ibid.*, p. 511.
36 *Ibid.*, p. 432.
37 *Ibid.*, p. 280.
38 *Memoirs of Ivan D.Yeaton, USA (Ret.): 14-45.*
39 Dunn, p. 107.
40 *Ibid.*, p. 103.
41 Winston S. Churchill, *The Grand Alliance*, p. 370.
42 *Ibid.*, p. 372.
43 *Ibid.*, p. 367-368.
44 *Ibid.*, p. 380-383.
45 *Ibid.*, p. 385.
46 *Ibid.*, p. 388.
47 Dunn, p. 126.

48 *Ibid.*, p. 127.
49 Kennan, p. 133.
50 Maisky, p. 179, 183.
51 Davies, p. 493.
52 Robert Huhn Jones, *The Roads to Russia*, p. 41-42.
53 Dunn, p. 129.
54 Robert E. Sherwood, *Roosevelt and Hopkins*, p. 325-327.
55 *Ibid.*, p. 334.
56 *Ibid.*, p. 328.
57 *Ibid.*, p. 330.
58 *Ibid.*, p. 343.
59 *Ibid.*, p. 343-344.
60 Yeaton, p. 37-38.
61 Archives du FSB aimablement communiquées par V.P. Yeroshin et V. Iampol'skii, *Organy gosudarstvennoi bezopasnosti SSSR v Velikoi Otechestvennoi voine*.
62 Tsuyoshi Hasegawa, *Racing the Enemy*, p. 17.
63 Ulam, p. 323.
64 Sherwood, p. 332.
65 Susan Butler, éd., *My Dear Mr. Stalin*, p. 39.
66 *Ibid.*, p. 41.
67 *Ibid.*, p. 41-42.
68 *Ibid.*, p. 43.
69 *Ibid.*
70 Churchill, p. 454.
71 *Ibid.*, p. 456.
72 *Ibid.*, p. 457-458.
73 Maisky, p. 191.
74 Churchill, p. 462-463.
75 Maisky, p. 208-209.
76 Dunn, p. 151-152.
77 Quentin Reynolds, *By Quentin Reynolds*, p. 233.
78 Sherwood, p. 387-388.
79 *Ibid.*, p. 388-389.
80 Jones, p. 61.
81 *Ibid.*
82 Sherwood, p. 389.
83 *Ibid.*, p. 389-391.
84 Dunn, p. 134.
85 Reynolds, p. 238-239.
86 *Ibid.*, p. 239.
87 Dunn, p. 132-133.
88 Yeaton, p. 40-44.
89 Reynolds, p. 244.
90 W. Averell Harriman et Elie Abel, *Special Envoy to Churchill and Stalin*, p. 106-107.
91 *Ibid.*
92 Reynolds, p. 242.
93 *Ibid.*, p. 242-245.
94 Yeaton, p. 44.

7. Panique à Moscou

1 Bulletin d'information de l'Ambassade soviétique à Washington, 17 octobre 1942 (archives Hoover Institution).
2 Oleg Matveev, « *Bedstviia zatiazhnoi voiny* », *Nezavisimoe Voennoe Obozrenie*, 20.06.2003, #20 (335).
3 Gorinov, p. 376.
4 *Ibid.*, p. 111.
5 Montefiore, p. 398 ; Col. Albert Seaton, *The Battle for Moscow*, p. 118.
6 Gorinov, p. 116-119.
7 S. E. Shnol, *Geroi i zlodei rossiiskoi nauki*, p. 99-100.
8 Anastas Mikoyan, p. 420.
9 *Moskovskaia Bitva v postanovleniiakh Gosudarstvennogo Komiteta oborony*, p. 70.
10 Gorinov, p. 92.
11 Banac, p. 196-200.
12 Resis, p. 42.
13 Volkogonov, p. 434.
14 *Ibid.*, p. 435.
15 Montefiore, p. 397.
16 A.T. Rybin, *Riadom so Stalinym*, p. 23.
17 Anastas Mikoyan, p. 418-419.
18 *Ibid.*, p. 422.
19 Montefiore, p. 399.
20 *Ibid.*
21 Volkogonov, p. 434.
22 Stepan Mikoyan, p. 108.
23 Beria, p. 75-76.
24 *Ibid.*
25 V.K. Vinogradov, *Lubianka v dni bitvy za Moskvu*, p. 17.
26 Interview de Pavel Saprykine.
27 Zhukov, *Marshal Zhukov's Greatest Battles*, p. 46.
28 Konstantin Simonov, *The Living and the Dead*, p. 304.
29 *Biulletten' Assotsiatsii istorikov vtoroy mirovoi voiny*, p. 21-25.
30 Gorinov, p. 307.
31 Zhukov, *Marshal Zhukov's Greatest Battles*, p. 53-55.
32 Gorinov, p. 427-428.
33 Y.Y. Kammerer, V.S. Karaulov, S.E. Lapirov, *Moskve—vozdushnaia trevoga! Mestnaia PVO v gody voiny*, p. 414-415.
34 Gorinov, p. 170-171.
35 Werth, p. 236-237.
36 Anastas Mikoyan, p. 415.
37 Montefiore, p. 404.
38 Exposition du Museum de Londres « Remembering the Blitz: The Big Story ».
39 Photos du Musée de la Défense de Moscou.
40 V.K. Ivanov, *Moskovskaia zona oborony*, p. 22.
41 Zhukov, *Marshal Zhukov's Greatest Battles*, p. 49
42 Vyacheslav Kharlamov, le directeur du Musée du Bunker de Staline.

43 *Ibid.*
44 Volkogonov, p. 436.
45 Montefiore, p. 404.
46 Volkogonov, p. 436.

8. Saboteurs, jongleuses et espions

1 Kevin O'Flynn, « A Ton of Explosives Unearthed at Moskva », *Moscow Times*, 11 juillet 2005.
2 Gorinov, p. 91.
3 *Ibid.*
4 Sauf indication contraire, Nikolai Khokhlov, *In the Name of Conscience*, p. 3-32, et interview de Khokhlov.
5 Gorinov, p. 103.
6 Khokhlov, p. 138, 85-86, et interview de Khokhlov.
7 Vinogradov, p. 82-90.
8 *Ibid.*, p. 78-79.
9 Gorinov, p. 87-93.
10 Vinogradov, p. 182-190.
11 Nina Tumarkin, *The Living and the Dead*, p. 76-78.
12 *Ibid.*
13 *Moskva Prifrontovaia 1941-1942*, p. 572.
14 Tumarkin, p. 78.
15 Vinogradov, p. 190-194.
16 Robert Whymant, *Stalin's Spy*, p. 218.
17 *Ibid.*, p. 209.
18 *Ibid.*, p. 194.
19 *Ibid.*, p. 212.
20 *Ibid.*, p. 217.
21 *Ibid.*, p. 221.
22 *Ibid.*, p. 222-223.
23 *Ibid.*, p. 232-234.
24 *Ibid.*
25 Murphy, p. 88.
26 *Ibid.*, p. 89.
27 Whymant, p. 239.
28 Communiqués par l'historien militaire russe Kirill Dryannov.
29 Whymant, p. 258.
30 Murphy, p. 90. (Whymant, p. 316, attribue une réponse similaire des officiers soviétiques, mais non de Staline).

9. « *O mein Gott ! O mein Gott !* »

1 Montefiore, p. 405 ; Werth, p. 240.
2 Werth, p. 240.
3 Stalin, p. 18-34.
4 Catherine Merridale, *Ivan's War*, p. 188.
5 Werth, p. 241.
6 Gorinov, p. 147-152 ; Overy, *Russia's War*, p. 113 ; Montefiore, p. 405-406.

7 Détails donnés par Boris Makliarsky, fils de l'officier supérieur du NKVD Mikhaïl Makliarsky ; également mentionnés dans Overy, *Russia's War*, p. 115.
8 Extraits du discours de Staline : Stalin, p. 35-38.
9 Zhukov, *Marshal Zhukov's Greatest Battles*, p. 62.
10 Elena Rzhevskaya, « Roads and Days: The Memoirs of a Red Army Translator », *The Journal of Slavic Studies*, tome 14, Mars 2001, p. 59.
11 *Ibid.*, p. 61. La proclamation a été retrouvée par les Soviétiques et traduite par Rjevskaïa.
12 Goldensohn, p. 344.
13 James Lucas, *War on the Eastern Front*, p. 32-33.
14 Le journal de Gruman a été trouvé par les troupes soviétiques et traduit par Rjevskaïa dans *The Journal of Slavic Studies*, p. 59-69. Le journal se termine le 17 février 1942, jour de sa mort selon Rjevskaïa.
15 Seth, p. 151.
16 James Lucas, *War on the Eastern Front*, p. 114-115.
17 Guderian, p. 237.
18 Bock, p. 337.
19 *Ibid.*, p. 345.
20 *Ibid.*, p. 347.
21 Guderian, p. 244-255.
22 Lucas, p. 13.
23 Beevor, *A Writer at War*, p. 223.
24 Gorinov, p. 165-170.
25 Ivanov, p. 22.
26 Shvetsova, *Moskva i Moskvichi*, p. 32.
27 Interview de Natalia Kravchenko, et voir son récit publié par le village de Nikolina Gora dans un recueil de témoignages semblables.
28 Seth, p. 151.

10. « Ne faites pas de sentiment »

1 Zhukov, *Marshal Zhukov's Greatest Battles*, p. 70.
2 *Ibid.*, p. 77-79.
3 *Ibid.*
4 Trevor-Roper, p. 166.
5 Overy, *Russia's War*, p. 163-164.
6 Volkogonov, p. 420.
7 Guderian, p. 257.
8 Overy, *Russia's War*, p. 124.
9 Musée Yasnaya Polyana.
10 Eve Curie, *Journey Among Warriors*, p. 214.
11 Musée Yasnaya Polyana.
12 Eve Curie, p. 216-217.
13 Guderian, p. 261.
14 *Ibid.*, p. 259.
15 Bock, p. 376.
16 Burdick, p. 590.
17 Manstein, p. 279.
18 Seth, p. 158.

19 Guderian, p. 265-271.
20 Beevor, *A Writer at War*, p. 63.
21 Rzhevskaya, p. 65-68.
22 Lucas, p. 89. Lucas cite des rapports médicaux de la Quatrième Armée attribuant plus du double des morts au froid plutôt qu'aux combats eux-mêmes.
23 Lochner, p. 37-38.
24 Lucas, p. 97.
25 Lochner, p. 33.
26 Guderian, p. 267.
27 Lochner, p. 112-113.
28 Zhukov, *Marshal Zhukov's Greatest Battles*, p. 81.
29 *Ibid.*, p. 82.
30 *Ibid.*
31 *Ibid.*, p. 83.
32 Seaton, p. 260.
33 Overy, *The Dictators*, p. 500.
34 I.Z. Ladygin, N. Smirnov, *Na Rzhevskom rubezhe*, p. 26.
35 Lochner, p. 49.
36 Volkogonov, p. 456.
37 *Ibid.*
38 *Moskva Prifrontovaia 1941-1942*, p. 187-189.
39 Zhukov, *Marshal Zhukov's Greatest Battles*, p. 85.
40 *Ibid.*, p. 88.
41 *Ibid.*, p. 89.
42 Ladygin, p. 26.
43 Zhukov, *Marshal Zhukov's Greatest Battles*, p. 90.

11. « Le pire de tous les mondes »

1 Eden, p. 332.
2 Maisky, p. 227.
3 Eden, p. 333.
4 Maisky, p. 228.
5 *Ibid.*, p. 228-229.
6 *Ibid.*, p. 173.
7 Jan Ciechanowski, *Defeat in Victory*, p. 36.
8 Ciechanowski, p. 33, 37 ; Butler, p. 62.
9 Churchill, p. 391.
10 Ciechanowski, p. 40.
11 Churchill, p. 392-393.
12 Ciechanowski, p. 41.
13 *Ibid.*, p. 68.
14 *Ibid.*, p. 78.
15 Eden, p. 335.
16 *Ibid.*, p. 336.
17 Sherwood, p. 401-402.
18 Eden, p. 337.
19 *Ibid.*, p. 342-345.
20 *Ibid.*, p. 345.

21 Maisky, p. 234.
22 Eden, p. 347 ; Maisky, p. 235.
23 Eden, p. 347.
24 *Ibid.*, p. 348.
25 *Ibid.*, p. 349-351.
26 Maisky, p. 236.
27 Eden, p. 351-352.
28 Lochner, p. 53.
29 *Ibid.*, p. 113.
30 Maisky, p. 252-253.
31 Eden, p. 348-349.
32 Overy, *The Dictators*, p. 502-503.
33 Dunn, p. 160.
34 *Ibid.*
35 *Ibid.*, p. 161.
36 Eden, p. 370.
37 *Ibid.*, p. 375.
38 *Ibid.*
39 Dunn, p. 161.
40 *Ibid.*
41 Eden, p. 376.
42 *Ibid.*
43 *Ibid.*, p. 595.
44 Resis, p. 8
45 Ciechanowski, p. 103.
46 Reynolds, p. 241.
47 Larry Lesueur, *Twelve Months That Changed the World*, p. 56.
48 Lesueur, p. 56-58.
49 Reynolds, p. 246-247.
50 *Ibid.*, p. 248.
51 Lesueur, p. 74.
52 Henry C. Cassidy, *Moscow Dateline*, p. 158.
53 Lesueur, p. 77.
54 Cassidy, p. 160.
55 *Ibid.*, p. 161.
56 *Ibid.*, p. 193-194.
57 Lesueur, p. 82.
58 *Ibid.*, p. 85-88.
59 Cassidy, p. 195-196.
60 Lesueur, p. 122.
61 *Ibid.*, p. 91-92.
62 Curie, p. 173.
63 *Ibid.*, p. 172-173.
64 *Ibid.*, p. 172-177.
65 Overy, *Russia's War*, p. 129-130 ; Catherine Andreyev, *Vlasov and the Russian Liberation Movement*, p. 19-22 ; George Fischer, *Soviet Opposition to Stalin*, p. 26-32.
66 Lesueur, p. 93-94.
67 *Ibid.*, p. 97.
68 *Ibid.*, p. 98.
69 *Ibid.*

70 Curie, p. 179-184.
71 *Ibid.*
72 Volkogonov, p. 442.
73 Schecter, p. 181-182.
74 *Ibid.*
75 Andreyev, p. 206-209.
76 Overy, *Russia's War*, p. 130.
77 Andreyev, p. 210-215.
78 Overy, *Russia's War*, p. 131.

12. La plus meurtrière des victoires

1 Volkogonov, p. 456-457.
2 O. Kondrat'ev, *Eto bylo na Rzhevsko-Viazemskom platsdarme (kniga tret'ia)*, p. 24.
3 *Ibid.*, p. 20.
4 *Ibid.*, p. 16.
5 Ladygin, p. 29.
6 Svetlana Kukhtina, « Grandfather Was Reborn Near Rzhev », *Our Victory Day by Day: The Frontline Album*, RIA Novosti Project.
7 Glantz, *Zhukov's Greatest Defeat*, p. 22. (Le livre de Glantz est le plus complet – et le plus critique – de cette opération.)
8 *Ibid.*, p. 319.
9 *Ibid.*, p. 317.
10 Musée de la bataille de Rjev, enquête d'Olga Doudkina.
11 Resis, p. 22-23, 164-165, 267-269.
12 Merridale, p. 337.
13 *Ibid.*, p. 188.
14 Volkogonov, p. 446-447.
15 Stepan Mikoyan, p. 106.
16 Ulam, p. 314.
17 Lochner, p. 130.
18 Churchill, p. 536-537.
19 Zhukov, *Marshal Zhukov's Greatest Battles*, p. 67.
20 Walter Kerr, *The Russian Army*, p. 49.
21 Axell, p. 87.
22 Lochner, p. 136.
23 Manstein, p. 283.
24 Eden, p. 341.
25 Schecter, p. 169.
26 Churchill, 537.
27 R.H.S. Stolfi, *Hitler's Panzers East*, p. 24.
28 *Ibid.*, p. IX.
29 Lesueur, p. 86.
30 Overy, *Russia's War*, p. 122.

SOURCES

PUBLICATIONS

Ananko (V.), Domank (A.), et Romanichev (N.), *Za kazhduiu piad*, Lvov, Kommunar, 1981.

Andreyev (Catherine), *Vlasov and the Russian Liberation Movement: Soviet Reality and Émigré Theories*, Cambridge, Cambridge University Press, 1989.

Applebaum (Anne), *Gulag: A History*, New York, Doubleday, 2003.

Axell (Albert), *Marshal Zhukov: The Man Who Beat Hitler*, Londres, Pearson Longman, 2003.

Banac (Ivo), éd., *The Diary of Georgi Dimitrov 1933-1949*, New Haven, Yale University Press, 2003.

Beevor (Antony), *Stalingrad*, New York, Penguin Books, 1999.

Beevor (Antony) et Vinogradova (Luba), éd., *A Writer at War: Vasily Grossman with the Red Army, 1941-1945*, New York, Pantheon Books, 2006.

Berezhkov (Valentin M.), *At Stalin's Side: His Interpreter's Memoirs from the October Revolution to the Fall of the Dictator's Empire*, New York, Carol Publishing Group, 1994.

Beria (Sergo), *Beria, My Father: Inside Stalin's Kremlin*, Londres, Gerald Duckworth & Co., 2001.

Bock (Fedor von), Klaus Gerbet (éd.), *The War Diary: 1939-1945*, Atglen, PA, Schiffer Military History, 1996.

Bohlen (Charles E.), *Witness to History: 1929-1969*, New York, W.W. Norton & Company, 1973.

Browning (Christopher R.), *Ordinary Men: Reserve Police Battalion 101 and the Final Solution in Poland*, New York, Harper Perennial, 1992.

Bullock (Alan), *Hitler and Stalin: Parallel Lives*, Londres, Fontana Press, 1998.

Burdick (Charles) et Jacobsen (Hans-Adolf), éd., *The Halder War Diary: 1939-1942*, Londres, Greenhill Books, 1988.

Butler (Susan), éd., *My Dear Mr. Stalin: The Complete Correspondence Between Franklin D. Roosevelt and Joseph V. Stalin*, New Have, Yale University Press, 2005.

Cassidy (Henry C.), *Moscow Dateline: 1941-1943*, Boston, Houghton Mifflin Company, 1943.

Churchill (Winston S.), *The Grand Alliance*, Boston, Houghton Mifflin Company, 1950.

Ciechanowski (Jan), *Defeat in Victory*, New York, Doubleday & Company, 1947.

Conquest (Robert), *The Dragons of Expectation: Reality and Delusion in the Course of History*, New York, W.W. Norton & Company, 2005.

Conquest (Robert), *The Great Terror: A Reassessment*, New York, Oxford University Press, 1990.

Curie (Eve), *Journey Among Warriors*, New York, Doubleday, Doran and Co., 1943.

Dallin (Alexander), *German Rule in Russia 1941-1945: A Study of Occupation Policies*, Londres, Macmillan & Co., 1957.

Davies (Joseph E.), *Mission To Mocow*, New York, Simon & Schuster, 1941.

Davies (Norman), *Heart of Europe: A Short History of Poland*, Oxford, Clarendon Press, 1984.

Deutscher (Isaac), *Stalin: A Political Biography*, New York, Oxford University Press, 1972.

Druzhnikov (Yuri), *Passport to Yersterday*, Londres, Peter Owen Publishers, 2004.

Dunn (Dennis J.), *Caught Between Roosevelt & Stalin: America's Ambassadors to Moscow*, Lexington, The University Press of Kentucky, 1998.

Eberle (Henrik) et Uhl (Matthias), éd., *The Hitler Book: The Secret Dossier Prepared for Stalin from the Interrogations of Hitler's Personal Aides*, New York, Public Affairs, 2005.

Eden (Anthony), *The Reckoning*, Boston, Houghton Mifflin Company, 1965.

Filatov (V.P.) et alii, *Moskovskaia bitva v khronike faktov i sobytii*, Moscou, Voennoe Izdatelstvo, 2004.

Fischer (George), *Soviet Opposition to Stalin: A Case Study in World War II*, Cambridge, Harvard University Press, 1952.

Glantz (David M.), *Colossus Reborn: The Red Army at War, 1941-1943*, Lawrence, University Press of Kansas, 2005.

Glantz (David M.), *Zhukov's Greatest Defeat: The Red Army's Epic Disaster in Operation Mars, 1942*, Lawrence, University Press of Kansas, 1999.

Glantz (David M.) et House (Jonathan M.), *When Titans Clashed: How the Red Army Stopped Hitler*, Édimbourg, Birlinn Limited, 2000.

Goldensohn (Leon), Gellately (Robert, éd.), *The Nuremberg Inter-*

views: An American Psychiatrist's Conversations with the Defendants and Witnesses, New York, Alfred A. Knopf, 2004.

Gorinov (M.M.) et alii, éd., *Moskva Voennaia, 1941-1945: Memuary in arkhivnye dokumenty*, Moscou, Mosgorarkhiv, 1995.

Grigorenko (Petro G.), *Memoirs*, New York, W.W. Norton and Company, 1982.

Gromyko (Andrei), *Memoirs*, New York, Doubleday, 1989.

Grossman (Vasily), *Life and Fate*, Londres, Collins Harvill, 1985.

Guderian (Heinz), *Panzer Leader*, Londres, Macdonald & Co., 1982.

Harriman (W. Averell) et Abel (Elie), *Special Envoy to Churchill and Stalin 1941-1946*, New York, Random House, 1975.

Hasegawa (Tsuyoshi), *Racing the Enemy: Stalin, Truman and the Surrender of Japan*, Cambridge, The Belknap Press of Harvard University Press, 2005.

Hayman (Ronald), *Hitler + Geli*, Londres, Bloomsbury Publishing, 1998.

Herwarth (Hans von), en coll. avec Starr (S. Frederick), *Against Two Evils*, New York, Rawson, Wade Publishers, 1981.

Hitler (Adolf), *Mein Kampf*, Boston, Houghon Mifflin Company, 1971.

Hull (Cordell), *The Memoirs of Cordell Hull, Volume II*, New York, The Macmillan Company, 1948.

Irving (David), *Hitler's War*, New York, Avon Books, 1990.

Ivanov (V.K.), *Moskovskaia zona oborony. Eë rol' v zashchite stolitsy. 1941-1942 gg.*, Moscou, Gosudarstvennyi Muzei Oborony Moskvy, 2001.

Jones (Robert Huhn), *The Roads to Russia: United States Lend-Lease to the Soviet Union*, Norman, University of Oklahoma Press, 1969.

Jukes (Geoffrey), *The Defense of Moscow*, New York, Ballantine Books, 1970.

Kammerer (Y.Y.), Karaulov (V.S.) et Lapirov (S.E), *Moskve—vozdushnaia trevoga! Mestnaia PVO v gody voiny*, Moscou, Agar, 2000.

Kennan (George F.), *Memoirs: 1925-1950*, Boston, Little, Brown and Company, 1967.

Kerr (Walter), *The Russian Army: Its Men, Its Leaders, and Its Battles*, New York, Alfred A. Knopf, 1944.

Kershaw (Ian), *Hitler 1889-1936: Hubris*, Londres, The Penguin Press, 1998.

Kershaw (Ian), *Hitler 1936-45: Nemesis*, New York, W.W. Norton & Company, 2000.

Khokhlov (Nikolai), *In the Name of Conscience: The Testament of a Soviet Secret Agent*, New York, David McKay Company, 1959.

Kohler (Phyllis Penn), éd. et trad., *Journey for Our Time: The Journals of the Marquis de Custine*, New York, Pellegrini & Cudahy, 1951.

Kondrat'ev (O.) et Myl'nikov (L.), *Eto bylo na Rzhevsko-Viazemskom platsdarme (kniga tret'ia)*, Rjev, Rzhevskii knizhnii klub, 2003.

Kumanev (Georgii), *Riadom so Stalinym: Otkrovennyye svidel'stva*, Moscou, Bylina, 1999.

Ladygin (I.Z.) et Smirnov (N.), *Na Rzhevskom rubezhe*, Rjev, Zhurnalist, 1992.

Lesueur (Larry), *Twelve Months That Changed The World*, New York, Alfred A. Knopf, 1943.

Lih (Lars T.), Naumov (Oleg V.), et Khlevniuk (Oleg V.), éd., *Stalin's Letters to Molotov 1925-1936*, New Haven, Yale University Press, 1995.

Lochner (Louis P.), éd., *The Goebbels Diaries: 1942-1943*, New York, Doubleday, 1948.

Lucas (James), *War on the Eastern Front: The German Soldier in Russia 1941-1945*, Londres, Greenhill Books, éd. Militay Book Club, 1991.

Maisky (Ivan), *Memoirs of a Soviet Ambassador: The War 1939-1943*, Londres, Hutchinson, 1967.

Manstein (Erich von), *Lost Victories*, Chicago, Henry Regnery Company, 1958.

Meacham (Jon), *Franklin and Winston: An Intimate Portrait of an Epic Friendship*, New York, Random House, 2003.

Medvedev (Roy), *Let History Judge: The Origins and Consequences of Stalinism*, New York, Columbia University Press, 1989.

Merridale (Catherine), *Ivan's War: Life and Death in the Red Army, 1939-1945*, New York, Metropolitan Books, 2006.

Mikoyan (Anastas), *Tak bylo*, Moscou, Vagrius, 1999.

Mikoyan (Stepan Anastasovich), *Memoirs of Military Test-Flying and Life with the Kremlin's Elite*, Shrewsbury, Airlife, 1999.

Miner (Steven Merritt), *Stalin's Holy War: Religion, Nationalism, and Alliance Politics, 1941-1945*, Chapel Hill, The University of North Carolina Press, 2003.

Misiunas (Romuald J.) et Taagepera (Rein), *The Baltic States: Years of Dependence 1940-1980*, Berkeley, University of California Press, 1983.

Montefiore (Simon Sebag), *Satlin: The Court of the Red Tsar*, New York, Alfred A. Knopf, 2004.

Moskovskaia Bitva v Postanovleniiakh Gosudarstvennogo Komiteta oborony. Dokumenty i materialy 1941-1942, Moscou, Bol'shaiia Rossiiskaia Entsiklopediia i Gosudarstvennyj Muzei Oborony Moskvy, 2001.

Moskva Prifrontovaia 1941-1942. Arkhivnye dokumenty i materialy, Moscou, Mosgorarkhiv, AO Moskovskie uchebniki, 2001.

Murphy (David E.), *What Stalin Knew: The Enigma of Barbarossa*, New Haven, Yale University Press, 2005.

Oreshkin (Boris), *Viaz'ma*, in *Al'manakh* « Podvig », n° 38, Moscou, *Molodaia Gvardiia*, 1991.

Overy (Richard), *The Dictators: Hitler's Germany, Stalin's Russia*, New York, W. W. Norton & Company, 2004.
Overy (Richard), *Russia's War*, New York, Penguin Books, 1998.
Palmer (R.R.), et Colton (Joel), *A History of the Modern World*, New York, Alfred A. Knopf, 1965.
Pechenkin (Aleksandr), *Voennaia Elita SSSR v 1935-1939 gg.: Repressii i obnovlenie*, Moscou, VZFEI, 2003.
Pleshakov (Constantine), *Stalin's Folly: The Tragic First Ten Days of World War II on the Eastern Front*, Boston, Houghton Mifflin, 2005.
Rayfield (Donald), *Stalin and His Hangmen: The Tyrant and Those Who Killed for Him*, New York, Random House, 2004.
Resis (Albert), éd., *Molotov Remembers: Inside Kremlin Politics*, Chicago, Ivan R. Dee, 1993.
Reynolds (Quentin), *By Quentin Reynolds*, New York, McGraw-Hill Book Company, 1963.
Rybin (A.T.), *Riadom so Stalinym*, Moscou, Veteran, 1992.
Schecter (Jerrold L.), en coll. avec Luchkov (Vyacheslav V.), éd., *Khrushchev Remembers: The Glasnost Tapes*, Boston, Little Brown and Company, 1990.
Schlabrendorff (Fabian von), *The Secret War Against Hitler*, New York, Pitman Publishing Corporation, 1965.
Seaton (Albert), *The Battle for Moscow*, New York, Jove, 1985.
Service (Robert), *Stalin: A Biography*, Cambridge, The Belknap Press of Harvard University Press, 2005.
Seth (Ronald), *Operation Barbarossa: The Battle for Moscow*, Londres, World Distributors, 1965.
Shepherd (Ben), *War in the Wild East: The German Army and Soviet Partisans*, Cambridge, Harvard University Press, 2004.
Sherwood (Robert E.), *Roosevelt and Hopkins: An Intimate History*, New York, Harper & Brothers, 1948.
Shirer (William L.), *The Rise and Fall of the Third Reich: A History of Nazi Germany*, Greenwich, CT, Fawcett Publications, 1965.
Shnol (S.E.), *Geroi i zlodei rossiiskoi nauki*, Moscou, Kron-press, 1997.
Shvetsova (L.I.) et alii, *Moskva i moskvichi—partizanskromu dvizheniiu Velikoi Otechestvennoi voiny*, Moscou, « *Atlantida—XXI vek* », 2000.
Simonov (Konstantin), *The Living and the Dead*, Moscou, Progress Publishers, 1975.
Stalin (Joseph), *The War of National Liberation*, New York, International Publishers, 1942.
Stolfi (R.H.S.), *Hitler's Panzers East: World War II Reinterpreted*, Norman, University of Oklahoma Press, 1992.
Strasser (Otto), *Hitler and I*, Boston, Houghton Mifflin Company, 1940.
Talbott (Strobe), éd., *Khrushchev Remembers*, Boston, Little Brown and Company, 1970.

Taubman (William), *Stalin's American Policy: From Entente to Détente to Cold War*, New York, W.W. Norton & Company, 1982.
Taylor (Fred), éd., *The Goebbels Diaries: 1939-1941*, Londres, Sphere Books Limited, 1983.
Toptygyn (Alexei), *Lavrentii Beriia: Neizvestnyi marshal Gosbezzopasnosti*, Moscou, EKSMO, 2005.
Trevor-Roper (H.R.), éd., *Hitler's War Directives: 1939-1945*, Londres, Pan Books, 1966.
Tumarkin (Nina), *The Living & The Dead: The Rise and Fall of the Cult of World War II in Russia*, New York, Basic Books, 1994.
Ulam (Adam B.), *Expansion and Coexistence: Soviet Foreign Policy, 1917-73, Second Edition*, New York, Praeger Publisher, 1974.
Vinogradov (V.K.) et alii, *Lubianka v dni bitvy za Moskvu*, Moscou, Zvonnitsa, 2002.
Volkogonov (Dmitri), *Stalin: Triumph and Tragedy*, Rocklin, CA, Prima Publishing, 1991.
Werth (Alexander), *Russia at War: 1941-1945*, New York, Avon Books, 1965.
Whymant (Robert), *Stalin's Spy: Richard Sorge and the Tokyo Espionage Ring*, New York, St. Martin's Press, 1998.
Yeaton (Ivan D.), *Memoirs of Ivan D. Yeaton, USA (Ret.)*, Palo Alto, Manuscrit inédit légué à la Hoover Institution on War, Revolution and Peace, 1976, copyright Stanford University.
Yeroshin (V.P.) et alii, *Organy gosudarstvennoi bezopasnosti SSSR v Velikoi Otechestvennoi voine. Sbornik Dokumentov*, Moscou, Rus, 2000.
Zamoyski (Adam), *Moscow 1812: Napoleon's Fatal March*, New York, HarperCollins Publishers, 2004.
Zbarsky (Illya) et Hutchinson (Samuel), *Lenin's Embalmers*, Londres, The Harvill Press, 1999.
Zhukov (Georgi K.), *Marshal Zhukov's Greatest Battles*, New York, Pocket Books, 1970.
Zhukov (G.K.), *Vospominaniia i razmyshleniia. V trekh tomah*, Moscou, Novosti, 1995.

INTERVIEWS

Anoufriev (Evgueni)
Bogolioubskaïa (Irina)
Bouchine (Alexandre)
Braginskaïa (Ella)
Bylinina (Tamara)
Chaïdaïev (Magomed-Ganifa)
Chevelev (Leonid)
Chtchors (Igor)
Chtchors (Natalia)

Dolgov (Viatcheslav)
Doudkina (Olga)
Droujnikov (Iouri)
Edelman (Vladimir)
Geykhman (Mikhaïl)
Godov (Boris)
Gordon (Abram)
Joukova (Ella)
Kagan (Boris)
Kharlamov (Viatcheslav)
Khokhlov (Nikolaï)
Koneva (Natalia)
Koumanev (Gueorgui)
Kravchenko (Natalia)
Labas (Youli)
Makliarsky (Boris)
Mikoyan (Sergo)
Mikoyan (Stepan)
Myagkov (Mikhaïl)
Nevzorov (Boris)
Palatov (Andreï)
Petrova (Tatiana)
Pisarev (Nikolaï)
Pokarjevsky (Dimitri)
Prokhorova (Valeria)
Rjevskaïa (Elena)
Romanitchev (Nikolaï)
Safonov (Dimitri)
Saprykine (Pavel)
Sarnov (Benedikt)
Sobolevskaïa (Faina)
Soudoplatov (Anatoli)
Souslov (Maxime)
Stepanova (Vera)
Tchegrinets (Iegor)
Tcherniavski (Viktor)
Telegouïev (Evgueni)
Timokhine (Semyon)
Tsessarskaïa (Tatiana)
Tsessarsky (Albert)
Vidensky (Boris)
Vinitsky (Ilya)
Wernicke (Richard)
Yakovlev (Nikolaï)
Yeremko (Slava)
Zaroubina (Zoïa)
Zbarsky (Ilya)
Zevelev (Alexandre)

REMERCIEMENTS

Pour faire un livre d'histoire, il faut trois choses : une bonne idée, une bonne recherche et une bonne rédaction. Dans le cas de *La Bataille de Moscou*, c'est Robert Gottlieb, mon agent, qui m'a suggéré le premier cette idée, en insistant sur le fait que personne n'avait traité cette bataille comme elle le méritait. Il m'assura aussi que l'équipe de recherche de Trident à Moscou me fournirait toute l'assistance dont je pouvais avoir besoin pour mener à bien ce travail. À cette époque je me rendais régulièrement à Moscou, et il me conseilla de prendre contact avec son équipe pour organiser des interviews préparatoires.

Ces interviews ne me laissèrent aucun doute sur le fait qu'il y avait là matière à un livre, et que Zamir Gotta et Irina Krivaïa sauraient établir des contacts et me faire profiter de toutes les sources disponibles – en particulier des documents considérés jusqu'alors comme secrets –, pour faire revivre cet épisode. Zamir et Irina se sont révélées être des collaboratrices expérimentées, infatigables et pleines d'imagination, qui ont accumulé d'énormes quantités de matériaux et retrouvé des gens qui, pour la plupart, n'avaient pas raconté leur histoire depuis des années, quand ils l'avaient racontée. Olga Nikiforova et Anna Zaïtseva, qui les ont rejointes plus tard, se sont montrées elles aussi infatigables et ont patiemment répondu à mes innombrables requêtes pour de nouvelles interviews, de nouvelles transcriptions, ou des précisions concernant tel ou tel épisode de la bataille. Je n'aurais jamais pu écrire ce livre sans l'aide de cette merveilleuse équipe.

Nombreux sont ceux qui m'ont fait des suggestions sur les personnes à interviewer et m'ont aidé à les trouver. Dans certains cas ils me suggéraient des membres de leur famille ou des amis plus âgés, et dans d'autres cas tout simplement des gens dont ils avaient entendu parler et dont ils savaient qu'ils avaient vécu cette période. Parmi eux je dois citer Vladimir Voïnovitch, Valery Bazarov, Sergueï Severinov, Owen Matthews, Christian Wernicke et David Gonnerman. Cameron Sawyer, un ami américain de Moscou qui connaît très bien l'histoire russe et allemande, ne s'est pas contenté de me présenter aux chercheurs Iegor Tchegrinets et Andreï Palatov, mais il a aussi servi d'organisateur et de chauffeur pour notre expédition.

Il y a aussi, bien sûr, les vétérans, les fils et filles de militaires et de dirigeants politiques qui figurent dans ce livre. Leurs noms apparaissent dans ces pages et sont cités dans les Sources. Il y en a tellement dont j'aimerais parler un peu plus longuement, mais je me limiterai volontairement à une généralisation. Peut-être parce qu'ils ont survécu alors que tant d'autres sont morts, dans un pays où l'espérance de vie était faible. Ils ont bien voulu revivre des épisodes douloureux de leur vie, avec honnêteté, en reconnaissant que le système soviétique n'existe plus, même si bon nombre de ses mythes persistent. Ils se montrèrent toujours aimables et accueillants, m'invitant chez eux pour partager leurs souvenirs ou leurs expériences. Je ne pourrai jamais les remercier assez.

J'ai aussi une très grande dette envers l'Institut Hoover, bien connu pour la masse impressionnante de sa documentation sur l'Union soviétique. Dave Brady et Mandy MacCalla, responsables des relations avec les médias, ainsi que le prédécesseur de Dave, Tom Henriksen, m'y ont invité à plusieurs reprises. Je dois également remercier Carol Leadenham pour son aide précieuse aux Archives, et Molly Molloy à la Bibliothèque. Les chapitres sur la politique et sur la communauté étrangère de Moscou sont en grande partie dus à cette recherche.

Rien n'aurait pu se faire si je n'avais pas eu pour ce projet le soutien et les encouragements d'Alice Mayhew de chez Simon & Schuster. Avec son talentueux collègue Roger Labrie, elle a immédiatement accepté l'idée d'un livre sur la bataille de Moscou et, comme toujours, m'a offert ses très précieux conseils. Alice n'est pas simplement un éditeur très habile, elle est une source d'inspiration constante. Chez Simon & Schuster je voudrais aussi remercier Serena Jones et Victoria Meyer, et tous ceux qui ont participé à ce projet.

Un ancien collègue de *Newsweek*, Steve Shabad, a déployé toute sa méticulosité habituelle à vérifier les transcriptions des noms russes. J'avais pris l'habitude de m'appuyer sur lui à l'époque où je travaillais à Moscou, et je fus enchanté quand il accepta de m'aider de nouveau pour ce projet. Beaucoup de rédacteurs et de collègues de *Newsweek* m'ont offert leurs conseils et leurs encouragements. Parmi eux : Rick Smith, Jon Meacham, Fareed Zakaria, Ron Javers, Jeff Bartholet, Fred Guterl, Nisid Hajari, Jon Alter, et Susan Szeliga. Je tiens aussi à remercier James Price, Simon Barnett et Leah Latella pour leur aide concernant les photos qui illustrent ce livre.

De nombreux amis m'ont fourni leur soutien. Je dois citer en particulier David Satter, qui m'a beaucoup aidé à Moscou quand j'y suis arrivé pour la première fois en 1981, ainsi que Ardith et Steve Hodes, qui ont été les meilleurs amis que l'on puisse souhaiter depuis que nous nous sommes rencontrés il y a trente ans.

Le plus difficile est d'exprimer ma gratitude envers ma famille. À mes parents, Marie et Zygmunt, qui se sont empressés de lire chaque chapitre à mesure que je les écrivais, en me faisant des critiques précieuses. À mes enfants : Alex, Adam, Sonia, Eva et son merveilleux mari, Taylor, qui m'a fourni de nombreuses suggestions. Par-dessus tout, ils m'ont permis de travailler avec plaisir. Une mention spéciale va à la fille de Sonia, notre petite-fille Stella.

Il me reste à parler de ma femme Christina, ou Krysia comme nous avons l'habitude de l'appeler. Elle est ma première lectrice et ma première critique, et elle est très exigeante. Comme elle a grandi en Pologne à l'époque où les films de propagande soviétique étaient monnaie courante, et qu'elle a vécu à Moscou avec moi, aussi bien sous le régime soviétique que dans l'ère post-soviétique, elle sent tout de suite ce qui ne va pas. Elle m'a obligé bien souvent à retourner à mes sources pour y découvrir un nouveau détail ou bien l'approfondir. Mais, en plus des questions épineuses qu'elle me posait, elle m'a fourni tout ce qui a meublé ma vie et rendu possible mon travail. Et là, l'expression de ma gratitude reste encore insuffisante.

INDEX

TABLE

Achevé d'imprimer sur les presses de

BUSSIÈRE

GROUPE CPI

à Saint-Amand-Montrond (Cher)
en juin 2008

N° d'édition : 608. N° d'impression : 082142/4.
Dépôt légal : juillet 2008.

Imprimé en France